Simon Walter

Die Rolle der Werbeagentur im Markenführungsprozess

GABLER EDITION WISSENSCHAFT

Werbe- und Markenforschung

Herausgegeben von
Professor Dr. Günter Schweiger

Die Schriftenreihe dient der Vertiefung des Verständnisses der Werbung und ihrer Wirkung, der Optimierung der Kommunikation sowie der Beantwortung betriebswirtschaftlicher und verhaltenswissenschaftlicher Fragestellungen der Markenführung. Dazu werden empirische Forschungsergebnisse der Wirtschaftsuniversität Wien, insbesondere des Instituts für Werbewissenschaft und Marktforschung, für Zielgruppen aus Wissenschaft und Praxis aufbereitet.

Simon Walter

Die Rolle der Werbeagentur im Markenführungsprozess

Mit einem Geleitwort von Prof. Dr. Günter Schweiger

Deutscher Universitäts-Verlag

Bibliografische Information Der Deutschen Nationalbibliothek
Die Deutsche Natioonalbibliothek verzeichnet diese Publikation in der
Deutschen Nationalbibliografie; detaillierte bibliografische Daten sind im Internet über
<http://dnb.d-nb.de> abrufbar.

Dissertation Universität Zürich, 2006

Die Wirtschaftswissenschaftliche Fakultät der Universität Zürich gestattet hierdurch die Drucklegung der vorliegenden Dissertation, ohne damit zu den darin ausgesprochenen Anschauungen Stellung zu nehmen.

Zürich, den 8. November 2006

Der Dekan: Prof. Dr. H. P. Wehrli

1. Auflage August 2007

Lektorat: Frauke Schindler / Stefanie Loyal

Der Deutsche Universitäts-Verlag ist ein Unternehmen von Springer Science+Business Media.
www.duv.de

Umschlaggestaltung: Regine Zimmer, Dipl.-Designerin, Frankfurt/Main
Gedruckt auf säurefreiem und chlorfrei gebleichtem Papier
Printed in Germany

ISBN 978-3-8350-0875-5

Geleitwort des Herausgebers

Werbung ist in vielen Märkten ein Erfolgsfaktor und vermag auf unterschiedliche Art entscheidende Beiträge zum Erfolg und zum Wert einer Marke zu leisten. Trotzdem – oder vielleicht gerade darum – konzipieren und realisieren grössere Unternehmen ihre Werbekampagnen nicht selbst. Vielmehr werden eine Vielzahl unterschiedlicher Management- und Gestaltungsaufgaben der Kommunikationspolitik von den Werbetreibenden ausgegliedert und externen Werbeagenturen übertragen. Ausgehend von diesen Überlegungen untersucht Simon Walter in der vorliegenden Arbeit die bislang in der wissenschaftlichen Literatur vernachlässigte Zusammenarbeit zwischen Werbeauftraggeber und Werbeagentur.

Ausgehend von einer umfassenden Beschreibung des Markenführungsprozesses nimmt der Autor eine Prozessperspektive ein und geht in einer empirischen Untersuchung den Fragen nach, welchen Einfluss die Rolle der Werbeagentur im Markenführungsprozess auf den Erfolg der Zusammenarbeit zwischen Werbeauftraggeber und seiner Agentur ausübt, und wie diese Zusammenarbeit Erfolg versprechend gestaltet werden kann. Die Ergebnisse der vorliegenden Studie zeigen, was Werbepraktiker bereits seit langem vermuten: Sowohl die Mitsprache der Werbeagentur bei der Markenführung, ihr Einbezug in den gesamten Markenführungsprozess als auch die Kreativität der gemeinsam verantworteten Werbekampagne weisen einen positiven Einfluss auf den Erfolg der Zusammenarbeit zwischen Werbeauftraggeber und Werbeagentur auf.

Trotz der wissenschaftlichen Herangehensweise an die Problemstellung richtet sich das vorliegende Buch in erster Linie an Marketingpraktiker sowohl auf Werbeauftraggeber- als auch Werbeagenturseite, für die ihre Zusammenarbeit mehr ist als eine reine Kunden-Lieferanten Beziehung.

Dr. Günter Schweiger
Universitätsprofessor für
Werbewissenschaft und Marktforschung
Wirtschaftsuniversität Wien

Vorwort

Das Verfassen der vorliegenden Dissertation dauerte länger als ursprünglich vorgesehen. Und es wäre noch länger gegangen, wenn mich nicht zahlreiche Personen in der einen oder anderen Art dabei unterstützt hätten. Ihnen allen gebührt mein Dank.

Besonders bedanke ich mich bei meinem Doktorvater Herrn Prof. Dr. Hans Peter Wehrli für die Unterstützung und die forscherischen Freiheiten, die er mir bei der Entwicklung und Umsetzung meiner Ideen gewährte. Frau Prof. Dr. Andrea Schenker-Wicki danke ich für die Übernahme des Korreferats. Ebenfalls gebührt mein Dank Herrn Geri Aebi und der Werbeagentur Wirz, die mir als Arbeitgeber den für die Doktorarbeit nötigen Freiraum einräumten und mir so ermöglichten, gleichzeitig wissenschaftlich und praktisch tätig zu sein. Zu grossem Dank verpflichtet bin ich auch den im Rahmen der vorliegenden Arbeit befragten Agenturvertretern und Werbeauftraggebern, die meinem Projekt einen Teil ihrer Zeit widmeten und mit ihren Auskünften und Antworten die Grundlage der vorliegenden Untersuchung lieferten.

Frau Sonia Lago und Herrn Hanspeter Schweizer danke ich für die aufmerksame Durchsicht des Manuskripts. Sie haben mich vor vielen kleinen Fehlern bewahrt. Herrn PD Dr. Thomas Jenner danke ich für die interessanten Gespräche, die mich vor ein paar grossen Fehlern bewahrten. Dank schulde ich auch Herrn Prof. Jürg Arpagaus und Herrn Dr. Thomas Bamert, die mich bei der statistischen Datenauswertung unterstützten und dabei ein aussergewöhnliches Mass an Zeit und Geduld investierten. Schliesslich danke ich meinen Eltern, die mich schon immer bei fast allen meinen Vorhaben unterstützten und mir insbesondere das Studium ermöglichten, auf dem die vorliegende Arbeit aufbaut.

Simon Walter

Inhaltsverzeichnis

Abbildungsverzeichnis

Tabellenverzeichnis

1. Einleitung

»Für Werbung gibt es Regeln. Für gute Werbung die Ausnahmen.«
Holger Jung und Jean-Remy von Matt

1.1 Werbung und Wissenschaft

Werbung und Wissenschaft haben sich aus den Augen verloren. Insbesondere die Kluft zwischen Werbepraktikern auf Agenturseite und der Marketingwissenschaft ist tief. Die gegenseitige Wahrnehmung wird durch überholte Klischees bestimmt. Hier der theorieverliebte Forscher im Elfenbeinturm, der vom harten Tagesgeschäft, der verzweifelten Suche nach einer kreativen Werbeidee keine Ahnung hat; dort die arroganten Werber, die sich keinen Deut um wissenschaftliche Erkenntnisse oder die Bedürfnisse ihrer Kunden kümmern, sondern in erster Linie sich selber verwirklichen und feiern wollen – so lautet die weit verbreitete Auffassung voneinander.[1] Vor dem Hintergrund der hohen Bedeutung der Werbung im Marketing gilt es diese Kluft zu verringern, die gegenseitigen Vorurteile abzubauen. Die vorliegende Arbeit könnte dazu einen kleinen Beitrag leisten.

Aus wissenschaftlicher Perspektive ist die Werbung (ähnlich der Marke) ein Phänomen, das streng genommen lediglich interdisziplinär untersucht werden kann. Während aus psychologischer Perspektive insbesondere die Reaktion der Rezipienten auf unterschiedliche werbliche Stimuli interessiert, versucht die soziologische Forschung den Einfluss der Werbung auf die Sozialisation zu beschreiben. Publizistik und Medienwissenschaft untersuchen ihrerseits die Rolle der Werbung für die Medien. Linguistik und Semiotik befassen sich mit werbespezifischen Symbolen und Codes, und die Betriebswirtschaftlehre schliesslich fokussiert auf die Rolle der Werbung im Marketinginstrumentarium. Aufgrund dieser Interdisziplinarität ist die wissenschaftliche Auseinandersetzung mit Werbung eine vielschichtige und entsprechend schwierige Aufgabe, was mit ein Grund sein könnte, weshalb sich gerade die Marketingwissenschaft in letzter Zeit von der Werbung als Untersuchungsgegenstand abgewendet hat.

Aus wirtschaftswissenschaftlicher Perspektive kommt erschwerend hinzu, dass die valide Messung der Werbewirkung nach wie vor Schwierigkeiten bereitet und dies aller Voraussicht nach auch in naher Zukunft noch tun wird. In vivo ist es in aller Regel unmöglich, die Wirkung einer Werbekampagne losgelöst von anderen meist nur schwer kontrollierbaren Faktoren wie beispielsweise dem beworbenen Angebot oder seinem Preis verlässlich zu bestimmen. Aus diesem Grund hat sich die betriebswirt-

[1] Im Hinblick auf die Lesbarkeit beschränkt sich der Autor in dieser Arbeit bei der Erwähnung von Personen auf die Angabe der männlichen Form. Er bittet alle Leserinnen um Nachsicht.

schaftliche Literatur in letzter Zeit hauptsächlich auf die Abgabe von Empfehlungen in Bezug auf Höhe und Verteilung der Werbeausgaben sowie die formale Gestaltung von Werbemitteln beschränkt. Durch den Einsatz so genannter Aktivierungstechniken sollen die Informationsaufnahme und -speicherung insbesondere bei passiven Rezipienten verbessert werden.

Genau bei diesem Punkt setzt die hauptsächliche Kritik der Werbepraktiker an der Marketingwissenschaft an. Derartige Empfehlungen seien – wenn überhaupt – mit Vorsicht zu geniessen, führe ihre Befolgung doch zwangsläufig zu austauschbarer Werbung und widerspreche somit dem in Marketing und Werbung geltenden Primat der Differenzierung. Die angesprochene Kluft vertiefend kommt hinzu, dass die meisten in wissenschaftlichen Büchern über Werbung gelobten Kampagnen nicht unbedingt den Vorstellungen der Werber von guter und kreativer Arbeit entsprechen. Die Werbepraxis erwartet von der Marketingwissenschaft weder Beispiele (vermeintlich) erfolgreicher Kampagnen noch kreativitätshemmende Ratschläge, wie man einer Werbebotschaft zu mehr Aufmerksamkeit verhelfen könnte. Vielmehr fordert sie relativ einfach umzusetzende Empfehlungen, wie man den Prozess der Werbekonzeption gestalten muss, um zu herausragenden und effektiven Werbekampagnen zu gelangen.

Die vorliegende Arbeit versucht dieser Forderung zu entsprechen und einen Beitrag zum Dialog zwischen Werbung und Wissenschaft zu leisten. Sie fusst in der tiefen Überzeugung, dass die Werbung nur verbessert werden kann, wenn die Zusammenarbeit zwischen Werbeauftraggeber und Werbeagentur untersucht, diskutiert und verändert wird.

1.2 Grundlegung der Arbeit

Im folgenden Abschnitt 1.2.1 werden Ausgangslage und Problemstellung der vorliegenden Arbeit umrissen und die zu untersuchenden Forschungsfragen formuliert. Anschliessend folgt in Abschnitt 1.2.2 die Zielsetzung der Untersuchung, bevor in Abschnitt 1.2.3 das methodische Vorgehen und die Struktur der Arbeit diskutiert werden.

1.2.1 Ausgangslage

Vor nicht allzu langer Zeit gestalteten sich Markenführung und Werbung noch verhältnismässig einfach. Wenn es eine Seife am Markt einzuführen galt, zeigte man in der Werbung eine schäumende Seife; ging es um Waschmittel, sah man eine adrette Hausfrau mit ihrem glücklichen Ehemann in einem strahlend weissen Hemd. Heute sind Markenführung und Kommunikation nicht mehr ganz so simpel. Hauptursache für die Veränderungen im Marketing sind die in den meisten Branchen vorherrschende Instabilität der Wettbewerbssituation bzw. die sich immer schneller ändernden Umweltbedingungen. Für Markenführung und Werbung ergeben sich daraus unter anderem die drei im Folgenden kurz skizzierten Konsequenzen.

Werbung als Erfolgsfaktor
Aufgrund der hohen Wettbewerbsdynamik, des technischen Fortschritts und der zunehmenden Aggressivität der Marktteilnehmer sind viele Produkte und Dienstleistungen heutzutage weitgehend austauschbar. Beispielhaft hierfür sind die nicht unterscheidbare Qualität von Zigaretten oder die annähernd identisch gewordenen Angebote von Banken und Versicherungen. Dieser Umstand erschwert zunehmend eine sachliche, funktionale Differenzierung des eigenen Angebots gegenüber der Konkurrenz, den Aufbau einer so genannten Unique Selling Proposition. Verschärfend kommt hinzu, dass oft nicht nur die eigentliche Leistung, sondern auch ihr Preis und ihre Distribution austauschbar sind. Es geht, lapidar ausgedrückt, heute im Marketing oftmals darum, eine fehlende Leistungsdifferenz mittels einer Marke und deren Kommunikation zu kompensieren. Deshalb stellt die Werbung vielerorts einen zentralen Erfolgsfaktor der Markenführung dar.

Markenführung als Lernprozess
Der Prozess der strategischen Markenführung bewegt sich in fast jeder Branche im Spannungsfeld zwischen Kontinuität und Zeitgeist bzw. Anpassung an die sich ändernden Umweltbedingungen. Langfristig werden nur diejenigen Marken erfolgreich sein, die diesen Balanceakt erfolgreich meistern, da die dauerhafte Verteidigung einer statischen Positionierung unter den beschriebenen Bedingungen illusorisch erscheint. Vielmehr ist es für den nachhaltigen Erfolg einer Marke entscheidend, diese aufgrund der sich permanent ändernden Umweltbedingungen aktuell zu halten. Dies bedingt in vielen Fällen eine offene Planungskonzeption, wo etablierte Annahmen und bisherige Überzeugungen systematisch in Frage gestellt werden, und unterschiedliche Ansich-

ten, Meinungen und Perspektiven in den Planungsprozess einfliessen. Vor diesem Hintergrund wird die Markenführung in einer dynamischen Umwelt auch als Lernprozess zwischen eindeutiger Identität und situativ bedingten Anpassungen beschrieben. In diesem Zusammenhang erscheint der Einbezug unternehmensfremder Spezialisten (z.B. Unternehmensberater oder Werbeagenturen), denen die Funktion eines Katalysators des Lernprozesses zukommt, vielerorts sinnvoll.

Strategische Planung in Werbeagenturen
Auch die Werbeindustrie hat auf die sich verändernden Markt- und Kommunikationsbedingungen reagiert und ihr Leistungsspektrum in den letzten beiden Jahrzehnten kontinuierlich um den Bereich der strategischen Markenführung erweitert. Alle grossen Schweizer Full-Service-Werbeagenturen verfügen heute über eine strategische Planungsabteilung, die einerseits die strategische Marketingplanung der Werbeauftraggeber unterstützt, andererseits die Kreation kanalisiert, indem sie die Markenpersönlichkeit festlegt, die in der Werbung zum Ausdruck kommen soll. Werbeagenturen können heute im Markenführungsprozess eine weitaus gewichtigere Rolle spielen, als den Werbeauftraggeber lediglich in der Umsetzungs- und Realisationsphase von Kommunikationsmassnahmen zu unterstützen. Insbesondere scheinen sie prädestiniert, im strategischen Markenführungsprozess die oben beschriebene Katalysator-Funktion zu übernehmen.

Ausgehend von den beschriebenen Entwicklungen stellen sich die **Forschungsfragen**, ob und wann eine starke Integration der Werbeagentur in den strategischen Markenführungsprozess des Werbeauftraggebers erfolgswirksam ist, und wie die Zusammenarbeit zwischen den beiden Partnern idealtypisch gestaltet werden sollte. Bislang fehlt hierzu nach Wissen des Autors eine umfassende Studie.[2] Diese Lücke soll mit der vorliegenden Arbeit geschlossen werden.

1.2.2 Zielsetzung

Zur Beantwortung der vorhin gestellten Forschungsfragen soll die Rolle der Werbeagentur im Markenführungsprozess und ihr Einfluss auf den Erfolg der Zusammenarbeit zwischen Werbeauftraggeber und Werbeagentur theoretisch beschrieben und empirisch-quantitativ untersucht werden. Daraus sollen ein konzeptioneller, ein methodischer, ein empirischer sowie ein praxisorientierter Erkenntnisgewinn resultieren.

Die vorliegende Arbeit gliedert sich in einen deskriptiven und einen empirischen Teil. Im deskriptiven Teil soll der Markenführungsprozess ganzheitlich beschrieben werden. Dabei interessieren insbesondere das Wesen der Marke an sich, die Auswirkun-

---

[2] Die einzige dem Autor bekannte Untersuchung zu diesem Thema stammt von Müller und Brütsch, die die Formen und Aufgaben der strategischen Planung in der Schweizer Werbepraxis untersuchten. Vgl. Müller/Brütsch 1998, S. 32ff.

gen der steigenden Umweltdynamik auf die Markenführung, der Vergleich verschiedener Markenführungsansätze, die Sequenzen und Gestaltungsparameter des Markenführungsprozesses, die Rolle von Kommunikation und Werbung bei der Markenführung sowie unterschiedliche Ausprägungsformen der Zusammenarbeit zwischen Werbeauftraggeber und Werbeagentur.

Im zweiten, empirischen Teil der Arbeit soll der Zusammenhang zwischen der Rolle der Werbeagentur im Markenführungsprozess und dem Erfolg der Zusammenarbeit zwischen Werbeauftraggeber und Werbeagentur quantitativ untersucht werden. Um dieses Ziel zu erreichen, müssen aus methodischer Sicht die Fragen beantwortet werden, wie die Rolle der Werbeagentur empirisch überprüft und der Erfolg der Zusammenarbeit zwischen Werbeauftraggeber und Werbeagentur verlässlich gemessen werden kann. Im Anschluss an die empirische Studie sollen Empfehlungen abgegeben werden, wie die Zusammenarbeit zwischen Werbeauftraggeber und Werbeagentur Erfolg versprechend zu gestalten ist.

Um die empirische Untersuchung in einem überschaubaren Rahmen zu halten, wird die Zielsetzung insofern eingeschränkt, als dass lediglich in der Schweiz ansässige Werbetreibende betrachtet werden, die mit einer klassischen Full-Service-Werbeagentur zusammenarbeiten und bei denen im Rahmen des Markenführungsprozesses die klassische Werbung das zur Erhöhung der Bekanntheit und zur Imagebildung primär eingesetzte Kommunikationsinstrument darstellt.

1.2.3 Vorgehen

Das Vorgehen zur Beantwortung der Forschungsfragen besteht aus vier aufeinander folgenden Schritten (vgl. Abbildung 1.1). Für eine ganzheitliche Beschreibung des Untersuchungsgegenstandes der vorliegenden Arbeit wird zunächst ein umfassendes **Literaturstudium** innerhalb der relevanten Themenbereiche durchgeführt. Dabei interessieren besonders Quellen, die Marken- und Werbeperspektive verbinden. Die theoretischen Erkenntnisse werden anschliessend durch **explorative Interviews** mit Vertretern Schweizer Werbeagenturen ergänzt, überprüft und illustriert. Dies bildet die Grundlage zur Herleitung verschiedener Hypothesen zur Rolle der Werbagentur im Markenführungsprozess, die anschliessend durch eine **quantitative Befragung** Schweizer Marketing- und Kommunikationsleiter überprüft werden. Die abweichenden Stichproben je Studie ermöglichen eine differenzierte Sichtweise auf den der vorliegenden Arbeit zugrunde gelegten Untersuchungsgegenstand. Ausgehend von den empirischen Ergebnissen werden schliesslich **Gestaltungsempfehlungen** für die Zusammenarbeit zwischen Werbeauftraggeber und Werbeagentur formuliert.

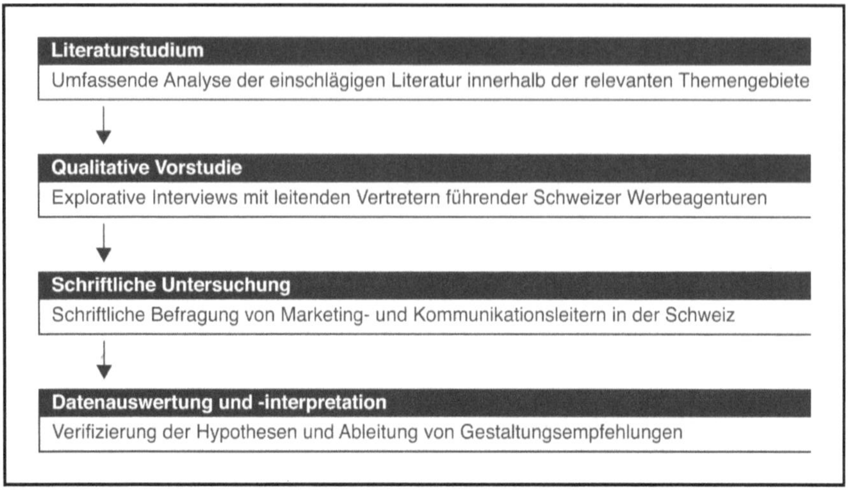

Abb. 1.1: Forschungsprozess

Die **Struktur der Arbeit** folgt grundsätzlich dem beschriebenen Forschungsprozess und besteht aus sieben Kapiteln. Nach der vorliegenden Einleitung wird im **zweiten Kapitel** die Rolle der Marke im Marketing untersucht. Neben den terminologischen Grundlagen interessieren insbesondere die Funktionen, die Bedeutung und der Wert von Marken. Im **dritten Kapitel** werden die für den vorliegenden Untersuchungsgegenstand relevanten Umweltveränderungen beschrieben und die daraus resultierenden Konsequenzen für die Markenführung abgeleitet. Aufbauend auf verschiedenen Ansätzen zur Markenführung werden im **vierten Kapitel** Struktur und Gestaltung des Markenführungsprozesses diskutiert. Im **fünften Kapitel** wird die Rolle der Werbung und der Werbeagentur im Markenführungsprozess untersucht. Dabei steht die Zusammenarbeit zwischen Werbeauftraggeber und Werbeagentur im Zentrum des Interesses. Die empirische Untersuchung ist Inhalt des **sechsten Kapitels**. Neben der Methodenwahl und der Erläuterung des methodischen Vorgehens werden die Hypothesen hergeleitet und anhand der empirischen Resultate überprüft. Diese Ergebnisse werden in die Theorie eingebettet, interpretiert und daraus Gestaltungsempfehlungen abgeleitet. Das **siebte und letzte Kapitel** stellt die Schlussbetrachtung dar und umfasst neben einer Zusammenfassung der theoretischen Ausführungen und empirischen Erkenntnisse einen Ausblick auf den weiteren Forschungsbedarf.

2. Marke – Erfolgsfaktor im Marketing

»Die Leute werden weniger von den Dingen selbst beeinflusst als von dem Bild, das sie sich von diesen Dingen machen.«
Michel E. de Montaigne

2.1 Marke und Marketing

In den letzten zwei Jahrzehnten hat sich die Stellung von Marken sowohl im unternehmerischen als auch im gesellschaftlichen Kontext deutlich erhöht. Die Marke ist in diesem Zusammenhang zum zentralen Begriff im Marketing avanciert. Dies zeigt sich unter anderem daran, dass Erfolgsgeschichten im Marketing vielfach eng mit der Entwicklung und Durchsetzung starker Marken verbunden sind. Diese stehen für Vertrauen und Loyalität und gelten deshalb als zentrale immaterielle Wertschöpfer in Unternehmen.[3]

Derzeit ist der »Erfolgsfaktor Marke« in aller Munde: Kaum eine Tageszeitung, die nicht die aktuelle Hitparade der Marken abdruckt, kaum ein Marketingkongress, bei dem nicht das Thema Marke in irgendeiner Form behandelt wird. Die Bedeutung der Marke im Rahmen der Unternehmensführung geht auch aus einer von Meffert und Bongartz durchgeführten Befragung hervor, in der sowohl Führungskräfte als auch Marketingwissenschaftler die Markenpolitik als zentralen unternehmerischen Erfolgsfaktor beschreiben.[4] Diese Erkenntnis wird durch eine weitere Studie gestützt, wonach über 90% der befragten 500 Unternehmen ihre Marke(n) als Grundlage des Unternehmenserfolgs bezeichnen.[5] Vor diesem Hintergrund ist die hohe Zahl wissenschaftlicher Beiträge zu interpretieren, die in den letzten Jahren zu diesen Themen erschienen sind.

Ein weiteres Indiz für die Erfolgsrelevanz von Marken ist ihr Vordringen in neue Bereiche. Heutzutage erlangen längst nicht mehr nur Fertigwaren und Dienstleistungen, sondern beispielsweise auch Vorprodukte (Goretex), NGO's (Greenpeace), Länder und Orte (St. Moritz), Museen (Guggenheim) oder Menschen (Cindy Crawford) Markenstatus.[6] Diese Entwicklung ist in vielen Bereichen eine Folge der in den letzten Jahren zu beobachtenden Ausweitung (boardening) des Marketings auf gemeinwirtschaftliche, öffentliche und kulturelle Betriebe und Organisationen.[7] Dieses Übergrei-

---

3 Vgl. z.B. Kapferer 1992, S. 9; Keller 1993, S. 2

4 Vgl. Meffert/Bongartz 2000, S. 384ff. Zu einem ähnlichen Ergebnis gelangt eine Delphi-Studie von Droege & Comp., wonach Marke und Markenführung die zentralen Werttreiber in Unternehmen darstellen. Vgl. Kricsfalussy/Semlitsch 2000, S. 31f.

5 Vgl. Harter, et al. 2005, S. 1

6 Vgl. Keller 1993, S. 13ff.; Upshaw 1995, S. 317

7 Vgl. Wehrli 1998, S. 17; Trommsdorff 1997, S. 1

fen des Markenbewusstseins macht den Unterschied zwischen Produkt und Marke deutlich: Ein Produkt ist, was ein Unternehmen herstellt; eine Marke dagegen, wofür der Verbraucher Geld auszugeben bereit ist.[8] In diesem Sinne verkauft L'Oréal nicht Kosmetik, sondern Schönheit, und Visa keine Kreditkarten, sondern Unabhängigkeit. Gute Produkte kann man kopieren, gute Marken nicht.

Aus diesem Grund wird in letzter Zeit vielerorts für die Gleichstellung von Marketing und Markenführung plädiert.[9] Diese Forderung ist einerseits Ausdruck einer Verschiebung der Betrachtungsweise vom Marketing als unternehmerische Funktion zum Marketing als wettbewerbsorientierte Führungskonzeption,[10] andererseits der Erkenntnis, dass grundsätzlich jede Marketingmassnahme einer Marke deren Image und Identität beeinflusst.[11] Somit können Marken schlicht und richtigerweise als Ergebnisse des Marketings bezeichnet werden.[12] Diese Erkenntnis widerspiegelt sich auch in der vermehrten Ausrichtung der Produkt- und Innovationspolitik an Markengesichtspunkten.[13]

Die beschriebene Aufwertung der Marke geht eng mit der grundsätzlichen Öffnung des Marketings einher. Wurde das Marketing in den 50er- und 60er-Jahren des letzten Jahrhunderts noch Absatzwirtschaft genannt und im Wesentlichen als Distributionsfunktion angesehen, so ist darunter heute eine marktorientierte Führungskonzeption zu verstehen, die neben dem Unternehmen, dem Handel und den Verbrauchern auch die Wettbewerber und in jüngster Zeit verstärkt auch die gesellschaftlichen Umfelder als Bezugskontext mit einbezieht.[14] Aktuelle Entwicklungen im Kontext der Marke (Corporate Identity, Umgang mit Trends und Szenen, Eventmarketing, Sponsoring etc.) lassen sich lediglich auf der Grundlage einer derartigen Öffnung des Marketings und der Kommunikationspolitik verstehen.[15]

Allerdings hat sich mit der angesprochenen Vertiefung und Ausweitung des Marketings auch die Notwendigkeit einer sinnvollen, d.h. aufeinander abgestimmten Verknüpfung der einzelnen Massnahmen erhöht. Aus diesem Grund gehören das integrierte Marketing und vor allem die integrierte Kommunikation heute zu den Schlüssel-

---

8 Vgl. Kapferer 1992, S. 10; Aaker/Joachimsthaler 2000a, S. 51f.; Farquhar 1990, S. RC-7

9 Vgl. z.B. Belz 1998, S. 40; Bruhn 2003b, S. 184

10 Vgl. Levitt 1960, S. 56. Diese Aufwertung des Marketings wird in der Literatur meist als Market-based View bezeichnet und beruht auf der Einschätzung, dass der dauerhafte Unternehmenserfolg zum einen durch die Struktur der Absatzmärkte, zum andern durch das strategische Verhalten des Unternehmens auf diesen Märkten bestimmt wird. Diese Wettbewerbsorientierung bei der strategischen Unternehmensführung geht insbesondere auf die Arbeiten von Porter zurück. Vgl. z.B. Porter 1985, S. 11ff.; Porter 1996, S. 61ff.

11 Vgl. Meffert/Burmann 2002c, S. 24; Biel 2001, S. RC-10

12 Vgl. Belz 1990, S. 114

13 Vgl. Aaker 1998, S. 43ff.

14 Vgl. Haedrich/Tomczak 1996, S. 40; Kenning 2003, S. 106; Kricsfalussy/Semlitsch 2000, S. 30. Diese Vertiefung (deepening) des Marketings wird in der Literatur auch mit dem Begriff Makro-Marketing bezeichnet. Vgl. Wehrli 1998, S. 16

15 Vgl. Herrmann 1999, S. 57

themen im Marketing.[16] Um eine derartige Integration zu erreichen, bedarf es einer klaren und für alle Marketinginstrumente einheitlichen Orientierungsgrösse. Die Marke drängt sich hierzu auf, denn eine klare und langfristig angelegte Soll-Positionierung wirkt sowohl nach aussen als auch nach innen gleichermassen orientierend und integrierend.[17] Zusammenfassend kann festgehalten werden, dass sich die Marke in den letzten Jahren von einem Instrument der Produktpolitik zu einer ubiquitären Grösse für das gesamte Marketing entwickelt hat.

Vor diesem Hintergrund und im Hinblick auf die dieser Arbeit zugrunde gelegten Zielsetzung geht es im vorliegenden Kapitel in erster Linie darum, die vielfältigen und komplexen Beziehungen zwischen der Marke an sich (Abschnitt 2.2), ihren unterschiedlichen Funktionen (Abschnitt 2.3) und ihrer Bedeutung respektive ihrem Wert (Abschnitt 2.4) herauszuarbeiten. Die dabei gewonnenen Erkenntnisse bilden die Grundlage für den Prozess der Markenführung und somit auch für die vorliegende Arbeit.

---

[16] Zum integrierten Marketing vgl. z.B. Meffert 1998, S. 3, 259. Zur integrierten Kommunikation vgl. z.B. Bruhn 2003a, S. 73ff.

[17] Vgl. Keller 1999, S. 45; Upshaw 1995, S. 49; Meffert/Burmann 2002c, S. 30

2.2 Wesensbestimmung der Marke

Parallel zur zunehmenden Bedeutung der Marke ist die Zahl unterschiedlicher Definitionen und Auffassungen über den Begriff der Marke in einem Umfang angewachsen, dass heute von einer regelrechten Sprachverwirrung gesprochen werden kann.[18] Der Hauptgrund hierfür liegt darin, dass die verschiedenen terminologischen Ansätze aus unterschiedlichen Forschungsrichtungen mit abweichenden Erkenntniszielen stammen. Namentlich sind hier die Ökonomie, die Jurisprudenz, die Psychologie und die Soziologie zu nennen. Dieser Umstand führt einerseits zu einer zunehmenden Verwässerung des Markenverständnisses, andererseits zu einer wachsenden Anzahl kontrovers diskutierter Ansätze zur Wesensbestimmung der Marke.

Etymologisch wird der Begriff der Marke meist auf das mittelhochdeutsche Wort marc (Grenze, Grenzlinie, Grenzland) und den französischen Kaufmannsbegriff marque (Warenzeichen) zurückgeführt.[19] Letzterer stammt vom griechischen Wort marka ab, das Zeichen bedeutet.[20] Der gleichbedeutende, im angloamerikanischen Sprachraum verwendete Begriff brand stammt aus der Zeit, als man das Vieh mittels Brandzeichen kennzeichnete und verdeutlicht somit ebenfalls die ursprüngliche Funktion der Marke als formales Kennzeichen.[21] Der Akt der Kennzeichnung wird dabei als Markierung oder branding bezeichnet. Der Zweck der Kennzeichnung liegt hauptsächlich in der Individualisierung eines Objekts: Das Objekt soll von andern markierten Objekten unterschieden werden können und sich von nichtmarkierten Objekten abheben.[22] Ein ausschliesslich auf die Individualisierung abzielender Markenansatz ist bei der American Marketing Association (AMA) zu finden, welche die Marke (brand) definiert als *»a name, term, sign, symbol, or design, or a combination of them intended to identify the goods or services of one seller or a group of sellers and to differentiate them from those of competition.«*[23]

Dieser semiotische Ansatz zur Wesensbestimmung der Marke greift jedoch zu kurz, bezeichnet er doch streng genommen lediglich eine markierte Leistung, vernachlässigt aber die heutzutage für eine Marke konstitutive Ausstattung der markierten Leistung mit einer Bedeutung.[24] Bruhn fordert in diesem Zusammenhang eine dynamische Betrachtung der Marke und unterscheidet im Rahmen seiner Markenerfolgskette zwischen nichtmarkierten Leistungen (keine Eintragung im Markenregister), markierten Leistungen (gekennzeichnete Produkte und Dienstleistungen) und Marken.[25] Letztere entstehen aus Anbietersicht durch einen zweckmässigen Einsatz des Marketinginstru-

[18] Vgl. z.B. Bruhn 2003b, S. 180; Chernatony/Dall'Olmo Riley 1998, S. 417
[19] Vgl. Bruhn 1994, S. 5
[20] Vgl. Kenning 2003, S. 106
[21] Vgl. auch Goodyear 1994, S. 60
[22] Vgl. von Matt 1987, S. 5
[23] Zitiert nach Keller 2003, S. 3
[24] Vgl. Adjouri 2002, S. 112ff.
[25] Vgl. Bruhn 2002, S. 10ff.

mentariums und sind aus Verbrauchersicht insbesondere durch Bekanntheit und Image gekennzeichnet.[26] Die schlussendliche Bedeutung einer Marke ergibt sich also gleichermassen aus der Markenführung und den kognitiven Leistungen der Verbraucher.[27] Die Frage der Wesensbestimmung der Marke soll hier ausschliesslich auf Basis dieses dritten, umfassenden Begriffsverständnisses erfolgen.

Aus diesem Grund und im Hinblick auf den mehrere Perspektiven und unterschiedliche Branchen umfassenden Untersuchungsgegenstand der vorliegenden Arbeit wird der Begriff der Marke im Folgenden sehr weit gefasst. Er findet zur Bezeichnung eines Rechtsguts ebenso Verwendung wie zur Klassifizierung eines bestimmten Warentyps, umfasst sowohl emotionale Bilder und rationale Erwartungshaltungen in der Psyche der Verbraucher als auch kultursoziologische Instanzen und Ideologien. Marken werden in diesem Zusammenhang als Modelle verstanden, die der Erklärung ökonomischer, psychologischer, gesellschaftlicher sowie kultureller Phänomene dienen. So verschieden die jeweiligen Perspektiven sind, so unterschiedlich sind auch die Markendefinitionen, die man in der Literatur findet. Grob lassen sich dabei neben der bereits erwähnten semiotischen Markendefinition fünf weitere im Hinblick auf die Zielsetzung dieser Arbeit relevante Gruppen von Markenansätzen unterscheiden (vgl. Tabelle 2.1), die in den folgenden Abschnitten diskutiert werden. Der kommunikationsorientierte Markenansatz stellt dabei eine Art eine Synthese aus den anderen aufgeführten Ansätzen dar.

Ansatz	Markenverständnis	Perspektive
Semiotische Markenansätze	Marke als differenzierendes Zeichen	Anbieter und Nachfrager
Rechtlicher Markenbegriff (Abschnitt 2.2.1)	Marke als Rechtsgut	Staat
Merkmalbezogene Markenansätze (Abschnitt 2.2.2)	Marke als Träger bestimmter Eigenschaften (Ubiquität, Qualität, Verkehrsgeltung etc.)	Anbieter
Psychologische Markenansätze (Abschnitt 2.2.3)	Marke als kognitive Variable, Image, Persönlichkeit	Nachfrager
Kultursoziologische Markenansätze (Abschnitt 2.2.4)	Marke als Mythos, soziales Phänomen, ordnende Kraft	Gesellschaft
Kommunikationsorientierter Markenansatz (Abschnitt 2.2.5)	Marke als Botschaft, Medium	Sender und Empfänger

Tab. 2.1: Überblick über die wichtigsten Markenansätze

[26] Die Bekanntheit einer Marke und die Ausprägung ihres Images bzw. ihrer Wertschätzung beim Verbraucher werden in der betriebswirtschaftlichen Literatur oft unter dem Begriff Verkehrsgeltung subsumiert. Vgl. z.B. Dichtl 1992, S. 19

[27] Vgl. Chernatony/Dall'Olmo Riley 1998, S. 419. Wobei unternehmerische Entscheidungen und Kundenentscheidungen sich unmittelbar aufeinander beziehen, also keinesfalls getrennt voneinander betrachtet werden dürfen.

2.2.1 Rechtlicher Markenbegriff

Am 1. April 1993/1. Januar 1994 trat für die Schweiz das zurzeit geltende »Bundesgesetz über den Schutz von Marken und Herkunftsangaben (Markenschutzgesetz, MSchG)« in Kraft. Dazu hat der Bundesrat in der »Markenschutzverordnung (MSchV)« ergänzende Ausführungsvorschriften erlassen.[28] Das Markenrecht ist Teil des Kennzeichenrechts. Dieses befasst sich mit dem Schutz von Zeichen, die der Individualisierung eines Anbieters, einer Gruppe von Anbietern oder einzelner Produkte dienen.[29]

Gemäss der gesetzlichen Definition ist eine Marke *»ein Zeichen, das geeignet ist, Waren oder Dienstleistungen eines Unternehmens von solchen anderer Unternehmen zu unterscheiden«.*[30] Eine Marke ist somit einerseits für den Markeneigner ein Mittel zur Kennzeichnung der eigenen Leistungen, andererseits soll sie den Verbraucher in die Lage versetzen, ein bestimmtes Produkt in der Menge gleichartiger Angebote zu identifizieren.[31] Rechtlich betrachtet ist die Marke ein registriertes Kennzeichen. Die mit ihr verbundenen Rechte des Markeneigners entstehen demnach nicht per se, sondern erst mit der Eintragung der Marke im Markenregister, das beim Eidgenössischen Institut für Geistiges Eigentum in Bern geführt wird.[32] Die eingetragenen Marken werden im Schweizerischen Handelsamtsblatt veröffentlicht. Aus der Registrierungspflicht und dem Veröffentlichungsgebot erklärt sich, dass als Marke lediglich grafisch darstellbare Zeichen zugelassen sind.[33]

Juristisch gesehen lassen sich Marken entweder nach ihrer Funktion im Wettbewerb oder nach ihrem Erscheinungsbild unterscheiden. Bei der Klassifikation nach Funktionen steht die Individualmarke weit im Vordergrund. Sie dient dazu, eine bestimmte Leistung zu individualisieren, das heisst von den Konkurrenzangeboten abzugrenzen. Daneben lässt das Gesetz ebenfalls die Garantiemarke und die Kollektivmarke zu, die beide nicht das Angebot eines einzelnen Unternehmens, sondern dasjenige einer Gruppe von Anbietern kennzeichnen.[34] Sie dienen beide dem Schutz marktschwacher Anbieter und garantieren dem Verbraucher eine bestimmte Beschaffenheit, geografi-

---

[28] Eine einlässliche Darstellung des geltenden Markenrechts findet sich z.B. bei Marbach 1996, S. 1ff.; Marbach 2002, S. 99ff.

[29] Als solche Kennzeichen sind neben der Marke namentlich die Geschäftsfirma, die Herkunftsangabe, die Ursprungsbezeichnung sowie der Domainname zu nennen.

[30] MSchG, Art. 1, AbS. 1

[31] Jedoch wird auch in der juristischen Literatur zusätzlich auf die kommunikative Dimension von Marken hingewiesen. So erfüllen Marken unter anderem die Funktion, dem Verbraucher eine gewisse Qualität, ein bestimmtes Preisniveau oder einen prestigeträchtigen Status zu vermitteln. Vgl. Marbach 2002, S. 100

[32] Vgl. MSchV, Art. 1 und 40ff. Die Waren und Dienstleistungen, für welche die Marke beansprucht wird, sind dabei präzise zu bezeichnen. Die Eintragung ist während zehn Jahren vom Hinterlegungsdatum an gültig und kann auf Gesuch hin beliebig um jeweils weitere zehn Jahre verlängert werden. Vgl. MSchG, Art. 10

[33] Vgl. MSchV, Art. 10, AbS. 1

[34] Vgl. MSchG, Art. 21ff.

sche Herkunft oder Herstellungsart von Waren und Dienstleistungen (Garantiemarke[35]) oder weisen diese als Leistungen untereinander verbundener Unternehmen aus (Kollektivmarke[36]).

Die unterschiedlichen Erscheinungsformen von Marken zählt das Gesetz nicht abschliessend auf, sondern nennt exemplarisch Wörter (Wortmarken), Buchstaben, Zahlen, bildliche Darstellungen (Bildmarken), dreidimensionale Formen (Formmarken) und Verbindungen dieser Elemente (z.B. Wortbildmarken).[37] Eingetragen werden darüber hinaus akustische Marken, d.h. in Notenschrift ausgedrückte Kurzmelodien (z.B. die olympische Hymne, Jingles), Kennfäden bei Textilien, abstrakte Formen (z.B. Postgelb) oder Claims bzw. Slogans (z.B. »Pedigree Pal – von erfolgreichen Züchtern empfohlen«).[38]

Das mit der Eintragung einhergehende Markenrecht führt zu einer Monopolisierung des geschützten Zeichens.[39] Im Interesse des freien Wettbewerbs sind jedoch Zeichen, auf die alle Marktteilnehmer angewiesen sind, nicht schützbar bzw. einer Monopolisierung nicht zugänglich. Das Markenschutzgesetz schliesst daher bestimmte Zeichen absolut vom Markenschutz aus.[40] Diese können als Marken nicht eingetragen werden. Falls schutzunfähige Zeichen versehentlich dennoch eingetragen sind, werden diese auf Klage hin als ungültig erklärt. Im Einzelnen betrifft dies:

(1) Zeichen des Gemeinguts (z.B. Deskriptivzeichen oder frei zu haltende Herkunftsangaben wie beispielsweise Geneva als Bezeichnung für Uhren[41]),
(2) typische oder technisch notwendige Waren- oder Verpackungsformen (z.B. eine herkömmliche Flasche als Formmarke),
(3) irreführende Zeichen, die Erwartungen wecken, die mit dem effektiven Angebot nicht übereinstimmen (z.B. Sano Malt für die Bezeichnung nicht malzhaltiger Getränke[42]) sowie
(4) rechts-, sitten- oder ordnungswidrige Zeichen (z.B. die Verwendung des internationalen Notsignals SOS[43]).

Zeichen des Gemeinguts (vgl. 1) sind ausnahmsweise markenfähig, wenn sie sich am Markt durchgesetzt haben (z.B. Appenzeller als Bezeichnung für Käse[44]).

---

35 Vgl. MSchG, Art. 21, AbS. 1. Beispiel für eine Garantiemarke sind so genannte LABEL-Zeichen.
36 Vgl. MSchG, Art. 22. Beispiel für eine Kollektivmarke ist SILVA als Kennzeichnung für Produkte und Dienstleistungen mit gemeinsamen Treueprämien.
37 Vgl. MSchG, Art 1, AbS. 2
38 Vgl. Marbach 1996, S. 21ff. und die dort zitierten Gerichtsurteile. Nicht zugelassen sind dagegen olfaktorische, gustatorische und haptische Marken, da sich diese nicht grafisch darstellen lassen.
39 Vgl. Abschnitt 2.3.2
40 Vgl. MSchG, Art. 2
41 Vgl. Bundesgerichtsentscheid (BGE) 43 II 93
42 Vgl. Marbach 1996, S. 80
43 Vgl. BGE 70 I 102
44 Vgl. BGE 128 III 441

2.2.2 Merkmalbezogene Markenansätze

Sämtliche merkmalbezogenen Markendefinitionen gehen davon aus, dass sich Marken durch bestimmte, generalisierbare Kern- oder Wesensmerkmale von Nicht-Marken unterscheiden.[45] (In diesem Sinne lassen sich der semiotische und der juristische Markenbegriff streng betrachtet ebenfalls zu den merkmalorientierten Ansätzen zählen.) Die hohe Ad-hoc-Plausibilität derartiger Ansätze bewirkt, dass merkmalbezogene Markendefinitionen in der Betriebswirtschaftslehre nach wie vor weit verbreitet sind.[46] Meist wird dabei (mit eigenen Abwandlungen) auf den Definitions-Klassiker von Mellerowicz zurückgegriffen, der Marken(artikel) definiert als *»[...] für den privaten Bedarf geschaffene Fertigwaren, die in einem grösseren Absatzraum unter einem besonderen, die Herkunft kennzeichnenden Merkmal (Marke) in einheitlicher Aufmachung, gleicher Menge sowie in gleichbleibender und verbesserter Güte erhältlich sind und sich dadurch sowie durch die für sie betriebene Werbung die Anerkennung der beteiligten Wirtschaftskreise (Verbraucher, Händler und Hersteller) erworben haben (Verkehrsgeltung)«.*[47]

Neben dieser ursprünglichen merkmalorientierten Markendefinition findet man in der betriebswirtschaftlichen Literatur eine Vielzahl weiterer Ansätze, die Marken ebenfalls anhand von konstitutiven und meist angebotbezogenen Merkmalen und Kriterien zu definieren versuchen:[48] Der **identitätbezogene Ansatz** unterscheidet beispielsweise verschiedene, abgestufte Erscheinungsformen von Marken, die zwar über typische Markenmerkmale verfügen, aber nicht allen Kriterien des merkmalsorientierten Markenkonzepts genügen. So erfüllen z.B. Handelsmarken oftmals das Kriterium der Ubiquität nicht. In eine ähnliche Richtung geht der **herkunftstrukturierende Ansatz**, der Marken nach ihren Eignern klassifiziert, also zwischen Hersteller-, Dienstleistungs- und Handelsmarken unterscheidet. Der **instrumentale Ansatz** dagegen stellt an eine Marke bestimmte Anforderungen hinsichtlich Preis, Verpackung, Vertrieb, Werbung etc., unterscheidet also Marken von Nichtmarken anhand der eingesetzten Marketinginstrumente.[49] Einen Schritt weiter geht der **absatzsystemorientierte Ansatz**, der Marken nicht mehr als Bündel objektiver Gütereigenschaften oder Marketinginstrumente betrachtet, sondern ein geschlossenes Absatzkonzept, das auf die Schaffung eines prägnanten Images und einer hohen Bekanntheit abzielt, als konstitutives Merkmal von Marken festlegt.[50] Schliesslich definiert der **erfolgorientierte Ansatz** Marken

---

45 Vgl. Bruhn 1994, S. 7

46 Vgl. Sattler 2001, S. 39; Herrmann 1999, S. 37; Grösser 1991, S. 200

47 Mellerowicz 1963, S. 39. Die Verkehrsgeltung beinhaltet einerseits die Bekanntheit der Marke, andererseits die Ausprägung ihrer Wertschätzung beim Verbraucher. Vgl. auch Dichtl 1992, S. 19

48 Vgl. im Überblick Berekoven 1978, S. 39ff.; Bruhn 2003b, S. 181ff.; Bruhn 1994, S. 7ff.; Herrmann/Huber/Braunstein 2001, S. 107

49 Der instrumentelle Ansatz ist eng verbunden mit dem von Domizlaff geprägten Begriff der Markentechnik. Bereits 1939 formulierte Domizlaff »22 Grundgesetze der natürlichen Markenbildung«, in denen sowohl konstitutive Merkmale von Marken als auch Instrumente zu ihrem Aufbau und ihrer Pflege beschrieben werden. Vgl. Domizlaff 1951/1992, S. 33ff.

50 Vgl. Meffert 1998, S. 785; Grösser 1991, S. 204f.

hinsichtlich des Erreichungsgrades psychologischer (z.B. Markenbekanntheit und Markenimage) und ökonomischer (z.B. Marktanteil, Distributionsgrad) Marketingziele. Eine Leistung gilt demnach nur dann als Marke, wenn sie sich am Markt erfolgreich durchgesetzt hat.

Die unterschiedlichen Ansätze und Konzepte zeigen in ihrer Gesamtheit die grundlegende Problematik merkmalorientierter Markendefinitionen auf. Aufgrund der Dynamik und Vielfältigkeit der am Markt angebotenen und markierten Leistungen erscheint es ausgesprochen schwierig, einen zeitlich stabilen Katalog konstitutiver Merkmale von Marken aufzustellen. So fällt es leicht, Beispiele für Produkte und Leistungen zu finden, die allgemein als Marke gelten, obwohl sie den ursprünglichen definitorischen Anforderungen nicht genügen. Luxusmarken beispielsweise leben davon, dass sie nicht überall erhältlich sind, also höchstens eine selektive Ubiquität aufweisen.[51] Und markierte Naturprodukte (z.B. Bananen oder Orangen) verfügen naturgemäss nur bedingt über eine gleich bleibende Qualität.[52] Dennoch gelten Prada und Chiquita unbestritten als starke Marken. Zudem drängte und drängt die Marke in immer neue Bereiche vor (Handel, Investitionsgüter, Internet, NGOs, Personen etc.), in denen die vorhin bestimmten Kriterien und Merkmale jeweils nur noch sehr beschränkt Gültigkeit haben.[53]

Merkmalsbezogene Markendefinitionen müssen also kontinuierlich der jeweiligen Entwicklungsstufe des Markenbegriffs angepasst werden. Falls eine markierte Leistung allgemein als Marke angesehen wird, den gültigen definitorischen Anforderungen aber nicht genugt, muss ein neuer theoretischer Ansatz gefunden werden, der auch diese Leistung einschliesst. Die aufgeführten vermeintlichen Nominaldefinitionen sind also letztlich nichts anderes als Realdefinitionen und heute deshalb lediglich noch aus historischer Sicht von Interesse.[54] Ferner sind alle merkmalsbezogenen Markendefinitionen mit dem Problem der fehlenden Konkretisierung verbunden. Wesensmerkmale wie Ubiquität, Verkehrsgeltung, Qualität oder Erfolg können nicht trennscharf festgelegt werden, eignen sich also nur bedingt, um Marken von Nichtmarken genau zu unterscheiden.[55] Zudem werden merkmalsbezogene Ansätze der wirtschaftlichen Realität kaum gerecht, weil zwischen den einzelnen Wesensmerkmalen in aller Regel zahlreiche in den Definitionen nicht berücksichtigte Substitutions- und Komplementaritätsbeziehungen vorliegen.[56] Im Weiteren kann eingewendet werden, dass merkmalbezogene Markendefinitionen meist stark angebotorientiert sind, also die Wirkungsweise der Marke beim Verbraucher vernachlässigen. Aus all diesen Gründen erscheint ein

[51] Vgl. Kapferer 2001, S. 355
[52] Vgl. von Matt 1987, S. 32
[53] Vgl. Bruhn 2003b, S. 180
[54] Vgl. Berekoven 1978, S. 39ff.; Herrmann/Huber/Braunstein 2001, S. 107. Zur Unterscheidung zwischen Real- und Nominaldefinitionen vgl. Bortz/Döring 2002, S. 64f.
[55] Vgl. Grösser 1991, S. 200; Bruhn 2003b, S. 180
[56] Vgl. von Matt 1987, S. 38

Perspektivenwechsel hin zu einer verbraucherorientierten bzw. psychologischen Interpretation des Markenbegriffs viel versprechend.

2.2.3 Psychologische Markenansätze

Als Reaktion auf die Unzulänglichkeiten der Markendefinitionen anhand von Wesensmerkmalen entwickelte Berekoven einen neuen Ansatz zur Bestimmung des Markenbegriffs, für den er die Bezeichnung »wirkungsbezogen« einführte.[57] Gemäss diesem Ansatz wird die Marke nicht mit Hilfe von konstitutiven Kriterien aus Sicht des Markeneigners definiert, sondern umgekehrt anhand der Wirkungen, die die Marke beim Verbraucher erzeugt. Lapidar ausgedrückt bedeutet dies, dass alles, was die Konsumenten als Marke empfinden, auch tatsächlich eine Marke ist. Der **wirkungsbezogene Ansatz** stellt somit die sozialpsychologische Dimension der Marke in den Mittelpunkt des Interesses.[58] Dabei knüpft er an die Vorstellung von Domizlaff an, der als oberstes Ziel der Markentechnik die Sicherung einer Monopolstellung der Marke in der Psyche der Verbraucher festlegte.[59]

Der wirkungsbezogene Ansatz stellt einen Paradigmenwechsel in der Markendiskussion dar, weil die Marke neu als Ergebnis der gesamten Marketingaktivitäten in der Vorstellung des Verbrauchers betrachtet wird, anstatt ein Instrument in den Händen des Markeneigners darzustellen.[60] Im Unterschied zu den merkmalbezogenen Markendefinitionen, bei denen die Verkehrsgeltung ein konstitutives Merkmal unter vielen darstellt, ist beim wirkungsbezogenen Ansatz die Verkehrsgeltung demnach das ausschliessliche Wesenmerkmal neben der Marke selbst.[61] Dabei wird die Verkehrsgeltung jedoch aus Sicht des Verbrauchers interpretiert, darf also durchaus einen subjektiven Charakter aufweisen und muss nicht zwingend allgemeiner gesellschaftlicher Natur sein.[62] Diesem Ansatz folgend definieren Meffert, Burmann und Koers die Marke als *»[...] ein in der Psyche des Konsumenten und sonstiger Bezugsgruppen der Marke fest verankertes, unverwechselbares Vorstellungsbild von einem Produkt oder einer Dienstleistung«.*[63]

---

57 Vgl. Berekoven 1978, S. 43

58 Vgl. Chernatony/Dall'Olmo Riley 1998, S. 427; von Matt 1987, S. 35

59 Vgl. Domizlaff 1951/1992, S. 75f. Ähnlich argumentieren Buchholz und Wördemann, welche die Markenstärke mit dem Kompetenz- oder Zuständigkeitsbereich (Territorium) gleichsetzen, den eine Marke in den Köpfen der Verbraucher besetzt. Vgl. Buchholz/Wördemann 2003, S. 60; ähnlich auch Ries/Trout 1986, S. 27ff.

60 Vgl. Keller 1993, S. 2

61 Zum Begriff Verkehrsgeltung vgl. Mellerowicz 1963, S. 37; Dichtl 1992, S. 19

62 Vgl. Herrmann/Huber/Braunstein 2001, S. 108. Die Aufweichung der Verkehrsgeltung ist vor allem vor dem Hintergrund von Szene- und Trendmarken zu verstehen, die per definitionem keine allgemeine Verkehrsgeltung aufweisen können. Vgl. Bolz/Bosshart 1995, S. 30f.

63 Meffert/Burmann/Koers 2002, S. 6

Das innere Vorstellungsbild eines Produkts oder einer Dienstleistung entspricht dem Markenimage und stellt ein mehrdimensionales Konstrukt in der Psyche des Konsumenten dar.[64] Es kann in der Realität verschiedene Formen annehmen und wird deshalb in der Fachliteratur auch auf unterschiedliche Arten erklärt. Das Spektrum reicht von einfachen Markenschemata über Means-end-Theorien bis hin zu komplexen kognitiven Netzwerken.[65] Auch die (vor allem in der Werbung) weit verbreiteten Ansätze, die Marken über ihre Involvementwirkung beschreiben, sind zu den kognitionspsychologischen Modellen zu zählen.[66] Vereinfacht ausgedrückt liegt die Gemeinsamkeit all dieser Modelle darin, dass sie die Marke als eine Art kognitiven Filter betrachten, der auf Wissen sowie Vor- und Einstellungen zur Marke beruht und beim Kontakt zwischen Marke und Verbraucher intervenierend zwischen Reiz und Reaktion tritt.[67] In diesem Zusammenhang ist es unerheblich, ob es sich bei einer Marke um einen klassischen Markenartikel, eine Unternehmensmarke oder beispielsweise eine Handelsmarke handelt.

Allgemein kann davon ausgegangen werden, dass die Marke als Vorstellungsbild in der Psyche des Konsumenten das Kaufverhalten positiv beeinflusst, wenn sie mit einem so genannten **Added Value** verbunden ist.[68] Dieser Zusatznutzen entspricht einem subjektiven, emotionalen Mehrwert und ist das Resultat eines vom Verbraucher angestellten Vergleichs zwischen einer bestimmten Marke und einer physikalisch-technisch identischen, nicht markierten Leistung aufgrund des spezifischen, in seinem Gedächtnis gespeicherten Markenwissens.[69] Das Markenwissen setzt sich einerseits aus der Markenbekanntheit, anderseits aus dem **Markenimage** zusammen.[70] Letzteres entspricht einem Konstrukt aus einer Vielzahl vom Verbraucher gespeicherter, spezifischer Markenassoziationen und -einstellungen. Der wahrgenommene Unterschied oder Zusatznutzen repräsentiert den Wert einer Marke aus Kundensicht (bzw. den psychografischen Markenwert) und wird gemeinhin als **Brand Equity** bezeichnet.[71] Die Markenbekanntheit stellt eine zwar notwendige, nicht aber hinreichende Bedingung zur Generierung von Brand Equity dar. Vielmehr gilt das Markenimage in den meisten Fällen als hauptsächliche Quelle des Markenwertes.[72]

Aaker definiert Brand Equity als *»...a set of brand assets and liabilities linked to a brand, its name and symbol, that add to or substract from the value provided by a*

[64] Vgl. Keller 1993, S. 2ff.

[65] Vgl. z.B. Kroeber-Riel/Weinberg 2003, S. 232; Trommsdorff 1997, S. 3ff.; Esch/Wicke 2001, S. 48f.; Lederer/Hill 2001, S. 126ff.; Huber/Herrmann/Peter 2003, S. 348ff.; Adjouri 2002, S. 117ff.

[66] Vgl. z.B. Trommsdorff 1995, S. 1067ff.; Rossiter/Percy 1998, S. 212ff.; Haedrich/Tomczak/Kaetzke 2003, S. 57ff.

[67] Vgl. Kroeber-Riel/Weinberg 2003, S. 30, 226; auch Wehrli 1998, S. 31

[68] Vgl. Meffert/Burmann/Koers 2002, S. 7

[69] Vgl. Keller 1993, S. 2

[70] Vgl. auch Abschnitt 4.2.2

[71] Im Gegensatz zum Begriff Brand Value, mit dem ein monetärer, in Geldeinheiten gemessener Wert einer Marke bezeichnet wird. Vgl. Abschnitt 2.4.1

[72] Vgl. Biel 1992, S. RC-7

product or service to a firm and/or to that firm's customers.«[73] Dabei versteht man unter »brand assets and liabilities« jene kognitiv-symbolischen Nutzenkomponenten eines Produkts, die über die praktisch-funktionalen hinausgehen.[74] Eine Marke entsteht demnach, wenn ihr Verbraucher (oder andere relevante Bezugsgruppen) einen derartigen Zusatznutzen attestieren. Teilweise wird die Marke dem emotionalen Zusatznutzen sogar gleichgesetzt.[75] Wobei in diesem Zusammenhang Nutzen nicht im streng ökonomischen Sinne definiert werden darf. Vielmehr verfügen Marken über einen Zusatznutzen, wenn sie sich zur Befriedigung eines auch noch so weit vom konkreten Produktnutzen entfernten Bedürfnisses eignen.[76]

Ebenfalls psychologischer Natur ist das Konzept der **Markenpersönlichkeit**.[77] Ausgangpunkt dieses Ansatzes bildet die Überlegung, dass Marken genauso wie Menschen eine Persönlichkeit besitzen, der eine Zusatznutzenfunktion zukommt.[78] In diesem Sinne formulierte bereits Domizlaff das 12. Gesetz der natürlichen Markenbildung, welches besagt, dass eine Marke mit der Erzeugung einer Persönlichkeit gleichzusetzen sei.[79] Gestützt wird diese Ansicht durch die Tatsache, dass Verbraucher Marken oft mit Hilfe von menschlichen Eigenschaften wie z.B. jung, weiblich, sympathisch oder cool beschreiben.[80] In diesem Zusammenhang gilt es zwischen produkt- und umweltbezogenen Quellen von Persönlichkeitsmerkmalen zu unterscheiden: Zu den produktbezogenen Faktoren zählen sämtliche konkreten Marken- und Produkteigenschaften wie z.B. die Produktklasse, die Verpackung oder der Preis. Dagegen werden unter den umweltbezogenen Persönlichkeitsmerkmalen beispielsweise Vorstellungen der Verbraucher über den typischen Markenverwender (User-Imagery[81]) oder die in der Werbung verwendeten Persönlichkeiten (Testimonials) subsumiert.[82] Entsprechend ganzheitlich definiert Jennifer Aaker die Markenpersönlichkeit als *»... the set of human characteristics associated with a brand.«*[83]

Der wesentliche Unterschied der psychologischen gegenüber den merkmalsorientierten Markenansätzen liegt darin, dass sie aus der Verbraucherperspektive argumentie-

---

73 Aaker 1991, S. 15

74 Vgl. Farquhar 1990, S. RC-7

75 Vgl. z.B. Irmscher 1997, S. 9

76 In diesem Zusammenhang unterscheiden Berthon, Holbrook und Hulbert zwischen so genannten »Reified-Brands«, deren Image stark von der konkreten Produktleistung geprägt ist (z.B. Ben&Jerry's oder Crest), und »Abstract-Brands«, deren Positionierung produktunabhängig wahrgenommen wird (z.B. Virgin oder Tiffany). Vgl. Berthon/Holbrook/Hulbert 2003, S. 50ff.

77 Vgl. z.B. Plummer 1985, S. 28; Keller 1993, S. 4; Chernatony/Dall'Olmo Riley 1998, S. 423f.; Aaker/Joachimsthaler 2000a, S. 53

78 Vgl. Plummer 1985, S. 29. Ogilvy geht einen Schritt weiter und setzt die Persönlichkeit einer Marke deren Image gleich. Vgl. Ogilvy 1983, S. 14

79 Vgl. Domizlaff 1951/1992, S. 64; auch Domizlaff 1982, S. 18

80 Vgl. Aaker 1997, S. 348; Sirgy 1982, S. 288; Plummer 1985, S. 29f.

81 Vgl. Keller/Sternthal/Tybout 2002, S. 84

82 Vgl. Aaker 1996, S. 145f. Eine umfangreiche Aufzählung der Quellen der Markenpersönlichkeit liefert Biel. Vgl. Biel 2001, S. 76

83 Aaker 1997, S. 347. Vgl. Abschnitt 4.2.2

ren und die Markenbildung somit primär als psychologisches Phänomen verstehen. Der entscheidende Vorteil derartiger Modelle liegt in der Tatsache, dass der Markenbegriff dem gesellschaftlichen Wertewandel und der damit verbundenen Entwicklung des Konsumentenverhaltens gerecht wird. Ein Nachteil, der den psychologischen Markenansätzen anhaftet, liegt in der beschränkten Quantifizierbarkeit bzw. der fehlenden Konkretisierung des Markenbegriffs, da psychologische Faktoren und Konstrukte ausschliesslich qualitativer Natur sind und somit nicht trennscharf festgelegt werden können.[84] Wobei hier entgegnet werden muss, dass mit Hilfe empirischer Methoden die Ausprägung von Bekanntheit und Image einer Marke zu einem bestimmten Zeitpunkt verlässlich quantifiziert werden können. Allgemein ist anzumerken, dass zwischen psychologischen und merkmalsbezogenen Markenansätzen kein grundsätzlicher Konflikt besteht. Vielmehr verhalten sich die beiden Markenansätze insofern komplementär, als dass merkmalsbezogene Ansätze in aller Regel eine Leistung beschreiben, die den grundlegenden Anforderungen psychologischer Modelle genügt.[85] Letztere vermögen die Entstehung von Präferenzen für starke Marken aber nur zum Teil zu erklären, weshalb die Wesensbestimmung der Marke auch auf einer gesellschaftlich-kulturellen Ebene erfolgen muss.

2.2.4 Kultursoziologische Markenansätze

Die postmoderne Gesellschaft ist geprägt durch Individualisierung und Hyperdifferenzierung, durch Unsicherheit und Orientierungslosigkeit, durch den Zerfall von Ideologien und den damit verbundenen Wegfall regulierender Institutionen sowie durch eine nie vorher dagewesene Dynamik.[86] Zwischen diesen soziokulturellen Veränderungen und den Entwicklungen im Marketing bestehen vielfältige Parallelen, die darauf zurückzuführen sind, dass der anhaltende gesellschaftliche Wandel insbesondere im Rahmen der Markenführung antizipiert wird. Vor diesem Hintergrund sind die kultursoziologischen Markenansätze zu interpretieren, die in den letzten Jahren die Marke als Phänomen einer postmodernen Alltagskultur entdeckt haben. Marken werden dabei als letzte grosse Symbole und Mythen unserer Zeit,[87] als Ikone,[88] als Kulte[89] oder als Totem[90] bezeichnet. Diese kulturorientierte Denkhaltung ist aber nicht neu, bezeichnete doch bereits Domizlaff vor über 50 Jahren die Marke als Fetisch.[91]

Der die Postmoderne prägende Zerfall regulierender und sozial verbindender Ideologien wie Religion, Politik, Stil oder Philosophie bedingt die Entstehung alternativer

---

[84] Vgl. auch Grösser 1991, S. 200
[85] Vgl. auch von Matt 1987, S. 38
[86] Vgl. z.B. Bolz/Bosshart 1995, S. 62, 152; auch Abschnitt 3.2.5
[87] Vgl. Kehrer 2001, S. 207ff.
[88] Vgl. Goodyear 1994, S. 65
[89] Vgl. Bolz/Bosshart 1995, S. 106
[90] Vgl. Bolz 2002, S. 18
[91] Vgl. Domizlaff 1951/1992, S. 13

kultursoziologischer Wertemuster. Etablierte Marken haben zusammen mit anderen populären kulturschaffenden Instanzen (Film, Fernsehen, Musikgruppen etc.) das Potenzial, die vakant gewordene Stelle zu besetzen, weil sie aufgrund ihrer zum Teil jahrelangen Präsenz am Markt und im Alltag zu Trägern verbreiteter Normen und Werte wurden.[92] Dies lässt sich beispielsweise auch daran erkennen, dass den Marken Coca-Cola und Nike in Amerika eine höhere Wertschätzung zukommt als den Vereinten Nationen; und in England geniesst Adidas in der Bevölkerung das grössere Vertrauen als die königliche Familie oder die Europäische Union.[93] Das kulturschaffende Potenzial von Marken wird auch durch die aktuelle Renaissance der Ostprodukte (z.B. Rotkäppchen-Sekt) in den neuen deutschen Bundesländern deutlich.[94] Dabei werden persönliche Lebensgeschichten anhand von Markenbiografien reflektiert.

Marken dienen demnach als geistige Ressourcen, transportieren kulturelle Botschaften, stimulieren, provozieren und inspirieren.[95] So signalisierte das Unternehmen Benetton in seiner kontroversen Werbekampagne die Übernahme sozialer Verantwortung.[96] Ein weiteres Beispiel stellt die Marke Body-Shop dar, die weniger als Kosmetikunternehmen denn als ethische Instanz positioniert ist. Die Marke übernimmt in derartigen Fällen aufgrund ihres spirituellen Zusatznutzens eine annähernd parareligiöse Funktion und ersetzt dabei klassische kulturelle Werte durch ihren eigenen Mythos.[97] Wenn eine Marke einen derartigen Status erreicht, ist sie weitgehend in den Besitz ihrer Verbraucher bzw. der Gesellschaft übergegangen.[98]

Grundlage aller soziokulturellen Markenansätze ist die Beziehung von Verwendern einer bestimmten Marke untereinander sowie diejenige zwischen Marke und Verbraucher.[99] Zum Verständnis der interaktiven Natur der **Markenbeziehung** ist es notwendig herauszufinden, was der Verbraucher über eine Marke denkt, und was nach Ansicht des Verbrauchers die Marke über ihn denkt.[100] Im Rahmen des Relationship-Basis Models wird der Erfolg einer Marke anhand dieser Beziehung erklärt.[101] Das Modell beruht auf der Erkenntnis, dass in der postmodernen Gesellschaft Beziehungen oder Freundschaften mitunter das Wichtigste sind. Sie dienen als Orientierungshilfe und Fluchtmöglichkeit, sind Ausdruck des persönlichen Erfolgs und stehen für Vertrauen, Verständnis, Fürsorge, aber auch Spass und Lebensfreude.[102] Die Überlegungen führen zum Schluss: Je höher die Qualität der Markenbeziehung ist, desto stärker präferiert der Verbraucher eine Marke. Nach Fournier lässt sich die Qualität der Mar-

92 Vgl. Holt 2002, S. 87; Bolz/Bosshart 1995, S. 11
93 Vgl. Young & Rubicam o.J., S. 2
94 Vgl. Band 2003, S. 69
95 Vgl. Holt 2002, S. 83ff.; Herrmann 1999, S. 42
96 Vgl. Bolz/Bosshart 1995, S. 171; Goodyear 1994, S. 66
97 Vgl. Bolz 2002, S. 18
98 Vgl. Goodyear 1994, S. 65
99 Vgl. Chernatony/Dall'Olmo Riley 1998, S. 423; Abschnitt 2.3.2
100 Vgl. Blackstone 1993, S. 113; Fournier 1998, S. 344ff.
101 Vgl. Aaker 1996, S. 159ff.
102 Vgl. Herrmann/Huber/Braunstein 2001, S. 114

kenbeziehung durch die Dimensionen Intimität, Bindung, Partnerqualität, Verknüpfung der Marke mit der eigenen Identität, Interdependenz und Liebe erklären.[103]

Das Vordringen der Marke in den gesellschaftlichen und kulturellen Lebensbereich macht aus den verantwortlichen Marketingleitern und Kommunikationsfachleuten eine Art »Gesellschaftsdesigner«.[104] Es erstaunt deshalb nicht, dass diese Entwicklung zum Teil heftig kritisiert wird. Die bekannteste Kritikerin dürfte Naomi Klein sein, die in ihrem Buch »No Logo« die Widersprüche zwischen dem Verhalten grosser internationaler Unternehmen und ihren Marketingaktivitäten aufzeigt. Sie kritisiert insbesondere das Vordringen der Marke in den soziokulturellen Raum und ruft zur Gegenbewegung, zum so genannten Culture Jamming, auf.[105] Dabei geht es vereinfacht ausgedrückt um die Rückgewinnung des öffentlichen Raums durch die Gesellschaft als Ganzes (»Reclaim the Streets«). Aber auch wenn diese Kritik teilweise berechtigt ist, ist sie, zumindest was die soziokulturelle Dimension der Marke angeht, sinnlos. Denn durch ihre öffentliche Wirkung verwandelt sich die Kritik selbst zur Marke. So wurde »No Logo« zur starken Marke der Globalisierungsgegner.

Die Trennung zwischen psychologischen und kultursoziologischen Markenansätzen ist nicht immer klar zu vollziehen. Vielmehr verhalten sich diese beiden Perspektiven stark komplementär zueinander: Während die psychologischen Ansätze schwerpunktmässig auf die Innensicht der Marke abstellen, setzen die kultursoziologischen Ansätze die Aussensicht der Marke ins Zentrum des Interesses. Grundsätzlich kann festgehalten werden, dass die psychologischen Ansätze (und dabei insbesondere das Modell der Markenpersönlichkeit) die Grundlage für die meisten soziokulturellen Markenansätze bilden. Letztere erweitern die psychologische Sicht um die gesellschaftliche Perspektive durch die Berücksichtigung der Interaktionen zwischen Marke und Verbraucher sowie zwischen Verbrauchern untereinander.[106] Als eine Art Konsequenz der psychologischen und soziokulturellen Markenmodelle kann denn auch das Verhältnis zwischen Absender, Marke und Verbraucher betrachtet werden.[107] An dieser Stelle setzt auch der kommunikationsorientierte Markenansatz an.

2.2.5 Kommunikationsorientierter Markenansatz als Synthese

Die vorhin dargestellten Ansätze zur Wesensbestimmung der Marke stammen aus unterschiedlichen Forschungsrichtungen und zeigen in ihrer Gesamtheit die Vielschichtigkeit des Themas auf: Marken sind aus semiotischer und juristischer Sicht differenzierende Zeichen, entstehen aus Anbietersicht durch den zweckmässigen Einsatz des gesamten Marketinginstrumentariums und sind aus Verbrauchersicht insbesondere

[103] Vgl. Fournier 1998, S. 366
[104] Vgl. Holt 2002, S. 71
[105] Vgl. Klein 2000, S. 27ff.; 279ff.
[106] Vgl. Bolz/Bosshart 1995, S. 185
[107] Vgl. Herrmann/Huber/Braunstein 2001, S. 113; Aaker 1996, S. 159ff.

durch psychologische Dimensionen wie Bekanntheit und Image gekennzeichnet. Die Stärke bzw. Bedeutung einer Marke ergibt sich schlussendlich gleichermassen aus der Markenführung und den kognitiven Leistungen der Verbraucher.[108] Dabei ist zu bedenken, dass sich unternehmerische Gestaltungsentscheidungen und Kundenentscheidungen unmittelbar aufeinander beziehen, also keinesfalls lösgelöst voneinander betrachtet und diskutiert werden dürfen. Ziel muss vielmehr sein, unternehmerische Entscheidungen und potenzielle Konsumentenentscheidungen direkt aufeinander abzustimmen. Dabei kommt der Marke eine Schnittstellenfunktion zu. Sie wird zum verbindenden Modell, wo Konsumenten- und Unternehmensentscheidungen (aber auch Entscheidungen weiterer relevanter Bezugsgruppen) zusammentreffen und direkt miteinander verglichen werden können.[109]

Diese Erkenntnis sowie die bisherigen Ausführungen zu den unterschiedlichen Markenansätzen führen zum Schluss, dass eine alle relevanten Aspekte umfassende Wesensbestimmung der Marke ausschliesslich interdisziplinär und integrativ erfolgen kann.[110] Vor dem Hintergrund der dieser Arbeit zugrunde gelegten Zielsetzung gilt es zumindest die semiotische, betriebswirtschaftliche, psychologische und soziologische Sicht der Marke in einem einzigen Ansatz zusammenzuführen. Viel versprechend erscheint hierzu das einstufige Grundmodell der Kommunikation, das den Kommunikationsprozess auf seine wesentlichen Elemente und Beziehungen reduziert: den Sender und den Empfänger, die Botschaft und das Medium als Träger der Botschaft.[111] Die Beziehung zwischen Sender und Empfänger wird durch die Übermittlung von kognitiven und/oder affektiven Informationen hergestellt (Kommunikationsinhalt). Die zu übermittelnde Botschaft wird vom Sender codiert bzw. in ein verschlüsseltes Signal übersetzt (Sprache, Bild, Musik etc.) und anschliessend vom Empfänger wieder decodiert. Über eine so genannte Rückkopplung wird der End- mit dem Ausgangspunkt der Kommunikation verbunden. Der Sender hat somit die Möglichkeit, den Informationsempfang, das Verständnis und die Reaktion des Empfängers zu überprüfen. Aufgrund dieser Wechselseitigkeit wird der Kommunikationsprozess teilweise auch als Interaktion oder Regelkreis bezeichnet.

Das einstufige Grundmodell der Kommunikation eignet sich insofern zur Beschreibung der Marke, als sich damit die beiden notwendigen Bedingungen für die Entstehung einer Marke – einerseits die in Bezug auf die Marke durchgeführten Aktivitäten des Unternehmens und andererseits die damit stimulierten kognitiven Leistungen der Verbraucher – gemeinsam abbilden lassen. Die Beziehung zwischen Unternehmen, Marke und Verbraucher wird dabei als kommunikativer Prozess betrachtet und mit

[108] Vgl. Chernatony/Dall'Olmo Riley 1998, S. 419. Diese Erkenntnis findet sich in ähnlicher Form beispielsweise auch bei Kapferer, der zwischen der Markenidentität als Aussagekonzept und dem Markenimage als Akzeptanzkonzept unterscheidet. Vgl. Kapferer 1992, S. 44ff.

[109] Vgl. Chernatony/Dall'Olmo Riley 1998, S. 428; Herrmann 1999, S. 22; auch Haedrich/Tomczak 1996, S. 39f.

[110] Vgl. Adjouri 2002, S. 71f.

[111] Vgl. z.B. Kroeber-Riel/Weinberg 2003, S. 498ff.; Bruhn 2003a, S. 32ff.; Wehrli 1998, S. 101f.; Behrens 1996, S. 331ff.

Hilfe des Kommunikationsmodells dargestellt (vgl. Abbildung 2.1).[112] Dabei kommt dem Unternehmen die Rolle des Senders und dem Verbraucher diejenige des Empfängers zu. Die Positionierung der Marke und die Ausgestaltung des Marketing-Mix durch das Unternehmen entsprechen der Codierung und dienen der Gestaltung der Markenidentität.[113] Die Marke selbst ist Botschaft und Medium zugleich, denn einerseits stellt sie als Zeichensystem bereits für sich alleine eine Information dar (Identifizierungsfunktion der Marke), andererseits dient sie dazu, weitergehende Informationen zu transportieren (Werbe- und Kommunikationsfunktion der Marke).[114] Die Wahrnehmung und Interpretation der Marke durch die Verbraucher stellen die Decodierung dar und bilden die Grundlage des Markenimages. Die Rückkoppelungen schliesslich entsprechen den Kaufentscheidungen der Verbraucher.[115] Darüber hinaus wird der kommunikative Gehalt von Marken auch durch die Art ihrer Verwendung bestimmt. Die Marke dient ihrem Verbraucher ebenfalls als Medium, um sich wortlos mitzuteilen.[116]

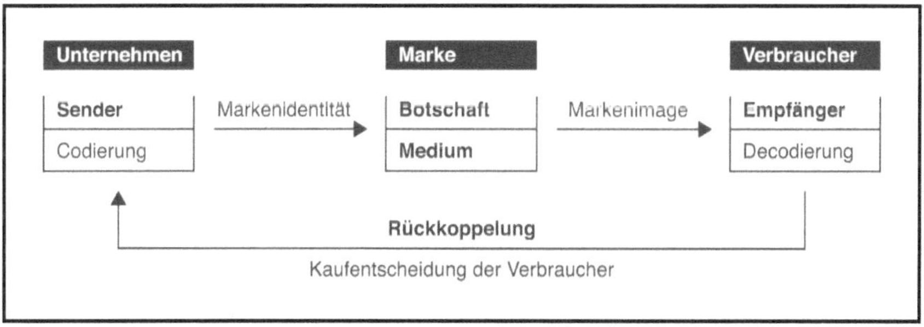

Abb. 2.1: Kommunikationsorientiertes Markenmodell

Grundlage jeder erfolgreichen Kommunikation ist die Decodierung der Botschaft durch den Empfänger im Sinne des Senders. Die hierbei auftretenden Schwierigkeiten beruhen einerseits auf einem zwischen Sender und Empfänger abweichenden Zeichenrepertoire (z.B. unterschiedliche Sprachen), andererseits auf dem Umstand, dass der Empfänger die Übersetzung und Interpretation der Botschaft ausschliesslich aufgrund seiner eigenen Wertvorstellungen, Erfahrungen und Bedürfnissen vornimmt, diese aber nicht zwingend denjenigen des Senders entsprechen.[117] Diese Schwierigkeiten dürften bei der Adaptation des Kommunikationsmodells auf den Markenkontext grösstenteils wegfallen, da davon ausgegangen werden kann, dass im Rahmen von marketingorientierten Kommunikationsvorgängen bewusst die Sprache der Empfänger ge-

[112] Vgl. Adjouri 2002, S. 72f.

[113] Im Unterschied zum Markenimage (die Wahrnehmung der Marke durch den Markt), versteht man unter dem Begriff Markenidentität das Bild, das von einer Marke vermittelt werden soll. Vgl. auch Abschnitt 4.2.4

[114] Vgl. Abschnitte 2.3.1 und 2.3.2

[115] Vgl. auch Chernatony/Dall'Olmo Riley 1998, S. 428

[116] Vgl. Perry 1994, S. 4; Sirgy 1982, S. 289; Aebi 2003, S. 322ff.

[117] Vgl. Wehrli 1998, S. 102; Bruhn 2003a, S. 34

sprochen wird.[118] Ein gemeinsamer und vorher definierter Zeichensatz darf in diesem Fall vorausgesetzt werden. Dasselbe gilt für die explizite Ausrichtung der Botschaft auf die Situation und das bestehende Wissen der Empfänger.

In der neueren betriebswirtschaftlichen, psychologischen und juristischen Literatur wird das Phänomen Marke häufig in einem kommunikativen Kontext betrachtet.[119] So weisen Kroeber-Riel und Esch darauf hin, dass Marken oft die Rolle eines Mediums übernehmen, während die Werbung zur Aufgabe hat, das Angebot in der emotionalen Erfahrungs- und Erlebniswelt der Konsumenten zu verankern.[120] Für Tomczak und Müller stellt die Kommunikation den zentralen Erfolgsfaktor der strategischen Markenführung dar.[121] Und Trommsdorff stellt fest, dass die Inputseite der Marke hauptsächlich durch Kommunikation bestimmt wird.[122] Wobei Kommunikation in diesem Zusammenhang keinesfalls mit der Werbung für die Marke gleichgesetzt werden darf. Auch Produkt-, Preis- und Distributionsentscheidungen haben stets kommunikative Wirkungen.[123] Diese Erkenntnis impliziert, dass alle Markenführungsentscheide als Teil eines kommunikativen Prozesses betrachtet werden müssen. Zusammenfassend kann die Marke somit als Repräsentant und zugleich Botschaft des Unternehmens auf dem Markt verstanden werden.

Das Grundmodell der Kommunikation eignet sich als holistischer Markenansatz, da alle relevanten Disziplinen eingebunden und einem oder mehreren Elementen des Kommunikationsprozesses zugeordnet werden können. So ist das Unternehmen bzw. der Sender primär aus betriebswirtschaftlicher Perspektive zu betrachten. Bei der Decodierung durch den Verbraucher bzw. Empfänger geht es primär um Assoziationen, Interpretationen und Reaktionen, also um Forschungsschwerpunkte der Psychologie. Die Marke als Zeichensystem muss in erster Linie unter semiotischen und allenfalls rechtlichen Gesichtspunkten betrachtet werden. Schliesslich stellt das Kommunikationsmodell als Ganzes einen soziologischen Untersuchungsgegenstand dar, da Kommunikation als Träger des sozialen Geschehens bezeichnet werden kann. Aufgrund dieser Ganzheitlichkeit und im Hinblick auf den Untersuchungsgegenstand dieser Arbeit schliesst sich der Autor dem kommunikationsorientierten Markenansatz an: Die Marke wird hier und im Folgenden verstanden als Botschaft und Medium zugleich, die das Resultat unterschiedlichster Marketingentscheidungen und der sich daraus ergebenden kognitiven Wirkungen bei den relevanten Bezugsgruppen darstellen.

---

[118] Vgl. Adjouri 2002, S. 73
[119] Vgl. z.B. Adjouri 2002, S. 74; Herrmann 1999, S. 41; Wehrli 1998, S. 75; Marbach 2002, S. 100
[120] Vgl. Kroeber-Riel/Esch 2000, S. 71f.
[121] Vgl. Tomczak/Müller 1992, S. 18
[122] Vgl. Trommsdorff 1997, S. 1
[123] Vgl. Adjouri 2002, S. 77; Biel 1992, S. RC-10; Kaas 1990b, S. 541

2.3 Markenfunktionen

Die bisherigen Ausführungen haben gezeigt, dass Marken grundlegende und unverzichtbare Elemente von Märkten darstellen. Die Funktionen, die Marken in unterschiedlichen Marktprozessen erfüllen, sind dementsprechend vielfältig. Analog zur Wesensbestimmung der Marke fällt eine klare Strukturierung schwer, da die Funktionen je nach Perspektive variieren.[124] Grundsätzlich können Markenfunktionen entweder nach Bezugssystem (Nachfragerperspektive, Anbieterperspektive, Handelsperspektive und gesamtwirtschaftliche Markenfunktionen) oder nach inhaltlichen Kriterien klassifiziert werden.[125] Ferner kann zwischen originären und derivativen Markenfunktionen unterschieden werden:[126] Letztere lassen sich aus ersteren ableiten und werden aufgrund der damit verbundenen Lernvorgänge meist erst mit zeitlicher Verzögerung wirksam.[127]

Viele Markenfunktionen treffen in jeweils leicht abgeänderter Form sowohl für den Verbraucher als auch für den Markeneigner zu.[128] Um Redundanzen zu vermeiden, wird die Klassifizierung im Folgenden deshalb nach inhaltlichen Kriterien vorgenommen, wobei gesamtwirtschaftliche Funktionen und Markenfunktionen für den Handel im Hinblick auf den Untersuchungsgegenstand dieser Arbeit ausgeklammert werden. Ausgehend von der vorhin gewählten Markendefinition lassen sich grob vier verschiedene Arten von Markenfunktionen unterscheiden: Informationsfunktionen (Abschnitt 2.3.1), mediale Markenfunktionen (Abschnitt 2.3.2), Schutzfunktionen (Abschnitt 2.3.3) sowie Rationalisierungsfunktionen (Abschnitt 2.3.4).[129] Die Schutzfunktionen der Marke sind dabei als einzige lediglich für den Markeneigner relevant.

2.3.1 Informationsfunktionen

Marken übernehmen in komplexen und dynamischen Märkten wichtige Informationsfunktionen, indem sie dem Verbraucher Informationen über ihre Identität, ihre Herkunft, ihre Qualität und ihre Positionierung übermitteln. In diesem Zusammenhang ist die **Identifizierungsfunktion** die wichtigste Markenfunktion und stellt ein konstitutives Merkmal der Marke dar.[130] Entsprechend der ursprünglichen Bedeutung der Marke besitzt die Identifizierungsfunktion sowohl trennende als auch verbindende Kompo-

---

[124] Vgl. von Matt 1987, S. 19

[125] Zur Unterscheidung nach Bezugssystem vgl. z.B. Keller 2003, S. 8ff; Meffert/Burmann/Koers 2002, S. 9ff.; Herrmann 1999, S. 47ff. Zur Unterscheidung nach inhaltlichen Kriterien vgl. z.B. Irmscher 1997, S. 29ff.; von Matt 1987, S. 19f.

[126] Vgl. z.B. Irmscher 1997, S. 29

[127] Vgl. auch Meffert/Burmann/Koers 2002, S. 8f. Mühlbacher/Dreher/Gabriel-Ritter 1996, S. 206

[128] Vgl. von Matt 1987, S. 19

[129] Darüber hinaus existiert eine Vielzahl weiterer Funktionen der Marke, die im Rahmen der Klassifizierung in die Argumentation eingearbeitet werden.

[130] Vgl. Mellerowicz 1963, S. 13; auch Abschnitt 2.2.2

nenten:[131] Durch eine eigenständige Identität unterscheidet sich die Marke einerseits von Konkurrenzangeboten (Differenzierung), andererseits manifestiert sie die Zusammengehörigkeit von Angeboten desselben Anbieters.

Aus der Identifizierungsfunktion der Marke lässt sich ihre **Herkunftsfunktion** ableiten.[132] Die Marke zeigt an, von welchem Anbieter sie stammt. Wobei in letzter Zeit die ursprüngliche Herstelleridentifikation einer zunehmend produktbezogenen Identifikation weichen musste.[133] Der Hersteller ist dem Verbraucher demnach in vielen Fällen nicht mehr bekannt. Wichtiger als die genaue Herkunftsbestimmung ist aber ohnehin der Umstand, dass der Hersteller aus der Anonymität tritt und die Verantwortung für sein Produkt übernimmt.[134] Zudem ist davon auszugehen, dass jede Marke in gewisser Weise die Herkunftsfunktion erfüllt, da es dem Verbraucher in aller Regel möglich ist, den Anbieter herauszufinden.[135] Neben der später beschriebenen expliziten Schutzfunktion der Marke stellen die Identifizierungs- und die Herkunftsfunktion die beiden einzigen originären Markenfunktionen dar. Die restlichen Informationsfunktionen sowie die medialen Markenfunktionen und die Rationalisierungsfunktionen haben allesamt derivativen Charakter.

So lässt sich aus der Herkunftsfunktion der Marke ihre **Vertrauens- bzw. Qualitätssicherungsfunktion** ableiten.[136] Ein kontinuierlicher Marktauftritt signalisiert eine bestimmte Leistungsqualität, stärkt beim Nachfrager das Vertrauen in den Anbieter und mindert das wahrgenommene Kaufrisiko. Aus diesen Gründen werden Marken auch als Risiko-Reduzierer bezeichnet.[137] Die Qualitätssicherungsfunktion spielt vor allem bei Leistungen mit einem hohen Anteil an Vertrauenseigenschaften eine wichtige Rolle (z.B. Wartungszustand/Sicherheit eines Flugzeuges), da hier das Produkt auch nach Kauf und Konsum vom Verbraucher nicht zweifelsfrei beurteilt werden kann.[138] Aus den Informationsfunktionen der Marke lassen sich die medialen Markenfunktionen ableiten.

---

[131] Vgl. von Matt 1987, S. 21

[132] Vgl. Irmscher 1997, S. 30

[133] Das klassische Beispiel für eine produktbezogene Identifikation (Einzelmarkenstrategie) liefert Procter & Gamble, die sich als Eigner von Marken wie Ariel, Allways, Pampers, Meister Propper oder Pringles stets im Hintergrund halten.

[134] Vgl. Keller 2003, S. 9

[135] Vgl. von Matt 1987, S. 22

[136] Vgl. Meffert/Burmann/Koers 2002, S. 9f.; Irmscher 1997, S. 31; Wehrli 1998, S. 76; Upshaw 1995, S. 10

[137] Vgl. Keller 2003, S. 10

[138] Vgl. auch Kaas 1990b, S. 543ff.

2.3.2 Mediale Markenfunktionen

Marken informieren die Verbraucher nicht nur über Identität, Herkunft oder Produktqualität, sondern auch über ihren Zusatz- und Symbolnutzen.[139] In diesem Zusammenhang übernimmt die Marke die Rolle eines Mediums und die Werbung die Aufgabe, das Angebot in der emotionalen Erfahrungs- und Erlebniswelt der Konsumenten zu verankern.[140] Die **Werbefunktion** der Marke ermöglicht es, Informationen, die weit über die reine Markierung hinausgehen, mittels Kommunikation in den Markt zu tragen und somit die von einem Produkt auf die Verbraucher wirkenden Eindrücke in mehrfacher Weise und Richtung zu potenzieren.[141] Die Werbung wird dabei oft zu einem von der konkreten Produktleistung untrennbaren Bestandteil der Marke.[142] Hauptgrund für diese Entwicklung ist die zunehmende Austauschbarkeit der Produktqualität. In diesem Zusammenhang kommt dem Symbolnutzen einer Marke die Aufgabe zu, Lebensstile und Themenwelten zu verkaufen und dadurch die Marke stärker zu differenzieren und zu profilieren.[143] Die Werbefunktion ist Voraussetzung für den Aufbau einer so genannten Unique Advertising Proposition[144] und somit aus Anbietersicht die wichtigste mediale Markenfunktion.[145]

Das Pendant der Werbefunktion auf Nachfragerseite ist die **Symbolfunktion** einer Marke, die sich ebenfalls aus ihrem Symbolnutzen ergibt.[146] Die Marke kann ihrem Verwender als Medium dienen, um sich mitzuteilen. Der mit dieser Funktion verbundene Nutzen wird durch das Self-Expression-Model erklärt.[147] Es beruht auf der Erkenntnis, dass sich Verwender durch den Kauf und die Zurschaustellung entsprechender Marken selbst definieren und inszenieren. So hilft die Persönlichkeit einer Marke dem Konsumenten, sich vor anderen so zu präsentieren, wie er selbst gerne gesehen werden möchte: *»We are what we wear, what we eat, what we drive. Each of us (...) is a walking compendium of brands. You chose each of those brands among many options – because they felt ›more like you‹.«*[148]

Die Symbolfunktion von Marken gewann in jüngster Zeit stark an Bedeutung, da als Folge der zunehmenden Individualisierung der Gesellschaft der Drang der Menschen nach Selbstverwirklichung und -inszenierung stark zunahm.[149] In Zeiten eines permanenten Wertewandels ist das Individuum gezwungen, sein Selbstkonzept permanent

[139] Vgl. Abschnitt 2.2.3
[140] Vgl. Kroeber-Riel/Esch 2000, S. 71f.
[141] Vgl. Irmscher 1997, S. 30f.; Kaas 1990b, S. 543; von Matt 1987, S. 24ff.; Meffert/Burmann/Koers 2002, S. 12; Berekoven 1978, S. 47
[142] Vgl. Biel 1992, S. RC-9
[143] Vgl. Weinberg/Diehl 2001, S. 191f.; Bolz/Bosshart 1995, S. 73f.
[144] Vgl. Kühn/Jenner 1998, S. 34; Abschnitt 3.3.2
[145] Vgl. auch Weinberg/Gröppel 1988, S. 191
[146] Vgl. Keller 2003, S. 9f.; Meffert/Burmann/Koers 2002, S. 11f.; Abschnitt 2.2.3
[147] Vgl. Aaker 1996, S. 153ff.
[148] Perry 1994, S. 4; ähnlich: Aebi 2003, S. 322ff.
[149] Vgl. Holt 2002, S. 87; Gerken 1994a, S. 50

den sich ändernden sozialen Umweltbedingungen anzupassen und dafür zusätzliche Darstellungsmöglichkeiten zu finden. Hierbei helfen Marken mit einem hohen symbolischen Zusatznutzen, indem sie die Möglichkeit eines Persönlichkeitstransfers von sich auf ihre Verwender bieten.[150] Dabei ist davon auszugehen, dass die Präferenz für eine Marke zunimmt, je stärker die Marke mit Eigenschaften assoziiert wird, die dem realen oder vielmehr dem idealen Ich des Konsumenten entsprechen.[151] Dabei identifizieren sich Verbraucher mit einer relativ schwachen Ich-Identität eher mit einer Marke als Personen mit einer relativ starken eigenen Identität.[152] Die Marke ist also nicht mehr nur Qualitätsgarant oder Prestigesymbol, sondern wird zu einem wichtigen Teil der Selbstinszenierung und somit wesentlich für die persönliche Identitätsfindung.[153]

Die Zurschaustellung einer bestimmten Marke dient aber aus gesellschaftlicher Perspektive nicht nur der Selbstinszenierung und somit der Unterscheidung des Markenverwenders von anderen Individuen, sondern markiert gleichzeitig die Zugehörigkeit zu einer bestimmten sozialen Gruppe (so genannte Brand Communities).[154] Die damit verbundene kurz- bis mittelfristige soziale Stabilität entspricht einem postmodernen Bedürfnis, das sich aus der allgemeinen Unsicherheit ergibt.[155] Marken formen grosse Menschenmengen organisch zu Kundschaften bzw. Kundenstämmen, unterscheiden zwischen In- und Outsidern.[156] Beispiele hierfür sind die Community der Apple-User und die Gemeinschaft der Harley-Davidson-Fahrer. Die Individuen kommunizieren durch die Verwendung einer bestimmten Marke die Zugehörigkeit zu einer sozialen Gruppe und teilen dieses Gefühl untereinander.[157] Dem Markenlogo kommt hierbei eine totemistische Funktion zu.[158]

2.3.3 Schutzfunktionen

Die Schutzfunktion der Marke basiert auf expliziten und impliziten Schutzmechanismen.[159] Zum einen resultiert sie aus dem expliziten rechtlichen Schutz der Marke, der die ungerechtfertigte Verwendung oder Nachahmung der Marke verhindert.[160] Dabei bietet das Markenrecht dem Markeneigner sowohl Schutz vor der Verwendung seiner Marke durch Dritte als auch – was in der Praxis wesentlich wichtiger ist – vor verwechselbaren Zeichen für fremde Produkte.[161] Diese **explizite Schutzfunktion** leitet

[150] Vgl. Aaker 1996, S. 153ff.; Biel 1992, S. RC-6; Goodyear 1994, S. 65; Keller 2003, S. 9f.
[151] Vgl. Sirgy 1982, S. 289; Plummer 1985, S. 30
[152] Vgl. Goodyear 1994, S. 66
[153] Vgl. Holt 2002, S. 87; Holt 1995, S. 6; Levy 1959, S. 119
[154] Zum Begriff Brand Communities vgl. Algesheimer 2004, S. 53ff.
[155] Vgl. Abschnitt 2.2.4 und Kapitel 3
[156] Vgl. Bolz/Bosshart 1995, S. 23
[157] Vgl. auch Goodyear 1994, S. 65
[158] Vgl. Bolz 2002, S. 18
[159] Vgl. Irmscher 1997, S. 31
[160] Vgl. Abschnitt 2.2.1
[161] Vgl. MSchG, Art. 3

sich direkt aus der rechtlichen Individualisierungsfunktion der Marke ab, wonach eine Marke dazu dient, Waren oder Dienstleistungen eines Unternehmens von solchen anderer Anbieter zu unterscheiden.

Gegen verwechselbare Zeichen kann der Inhaber der älteren, das heisst früher eingetragenen Marke gerichtlich vorgehen, insbesondere die Verwendung der übernommenen oder verwechselbaren Zeichen verbieten lassen und den Verletzer auf Schadenersatz, Genugtuung und Herausgabe des aus der widerrechtlichen Verwendung des Zeichens gezogenen Gewinns belangen.[162] Ohne die explizite rechtliche Schutzfunktion wäre jede Investition in eine Marke (z.B. Markenwerbung) mit einem hohen und nur schwer kalkulierbaren Risiko verbunden, da sie von unseriösen Konkurrenten (z.B. Markenpiraten) durch ein opportunistisches Verhalten ausgenutzt werden könnte.[163] Aus ökonomischer Sicht hat der Markenschutz für den Markeneigner dieselbe Bedeutung wie der Patent- oder Urheberschutz, denn schliesslich sind auch Marken geistige Schöpfungen.

Die Marke hat aber auch eine **implizite Schutzfunktion**, indem der Markt selbst die Marke schützt. Diese Markenfunktion tritt ein, wenn eine Marke erfolgreich ist, sodass einerseits die Markteintrittsbarrieren für potenzielle Konkurrenten erhöht werden, andererseits ein Markenwechsel aus Nachfragersicht mit hoher Unsicherheit verbunden ist.[164] Während die explizite Schutzfunktion einen originären Charakter aufweist, ist die implizite Schutzfunktion eine derivative Markenfunktion, die sich erst nach einer gewissen Zeit zusammen mit dem Markterfolg der Marke entwickelt. Die Gesamtheit der bislang beschriebenen Markenfunktionen bildet die Grundlage der Rationalisierungsfunktionen der Marke.

2.3.4 Rationalisierungsfunktionen

Vor allem aus der Qualitäts- und Vertrauensfunktion der Marke lässt sich ihre **Rationalisierungsfunktion** für den Verbraucher ableiten. Diese Markenfunktion beruht auf dem Umstand, dass der Verbraucher einer bekannten Marke vertraut und somit Wiederholungskäufe tätigen kann, ohne die Produkte beim Kaufakt genau zu prüfen.[165] Aus informationsökonomischer Sicht signalisieren Marken Informationen über ihre Positionierung und reduzieren somit die Informations- und Transaktionskosten beim Verbraucher. Ein vermeintlich teureres, markiertes Produkt kann dadurch für den Konsumenten günstiger sein als ein nicht markierter Artikel, da letztlich die Summe aus Preis und Transaktionskosten kaufverhaltensrelevant ist.[166] Die Marke fungiert in

---

162 Vgl. MSchG, Art. 44

163 Vgl. von Matt 1987, S. 24

164 Vgl. Irmscher 1997, S. 182ff.; Keller 2003, S. 11; Srivastava/Shervani/Fahey 1998, S. 11; Meffert/Burmann/Koers 2002, S. 8; Kaas 1990b, S. 545

165 Vgl. Irmscher 1997, S. 32; Chernatony/Dall'Olmo Riley 1998, S. 419f.

166 Vgl. Kaas 1990b, S. 543

diesem Zusammenhang als Information Chunk und entlastet den Verbraucher durch eine Erhöhung der Markttransparenz und eine damit verbundene Reduktion der wahrgenommenen Komplexität.[167]

Vor diesem Hintergrund ergeben sich auch für den Markeneigner grosse Rationalisierungspotenziale, da starke Marken aufgrund ihrer Rationalisierungsfunktion in der Lage sind, zukünftige Umsätze eines Unternehmens zu beschleunigen, auszuweiten und das Risiko eines künftigen Umsatzrückgangs zu reduzieren.[168] Eine Beschleunigung der Umsätze kann bei **Neuprodukteinführungen** beobachtet werden, da Konsumenten in aller Regel früher auf Produktlancierungen etablierter Marken reagieren als auf Produkteinführungen imageschwacher Anbieter. Srivastava, Shervani und Fahey geben als Beispiel den Markt für Personalcomputer an, wo eine neue Computergeneration imagestarker Marken wie Apple oder Hewlett-Packard typischerweise von den Käufern drei bis fünf Monate früher adaptiert wird, als dies bei vergleichbaren Innovationen imageschwacher Anbieter der Fall ist.[169]

Der Hauptgrund für eine Ausweitung bzw. Erhöhung künftiger Umsätze mittels Marken liegt in dem **Aufgeld**, das sich über den Preis des Markenprodukts erzielen lässt.[170] Augenfällig wird dies, wenn man die Preisunterschiede unterschiedlich markierter, aber ansonsten identischer Produkte vergleicht: Anfang der 90er-Jahre brachten Sony, Nikon und Ricoh, abgesehen von Markenname und Preis, jeweils identische Camcorder auf den Markt. Das Sony-Produkt wurde im Schnitt 10 Prozent teurer verkauft als der Nikon-Camcorder und erzielte dennoch einen höheren Absatz. Obwohl die Geräte von Ricoh nochmals 8 Prozent billiger waren als das Pendant von Nikon, war deren Marktanteil von den drei identischen Produkten der kleinste.[171]

Eine Ausweitung bzw. Erhöhung künftiger Umsätze kann aber auch durch die Übertragung einer etablierten Marke auf neue Produktbereiche, durch einen so genannten **Markentransfer** erzielt werden.[172] Dabei wird ein etabliertes Markenzeichen auf ein neues Produkt übertragen, wobei es sich entweder um ein Produkt aus derselben Kategorie (Line Extension) oder aber um ein Produkt aus einer neuen Kategorie (Brand oder Category Extension) handeln kann.[173] Durch einen Markentransfer wird einerseits das Floprisiko der Neuproduktlancierung reduziert, andererseits werden die Markteinführungskosten im Vergleich zu einer Neuprodukteinführung unter einem neuen Na-

---

[167] Information Chunks sind so genannte Schlüsselinformationen, die für die Produktbeurteilung besonders wichtig sind und mehrere andere Informationen bündeln oder substituieren. Vgl. Kroeber-Riel/Weinberg 2003, S. 284

[168] Vgl. Srivastava/Shervani/Fahey 1998, S. 9ff.; auch Farquhar 1990, S. RC-7f.; Keller 1993, S. 15ff.; Irmscher 1997, S. 33; Aaker/Keller 1990, S. 27

[169] Vgl. Srivastava/Shervani/Fahey 1998, S. 10

[170] Vgl. Kenning 2003, S. 106; Abschnitt 2.4.3

[171] Vgl. Biel 2001, S. 66

[172] Vgl. Farquhar 1990, S. RC-10f.; Aaker/Keller 1990, S. 27f.; Irmscher 1997, S. 33; Hätty 1994, S. 562ff.

[173] Vgl. Keller 2003, S. 577

men gesenkt bzw. die Effektivität künftiger Marketinginvestitionen erhöht. Der Hauptgrund für den Erfolg von Markentransfers liegt in der Psyche der Verbraucher: Der Lernaufwand ist bei einer Markenerweiterung grundsätzlich geringer als bei einer Neuprodukteinführung unter einem neuen Markennamen.[174]

Trotz der ausserordentlichen Beliebtheit von Markentransfers ist die Ausweitung einer Marke jedoch oft auch mit Risiken verbunden.[175] Gemäss einer internationalen Studie von Ernst & Young und Nielsen aus dem Jahre 2003 beläuft sich die Floprate von Markentransfers auf eindrückliche 80%.[176] Zusätzlich können insbesondere Markentransfers in Produktbereiche, die zu weit weg von der Muttermarke liegen, die Markenidentität verwässern und somit das langfristige Wertschöpfungspotenzial einer Marke negativ beeinflussen.[177] Insbesondere bei einem Vorstoss in tiefpreisigere Teilmärkte drohen der Marke dauerhafte Imageschäden und damit ein Wertverlust. Diesbezüglich wird in der Literatur intensiv die Frage nach den Grenzen der Markenausdehnung diskutiert.[178]

Markentransfers sind generell am Erfolg versprechendsten, wenn die vom Verbraucher mit einer Marke verbundenen Assoziationen und Attribute auch in der neuen Produktkategorie relevant sind.[179] Ein Beispiel hierfür ist die ursprünglich lediglich im Hautcrememarkt tätige Marke Nivea, die in den letzten Jahren äusserst erfolgreich auf (verwandte) Produkte wie Deodorant, Duschgel oder dekorative Kosmetik transferiert wurde.[180] Schliesslich wird das Risiko eines künftigen Umsatzrückgangs reduziert, indem durch eine gut etablierte Marke die Markenloyalität und somit die Wechselkosten für den Konsumenten deutlich erhöht werden.[181] Die Relevanz starker Marken für den Unternehmenserfolg bestätigt auch eine empirische Untersuchung von Court, Leiter und Loch.[182] Der Studie zufolge erzielen Unternehmen mit gut etablierten Marken im Schnitt 1,9 Prozent mehr Gewinn als der entsprechende Branchendurchschnitt, während Unternehmen mit schwachen Marken durchschnittlich 3,1 Prozent unter dem Branchenschnitt liegen. Dabei nennen die Autoren unter anderem Gillette, Disney, General Electrics und American Express als Beispiele starker Marken.

Tabelle 2.2 gibt einen Überblick über die in diesem Abschnitt beschriebenen Markenfunktionen. Die Gewichtung der unterschiedlichen Funktionen ist abhängig vom Mar-

[174] Vgl. Keller 1993, S. 15

[175] Vgl. Aaker 1998, S. 44ff.; Sullivan 1992, S. 804; Farquhar 1990, S. RC-10

[176] Vgl. Sattler/Völckner/Zatloukal 2003, S. 148

[177] Vgl. Jenner 2001a, S. 62; Meffert/Perrey 2001, S. 693f.

[178] Vgl. z.B. Court/Leiter/Loch 1999, S. 110

[179] Vgl. Aaker/Keller 1990, S. 38f.

[180] Vgl. Sattler 2001, S. 21f.

[181] Vgl. Srivastava/Shervani/Fahey 1998, S. 11; Irmscher 1997, S. 182ff.; Meffert/Burmann/Koers 2002, S. 8; Kaas 1990b, S. 545; Abschnitt 2.3.4

[182] Vgl. Court/Leiter/Loch 1999, S. 103ff. Zu ähnlichen Ergebnissen gelangen zwei Studien von Aaker und Jacobson, die den Zusammenhang zwischen Markenwert, Gewinn (ROI) und dem Börsenwert des Unternehmens untersuchten. Vgl. Aaker/Joachimsthaler 2000a, S. 20ff.

kenverständnis, bzw. der dem Marketing zugrunde gelegten Sicht der Marke. Während beispielsweise der semiotische und der merkmalbezogene Markenansatz die Identifizierungsfunktion der Marke zu ihrem konstitutiven Merkmal erheben, orientiert sich der juristische Markenbegriff an der expliziten Schutzfunktion der Marke. Demgegenüber stehen beim kultursoziologischen und vor allem beim kommunikationsorientierten Markenansatz – also auch im Rahmen der vorliegenden Arbeit – die medialen Markenfunktionen (Werbe- und Symbolfunktion) im Vordergrund. Die Rationalisierungsfunktionen leiten sich in jedem Fall aus den andern Markenfunktionen ab und bilden die Grundlage der im folgenden Abschnitt beschriebenen teilweise immensen wirtschaftlichen Bedeutung etablierter Marken.

Charakter / **Funktion**	**Art der Funktion**		**Primäre Wirksamkeit**	
	originär	derivativ	Nachfrager	Anbieter
Identifizierungsfunktion	X		X	X
Herkunftsfunktion	X		X	X
Vertrauensfunktion		X	X	
Werbefunktion		X		X
Symbolfunktion		X	X	
Explizite Schutzfunktion	X			X
Implizite Schutzfunktion		X		X
Rationalisierungsfunktionen		X	X	X

Tab. 2.2: Charakterisierung der Markenfunktionen[183]

[183] In Anlehnung an Irmscher 1997, S. 33

2.4 Bedeutung und Wert der Marke

Produkte und Dienstleistungen sind in den letzten Jahren weitgehend austauschbar geworden. Beispiele hierfür sind die nicht unterscheidbare Qualität von Zigaretten oder die annähernd identisch gewordenen Angebote von Banken und Versicherungen. Dies erschwert zunehmend eine sachliche Differenzierung des eigenen Angebots gegenüber der Konkurrenz, den Aufbau einer Unique Selling Proposition.[184] Verschärfend kommt hinzu, dass oft nicht nur die eigentliche Leistung, sondern auch ihr Preis und ihre Distribution austauschbar sind.[185] Es geht, lapidar ausgedrückt, heutzutage im Marketing meist darum, eine fehlende Leistungsdifferenz mittels einer Marke zu kompensieren.[186]

Die Bedeutung von Marken vor dem Hintergrund weitgehend austauschbarer Leistungen kann anschaulich anhand des bekannten Pepsi-Tests gezeigt werden: Während bei einem Blindtest der beiden Cola-Getränke Pepsi und Coca-Cola 51 Prozent der Tester Pepsi bevorzugten und nur 44 Prozent Coca-Cola wählten, ändert sich dieses Verhältnis drastisch, als der Test mit Darbietung der Marke durchgeführt wurde. Bei diesem Versuchsaufbau wählten lediglich noch 23 Prozent der Probanden Pepsi, während 65 Prozent Coca-Cola bevorzugten.[187] Der beschriebene Versuchsaufbau wurde später vom amerikanischen Neurologen Read Montague wiederholt, wobei die Gehirnaktivitäten der Probanden mittels funktioneller Magnetresonanz-Tomographie untersucht wurden.[188] Dabei zeigte sich während der Blindverkostung von Pepsi eine bis zu fünf Mal höhere Reaktion im ventralen Putamen (eine Art Belohnungszentrum im Gehirn) als beim Genuss von Coca-Cola. Bei der Wiederholung des Tests mit Darbietung der Marke liess sich feststellen, dass nicht nur das ventrale Putamen, sondern insbesondere auch der mediale präfrontale Kortex heftige Reaktionen aufwies. Vereinfacht ausgedrückt wurde mit diesem neurologischen Experiment erstmals wissenschaftlich nachgewiesen, dass die Marke Coca-Cola den an sich präferierten Geschmack von Pepsi dominiert bzw. übersteuert.

Anhand dieses Versuchs bei quasi homogenen Produkten lässt sich die grosse Bedeutung bzw. der hohe Wert der Marke Coca-Cola erahnen. So erstaunt es nicht, dass diese Marke seit Gedenken des Autors die jährlich vom Unternehmen Interbrand erstellte Hitparade der weltweit wertvollsten Marken anführt (vgl. Tabelle 2.3). Auch wenn die

---

[184] Zum Begriff Unique Selling Proposition vgl. z.B. Reeves 1961, S. 47ff.; Herrmann 1999, S. 51ff.

[185] Vgl. Kühn/Jenner 1998, S. 33

[186] Vgl. Kotler/Bliemel 1995, S. 285. In diesem Zusammenhang sprechen Esch und Wicke von einer Verschiebung vom Produktwettbewerb hin zu einem Kommunikationswettbewerb. Vgl. Esch/Wicke 2001, S. 19

[187] Vgl. Chernatony/McDonald 1998, S. 11. Verhaltenstheoretisch ausgedrückt, handelt es sich hierbei um einen so genannten Halo-Effekt: Aufgrund des guten Images einer Marke werden automatisch einzelne Produkteigenschaften wie z.B. der Geschmack besser eingeschätzt. Vgl. Kroeber-Riel/Weinberg 2003, S. 310

[188] Vgl. o.V. 2004, S. 71. Zum aktuellen Stand der neurologischen Marketingforschung vgl. Kenning/Ahlert 2004, S. 44ff.

Schätzungen von Interbrand teilweise mit Validitätsproblemen behaftet sind,[189] ist davon auszugehen, dass Marken häufig den mit Abstand wertvollsten Vermögensgegenstand im Unternehmen darstellen.[190] Auffallend ist zudem, dass sehr hohe Werte nicht nur von klassischen Konsumgütermarken wie Coca-Cola oder Marlboro erzielt werden, sondern auch von Dienstleistungs- und Industrieunternehmen.

Rang 2005	Rang 2004	Marke	Markenwert 2005 in Millionen US Dollars	Relative Veränderung zu 2004	Markenwert 2004 in Millionen US Dollars
1	1	**Coca-Cola**	67'525	0%	67'394
2	2	**Microsoft**	59'941	-2%	61'372
3	3	**IBM**	53'376	-1%	53'791
4	4	**GE**	46'996	7%	44'111
5	5	**Intel**	35'588	6%	33'499
6	8	**Nokia**	26'452	10%	24'041
7	6	**Disney**	26'441	-2%	27'113
8	7	**McDonalds**	26'014	4%	25'001
9	9	**Toyota**	24'837	10%	22'673
10	10	**Marlboro**	21'189	-4%	22'128

Tab. 2.3: Markenwerte nach Interbrand[191]

Der hohe finanzielle Wert von Marken in unterschiedlichen Sektoren geht ebenfalls aus einer von Sattler und PriceWaterhouseCoopers unter den 100 grössten deutschen Unternehmen durchgeführten Umfrage hervor.[192] Nach Schätzungen der befragten Führungskräfte repräsentieren Marken durchschnittlich 56 Prozent des Gesamtwertes des jeweiligen Unternehmens. Besonders hohe Markenwerte (im Vergleich zum Unternehmenswert) wurden bei Konsumgüterunternehmen ermittelt, gefolgt von Unternehmen im Dienstleistungs- und Industriesektor. Zudem werden diese Werte nach Ansicht der meisten Befragten in Zukunft noch weiter steigen. Der immense Wert von Marken wird oft auch bei Firmenakquisitionen deutlich: Beispielsweise kaufte Philip Morris 1988 Kraft Foods für insgesamt 12,9 Milliarden US-Dollar, wobei schätzungsweise 11,6 Milliarden US-Dollar für Marken bezahlt wurden.[193] Wie die Ausführungen zeigen, sind Bedeutung und Wert einer Marke nicht voneinander zu trennen. Denn schlussendlich ist der Wert einer Marke Ausdruck ihrer Bedeutung. Uneinigkeit besteht lediglich darüber, ob und wie sich der Wert einer Marke genau beziffern lässt.

---

189 Vgl. Abschnitt 2.4.4
190 Vgl. Aaker/Joachimsthaler 2000a, S. 18; Keller 1993, S. 2; Kapferer 1992, S. 9
191 Vgl. Interbrand 2005, S. 1
192 Vgl. Sattler 2001, S. 19f.
193 Vgl. Keller 2003, S. 11; Aaker 1991, S. 8

2.4.1 Markenbewertung

Zusammen mit der Entwicklung des Brand-Equity-Ansatzes[194] kamen in den 80er-Jahren erste Ansätze zur Markenbewertung auf, die den intangiblen (Mehr-)Wert einer Marke gegenüber nicht markierten Leistungen direkt in Form von Geld- oder anderen Mengeneinheiten zu bewerten versuchten.[195] Das hohe Interesse an diesem Thema ist dabei aber nur bedingt auf einen Anstieg der Wertschätzung von Wissenschaft und Praxis gegenüber Marken zurückzuführen. Ursprünglicher Zweck dieser Ansätze war vielmehr die Bewertung von Marken im Rahmen von Fusionen und Akquisitionen.[196] Später wurden die Verfahren zur Markenbewertung im Rahmen der Shareholder-Value-Diskussion verfeinert und ausgebaut.[197] Heute werden derartige Modelle zur Markenbilanzierung[198] und -lizenzierung, zum Verkauf bzw. Kauf von Marken, zur Schadensbemessung (bei Markenpiraterie), zur Kreditsicherung durch die Marke sowie vor allem zur Markensteuerung und -kontrolle eingesetzt.[199] Rund 80 Prozent der in Deutschland durchgeführten Markenbewertungen dienen der Informationsbeschaffung im Rahmen des Marketings und der strategischen Markenführung.[200]

Trotz der unumstrittenen Relevanz des Markenwerts als zentrale unternehmerische Steuerungs- und Orientierungsgrösse hat sich bislang kein einheitliches und als objektiv angesehenes Verfahren zur Bestimmung des Markenwerts durchgesetzt.[201] Vielmehr existieren allein in Deutschland zurzeit über 30 unterschiedliche Markenbewertungsverfahren, die zum Teil stark voneinander abweichende Markenwerte ergeben.[202] So differierte beispielsweise der Wert der Marke Volkswagen im Jahr 2000 je nach gewähltem Verfahren um 11,6 Milliarden Euro, was rund 60 Prozent des Börsenwertes der Volkswagen AG am 31. Dezember 2000 entspricht.[203] Zu einem ähnlichen Ergebnis gelangte Bekmeier, die unterschiedliche Bewertungen der Marke Coca-Cola verglich und dabei eine Differenz von 32,8 Milliarden US-Dollar berechnete.[204]

---

[194] Vgl. Abschnitt 2.2.3

[195] Vgl. Bruhn 2003b, S. 183

[196] Vgl. Irmscher 1997, S. 48ff.

[197] Vgl. auch Jenner 2001a, S. 54

[198] Nach Schweizerischem Aktienrecht gehört die Marke zum Anlagevermögen eines Unternehmens und ist entsprechend aktivierbar. Dies gilt nach herrschender Auffassung nicht nur für derivativ erworbene, sondern auch für originär entwickelte Marken. Vgl. Forstmoser/Meier-Hayoz/Nobel 1996, S. 678

[199] Vgl. z.B. Esch/Geus 2001, S. 1028; Irmscher 1997, S. 62ff.; Kranz 2002, S. 436ff.; Berndt/Sander 1994, S. 1356ff.

[200] Vgl. Schimanski 2003, S. 45

[201] Vgl. Göttgens, et al. 2001, S. 2

[202] Vgl. Schimanski 2003, S. 44

[203] Vgl. Kranz 2002, S. 449f. Verglichen wurden die Markenbewertungsverfahren von BBDO, Semion und Interbrand.

[204] Vgl. Bekmeier 1994, S. 385. Verglichen wurden in diesem Fall die Bewertungsansätze von Kern, Interbrand, Farquhar et al., Ourusoff et al. und Financial World.

Die Ursachen für diese eindrücklichen Unterschiede sind vielschichtig. Grundsätzlich ist anzumerken, dass den verschiedenen Bewertungsansätzen oft unterschiedliche Markendefinitionen und somit auch abweichende Auffassungen des Markenwerts zugrunde liegen.[205] Wird der Wert einer Marke beispielsweise mit dem juristischen Schutzrecht gleichgesetzt, so ergibt dies zwangsläufig ein anderes Resultat als bei Bewertungsverfahren, die alle zukünftigen mit einer Marke zu erzielenden Umsätze in die Berechnung mit einbeziehen. Die Existenz abweichender Markenwertauffassungen ist darauf zurückzuführen, dass Marken für verschiedene Akteure unterschiedliche Funktionen erfüllen.[206] Der Markenwert für den Verbraucher differiert somit vom Wert der Marke für den Markeneigner oder für den Handel.[207]

Der Hauptgrund für die konstatierten Unterschiede liegt jedoch im konzeptionellen Problem, dass der Wert einer Marke nicht direkt messbar ist, also indirekt mittels Indikatoren geschätzt werden muss.[208] Je nach dem welche Indikatoren zur Bestimmung des Markenwertes herangezogen werden und mit welcher Gewichtung diese in das Bewertungsmodell einfliessen, kann das Resultat der Berechnung stark variieren. Erschwerend kommt hinzu, dass die meisten privaten Anbieter von Markenwertberechnungen das von ihnen verwendete Verfahren aus nachvollziehbaren Geheimhaltungs- bzw. Wettbewerbsgründen nicht völlig offen legen.

Dennoch ist es möglich, eine grundsätzliche Systematisierung der verschiedenen Verfahren zur Berechnung des Markenwertes vorzunehmen, indem zwischen anbieterbezogenen, monetären Modellen mit finanzwirtschaftlichem Hintergrund und marketingorientierten, in der Regel verbraucherorientierten Modellen unterschieden wird.[209] Diese Unterscheidung spiegelt sich auch in den beiden im angelsächsischen Sprachraum verwendeten Begriffe für Markenwert wider: **Brand Value** und **Brand Equity**. Während mit dem Wort Brand Value ein in Geldeinheiten gemessener Wert eine Marke bezeichnet wird, versteht man unter Brand Equity das Erfolgs- bzw. Beeinflussungspotenzial einer Marke auf das Verbraucherverhalten.[210]

Finanzwirtschaftliche Modelle versuchen den Wert einer Marke in Geldeinheiten auszudrücken und bedienen sich deshalb zu seiner Quantifizierung einer Ratioskala. Dem gegenüber vergleichen marketingorientierte Verfahren, die per definitionem keine exakte Quantifizierung des Markenwerts anstreben, Marken lediglich anhand von Ordinalskalen.[211] Wobei an dieser Stelle angemerkt werden muss, dass sich in der be-

[205] Vgl. auch Bamert 2005, S. 125
[206] Vgl. Abschnitt 2.3
[207] Vgl. Farquhar 1990, S. RC-7
[208] Vgl. Jenner 2001a, S. 56; Göttgens, et al. 2001, S. 2
[209] Vgl. z.B. Keller 1993, S. 1; Göttgens, et al. 2001, S. 5; Kranz 2002, S. 441ff. Ein detaillierterer Klassifikationsversuch stammt von Irmscher, der zwar ebenfalls zwischen finanz- und marketingorientierten Verfahren unterscheidet, aber dabei noch weitere zehn Untergruppen von Markenbewertungsansätzen abgrenzt. Vgl. Irmscher 1997, S. 57ff.
[210] Vgl. Kaas 1990a, S. 48
[211] Vgl. Kranz 2002, S. 435

triebswirtschaftlichen Praxis in den letzten Jahren ein erweiterter Markenwertbegriff herausgebildet hat, der versucht, die beiden beschriebenen Ansätze zu verbinden und somit eine integrative Sichtweise einnimmt.[212] Abbildung 2.2 gibt einen Überblick über die wichtigsten und nachfolgend dargestellten Verfahren zur Markenwertberechnung.

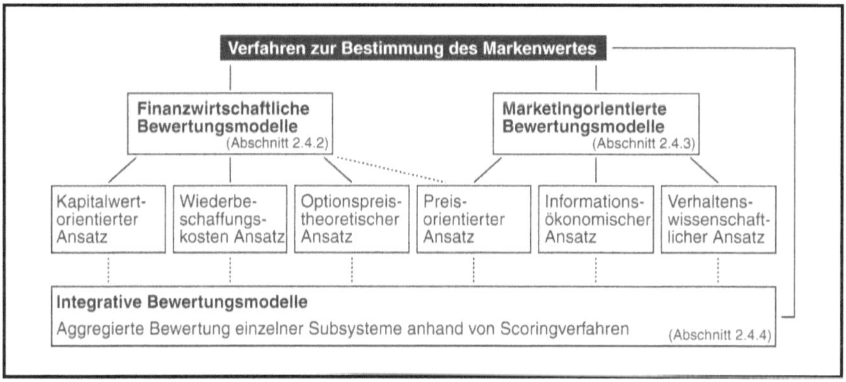

Abb. 2.2: Überblick über die Verfahren zur Markenwertbestimmung[213]

2.4.2 Finanzwirtschaftliche Bewertungsmodelle

Aus finanzwirtschaftlicher Sicht ist der Wert einer Marke eine monetäre Grösse, deren Höhe von der Intensität der Beziehungen der Marke zu ihren Abnehmern (Verbraucher und Handel) abhängt.[214] Das wohl wichtigste finanzwirtschaftliche Verfahren zur Markenwertberechnung stellt der **kapitalwertorientierte Ansatz** dar.[215] Dabei entspricht der Markenwert dem Kapitalwert (Net Present Value) aller zukünftigen mit einer Marke zu erzielenden Einzahlungsüberschüsse. Konkret werden die mit einer Marke zusammenhängenden künftigen Zahlungsströme (Cashflows) geschätzt und danach mit Hilfe eines Kalkulationszinssatzes auf die Gegenwart diskontiert. Die grundlegenden Schwierigkeiten des kapitalwertorientierten Ansatzes liegen bei der Trennung zwischen Produkt- und Markenwert,[216] der Bestimmung des Kalkulationszinssatzes (Berücksichtigung der Kapitalkosten und des Risikos), dem Festlegen des Prognosehorizonts (Bestimmung der Nutzungsdauer der zu bewertenden Marke) und der Schätzung der künftigen Zahlungsströme.[217]

---

212 Vgl. Herrmann 1999, S. 53f.; Kranz 2002, S. 436

213 In Anlehnung an Bamert 2005, S. 129; Esch/Geus 2001, S. 1041

214 Für einen umfassenden Überblick über die finanzorientierten Markenbewertungsansätze vgl. Bamert 2005, S. 130ff.

215 Vgl. Jenner 2001a, S. 56

216 Zu den Mess- und Abgrenzungsproblemen bei der Trennung zwischen Produkt- und Markenwert vgl. Kaas 1990a, S. 48

217 Vgl. Jenner 2001a, S. 56

Eine weitere Möglichkeit, den Wert einer Marke finanziell zu bestimmen, besteht darin, ihn als Teil der **Wiederbeschaffungskosten** des Unternehmens anzusehen. Dieser Ansatz ist insofern von Relevanz, als nach Schweizerischem Aktienrecht das Anlagevermögen, wo die Marke dazugehört, höchstens nach den Anschaffungs- oder Herstellungskosten bewertet werden darf.[218] Dies ist relativ unproblematisch für derivativ erworbene Marken (Aktivierung zu den Anschaffungskosten), birgt aber für originär entwickelte Marken Schwierigkeiten, da die tatsächlichen Herstellungskosten weder genau berechnet werden können noch repräsentativ sind. Eine Methode, die versucht den Markenwert von den anderen Aktiva des Unternehmens zu trennen, stammt von Simon und Sullivan.[219] Ausgangspunkt dieser Berechnungsmethode ist der gesamte Unternehmenswert auf der Basis des Aktienwertes abzüglich der Schulden. Nachdem in einem ersten Schritt der Wiederbeschaffungswert der tangiblen Güter abgezogen worden ist, wird eine komplexe Methode zur Trennung des Markenwerts von den restlichen intangiblen Werten angewandt. Das grundlegende Problem derartiger Berechnungsmodelle liegt in ihrer Vergangenheitsorientierung. Das den Markenwert bestimmende zukünftige Wertschöpfungspotenzial der Marke wird (mit Ausnahme des Aktienwertes) von der Berechnung ausgeklammert.

Ein Verfahren, welches versucht das künftige Potenzial einer Marke in die Berechnungen mit einzubeziehen, ist die Markenwertberechnung anhand **realer Optionen**.[220] Dabei wird die Marke selbst als reale Option verstanden, was sich einfach anhand der Möglichkeit eines Markentransfers illustrieren lässt.[221] Diese Entscheidung hat insofern Optionscharakter, als dass der Markeninhaber die Möglichkeit, nicht aber die Verpflichtung hat, einen Markentransfer vorzunehmen. In Analogie zur Optionspreistheorie auf Finanzmärkten wird bei der Bewertung der realen Option der durch den Markentransfer zu erwartende Cashflow dem dazu notwendigen Investitionsvolumen gegenübergestellt. Je länger der Entscheid aufgeschoben werden kann, desto höher ist der Wert der Option. Schliesslich lässt sich der Wert der Marke als Barwert der aus den gegenwärtigen Massnahmen zu erwartenden Zahlungsüberschüsse zuzüglich des Werts der realen Option errechnen. Jedoch besteht auch bei der Markenbewertung anhand realer Optionen das grundlegende Problem, dass die Berechnung der Zahlungsströme nicht exakt, sondern lediglich aufgrund subjektiver Einschätzungen erfolgen kann, weshalb dieses Verfahren ebenfalls mit einer Scheingenauigkeit behaftet ist.

Generell betrachtet sind die beschriebenen (wie auch alle anderen) finanzwirtschaftlichen Markenbewertungsmodelle rein evaluative Verfahren der Markenbewertung, machen also lediglich Aussagen zum Erfolg (oder Misserfolg) einer Marke, vermögen diesen aber nicht zu erklären. Deshalb wird an dieser Stelle nicht näher auf die unterschiedlichen finanzwirtschaftlichen Ansätze zur Markenwertbestimmung eingegangen. Stattdessen erscheint es im Hinblick auf den Untersuchungsgegenstand dieser Arbeit

[218] Vgl. OR, Art. 665; Forstmoser/Meier-Hayoz/Nobel 1996, S. 678
[219] Vgl. Simon/Sullivan 1993, S. 32ff.
[220] Vgl. Jenner 2001a, S. 57
[221] Vgl. Sattler 2001, S. 165

wichtiger, Einsichten darüber zu gewinnen, welchen Nutzen die Marke dem Verbraucher bringt, wie sie gegen Angriffe der Konkurrenz verteidigt werden kann und auf welche Produkte oder Leistungen die Marke sinnvoll übertragen werden kann.[222] Derartige Erkenntnisse liefern marketing- und verbraucherorientierte Markenbewertungsansätze.

2.4.3 Marketingorientierte Bewertungsmodelle

Sämtlichen marketing- und verbraucherorientierten Modellen der Markenbewertung liegen psychologische Markendefinitionen zugrunde.[223] Der (psychografische) Wert einer Marke wird demnach ihrem kognitiv-symbolischen Zusatznutzen gleichgesetzt und entspricht dem Resultat eines vom Verbraucher angestellten Vergleichs zwischen der zu bewertenden Marke und einer physikalisch-technisch identischen nicht markierten Leistung aufgrund spezifischer in seinem Gedächtnis gespeicherter Markenvorstellungen.[224] Finanziell kann sich dieser Zusatznutzen auf zwei Arten beim Markeneigner niederschlagen: in einem höheren Absatz oder in dem Aufgeld, dass sich über den Preis des Markenprodukts erzielen lässt.[225] Beim zweiten Punkt setzen die **preisorientierten Bewertungsansätze** an, die versuchen, den relativen Mehrwert einer Marke gegenüber nicht markierten Gütern durch die Ermittlung der erhöhten Zahlungsbereitschaft zu bestimmen.[226] (Aufgrund der monetären Ausrichtung stellt der preisorientierte Bewertungsansatz eine Mischform zwischen finanzwirtschaftlichen und marketingorientierten Bewertungsmodellen dar.) Unterschiedliche Studien belegen, dass Marken die Zahlungsbereitschaft der Verbraucher im Durchschnitt um 40 Prozent gegenüber vergleichbaren, nichtmarkierten Produkten erhöhen.[227] Allerdings bleiben auch bei diesem Vorgehen die Gründe für eine erhöhte Zahlungsbereitschaft unklar, weshalb informationsökonomische und verhaltenswissenschaftliche Ansätze zur Markenbewertung aussagekräftiger erscheinen.

Der Wert einer Marke liegt allen marketingorientierten Bewertungsansätzen zufolge nicht im Unternehmen, sondern reflektiert sich in der Psyche der Verbraucher. Der Markenwert liegt nach diesem Verständnis also auf einer dem ökonomisch messbaren Kaufverhalten vorgelagerten Stufe.[228] Dementsprechend wird im Rahmen von marketingorientierten Modellen auch häufig der Begriff Markenstärke an Stelle von Mar-

---

[222] Vgl. Keller 1993, S. 10f.; Kapferer 1992, S. 291; auch Haedrich/Tomczak/Kaetzke 2003, S. 200

[223] Vgl. Abschnitt 2.2.3. Für einen umfassenden Überblick über die marketingorientierten Markenbewertungsansätze vgl. Bamert 2005, S. 148ff.

[224] Vgl. Keller 1993, S. 2; auch Farquhar 1990, S. RC-7

[225] Vgl. Jenner 2001a, S. 55; Meffert/Burmann/Koers 2002, S. 8

[226] Vgl. Crimmins 1992, S. 16. Dieser rein auf der Grundlage der Marke erzielte Zusatzumsatz wird in der Literatur auch als Brand Specific Earnings bezeichnet. Vgl. Sattler 2001, S. 151. In diesem Zusammenhang konnten Harter et al. empirisch nachweisen, dass starke Marken annähernd doppelt so hohe Margen erlauben wie schwache Marken. Vgl. Harter, et al. 2005, S. 1ff.

[227] Vgl. Kenning 2003, S. 106

[228] Vgl. Kranz 2002, S. 435; Crimmins 1992, S. 11

kenwert verwendet.[229] Kaas beschreibt in diesem Zusammenhang den konsumentenorientierten Markenwert aus **informationsökonomischer** Sicht als Summe aus Markenwissen und Markenvertrauen.[230] Marken signalisieren Informationen über ihre Positionierung und reduzieren somit die Informationskosten und das wahrgenommene Risiko beim Verbraucher.[231]

Die am weitesten verbreiteten marketingorientierten Bewertungsansätze sind **verhaltenswissenschaftlicher** Natur.[232] Dabei wird der Wert oder die Stärke einer Marke als Funktion der beim Verbraucher mit ihrem Namen verbundenen Einstellungen, Emotionen und Assoziationen definiert. Die Markenstärke wird also als Konstrukt in der Psyche des Verbrauchers verstanden, das seine Markenwahl determiniert.[233] Ein verbreiteter verhaltenswissenschaftlicher Ansatz zur Erfassung der Markenstärke stammt von Aaker, der den Wert einer Marke (Brand-Equity) mit Hilfe folgender fünf Determinanten beschreibt:[234]

(1) Markentreue (Brand Loyalty)
(2) Bekanntheit des Markennamens (Name Awareness)
(3) wahrgenommene (oder angenommene) Qualität (Perceived Quality) (nicht im Sinne funktionaler Qualität, sondern als subjektiv wahrgenommene Qualität des Markenimages)
(4) Markenassoziationen (Brand Associations) und
(5) weitere Markenvorzüge wie z.B. Patente (other Proprietary Brand Assets)

Die Problematik verhaltenswissenschaftlicher Bewertungsansätze liegt in der Tatsache, dass die einzelnen Determinanten oder Faktoren nicht unabhängig voneinander sind. So wird im oben beschriebenen Ansatz beispielsweise die Markentreue (z.B. gemessen anhand der Wiederkaufrate) stark von der wahrgenommenen Qualität und den Markenassoziationen beeinflusst. Dieser Umstand gestaltet eine exakte Operationalisierung des Markenwerts mittels verhaltenswissenschaftlicher Verfahren schwierig.

Ein aus der Werbepraxis stammendes verhaltenswissenschaftliches Modell zur Bestimmung der Markenstärke ist der **Brand Asset Valuator**, der 1993 von der Werbeagentur Young & Rubicam entwickelt wurde.[235] Zwischenzeitlich wurden im Rahmen dieser Studie über 120'000 Verbraucher in über 24 Ländern zu mehr als 12'000 Mar-

---

229 Vgl. Irmscher 1997, S. 60; Huber/Herrmann/Peter 2003, S. 349; Bekmeier 1994, S. 384ff.

230 Vgl. Kaas 1990a, S. 48

231 Vgl. Irmscher 1997, S. 60; Abschnitt 2.3.4

232 Vgl. Herrmann 1999, S. 53. Als typische Vertreter des verhaltenswissenschaftlichen Markenwertbegriffs gelten Aaker und Keller.

233 Vgl. Keller 1993, S. 2ff.

234 Vgl. Aaker 1991, S. 15ff. Der Autor betont allerdings ebenfalls den kapitaltheoretischen Aspekt und plädiert explizit für die Verbindung zwischen verhaltenswissenschaftlicher und finanzwirtschaftlicher Markenperspektive. Vergleichbare Ansätze finden sich bei Huber/Herrmann/Peter 2003, S. 349; Bekmeier 1994, S. 386

235 Zum Brand Asset Valuator vgl. Young & Rubicam 2000, S. 1ff.; Zednik/Strebinger 2005, S. 169ff.; Haedrich/Tomczak/Kaetzke 2003, S. 195ff.; Aaker 1996, S. 304ff.; Kühn/Jenner 1998, S. 63f.; Meyer/Pirck/Pogoda 1997, S. 332

ken befragt. Dabei werden je Marke mit Hilfe eines 32 Items umfassenden Fragebogens einerseits die Markenvitalität, andererseits die Markenstatur erfasst. Die Markenvitalität ergibt sich ihrerseits aus den Kriterien Differenzierung und Relevanz: Je stärker sich die Wahrnehmung einer Marke von den Konkurrenzmarken unterscheidet (Differenzierung) und je mehr Verbraucher sich von einer Marke angesprochen fühlen (Relevanz), desto grösser ist die Markenvitalität und desto höher auch das Wachstumspotenzial der Marke. Die Markenstatur dagegen spiegelt die aktuelle Stärke der Marke wider und basiert auf der Wertschätzung und der Vertrautheit, die der Marke entgegengebracht werden. Die Wertschätzung steht dabei in engem Zusammenhang mit der wahrgenommenen Qualität und bildet die Grundlage für das Markenvertrauen (vgl. Abbildung 2.3).

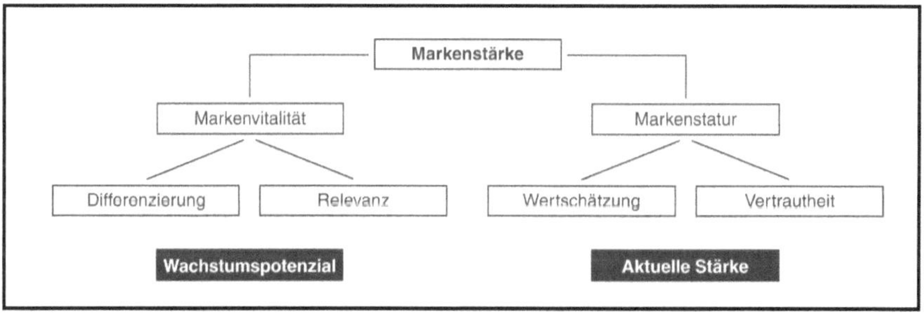

Abb. 2.3: Konstrukt des Brand Asset Valuators[236]

Der unbestreitbare Vorteil des Brand Asset Valuators ist seine Einfachheit und Anschaulichkeit. Zudem erlaubt der Ansatz aufgrund seiner Internationalität und seines Panelcharakters aufschlussreiche Quer- und Längsschnittanalysen. Problematisch erscheint aber auch in diesem Fall die Tatsache, dass die beiden hauptsächlichen Dimensionen zur Bewertung der Marke nicht unabhängig voneinander sein dürften. Es ist vielmehr davon auszugehen, dass die Wertschätzung einer Marke stark von ihrer Differenzierung und ihrer Relevanz abhängt.[237] Zudem ist es zumindest fragwürdig, ob weltweit über 12'000 Marken mit denselben 32 Items bewertet werden können oder ob hier kulturelle und branchenbezogene Unterschiede gemacht werden sollten.

[236] In Anlehnung an Young & Rubicam 2000, S. 7
[237] Vgl. Kühn/Jenner 1998, S. 64

2.4.4 Integrative Bewertungsmodelle

Aufgrund der genannten Schwierigkeiten rein verhaltenswissenschaftlicher Bewertungsverfahren findet man in der betriebswirtschaftlichen Praxis meist Mischformen, die eine integrative Sichtweise einnehmen und versuchen, marketingorientierte und finanzwirtschaftliche Bewertungsansätze zu verbinden.[238] Dabei wird der Wert einer Marke meist über bestimmte Scoringverfahren aus einer Bewertung verschiedener Subsysteme (Bekanntheit, Kundenverhalten, Marktstellung, Umsatz, Distributionsgrad, Internationalität, Patente, Image, Trendcharakter, Werbung etc.) aggregiert und anschliessend als Prozentanteil eines Idealwerts ausgewiesen oder in einen Geldwert umgerechnet.[239] Nach einem derartigen Prinzip operiert die grosse Mehrzahl der in der Praxis anzutreffenden Markenbewertungsverfahren, wie beispielsweise der Bewertungsansatz von Interbrand (vgl. Tabelle 2.3),[240] die auf Brandmeyer und Schulz zurückgehende Nielsen Markenbilanz,[241] der von Trommsdorff und A.C. Nielsen gemeinsam entwickelte Brand Performancer,[242] der Brand Equity Evaluator von BBDO Consulting[243] oder das Brand Rating Verfahren von icon brand navigation[244].

Unisono kann an diesen Ansätzen der Markenbewertung ausgesetzt werden, dass die Auswahl, Aggregation und Gewichtung der einzelnen Kriterien und Subsysteme immer subjektiv ist und stark von der dem Modell zugrunde gelegten Markendefinition abhängt. Mit Ausnahme des kausalanalytisch validierten Brand Performancer gilt zudem auch hier der bereits geäusserte Einwand, dass die verwendeten und anschliessend summierten Kriterien wohl in den wenigsten Fällen vollständig unabhängig voneinander sein dürften. Jedoch kann bei der Betrachtung der unterschiedlichen Modelle über den Zeitablauf hinweg eine stetige Verbesserung der Ansätze durch eine immer stärker werdende Berücksichtigung der Verbraucherperspektive festgestellt werden.[245] Zudem scheinen sich die konkurrenzierenden integrativen Bewertungsmodelle kontinuierlich anzugleichen, sodass in Zukunft in der betriebswirtschaftlichen Praxis mit der Etablierung einer Art Standard der Markenbewertung gerechnet werden darf. Dies nicht zuletzt vor dem Hintergrund der notwendigen Etablierung einheitlicher Regeln zur Bilanzierung von originär geschaffenen Marken.

Dennoch gibt es aufgrund der subjektiven Wesensbestimmung von Marken und der jedem Bewertungsverfahren anhaftenden Zweckadäquanz keinen einzig richtigen Mar-

[238] Vgl. Kranz 2002, S. 436. Für einen umfassenden Überblick über die bekanntesten integrativen Bewertungsansätze vgl. Bamert 2005, S. 164ff.; Zednik/Strebinger 2005, S. 77ff.

[239] Vgl. auch Herrmann 1999, S. 53f; Meyer/Pirck/Pogoda 1997, S. 333f.

[240] Vgl. Göttgens, et al. 2001, S. 8ff.; Haedrich/Tomczak/Kaetzke 2003, S. 191ff.; Esch/Geus 2001, S. 1049ff; Berndt/Sander 1994, S. 1363ff.

[241] Vgl. Schulz/Brandmeyer 1989, S. 360ff.; Berndt/Sander 1994, S. 1362f.

[242] Vgl. Franzen/Trommsdorff/Riedel 1994, S. 1393ff.

[243] Vgl. BBDO 2002, S. 17ff.; Göttgens, et al. 2001, S. 13ff.

[244] Vgl. Esch/Geus 2001, S. 1055f.; Haedrich/Tomczak/Kaetzke 2003, S. 196f.

[245] Vgl. Esch/Geus 2001, S. 1057

kenwert.[246] Auch in Zukunft werden unterschiedliche theoretische Ansätze und Modelle unterschiedliche Markenwerte liefern.[247] Doch ungeachtet aller Unterschiede besteht Einigkeit darüber, dass der Markenwert allein vom zukünftigen Wertschöpfungspotenzial der Marke abhängt.[248] Vor allem angesichts der im nächsten Kapitel beschriebenen, zunehmenden Umweltdynamik taugt der in der Vergangenheit erzielte Erfolg immer weniger als Indiz für die zukünftige Wertschöpfungskraft einer Marke. Dieser Umstand macht deutlich, dass Unternehmen, um den Erfolg ihrer Marke(n) abzusichern, diese stetig weiterentwickeln bzw. kontinuierlich führen müssen, wobei der Markenwert als zentrale Orientierungs-, Steuerungs- und Kontrollgrösse dient.[249]

[246] Vgl. Irmscher 1997, S. 61
[247] Vgl. Kranz 2002, S. 454
[248] Vgl. Jenner 2001a, S. 57; auch Upshaw 1995, S. 243
[249] Vgl. Homburg/Schäfer 2001, S. 170; Irmscher 1997, S. 69

3. Herausforderungen der Markenführung

»Wenn wir wollen, dass alles bleibt, wie es ist,
dann ist es nötig, dass alles sich verändert.«
Giuseppe Tomasi di Lampedusa

3.1 Markenführung im Hyperwettbewerb

Bereits 1969 beschrieb Peter Drucker in seinem Buch »The Age of Discontinuity« die Wirtschaftsära, in der wir heute leben.[250] Eine Zeit, in der Beschleunigung und Wandel die einzigen Konstanten darstellen, in der sich Unternehmen immer instabileren Umwelten gegenüber sehen, in der als einzige Vorhersage gilt, dass keine Vorhersagen gelten, und in der das Wissen und die Fähigkeit zur Innovation zu den beiden zentralen Erfolgsfaktoren avanciert sind.[251] Seither gehören Wörter wie Diskontinuität, Marktdynamik und Umweltkomplexität zum Grundwortschatz der Betriebswirtschaftslehre.[252] Dabei versteht Ansoff unter dem Begriff Diskontinuitäten schwer vorhersehbare Ereignisse und Veränderungen, deren Eintritt die Unternehmung zu einschneidenden Reaktionen zwingt und sie darüber hinaus teilweise sogar mit der Gefahr eines Ruins konfrontiert.[253] Gemäss einer Studie von McNamara, Vaaler und Devers erklären derartige Diskontinuitäten zwischen 25 und 35 Prozent der Varianz des Betriebsergebnisses eines Unternehmens.[254]

Die Vorhersage und Antizipation von Diskontinuitäten stellt demnach heutzutage eine der zentralen Herausforderungen der Unternehmens- und Markenführung dar. Die teilweise gravierenden Umsatzeinbrüche von Marken wie Camel, Levi Strauss oder Polaroid in den letzten Jahren zeigen, dass diese Aufgabe oft alles andere als einfach ist.[255] In einer 11-jährigen Längsschnittanalyse von 29 Gebrauchsgütermärkten kommen Diller, Kaffenberger und Lücking zu dem Ergebnis, dass der Marktführer in knapp der Hälfte der Fälle abgelöst wurde und einige Marken erhebliche Marktanteilsverluste hinnehmen mussten.[256] Der Hauptgrund hierfür lag meist in einer zu langsamen Antizipation der sich ändernden Unweltbedingungen. Zu einem ähnlichen Befund gelangte Golder, der Datenmaterial von 100 Märkten über einen Zeitraum von 74 Jahren (1923–1997) auswertete und dabei feststellte, dass mehr als die Hälfte der führen-

[250] Vgl. Drucker 1969, S. 3ff.
[251] Die aufgeführten Entwicklungen sind keine rein ökonomischen Phänomene. So ist bspw. auch in der Soziologie seit längerem von einer beschleunigten Kultur die Rede. Vgl. Gross 1994, S. 154ff.
[252] Vgl. auch Abschnitt 3.2.5
[253] Vgl. Ansoff 1976, S. 131
[254] Vgl. McNamara/Vaaler/Devers 2003, S. 273
[255] Vgl. auch Keller 2003, S. 33f.; Jenner 1999b, S. 22; Prahalad/Hamel 1994, S. 6
[256] Vgl. Diller/Kaffenberger/Lücking 1993, S. 273ff.

den Marken ihre Position eingebüsst hatten.[257] Neben Fehlern in der Markenführung begründen sich die Marktanteilsverluste auch in dieser Untersuchung vor allem durch die Intensität und Komplexität der Veränderungen der relevanten Umweltbedingungen.

Die Ursachen komplexer und instabiler Wettbewerbssituationen, mit denen sich heutzutage viele Unternehmen konfrontiert sehen, sind vielfältig. In der betriebswirtschaftlichen Literatur werden unter anderem die anhaltende Globalisierung, die zunehmende Technisierung, die Emanzipation des Handels, die in vielen Ländern anhaltende Deregulierung und Liberalisierung der Märkte, die Veränderungen des Konsumentenverhaltens, der zunehmende Druck der Investoren auf die Unternehmen (Shareholder-Value-Denken) sowie die vielerorts zu beobachtende Branchenerosion genannt.[258] Beispielhaft sei in diesem Zusammenhang auf die zunehmende Konvergenz von Telekommunikations-, Informations- und Medienindustrie, die vielerorts in Europa stattfindende Deregulierung des Strommarktes oder die in den letzten Jahren zu beobachtende Verschmelzung von Banken und Versicherungen zu so genannten Allfinanz-Anbietern verwiesen. Kennzeichnend für alle aufgeführten Entwicklungen ist die Schnelligkeit, mit der sich Marktkonstellationen verändern und mit der Unternehmen darauf reagieren müssen.

Zur Beschreibung solch instabiler Wettbewerbssituationen hat sich innerhalb der wirtschaftswissenschaftlichen Literatur in den letzten Jahren der ursprünglich von D'Aveni eingeführte Begriff **Hypercompetition** durchgesetzt.[259] Das griechische Wort hyper kennzeichnet dabei die übersteigerte und übermässige Verschärfung der Konkurrenzsituation. Der Hyperwettbewerb ist durch eine zunehmende Konvergenz ursprünglich isolierter Wettbewerbsdimensionen (z.B. Kosten-, Qualitäts-, Prozessführerschaft) geprägt, was zu einem vielschichtigen, dynamischen und aggressiven Wettbewerb zwischen den Unternehmen führt. Insbesondere die hohe Aggressivität der Konkurrenten lässt eine dauerhafte Verteidigung von Wettbewerbsvorteilen utopisch erscheinen, da aufgebaute Kompetenzen und Erfolg versprechende Marktpositionen immer schneller imitiert werden. Vor diesem Hintergrund wird teilweise sogar empfohlen, bestehende Wettbewerbsvorteile in regelmässigen Abständen freiwillig aufzugeben, um neue, vielversprechendere Positionen anzustreben. Abbildung 3.1 gibt einen Überblick über die wichtigsten Merkmale des Hyperwettbewerbs.

---

[257] Vgl. Golder 2000, S. 162ff.

[258] Vgl. z.B. Meffert/Giloth 2002, S. 100f.; D'Aveni 1998, S. 184ff.; Bruhn 1997, S. 344ff.; Shocker/Srivastava/Ruekert 1994, S. 150ff.

[259] Vgl. D'Aveni 1994, S. XIII; Porter 1996, S. 61; Zohar/Morgan 1996, S. 460; Thomas 1996, S. 221; Bruhn 1997, S. 339; Hamel 1998, S. 10; Herrmann 1999, S. 61; Jenner 2003a, S. 136; McNamara/Vaaler/Devers 2003, S. 261

Traditioneller Wettbewerb		Hyperwettbewerb
Eindimensionalität	↔	Simultanität
Stabilität	↔	Dynamik
Überschaubarkeit	↔	Komplexität
Friedlichkeit	↔	Agressivität
Langfristige Wettbewerbsvorteile	↔	Temporäre Wettbewerbsvorteile
Konstante Strategien	↔	Permanente Veränderung der Strategien
Gegebene Wettbewerbssituation	↔	Aktives Einwirken auf Wettbewerbssituationen

Abb. 3.1: Merkmale des Hyperwettbewerbs[260]

Mit dem Ziel, das von D'Aveni stammende Konstrukt des Hyperwettbewerbs empirisch zu belegen, wertete Thomas Datenmaterial von 200 verschiedenen Industriebranchen aus den Jahren 1958 bis 1991 aus. Er verglich die Ausprägung von bestimmten Indikatoren des Hyperwettbewerbs mit dem Aktienkurs der davon betroffenen Unternehmen und gelangte zum Schluss, dass in den USA Ende der 60er-Jahre ein **Hypercompetitive Shift** einsetzte und mindestens bis 1991 anhielt.[261] Wobei zu beachten ist, dass die Ausprägungen des Hyperwettbewerbs von Industrie zu Industrie variierten. Die in Abbildung 3.2 aufgeführten Merkmale treffen demnach lange nicht auf alle Branchen zu. In einer ähnlich angelegten Studie konnten McNamara, Vaaler und Devers zudem empirisch nachweisen, dass die Entwicklung des Hyperwettbewerbs in den USA nicht stetig, sondern in Form sich abwechselnder Zyklen höherer und tieferer Wettbewerbsintensität verlief.[262] Die bislang intensivste Phase des Hyperwettbewerbs fand dieser Untersuchung zufolge in der zweiten Hälfte der 80er-Jahre des letzten Jahrhunderts statt. Obwohl das Ausmass des Hyperwettbewerbs von Branche zu Branche und von Dekade zu Dekade variiert, muss allgemein von einer gravierenden und immer schnelleren Veränderung der relevanten Umweltbedingungen ausgegangen werden.

Die beschriebene Situation des Hyperwettbewerbs birgt für Unternehmen aber nicht nur Risiken, sondern auch Chancen. Vor allem junge Unternehmen profitieren von instabilen Marktsituationen, wenn sie den Markt mit neuen, revolutionären Herangehensweisen aufrollen.[263] Auch etablierte Unternehmen können sich die stetigen Veränderungen zu Nutze machen, wenn es ihnen gelingt, sich schneller als die Konkurrenz auf die veränderten Rahmenbedingungen einzustellen. Dies setzt allerdings ein hohes Mass an Flexibilität und Offenheit gegenüber neuen Entwicklungen voraus. Mit Blick auf den Planungsprozess gilt, dass klassische Methoden hierzu nur bedingt geeignet sind.[264] Oft erweisen sie sich aufgrund ihres statischen Charakters eher als kontrapro-

[260] In Anlehnung an Bruhn 1997, S. 344
[261] Vgl. Thomas 1996, S. 235. Zur Kritik am Vorgehen von Thomas vgl. Castrogiovanni 2002, S. 145
[262] Vgl. McNamara/Vaaler/Devers 2003, S. 273
[263] Vgl. Hamel 1998, S. 7; auch Upshaw 1995, S. 243
[264] Vgl. D'Aveni 1994, S. 235f.; Hamel 1998, S. 9; auch Abschnitt 4.4.4

duktiv, da sie die im Hyperwettbewerb geforderten nicht-linearen Strategien meist im Vornherein ausschliessen.

Die bisher in diesem Abschnitt gestreiften theoretischen Konstrukte und empirischen Ergebnisse machen deutlich, dass Unternehmen heutzutage, um den Erfolg ihrer Marke(n) abzusichern, diese aufgrund der sich kontinuierlich ändernden Bedingungen stetig weiterentwickeln und an neue Gegebenheiten anpassen müssen.[265] Die Marke muss aktuell gehalten werden. Dies stellt in den meisten Fällen die zentrale Herausforderung der Markenführung dar und impliziert eine genaue Kenntnis und Bewertung der im Kontext einer bestimmten Marke relevanten Umweltveränderungen. Vor diesem Hintergrund und im Hinblick auf die dieser Arbeit zugrunde gelegte Zielsetzung gliedert sich das vorliegende Kapitel in zwei Teile: Zuerst werden die für Markenführung und Kommunikation relevanten Umweltveränderungen beschrieben (Abschnitt 3.2), bevor in einem zweiten Unterkapitel daraus resultierende, kategorische Konsequenzen für die Markenführung abgeleitet werden (Abschnitt 3.3).

[265] Vgl. auch Kraatz/Zajac 2001, S. 632; Simon 1993, S. 134ff,

3.2 Wandel der Rahmenbedingungen

Insbesondere die Ausführungen zu den verschiedenen Markenfunktionen haben gezeigt, dass Marken je nach Situation und Bezugssystem vielfältige Aufgaben wahrnehmen.[266] So zeigen Marken dem Verbraucher nicht nur ihre Identität und Herkunft an, sondern übermitteln mittels Massenmedien auch weitergehende Informationen in Bezug auf ihre Positionierung. Dadurch ermöglichen sie dem Markeneigner Themenwelten zu besetzen und sich zu profilieren. Nicht zuletzt aus diesem Grund gelten Marken als zentrale immaterielle Wertschöpfer im Unternehmen, wo sie zudem als Orientierungs- und Steuerungsgrösse funktionieren. Auch im gesellschaftlichen Umfeld übernehmen Marken wichtige Orientierungsfunktionen, indem sie ihren Verwendern als Medium dienen, um sich mitzuteilen und zu unterscheiden. Diese kurze Aufzählung einzelner Markenfunktionen zeigt, dass die Marke keinesfalls isoliert, sondern immer im Kontext ihrer Umweltbereiche und Rahmenbedingungen betrachtet werden muss. Bourgeois versteht dabei unter Umweltbereichen *»sources of events and changing trends which create opportunities and threats for individual firms.«*[267]

Markenverantwortliche sehen sich heute einer immer grösseren Zahl von Chancen und Gefahren aus unterschiedlichen, sich immer schneller verändernden Umweltbereichen gegenüber.[268] Es wird im vorliegenden Abschnitt bewusst auf eine abschliessende Auflistung aller potenziellen Einflussfaktoren auf die Markenführung verzichtet und stattdessen auf die einschlägige Literatur verwiesen, wo derartige Auflistungen bereits existieren.[269] Sinnvoller erscheint es, sich im Folgenden auf die in Bezug auf den Untersuchungsgegenstand der vorliegenden Arbeit wesentlichsten Rahmenbedingungen zu beschränken und diese dafür etwas ausführlicher darzustellen.

Grundsätzlich kann zwischen evolutionären und revolutionären Umweltveränderungen unterschieden werden. Im Gegensatz zu **evolutionären Veränderungen**, die meist durch Anpassungen auf instrumenteller Ebene ausreichend antizipiert werden können (z.B. Änderung der Verpackung, der Ausstattung oder des Preises), stellen **revolutionäre Veränderungen** die etablierten Spielregeln des Wettbewerbs in Frage und lassen bislang Erfolg versprechende Marktpositionen und Wettbewerbsvorteile hinfällig werden. Revolutionäre Veränderungen beruhen in vielen Fällen auf einer grundsätzlichen Verschiebung der Kundenbedürfnisse und/oder relevanter Angebotseigenschaften und bedingen deshalb in aller Regel eine Änderung der Markenstrategie bzw. eine Neu- oder Umpositionierung.[270] Beispielsweise führte die Vertriebs- und Produktpolitik von Ikea zu einer revolutionären Veränderung des Möbelmarktes.

---

[266] Vgl. Abschnitt 2.3

[267] Bourgeois 1980b, S. 32

[268] Vgl. z.B. Prahalad/Hamel 1994, S. 6ff.

[269] Vgl. z.B. Shocker/Srivastava/Ruekert 1994, S. 149ff.; Haedrich/Tomczak 1996, S. 39ff.; Esch/Wicke 2001, S. 12ff.; Homburg/Schäfer 2001, S. 158f.; Sattler 2001, S. 24ff.; Meffert/Giloth 2002, S. 100ff.; Keller 2003, S. 38ff.

[270] Vgl. Jenner 1999c, S. 150

Mit Blick auf Markenführung und Kommunikation lassen sich neben den in Abschnitt 3.1 beschriebenen kategorischen Entwicklungen evolutionäre und revolutionäre Veränderungen insbesondere im Verbraucherverhalten (Abschnitt 3.2.1), im Wettbewerbsumfeld (Abschnitt 3.2.2), in den Kommunikationsbedingungen (Abschnitt 3.2.3) sowie im Unternehmen selbst (Abschnitt 3.2.4) identifizieren (vgl. Abbildung 3.2). Diese vier Bereiche sollen im Folgenden einer näheren Analyse unterzogen werden. Dabei geht es in erste Linie darum, die jeweiligen Veränderungen qualitativ zu beschreiben und ihre Auswirkungen auf den Prozess der Markenführung abzuschätzen. Daran anschliessend wird in Abschnitt 3.2.5 als eine Art Synthese das Konstrukt der Umweltdynamik diskutiert.

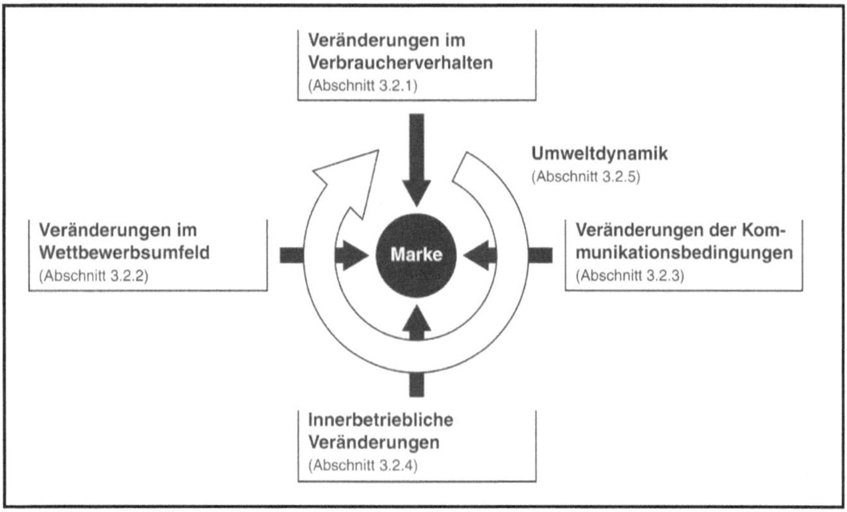

Abb. 3.2: Wichtige Herausforderungen der Markenführung

3.2.1 Veränderungen des Verbraucherverhaltens

Der die postmoderne Gesellschaft prägende Wertewandel führte zusammen mit dem anhaltenden Bedürfnis nach Individualität und der zunehmenden ethnischen Vermischung der westlichen Gesellschaften zu einer sozial erwünschten Vielfalt der Lebensstile.[271] Diese **Individualisierung des Konsums** führt naturgemäss zu einer starken Fragmentierung der Märkte. Gleichzeitig legten die Verbraucher ihre ursprüngliche Naivität ab und entwickelten eine grosse Skepsis gegenüber dem Marketing und seinen Mechanismen und Instrumenten.[272] Das Wissen des Verbrauchers um die kommerzielle Motivation des Anbieters führt zu Glaubwürdigkeitsproblemen, mit denen insbesondere die Werbung konfrontiert ist. Erschwerend kommt hinzu, dass die ur-

[271] Vgl. z.B. Gross 1994, S. 58f.; auch Abschnitt 2.2.4
[272] Vgl. Keller 2003, S. 39; Kaas 1990b, S. 543; Grey 1996, S. o.S.

sprüngliche Informationsasymmetrie zwischen Anbieter und Nachfrager durch das Internet vielerorts faktisch aufgehoben wurde. Weltweit können heutzutage Preise verglichen, Produkte bestellt und Erfahrungen ausgetauscht werden. Als Folge dieser und anderer Entwicklungen sind die Verbraucher insgesamt unberechenbarer und anspruchsvoller geworden.

Der »neue« Konsument ist generell durch eine stete Bewegung und zunehmende Komplexität gekennzeichnet.[273] Diese zeigt sich nicht zuletzt in den unzähligen in den letzten Jahren identifizierten grossen und kleinen Trends im Verbraucherverhalten.[274] So ist beispielsweise die Rede von der zunehmenden Erlebnis- und Sinnorientierung, dem hybriden und multioptionalen Konsumenten, dem Variety-seeking-behaviour, dem gestiegenen Umwelt- und Naturbewusstsein, der zunehmenden Gesundheits- und Wellnessorientierung, dem aufkommenden Conveniencegedanken, dem virtuellen Konsum bzw. dem E-Shopping, der zunehmenden Freizeitorientierung, dem Genuss- und Hedonismusstreben oder der Ich-bezogenen Wirtschaft. Mit Blick auf die Zielsetzung dieser Arbeit interessieren insbesondere die drei erstgenannten Entwicklungen: die zunehmende Erlebnis- und Sinnorientierung, der hybride, multioptionale Konsum und das Variety-Seeking. Diese drei Megatrends und ihre direkten Auswirkungen auf Markenführung und Kommunikation werden im Folgenden beschrieben.

In westlichen Wohlstandsgesellschaften ist die lebensnotwendige Grundversorgung gesichert, weshalb sich die ursprüngliche Funktion des Konsums stark verändert hat. Die Verbraucher streben heute nach höheren Bedürfnissen wie z.B. dem Wunsch nach Selbstverwirklichung oder emotionalem Erleben.[275] Der ursprünglich im Vordergrund stehende stofflich-funktionale Grundnutzen eines Produkts verliert beim Kauf zunehmend an Bedeutung. An seine Stelle tritt das Image bzw. der kognitive Zusatz- oder Symbolnutzen einer Marke.[276] Der Konsum an sich avanciert zum Erlebnis, dient der Selbstverwirklichung des Konsumenten und wird somit zum nutzen- und sinnstiftenden Element.[277] Aus dieser zunehmenden **Erlebnis- und Sinnorientierung** der Verbraucher ergeben sich vielfältige Chancen für die Markenführung.

Insbesondere ist davon auszugehen, dass eine erlebnisorientierte Differenzierung (mittels Kommunikation) die Kaufentscheidungen oftmals stärker beeinflusst als funktionale Produktunterschiede. Die Marke muss demnach emotionalisiert und in der persönlichen Erlebniswelt der Konsumenten verankert werden.[278] Dabei ist es für den Erfolg einer Marke entscheidend, diese langfristig auf differenzierende, relevante und

[273] Vgl. Liebmann 1996, S. 37

[274] Vgl. z.B. Meffert/Giloth 2002, S. 116ff.; Esch/Wicke 2001, S. 22; Weinberg/Diehl 2001, S. 187f.; Schmalen/Lang 1998, S. 5ff.; Liebmann 1996, S. 40ff.; Holt 1995, S. 2ff.; Menon/Kahn 1995, S. 285ff.

[275] Vgl. Maslow 1998, S. 18f.; Kroeber-Riel/Weinberg 2003, S. 124, 717

[276] Vgl. Abschnitte 2.2.3 und 4.2.2

[277] Vgl. Aaker 1996, S. 153ff.; Holt 1995, S. 6; Perry 1994, S. 4; Levy 1959, S. 118. In diesem Zusammenhang kommen der Marke vermehrt soziokulturelle Funktionen zu. Vgl. Abschnitt 2.2.4

[278] Vgl. Bosshart 1997, S. 73ff.; Bolz/Bosshart 1995, S. 73f.

vor allem emotionale Kernwerte wie z.B. Freiheit, Sport oder Erotik auszurichten und dementsprechend zu inszenieren.[279] Beispiele erfolgreicher erlebnisorientierter Marken sind Marlboro, die seit Jahren im Bereich Freiheit und Abenteuer positioniert ist, Ferrero Rocher mit einer idealtypischen Positionierung im Bereich Prestige und Exklusivität oder die Schaumweinmarke Freixenet, die seit Gedenken des Autors die Kernwerte Erotik und Sinnlichkeit kommuniziert. Die aufgeführten Beispiele zeigen, dass die Werbung oftmals das zur Emotionalisierung einer Marke geeignetste Marketinginstrument darstellt.[280] Bosshart spricht in diesem Zusammenhang von einer Kommerzialisierung der Emotionen durch Kommunikation.[281]

Neben der zunehmenden Erlebnis- und Sinnorientierung der Verbraucher wird in neueren Veröffentlichungen auch vermehrt das übergreifende Phänomen des **hybriden und multioptionalen Konsumenten** diskutiert.[282] Während sich Verbraucher früher an klaren und zeitlich relativ stabilen Präferenzen orientierten und ein dementsprechend konsistentes und konstantes Verhalten an den Tag legten, muss heutzutage von einem mindestens hybriden (bi-polaren), meist mehrdimensionalen oder gar widersprüchlichen Konsumentenverhalten ausgegangen werden (vgl. Abbildung 3.3). Die Verbraucher schwanken zwischen verschiedenen Selbstinszenierungskonzepten hin und her: Sie kaufen sowohl im Lebensmitteldiscountgeschäft als auch im teuren Delikatessenladen, nehmen mittags bei McDonald's einen Imbiss, um abends im edlen Restaurant zu dinieren, oder tragen Nike-Turnschuhe an der Antiglobalisierungsdemonstration. Ein derart unstetes und teilweise sogar paradoxes Verbraucherverhalten weist dementsprechend viele Ausdrucksformen und Motive auf. Es kann nutzenorientiert, spielerisch, emotional oder auch rebellisch sein.[283]

Zeit →

konsistent	hybrid	multioptional	paradox
eindimensional	bipolar	mehrdimensional	
einheitlich	differenziert	divergierend	
sehr stabil	relativ stabil	instabil	

Abb. 3.3: Wandel im Verbraucherverhalten[284]

[279] Vgl. Weinberg/Diehl 2001, S. 191f.; Schimanski/Hautz 2004, S. 42; Kroeber-Riel/Weinberg 2003, S. 115; Kreilkamp/Nöthel 1996, S. 137

[280] Vgl. Weinberg/Gröppel 1988, S. 191; auch Weinberg/Diehl 2001, S. 195

[281] Vgl. Bosshart 1997, S. 90

[282] Vgl. Schmalen/Lang 1998, S. 5ff.; Liebmann 1996, S. 40ff.; Esch/Wicke 2001, S. 24; Meffert/Giloth 2002, S. 120ff.; Bruhn 1997, S. 347; Köhler 2001, S. 52f.; Gross 1994, S. 44ff. Weitere Etiketten desselben Phänomens sind der fraktale Konsument, der inkonsistente Konsument, der polyvalente Konsument oder der gespaltene Konsument. Vgl. im Überblick Liebmann 1996, S. 40f.

[283] Vgl. Holt 1995, S. 2ff.; Levy 1959, S. 119; Herrmann 1999, S. 63 und die dort zitierte Literatur

[284] In Anlehnung an Liebmann 1996, S. 42

Eine direkte Auswirkung dieser Entwicklungen zeigt sich in der zunehmenden **Polarisierung des Konsums.**[285] Wobei sich neben den beiden traditionellen Verbrauchergruppen der Schnäppchenjäger und markenaffinen Qualitätskäufer, deren jeweiliger Anteil an der Bevölkerung auf zirka ein Drittel geschätzt wird, in den letzten Jahren eine etwa gleich grosse neue Gruppe von Verbrauchern etablierte, die so genannten **Smart Shopper** oder System Beater, die sich durch eine gleichzeitige Qualitäts- und Preisorientierung auszeichnen.[286] Sie versuchen hochwertige Markenprodukte preiswert zu erstehen, indem sie ihre Erfahrungen mit den Marketingmassnahmen der Unternehmen kapitalisieren und beispielsweise die mit Sicherheit wiederkehrenden Preisnachlässe ihrer bevorzugten Marken abwarten (Ausverkauf) oder in so genannten Factory Outlets einkaufen.[287] Innerhalb der Gruppe der Smart Shopper wird eine realisierte Ersparnis nicht mit Armut, sondern viel eher mit Cleverness in Verbindung gebracht. Vor diesem Hintergrund sind die erfolgreichen Werbekampagnen für Mediamarkt »ich bin doch nicht blöd« und Saturn »Geiz ist geil« zu verstehen.

Die für das Marketing vielleicht schmerzhafteste Folge der genannten Entwicklungen stellt die vielerorts konstatierte **abnehmende Markenloyalität** selbst bei zufriedenen Kunden dar.[288] Sie begründet sich in erster Linie in den sich immer schneller abwechselnden gesellschaftlichen Trends: Um beim Verbraucher eine sinnstiftende Wirkung zu entfalten, muss eine Marke heutzutage nicht nur für gleichbleibend hohe Qualität stehen, sondern auch in Mode sein. Zudem ist die sinkende Markentreue auch Ausdruck des naturgemäss verhältnismässig grossen Evoked-Sets der Smart Shopper. Als weiterer Grund wird in der Literatur das Phänomen des **Variety-seeking** (bzw. Variety-seeking Behaviour) diskutiert.[289] Verbraucher wechseln mitunter Marken, nicht nur weil sich ihre Präferenzen verändert haben, sondern weil sie aus Langeweile oder Neugier ein intrinsisches Bedürfnis nach Abwechslung verspüren. Im Markenwechsel selbst besteht demnach ein expliziter Nutzen. Zusammenfassend kann festgehalten werden, dass die Markenloyalität einerseits von marken- und produktbezogenen Determinanten, andererseits aber auch stark von Persönlichkeitsmerkmalen und gesellschaftlichen Entwicklungen abhängt.

Der beschriebene Wandel im Verbraucherverhalten stellt die Markenführung vor zwei zentrale Herausforderungen: Einerseits müssen die für eine bestimmte Marke relevanten Trends im Verbraucherverhalten erkannt und im Rahmen der Markenführung richtig antizipiert werden, anderseits erschwert die zunehmende Fragmentierung der Märkte die Identifikation und Ansprache von Marktsegmenten. Angesichts der zunehmenden Individualisierung des Konsums reichen traditionelle demografische Segmentierungskriterien zur Zielgruppendefinition nicht mehr aus.[290] Der Entscheid für

[285] Vgl. Meffert/Giloth 2002, S. 100ff.; Esch/Wicke 2001, S. 23ff.; Bruhn 1997, S. 345f.
[286] Vgl. Grey 1996, S. o.S. ; Meer 1995, S. RC–2ff.
[287] Vgl. auch Keller 2003, S. 39
[288] Vgl. Meffert/Giloth 2002, S. 114; Esch/Wicke 2001, S. 28; Jenner 2001a, S. 54
[289] Vgl. Van Trijp/Hoyer/Inman 1996, S. 281ff.; Menon/Kahn 1995, S. 285ff.
[290] Vgl. z.B. Köhler 2001, S. 53; Kühn/Jenner 1998, S. 17; Kreilkamp/Nöthel 1996, S. 136f.

oder gegen eine bestimmte Marke ist heute nicht vorrangig durch Alter, Geschlecht, Ausbildung oder Einkommen bedingt, sondern wird vielmehr durch psychografische Merkmale wie Werthaltung oder Einstellung sowie die subjektiv empfundene Identifikationsmöglichkeit mit der Marke gesteuert. Aus diesem Grund versuchen neuere Segmentierungsansätze und Verbrauchertypologien soziodemografische Kriterien durch die Beschreibung von Lebensstilen und Einstellungstypen zu ergänzen oder zu ersetzen.[291]

Erschwerend kommt hinzu, dass sich der multioptionale Verbraucher langfristig keinem klaren Segment oder Typ zuordnen lässt, sondern sich je nach Anlass und Stimmung in unterschiedlichen Erlebniswelten oder kurzlebigen sozialen **Szenen**[292] bewegt.[293] Vor diesem Hintergrund gewinnen Trends und entsprechende Kultmarken immer stärker an Bedeutung. Heute zählt nicht mehr der Verbraucher als Person, sondern die Rolle, die er gerade spielt. Aus diesem Grund fordern Kreilkamp und Nöthel ein Umdenken in der Markenführung von traditionellen Zielsegmenten hin zu gesellschaftlichen Szenen.[294] Eine derartige Umstellung hat auch weitreichende Folgen für die Kommunikationspolitik. So ist eine Verschiebung von klassischen Reichweitenmedien (TV, Print, Plakat) hin zu szenespezifischen Kommunikationsmitteln wie z.B. Events oder Sponsoring zu beobachten.[295] Ein gutes Beispiel einer erfolgreichen szeneadäquaten Marke ist Red Bull. Ursprünglich aus der Techno-Szene stammend, wurde die Marke mittels gelungener Events (z.B. Flugtage) nach und nach auch in anderen, verwandten Szenen eingeführt.[296] Der aufgezeigte Wandel des Verbraucherverhaltens spiegelt sich naturgemäss auch in den im nachfolgenden Abschnitt beschriebenen marktlichen Veränderungen wider.

---

[291] So z.B. die Euro-Socio-Styles von IHA/GfM, das Psychologische Klima der Schweiz (PKS) von Demoscope oder die Sinus-Milieus vom gleichnamigen Institut. Bei allen drei Typologien werden auf der Basis umfangreicher Fragebogen Interessen, Einstellungen und Meinungen der Verbraucher erfragt, um anschliessend mittels Clusteranalysen möglichst homogene Gruppen (so genannte Typen) zu bilden.

[292] Szenen sind (physische oder mentale) Gruppierungen von Menschen, die eine für sie übergeordnete Interessenslage oder Bewusstseinsebene als gemeinsames Element aufweisen (z.B. Techno-, Snowboard- oder Schwulen-Szene). Vgl. Kreilkamp/Nöthel 1996, S. 138

[293] Vgl. Köhler 2001, S. 54; Weinberg/Diehl 2001, S. 189ff.

[294] Vgl. Kreilkamp/Nöthel 1996, S. 140; auch Gerken 1994a, S. 325

[295] Vgl. Roosdrop 1998, S. 219; Pasquier/Dreosso/Rauch 2004, S. 74ff.

[296] Es bleibt anzumerken, dass der Ansatz des Szene-Marketings naturgemäss nicht für alle Produktkategorien gleich gut geeignet ist. Insbesondere Investitionsgüter oder z.B. Produkte aus dem Bereich Haushaltspflege erfordern eher eine klassische zielgruppenorientierte Marketingstrategie.

3.2.2 Veränderungen des Wettbewerbsumfelds

Um dem Variety-Seeking zu trotzen sowie als Antwort auf die Individualisierung des Konsums und der damit verbundenen Verkleinerung der Marktsegmente wählten viele Unternehmen in den letzten Jahren eine **Mehrmarken- oder Markenerweiterungsstrategie.**[297] Durch die parallele Bearbeitung eines Marktes mit mehreren segmentspezifischen Marken und Submarken soll eine breitere Marktabdeckung und eine höhere Marktdurchdringung erreicht werden. Insbesondere in Produktkategorien mit tiefer Markenloyalität kann es durch das gleichzeitige Angebot mehrerer Marken gelingen, den Verbraucher (meist versteckt) an das eigene Unternehmen zu binden. Eine derartige Mehrmarkenstrategie wird beispielsweise von Procter & Gamble im Waschmittelmarkt oder von L'Oréal im Kosmetikmarkt praktiziert.[298]

Gleichzeitig kann auf vielen Märkten eine teilweise drastische **Verkürzung der Produktlebenszyklen** bzw. eine schnelle Alterung der Produkte festgestellt werden.[299] Ein Mobiltelefon beispielsweise verfügt heutzutage über eine mittlere Angebotsdauer von lediglich sechs Monaten. Um eine Marke aktuell zu halten, bedarf es demnach immer wieder neuer (mehr oder weniger) innovativer Produkte, die unter der Marke eingeführt werden. Ein gutes Beispiel hierzu liefert wiederum der Waschmittelmarkt, wo von nahezu allen Anbietern im Laufe der letzten Jahren neue Produkte wie flüssiges Waschmittel, Megaperls oder Tabs eingeführt wurden. Diese Entwicklungen führen zusammen mit der zunehmenden internationalen Verflechtung, der Konvergenz der Technologien und dem Aufkommen von Handelsmarken zu einer extremen Verbreiterung des Angebots, so dass heute vielerorts von einer **Marken- und Produktinflation** gesprochen werden kann.[300] So konkurrenzieren beispielsweise in Deutschland heute rund 680'000 Marken, von denen gut 60'000 aktiv beworben werden.[301]

Diese Entwicklung zeigt sich idealtypisch am Beispiel des Markts für Zahncremes. Während 1950 in England 14 verschiedene Zahncremes angeboten wurden, waren es 1995 bereits deren 177, 45 davon alleine unter der Marke Colgate.[302] Heute gibt es süsse und scharfe Zahncremes; Zahncremes für Kinder, für Frauen, für Rentner, für Raucher, für Personen mit empfindlichem Zahnfleisch oder für Leute, die empfindlich auf Kälte oder Wärme reagieren; Zahncremes in Tuben und Zahncremes in so genannten Spendern; Zahncremes gegen Karies, gegen Parodontose, gegen schlechten

---

297 Vgl. z.B. Meffert/Giloth 2002, S. 123. Zu den Themen Markentransfer und Markenerweiterung vgl. Abschnitt 2.3.4 zu den Rationalisierungsfunktionen von Marken.

298 Zu Procter & Gamble gehören z.B. die Waschmittelmarken Ariel, Dash und Lenor. Der L'Oréal Konzern führt neben der Marke L'Oréal unter anderem auch die Kosmetikmarken Elsève, Garnier, Kiehl's, Lancôme, Vichy, Maybelline, Biotherm und Helena Rubinstein.

299 Vgl. Sattler 2001, S. 26; Shocker/Srivastava/Ruekert 1994, S. 151f.; auch Hamel/Prahalad 1996, S. 238

300 Vgl. z.B. Meffert/Giloth 2002, S. 101f.; Esch/Wicke 2001, S. 12ff.; Sattler 2001, S. 24ff.; Shocker/Srivastava/Ruekert 1994, S. 150ff.; Berekoven 1978, S. 48

301 Vgl. Schimanski/Hautz 2004, S. 40

302 Vgl. Andresen/Nickel 2001, S. 651; auch Keller 2003, S. 40

Mundgeruch oder gegen Zahnstein; und das alles in verschiedenen Grössen und von unterschiedlichen Marken. Eine derartige Verbreiterung und Fragmentierung des Angebots dürfte auch für andere Produktkategorien und Länder typisch sein.

Da die meisten Märkte heutzutage gesättigt sind, steigt zusammen mit der Zahl von Produktinnovationen naturgemäss auch die **Floprate von Neuprodukten und Markentransfers**.[303] Als Flops gelten neue Produkte unter einer bereits bekannten oder neuen Marke, mit denen die unternehmerischen Zielsetzungen im Anschluss an ihre Lancierung nicht erreicht wurden. Die Ursachen für Flops von Neuprodukten sind vielfältig und unterscheiden sich in erster Linie anhand des Innovationsgrads des neuen Angebots. Während bei so genannten Me-too Produkten oft das Fehlen differenzierender Eigenschaften für das Scheitern verantwortlich ist, kann andererseits auch ein zu hoher Innovationsgrad aufgrund der damit verbundenen technischen Risiken einen Flop verursachen. Je nach Quelle variiert die Höhe der Floprate beachtlich. So kommen beispielsweise Billington, Lee und Tang in einer Untersuchung bei 126 U.S.-amerikanischen Gebrauchgüterherstellern zu dem Ergebnis, dass 40 Prozent der am Markt eingeführten Produkte scheitern.[304] Gemäss einer vergleichbaren, internationalen Studie von Ernst & Young und Nielsen aus dem Jahre 2003 ist die Floprate von Markentransfers doppelt so hoch und beläuft sich auf rund 80 Prozent.[305] Diese beachtlichen Unterschiede liegen einerseits in den verschiedenen den Studien zu Grunde gelegten Produktkategorien, andererseits in abweichenden Operationalisierungen von Flops begründet. Zudem dürfte es eine Rolle spielen, ob es sich um einen Markentransfer oder eine neue Marke handelt.

Die Flopwahrscheinlichkeit kann jedoch wesentlich durch die Markenführung beeinflusst werden. Dies zeigt sich beispielhaft an einer Studie von Sullivan, die 84 Neuprodukteinführungen aus dem Bereich kurzlebiger Konsumgüter untersuchte und dabei lediglich eine Floprate von 18% errechnete.[306] Dieses Ergebnis lässt sich vor allem auf die betrachtete Stichprobe zurückführen. Es wurden im Rahmen der Studie ausschliesslich mindestens national in den USA vertriebene Marken mit einem entsprechend hohen Marketing- und Werbebudget berücksichtigt. Vor diesem Hintergrund ist davon auszugehen, dass professionell geführte Marken mit verhältnismässig hohen Investitionen in den Markenwert relativ geringere Flopwahrscheinlichkeiten aufweisen.[307]

Die beschriebenen Veränderungen im Verbraucherverhalten haben aber nicht nur Auswirkungen auf die Breite des Angebots, sondern auch auf seine Struktur. So nahm beispielsweise der Anteil der Produkte mit durchschnittlicher Qualität zu einem durch-

---

[303] Zum Thema Markentransfer vgl. auch Abschnitt 2.3.4
[304] Vgl. Billington/Lee/Tang 1998, S. 24
[305] Vgl. Sattler/Völckner/Zatloukal 2003, S. 148
[306] Vgl. Sullivan 1992, S. 795ff.
[307] Vgl. auch Sattler 2001, S. 25

schnittlichen Preis in den letzten Jahren kontinuierlich ab.[308] Dies liegt einerseits daran, dass weder Kauf noch Konsum derartiger Produkte und Marken ein wirkliches Erlebnis bieten, andererseits gehören sie per definitionem nicht zum Evoked-Set der Smart-Shopper. Diese kaufen stattdessen immer öfter **Handelsmarken**, da sie der Überzeugung sind, dass Eigenmarken des Handels in punkto Qualität den teureren Markenartikeln ebenbürtig sind.[309] Auch aus diesem Grund verfügen Handelsmarken in der Schweiz mittlerweile im Durchschnitt über einen Marktanteil von über 30 Prozent.[310] Aufgrund der Zielsetzung der vorliegenden Arbeit wird hier nicht weiter auf die Veränderungen und Verschiebungen im vertikalen Wettbewerb eingegangen.[311]

Die Veränderungen im Wettbewerbsumfeld betreffen nicht nur Grösse und Struktur des Angebots, sondern auch die Unterschiede zwischen den angebotenen Produkten und Leistungen. Eingangs dieses Kapitels wurde bereits darauf hingewiesen, dass angesichts der hohen Aggressivität der Konkurrenten eine dauerhafte Verteidigung erlangter Wettbewerbsvorteile illusorisch erscheint, da aufgebaute Kompetenzen immer schneller imitiert werden. Zusammen mit der raschen internationalen Verbreitung und Adaptation von technologischem Know-how führt dies in der Tendenz zu einer **Homogenisierung stofflich-funktionaler Leistungsmerkmale**.[312] Diese Entwicklung zeigt sich jeweils deutlich, sobald Produkte ohne Darbietung der Marke verglichen und getestet werden.[313] So erkennen beispielsweise selbst die Braumeister der grössten deutschen Brauereien in Blindtests oft ihr eigenes Bier nicht.[314] Weitere Beispiele für die zunehmende Homogenisierung der Leistungsmerkmale sind die nicht unterscheidbare Qualität von Zigaretten oder die annähernd identisch gewordenen Angebote von Banken und Versicherungen.

Die weitgehende Austauschbarkeit von Produkten und Dienstleistungen stellt die Markenführung vor grosse Herausforderungen, da eine sachlich-funktionale Differenzierung des eigenen Angebots gegenüber der Konkurrenz – der Aufbau einer so genannten Unique Selling Proposition[315] – zunehmend schwieriger wird. Verschärfend kommt hinzu, dass oft nicht nur die eigentliche Leistung, sondern auch ihr Preis, ihre Distribution und sogar ihre Marke austauschbar sind.[316] Gemäss einer Studie von BBDO zum Thema **Brand Parity** betrachten 72 Prozent der Verbraucher nicht nur Produkte und Leistungen, sondern oft auch deren Marken als austauschbar.[317]

[308] Vgl. Meffert/Giloth 2002, S. 113
[309] Vgl. Grey 1996, S. o.S. Dieser Trend beruht auch auf der immer schnelleren Kopiergeschwindigkeit der Handelsmarken. Vgl. Meffert/Giloth 2002, S. 117
[310] Vgl. Sattler 2001, S. 33
[311] Vgl. hiezu stattdessen Zentes/Swoboda 2001, S. 889ff.; Esch/Wicke 2001, S. 33ff.; Meffert/Giloth 2002, S. 102f.; Shocker/Srivastava/Ruekert 1994, S. 152f.
[312] Vgl. Meffert/Giloth 2002, S. 101; Esch/Wicke 2001, S. 18; Kroeber-Riel/Esch 2000, S. 20
[313] Vgl. Chernatony/McDonald 1998, S. 11; Abschnitt 2.4
[314] Vgl. Buchholz/Wördemann 1998a, S. 19
[315] Zum Begriff Unique Selling Proposition vgl. Reeves 1961, S. 47ff.
[316] Vgl. Kühn/Jenner 1998, S. 33
[317] Vgl. BBDO 2005, S. 1ff.

Die vom Verbraucher wahrgenommene Markengleichheit liegt insbesondere in zwei Ursachen begründet. Einerseits sind die kommunikativen Auftritte konkurrenzierender Marken in vielen Branchen sowohl inhaltlich als auch formal weitgehend austauschbar,[318] andererseits werben viele Marken nach wie vor mittels lediglich vermeintlich differenzierenden Produkt- und Leistungsmerkmalen. Die Rezipienten nehmen jedoch die meisten Produkte als austauschbar wahr, weshalb ihr Interesse an funktionalen Produktinformationen gegen Null tendiert, und diese dadurch ihre ursprüngliche Bedeutung als differenzierende Imagedimensionen verlieren oder je nach Branche bereits verloren haben. Diese Einschätzung wird durch eine Untersuchung von Biel gestützt, der nachweisen konnte, dass eine erlebnisorientierte Differenzierung mittels Kommunikation den Kaufentscheid in vielen Produktkategorien weit stärker beeinflusst als funktionale oder technische Produktunterschiede.[319]

Angesichts der beschriebenen Marken- und Produktinflation, der vielerorts gesättigten Märkte und der weitgehenden Homogenisierung von Produkt- und Leistungsmerkmalen werden langfristig nur diejenigen Marken überleben, denen es gelingt, sich dauerhaft positiv in den Köpfen der Verbraucher zu verankern.[320] Es geht lapidar ausgedrückt heutzutage bei der Markenführung meist darum, eine fehlende Leistungsdifferenz mittels einer Marke und geeigneten kommunikativen Massnahmen zu kompensieren.[321] In diesem Zusammenhang sprechen Esch und Wicke von einer **Verschiebung vom Produktwettbewerb zum Kommunikationswettbewerb**.[322] Vor diesem Hintergrund werden im folgenden Abschnitt die wesentlichen medialen Veränderungen beschrieben.

3.2.3 Veränderungen der Kommunikationsbedingungen

Das stetig zunehmende Medienangebot stellt die wohl augenfälligste Veränderung der Kommunikationslandschaft dar. Immer mehr (vor allem elektronische) Medien buhlen um die Gunst der Leser, Hörer, Zuseher und Surfer.[323] Beispielhaft zeigt sich die **Atomisierung der Medien** im Fernsehen. Während 1985 in Deutschland 14 TV-Sender gezählt wurden, waren es im Jahre 2000 bereits 109.[324] Dies entspricht einem Wachstum von annähernd 700%. Ähnliche Entwicklungen sind auch bei Radiosendern, Zeitschriften und Plakatstellen zu verzeichnen. Um den Werbedruck (Share-of-Voice) angesichts einer derartigen Fragmentierung einigermassen konstant zu halten, müssen Werbetreibende tendenziell mehr Medien belegen und vor allem auch neue

318 Vgl. Kroeber-Riel 1993, S. 47f. Bruhn spricht in diesem Zusammenhang von einem Me-too-Verhalten bei der Erarbeitung kreativer Leistungen als Folge eines ausgeprägten Sicherheitsdenkens der Marketing- und Kommunikationsverantwortlichen. Vgl. Bruhn 2003a, S. 26

319 Vgl. Biel 1992, S. RC-9ff.; ähnlich Kroeber-Riel/Esch 2000, S. 70ff.

320 Vgl. Weinberg/Diehl 2001, S. 187; auch Abschnitt 2.2.3

321 Vgl. Kotler/Bliemel 1995, S. 285

322 Vgl. Esch/Wicke 2001, S. 19

323 Vgl. z.B. Keller 2003, S. 40; Esch 1987, S. 108f.

324 Vgl. Bruhn 2003a, S. 26

Kommunikationsinstrumente einsetzen. Ausdruck dieses Verhaltens ist **die Entstehung immer neuer Kommunikationskanäle und Werbeformen** wie z.B. Multimediakommunikation (Internet, CD-ROM), Corporate Publishing (Unternehmenszeitschriften), Event-Marketing, Medien-Sponsoring, SMS-Marketing, Product-Placement, POS-Werbung, Klomunikation, E-Boards, Tunnelwerbung, Heckscheibenwerbung usw.

Durch die Vielzahl neuer Kommunikationskanäle und als Folge der im vorherigen Abschnitt beschriebenen Produkt- und Markeninflation, respektive des damit verbundenen höheren Werbebedarfs der Unternehmen, wird der Verbraucher heutzutage mehr oder weniger ununterbrochen mit einer Vielzahl von Werbebotschaften konfrontiert.[325] Im öffentlich-rechtlichen Schweizer Fernsehen wurden 1996 rund 100'000 Spots ausgestrahlt, 2003 waren es bereits deren 240'000 mit einer gesamthaften Werbedauer von 77 Tagen und 7 Stunden.[326] Im Gegensatz dazu hat der Medienkonsum jedoch nicht wesentlich zugenommen, was nicht weiter erstaunt, da die zur Verfügung stehende Zeit sowie die menschliche Informationsaufnahme- und Informationsverarbeitungskapazität beschränkt sind.[327] Dies führt konsequenterweise zu einer Vielzahl von nicht wahrgenommenen, geschweige denn verarbeiteten Informationen. Dieses Missverhältnis wird in der Theorie als **Informationsüberlastung** bezeichnet. Kroeber-Riel definiert Informationsüberlastung als Anteil der theoretisch verfügbaren aber nicht beachteten Informationen und verwendet somit die beiden Begriffe Informationsüberlastung und Informationsüberschuss synonym.[328]

Die wohl bekannteste Untersuchung zum Thema Informationsüberlastung stammt von Jacoby, Speller und Kohn, die 1974 erstmals empirisch nachweisen konnten, dass zwischen der zu bestimmten Marken angebotenen Informationsmenge und der Kaufentscheidungsqualität ein kurvilinearer Zusammenhang besteht; die Qualität der Entscheidung mit zunehmendem Informationsangebot also zuerst steigt, dann aber wieder sinkt.[329] Bei einer grossen Menge an zu verarbeitenden Informationen (innerhalb einer beschränkten Zeit) kommt es demnach zu einer Informationsüberlastung mit negativen Konsequenzen. Diese Erkenntnis widerspricht der traditionell vor allem in der Mikroökonomie vorherrschenden Meinung, dass Verbraucher in jedem Fall bessere Kaufentscheide fällen, wenn ihnen mehr Informationen zur Verfügung stehen. Interessant ist jedoch, dass die Probanden trotz abnehmender Entscheidungsqualität angaben, sich bei einer grösseren Informationsmenge sicherer und weniger verwirrt zu fühlen. Die

[325] Vgl. z.B. Bruhn 2003a, S. 27; Sattler 2001, S. 30. Während beispielsweise in Deutschland 1980 rund 30'000 Werbekampagnen geschaltet wurden, hat sich die Zahl bis 1995 annähernd verdoppelt. Vgl. Esch/Wicke 2001, S. 15

[326] Vgl. Publisuisse 2004, S. o.S. (SF1, SF2, TSR1, TSR2, TSI1 und TSI2)

[327] Vgl. Berndt 1984, S. 181 und die dort zitierte Literatur. Kroeber-Riel spricht in diesem Zusammenhang auch von der Positionierungsenge in der Psyche der Verbraucher. Vgl. Kroeber-Riel 1987, S. 257

[328] Vgl. Kroeber-Riel 1988, S. 182

[329] Vgl. Jacoby/Speller/Kohn 1974, S. 63ff.

Verbraucher sind sich also der Informationsüberlastung in den meisten Fällen nicht bewusst und wünschen paradoxerweise immer mehr Informationen.

Die Ergebnisse von Jacoby, Speller und Kohn wurden später von Berndt und von Keller und Staelin in zwei ähnlich angelegten Studien generell bestätigt.[330] Berndt konnte zudem nachweisen, dass der wahrgenommene Schwierigkeitsgrad der Kaufentscheidung stärker von der Anzahl Attribute pro Marke als von der Anzahl zur Auswahl stehender Marken abhängt. Keller und Staelin wiesen nach, dass nicht nur bei einer Erhöhung der Informationsquantität, sondern auch bei einer Erhöhung der Informationsqualität die Entscheidungseffektivität der Probanden einen kurvilinearen Verlauf aufweist. Interessant ist insbesondere, dass die Zufriedenheit der Probanden bei einem Anstieg der Informationsqualität kontinuierlich steigt, nicht aber bei einer Zunahme der Informationsquantität. Dies lässt die Schlussfolgerung zu, dass sich eine Erhöhung der Qualität der angebotenen Informationen in jedem Fall lohnt, da somit die subjektive Informationsüberlastung gesenkt werden kann.

Ebenfalls 1987 mass Kroeber-Riel auf der Ebene des individuellen Verhaltens in einer oft zitierten Untersuchung für Deutschland eine Informationsüberlastung von 98 Prozent.[331] Die Verbraucher beachten demnach im Schnitt lediglich 2 Prozent der angebotenen Informationen, wobei der Informationsüberschuss je nach Medium leicht variiert und im Radio 99,4 Prozent, im Fernsehen 96,8 Prozent, in Zeitschriften 94,1 Prozent und in Zeitungen 91,7 Prozent beträgt. Es gilt jedoch zu berücksichtigen, dass in diesen Zahlen auch so genannte Streuverluste enthalten sind, die entstehen, wenn Informationen ein breites Publikum erreichen, obwohl nur eine relativ kleine Zielgruppe damit angesprochen werden soll. Der gemessene Informationsüberschuss von 98 Prozent bezieht sich auf die total zur Verfügung stehenden Informationen, umfasst also sowohl redaktionelle als auch kommerzielle Beiträge. Betrachtet man lediglich die Informationsüberlastung durch Werbung, so kann von einem Informationsüberschuss von ca. 95 Prozent ausgegangen werden. Diese Zahl spiegelt sich auch in der Tatsache wider, dass Leser eine Anzeige heutzutage durchschnittlich lediglich zwei Sekunden beachten, obwohl zur Aufnahme aller Informationen im Schnitt rund 40 Sekunden nötig wären.[332]

Kroeber-Riel geht im Rahmen seiner Studie davon aus, dass die Höhe der Informationsüberlastung für die gesamte Bevölkerung gemessen und in einem generellen Prozentsatz ausgedrückt werden kann. Diese Annahme muss kritisch hinterfragt werden, da davon auszugehen ist, dass die Menge an Informationen, die verarbeitet werden kann, bevor es zu einer Überlastung kommt, nicht generell gemessen werden kann. Vielmehr hängt die individuelle Bereitschaft zur Informationsaufnahme und –verarbeitung einerseits von situativen Faktoren wie z.B. der physischen oder sozialen

---

[330] Vgl. Berndt 1984, S. 181ff.; Keller/Staelin 1987, S. 200ff.

[331] Vgl. Kroeber-Riel 1987, S. 259ff.

[332] Vgl. Kroeber-Riel/Esch 2000, S. 13f.

Umgebung, andererseits von Persönlichkeitsmerkmalen wie beispielsweise dem Involvement, der Intelligenz oder dem Wissen des Rezipienten ab.[333] Zudem spielt sicherlich auch die Art der Stimuli eine grosse Rolle.

Die entscheidende Frage lautet demnach nicht, wie hoch die Informationsüberlastung wirklich ist, sondern wie sie von den Verbrauchern subjektiv wahrgenommen wird, und wie diese darauf reagieren.[334] Die Rezipienten haben nämlich unterschiedliche so genannte **Reduktionsstrategien** (oder Wahlheuristiken) entwickelt, um sich vor allfälligen negativen Konsequenzen der Informationsüberlastung zu schützen. In diesem Zusammenhang sind insbesondere das habitualisierte Kaufverhalten, die selektive Wahrnehmung (wozu beispielsweise auch das Zapping gehört), die Bildung von Evoked-Sets sowie die Reduktion auf so genannte Information-Chunks oder Schlüsselinformationen zu nennen.[335] Ziel dieser Strategien ist immer eine Verringerung des kognitiven Aufwandes entweder durch eine Beschränkung der in die Entscheidung einbezogenen Alternativen (z.B. bei der Bildung von Evoked-sets) oder durch eine Reduktion der pro Alternative berücksichtigten Attribute (z.B. bei der Bündelung von Informationen zu Information-Chunks). Obwohl die Mehrzahl der Verbraucher die aufgeführten Reduktionsstrategien anwendet, wird die Omnipräsenz der Werbung und insbesondere die Entstehung immer neuer Werbeformen von der Gesellschaft zunehmend als negativ und störend empfunden.[336]

Als Folge der beschriebenen medialen (und gesellschaftlichen) Veränderungen sind die Kommunikations- und insbesondere die Werbeeffizienz stark rückläufig.[337] Während die Werbeausgaben kontinuierlich gestiegen sind, blieb die gestützte Werbeerinnerung seitens der Rezipienten konstant. In diesem Zusammenhang wird oft auch vom **Wettbewerb um Aufmerksamkeit** gesprochen.[338] Die Werbeindustrie steht heute vor der schwierigen Aufgabe, sich den Reduktionsstrategien der Rezipienten sowie der sinkenden gesellschaftlichen Akzeptanz der kommerziellen Kommunikation anzupassen. Insbesondere sieht sich die Werbung der Herausforderung gegenüber, auch dann wirksam zu werden, wenn sie lediglich flüchtig oder bruchstückhaft wahrgenommen wird. In der Literatur werden hierzu unterschiedliche Gestaltungsempfehlungen abgegeben, die im Folgenden kurz aufgeführt werden:

(1) Durch eine **hohe Kreativität der Werbung** kann sowohl ihre gesellschaftliche Akzeptanz als auch ihre Wirkung deutlich gesteigert werden. Gemäss einer Studie des

---

[333] Vgl. Trommsdorff 1997, S. 2. Zu den Determinanten des Konsumentenverhaltens bei kognitiven Prozessen vgl. z.B. Kroeber-Riel/Weinberg 2003, S. 225ff.

[334] Vgl. Jacoby/Speller/Kohn 1974, S. 67

[335] Vgl. z.B. Kroeber-Riel/Weinberg 2003, S. 269f., 284, 384ff.; Kroeber-Riel/Esch 2000, S. 184f., 190f.; Kotler/Bliemel 1995, S. 298f.; Tomczak/Müller 1992, S. 21; Brockhoff/Dobberstein 1989, S. 27f.

[336] Vgl. z.B. Pasquier/Dreosso/Rauch 2004, S. 114; Elliott 2004, S. o.S. ; Bruhn 2003a, S. 23; auch Klein 2000, S. 279ff.

[337] Vgl. auch Keller 2003, S. 40

[338] Vgl. z.B. Tomczak/Müller 1992, S. 20

Marktforschungsinstituts GfK empfinden Briten im europäischen Vergleich Werbung am unterhaltsamsten und fühlen sich deshalb von ihr auch (mit Abstand) am wenigsten belästigt.[339] Es erstaunt vor diesem Hintergrund nicht, dass mehrere Studien in der jüngeren Vergangenheit nachweisen konnten, dass kreative Werbung effektiver ist als unkreative Werbung.[340]

(2) Angesichts der anhaltenden Markeninflation und der Tatsache, dass die meisten Kaufentscheide erst am Point-of-Sale getroffen werden, gewinnt **die Aktualisierungsfunktion der Werbung** zunehmend an Bedeutung.[341] Werbung muss heutzutage vielfach primär Bekanntheit aufbauen und die beworbene Marke im Evoked-Set der Zielgruppe verankern. Da Werbung in der Regel nur sehr kurz beachtet wird, und um den Rezipienten die Informationsaufnahme zu erleichtern, ist es entscheidend, die Marke in den Mittelpunkt der Kommunikation zu stellen und weitergehende Informationen hierarchisch darunter darzubieten.[342]

(3) Durch den **Einsatz von Aktivierungstechniken**, insbesondere durch die Verwendung intensiver physischer Reize (leuchtende Farben, laute Töne), emotionaler Reize (Kleinkinder, schöne Frauen, glückliche Familien) oder überraschender Reize (surreale Situationen, irritierende Wortschöpfungen) kann die Informationsaufnahme und -verarbeitung auch bei passiven Rezipienten verbessert werden.[343] Der aktivierende Reiz sollte dabei möglichst mit der Werbebotschaft identisch sein, da ansonsten von der zentralen Aussage abgelenkt wird und der Reiz lediglich als Blickfang dient. Zudem ist zu berücksichtigen, dass es gemäss der Lambda-Hypothese ein optimales Aktivierungsniveau gibt, dessen Überschreitung sich kontraproduktiv auswirken kann.[344]

(4) Um die Werbewirkung trotz sinkender Werbeeffizienz konstant zu halten, bietet sich eine **Erhöhung des Werbedrucks und/oder der Werbefrequenz** an. Dieses Vorgehen beruht auf der Erkenntnis, dass durch häufige Wiederholungskontakte die geringe Aufmerksamkeit der Rezipienten kompensiert werden kann.[345] Die Erhöhung der Werbefrequenz bei gleichbleibendem Werbedruck bedingt jedoch eine drastische Verkürzung der Anzeigen oder Spots, was je nach Werbeziel nur sehr beschränkt möglich ist. Ferner führt eine höhere Anzahl an Spots in einem Werbeblock zu einer ver-

---

[339] Vgl. o.V. 2003, S. o.S. ; auch von Matt 2001, S. 16

[340] Vgl. Elliott 2004, S. o.S. ; BBDO 2003, S. o.S. ; Trommsdorff/Becker 2001, S. 23; Felser 2001, S. 19ff.; Aebi 2001, S. 11ff.; Bekmeier 1989, S. 93; Vgl. auch Abschnitt 3.3.2

[341] Vgl. Kroeber-Riel 1988, S. 183ff.

[342] Vgl. Kroeber-Riel 1988, S. 188. Die hierarchische Darbietung der Informationen ist zudem ein geeigneter Ansatz, um sowohl schwach als auch stark involvierte Rezipienten gleichzeitig anzusprechen.

[343] Vgl. z.B. Kroeber-Riel/Weinberg 2003, S. 69ff.; Kroeber-Riel/Esch 2000, S. 164ff.; Brockhoff/Dobberstein 1989, S. 35

[344] Vgl. Kroeber-Riel/Weinberg 2003, S. 78ff.

[345] Vgl. Kroeber-Riel/Weinberg 2003, S. 93. Dem widerspricht jedoch eine in Deutschland durchgeführte Studie, wonach eine Verdoppelung des Werbedrucks im Schnitt lediglich eine Steigerung des Marktanteils von 3.5% bewirkt. Vgl. Buchholz/Wördemann 1998a, S. 18

stärkt negativen Einstellung der Zuschauer gegenüber Werbung.[346] Eine Erhöhung des Werbedrucks stellt zudem lediglich eine Symptombekämpfung dar und vermag die Probleme der Informationsüberlastung nicht zu lösen, sondern verschärft diese im Gegenteil noch zusätzlich.[347]

(5) Eine ähnliche Wirkung wie bei der Erhöhung der Werbefrequenz wird durch das Konzept der **integrierten Kommunikation** erreicht, jedoch ohne dabei die Werbeausgaben und die Informationslast der Rezipienten zu erhöhen.[348] Dazu werden die einzelnen Kommunikationsmassnahmen inhaltlich, formal, zeitlich und örtlich präzise aufeinander abgestimmt, mit dem Ziel, die durch die Kommunikation beim Empfänger erzeugten Eindrücke zu vereinheitlichen und zu verstärken und die Potenziale der einzelnen Instrumente möglichst synergetisch zu nutzen. So kann beispielsweise die Print- und Plakatwerbung zur Markenaktualisierung eingesetzt werden, während die Emotionalisierung durch Fernsehwerbung und Events und die Übermittlung weitergehender Informationen mittels Internet und Direktmarketing erfolgt. In der Regel kann im Rahmen der integrierten Kommunikation nicht auf klassische Werbung in Massenmedien verzichtet werden, da dies immer noch das geeignetste Instrument zum Aufbau der notwendigen Markenbekanntheit darstellt.[349]

Von den aufgeführten Empfehlungen stösst insbesondere das Konzept der integrierten Kommunikation in der Praxis auf eine hohe Akzeptanz, da es, vom innerbetrieblichen Koordinationsaufwand abgesehen, keine weiteren Nachteile mit sich bringt.[350] Demgegenüber stehen viele Unternehmen wirklich kreativer Werbung eher skeptisch gegenüber, da sie fälschlicherweise befürchten, mit einer eventuell polarisierenden Kampagne einen Teil der Zielgruppe zu verlieren.[351] Die Gestaltungsempfehlungen zur Aktivierung und Aktualisierung sind insofern mit Vorsicht zu befolgen, als dass ihre allzu strikte Anwendung in der Regel zu austauschbarer Werbung führt. Am Erfolg versprechendsten erscheint allgemein eine sinnvolle, aufeinander abgestimmte Kombination der aufgeführten Konzepte, was jedoch in der Praxis nur relativ selten gemacht wird. Der Hauptgrund hierfür liegt in den Unternehmen selbst, die immer noch von sich auf ihre Zielgruppe schliessen und deshalb bei der Werbekonzeption fälschlicherweise von stark involvierten Verbrauchern ausgehen, die sie anschliessend mit einer Unmenge unnötiger Informationen überschütten.

---

[346] Vgl. Brockhoff/Dobberstein 1989, S. 35

[347] Zudem konnte Gatignon empirisch nachweisen, dass eine Erhöhung der eigenen Werbeausgaben zu einer Erhöhung der Werbeausgaben der Konkurrenten führt und die Verbraucher in der Folge andere Informationen über ein Produkt suchen, wobei häufig dem Preis eine entscheidende Rolle zukommt. Vgl. Gatignon 1984, S. 389ff.

[348] Zum Konzept der integrierten Kommunikation vgl. z.B. Bruhn 2003a, S. 73ff.; Kroeber-Riel/Esch 2000, S. 100ff.; Bruhn/Boenigk 1999, S. 4ff.; Eagle/Kitchen 2000, S. 103f.; Trommsdorff 1997, S. 10f.; Zuberbier 1994, S. 1059

[349] Vgl. Rossiter/Percy 2001, S. 529

[350] Vgl. Bruhn/Boenigk 1999, S. 12, 201; Pasquier/Dreosso/Rauch 2004, S. 52

[351] Vgl. auch Bruhn 2003a, S. 26; von Matt 2001, S. 15f.

Da erfolgreiche Markenbildung umfangreiche Lernprozesse auf Seiten der Verbraucher voraussetzt, bedarf es angesichts der anhaltenden Informationsüberlastung neben der Anwendung der in diesem Abschnitt erwähnten Konzepte insbesondere einer hohen Kontinuität der kommunikativen Massnahmen, die in der Praxis jedoch vielerorts vermisst wird.[352] Die Ursachen dieses Mankos liegen meist in der im folgenden Abschnitt beschriebenen innerbetrieblichen Dynamik.

3.2.4 Innerbetriebliche Veränderungen

Neben den beschriebenen Veränderungen externer Rahmenbedingungen sieht sich die Markenführung heute immer mehr auch relevanten innerbetrieblichen Veränderungen ausgesetzt. Im Folgenden werden die wesentlichsten unternehmensbezogenen Kontextfaktoren aufgeführt und ihre Auswirkungen auf die Markenführung beschrieben. Dabei wird zwischen strukturellen, prozessualen und kulturellen Veränderungen unterschieden.[353]

Insbesondere als Folge der anhaltenden Globalisierung und einer stärkeren Orientierung am Shareholder-Value Konzept hat seit Beginn der 90er-Jahre des letzten Jahrhunderts in nahezu allen Branchen eine Zunahme der Unternehmenskonzentrationen durch Fusionen oder Akquisitionen eingesetzt.[354] Als hauptsächliches Motiv für die Unternehmenszusammenschlüsse wird meist das Streben nach Synergiepotenzialen angegeben. Deshalb bedingen Fusionen und Akquisitionen in der Regel einschneidende **strukturelle Veränderungen** in den beteiligten Unternehmen, die wiederum grosse Auswirkungen auf deren Marken haben. Konkret werden als Folge von Unternehmenszusammenschlüssen Marken eliminiert, verheiratet oder neu positioniert, um dadurch eine differenzierte und vor allem effizientere Marktbearbeitung zu erreichen. Dabei ist von entscheidender Bedeutung, dass die Restrukturierung des Markenportfolios aus marktorientierten Gesichtspunkten erfolgt und nicht von den Interessen des stärkeren Fusionspartners dominiert wird.

So wurde beispielsweise die Telekommunikationsmarke diAx nach der Akquisition durch TDC Switzerland (sunrise) eliminiert, da beide Marken eine ähnliche Positionierung aufwiesen, die Marke sunrise jedoch in der Bevölkerung im Vergleich zu diAx bei den relevanten Imagedimensionen deutlich besser abschnitt. Ein anderes Vorgehen wählten die beiden Unternehmen Sandoz und Ciba-Geigy, die nach ihrem Zusammenschluss mit der Marke Novartis einen neuen Namen für das neue Unternehmen wählten. Wiederum einen anderen Ansatz verfolgten die Unternehmen Daimler-Benz und Chrysler, die nach ihrer Fusion mit DaimlerChrysler eine so genannte Doppelmarke

---

352 Vgl. Homburg/Schäfer 2001, S. 159; Aaker 1996, S. 356; Farquhar 1990, S. RC-9

353 Der Autor folgt somit der Unterteilung innerbetrieblicher Kontextfaktoren von Meffert und Giloth. Vgl. Meffert/Giloth 2002, S. 123. Eine alternative Strukturierung findet sich z.B. bei Duncan, der zwischen »personnel, functional und level components« unterscheidet. Vgl. Duncan 1972, S. 315

354 Vgl. Meffert/Giloth 2002, S. 123ff.; Prahalad/Hamel 1994, S. 8

einführten. Doch Unternehmenszusammenschlüsse haben wie erwähnt nicht nur Konsequenzen für Unternehmensmarken, sondern auch für Produktmarken. So mussten beispielsweise die beiden sehr ähnlich wahrgenommenen Haarpflegemarken Poly Kur und Gliss Kur nach der Akquisition von Schwarzkopf durch Henkel umpositioniert werden, da andernfalls eine zu starke Kannibalisierung gedroht hätte.[355]

Die innerbetrieblichen **prozessualen Veränderungen** betreffen in erster Linie die Fertigungs- und Produktionsprozesse.[356] Für die Markenführung von besonderer Bedeutung ist dabei das so genannte Plattform- oder Badge-Engineering, die Verwendung identischer Bauteile über Produkt- und vor allem Markengrenzen hinweg.[357] Besonders verbreitet ist die Verwendung gemeinsamer Produktionsplattformen in der Automobilindustrie. So verfügen beispielsweise im Volkswagen-Konzern die Modelle Audi A3, VW Golf, VW New Beetle und Skoda Oktavia über dieselbe Plattform mit identischen Motoren, Getrieben und Fahrwerken.[358] Im Ergebnis führt diese Entwicklung zu einer starken physischen Homogenisierung von Produkten unterschiedlicher Marken, die den Freiheitsgrad der jeweiligen Markenpositionierung stark einschränkt. Insbesondere für höher positionierte Marken stellt diese Entwicklung ein erhebliches Risiko dar, da davon ausgegangen werden kann, dass zwischen den Marken Imagetransfereffekte auftreten.[359] So erscheint es beispielsweise schwierig, den neuen Saab 9-3 als hochwertiges, progressives und individualistisches Automobil zu positionieren, wenn viele Leute wissen, dass er auf exakt derselben Plattform basiert wie der ebenfalls aus dem General Motors Konzern stammende aber nicht als eben progressiv geltende Opel Vectra.

Die für die Markenführung wesentlichste **unternehmenskulturelle Veränderung** besteht zweifelsohne in der zunehmend kurzfristigen Ausrichtung der unternehmerischen Strategien und Konzepte, die in vielen Fällen eine relativ direkte Folge des in den letzten Jahren aufgekommenen Shareholder-Value Denkens darstellt. Der zunehmende Druck der Kapitalgeber führt oft zu einer einseitigen Fokussierung auf kurzfristige Gewinnziele und kollidiert somit mit den Interessen der Markenführung, da die aus einer kurzfristigen Orientierung resultierenden Marketingmassnahmen (z.B. Preisnachlässe) häufig zu Lasten des Markenwerts gehen, dessen Aufbau im Gegenteil kontinuierliche Investitionen über eine geraume Zeit erfordern würde.[360] Als klassisches Beispiel hierzu dienen die vielerorts verbreiteten Kürzungen der Werbebudgets in Rezessionszeiten.[361] Generell ist eine Fokussierung auf kurzfristige Erfolgsgrössen wie

---

355 Vgl. Köhler 2001, S. 48

356 Z.B. Automation, Just-in-Time-Produktion, Simultaneous Engineering etc.

357 Vgl. Meffert/Giloth 2002, S. 127. Im Extremfall werden sogar identische Produkte unter unterschiedlichen Marken angeboten. Vgl. Biel 2001, S. 66

358 Vgl. Sattler 2001, S. 25

359 Vgl. auch Meffert/Giloth 2002, S. 128

360 Vgl. Meffert/Giloth 2002, S. 128; Homburg/Schäfer 2001, S. 170; Jenner 2001a, S. 54; Keller 2000, S. 154; Shocker/Srivastava/Ruekert 1994, S. 153

361 Dieses Verhalten ist insofern unverständlich, als dass in Rezessionszeiten aufgrund der generell sinkenden Werbeausgaben die Werbewirkung am preiswertesten ist.

z.B. Quartalsumsätze für das Marketing problematisch, da sowohl die positiven als auch die negativen Auswirkungen von Marketingmassnahmen in aller Regel erst mit einer erheblichen zeitlichen Verzögerung deutlich werden.[362] Zudem haben verschiedene Studien gezeigt, dass langfristig nicht diejenigen Unternehmen am erfolgreichsten sind, die kontinuierlich ihre Kosten senken, sondern diejenigen, denen es gelingt, ihren Umsatz langfristig zu steigern.[363]

Vor dem Hintergrund der zunehmend kurzfristigen Ausrichtung der Unternehmensziele und -strategien wird in jüngerer Zeit wieder vermehrt eine Verknüpfung von Finanz- und Marketingperspektive gefordert, welche die Grundlage für eine nachhaltige, wertorientierte Markenführung bilden soll.[364] Der Markenwert dient dabei als zentrale Orientierungs-, Steuerungs- und Kontrollgrösse, bildet das Gegengewicht zu der Orientierung an Quartalsumsätzen und hilft somit, die interne Dynamik zu beherrschen und die für die Markenführung unabdingbare Kontinuität zu gewährleisten.[365]

Die Ausführungen zu den innerbetrieblichen Veränderungen haben gezeigt, dass die interne Dynamik meist eine direkte oder indirekte Folge der externen Dynamik (Umweltdynamik) darstellt oder zumindest in einem engen Zusammenhang mit dieser steht. Meist sind die unternehmensbezogenen Veränderungen Ausdruck der Bemühungen des Unternehmens, sich an die sich immer schneller ändernde Umwelt anzupassen. Vor diesem Hintergrund kann davon ausgegangen werden, dass mit einem Anstieg der Umweltdynamik auch die innerbetriebliche Dynamik zunimmt. Abschliessend sind die diskutierten Veränderungen in den Rahmenbedingungen der Markenführung noch einmal in Tabelle 3.1 zusammenfassend dargestellt.

[362] Vgl. auch Boulding/Lee/Staelin 1994, S. 171
[363] Vgl. Hamel 1998, S. 8; Jenner 2001a, S. 54f. und die dort zitierte Literatur
[364] Vgl. Srivastava/Shervàni/Fahey 1998, S. 3ff.; Sattler 2001, S. 37; Abschnitte 2.4 und 4.3.4
[365] Vgl. Homburg/Schäfer 2001, S. 170; Irmscher 1997, S. 69

Umweltbereich	Veränderte Rahmenbedingungen
Verbraucherverhalten (Abschnitt 3.2.1)	_Individualisierung des Konsums _Erlebnis- und Sinnorientierung _Hybrider und multioptionaler Konsum _Smart Shopper _Variety Seeking _Abnehmende Markenloyalität
Wettbewerbsumfeld (Abschnitt 3.2.2)	_Verkürzung der Produktlebenszyklen _Marken- und Produktinflation _Steigende Flopraten von Neuprodukten _Aufkommen von Handelsmarken _Homogenisierung funktionaler Leistungsmerkmale
Kommunikationsbedingungen (Abschnitt 3.2.3)	_Atomisierung der Medien _Neue Kommunikationskanäle und Werbeformen _Informationsüberlastung
Unternehmen (Abschnitt 3.2.4)	_Fusionen und Akquisitionen (Struktur) _Plattform- bzw. Badge-Engineering (Prozess) _Kurzfrist-Orientierung (Kultur)

Tab. 3.1: Veränderte Rahmenbedingungen der Markenführung

3.2.5 Umweltdynamik als ubiquitäre Konstante

Die bisherige Argumentation hat gezeigt, dass die Veränderungen der für die Markenführung wesentlichen Rahmenbedingungen alles andere als unabhängig voneinander sind. Es bestehen im Gegenteil vielerorts kausale Zusammenhänge. So führt beispielsweise die Vielzahl an Trends im Verbraucherverhalten zu einer zunehmenden Individualisierung des Konsums und somit zu einer Fragmentierung der Märkte, die ihrerseits die hauptsächliche Begründung für die anhaltende Produkt- und Markeninflation liefert, die wiederum für die zunehmende Informationsüberlastung mitverantwortlich ist. Eine weitere Wirkungskette besteht zwischen dem generellen technischen Fortschritt, der Verkürzung der Produktlebenszyklen, dem Badge-Engineering und der zunehmenden Homogenisierung stofflich-funktionaler Leistungsmerkmale. Vor dem Hintergrund solcher Vernetzungen werden die beschriebenen Veränderungen der Rahmenbedingungen in der Literatur meist unter den Oberbegriffen steigende Umweltdynamik und -komplexität zusammengefasst.

Dabei ist die **Umweltkomplexität** hoch, wenn ein Markt in eine Vielzahl von Nachfragesegmenten mit unterschiedlichen Bedürfnissen und Motiven zerfällt und von einer grossen Zahl von Wettbewerbern bearbeitet wird.[366] Die Umweltkomplexität entspricht demnach, vereinfacht ausgedrückt, der Anzahl und Heterogenität der Marktakteure. Unter **Umweltdynamik** dagegen wird das Ausmass, die Frequenz und die Unvorsehbarkeit von Veränderungen der relevanten Umweltbedingungen (in technischer,

[366] Vgl. Castrogiovanni 2002, S. 132; Burmann 2001, S. 171; Bourgeois 1980b, S. 33; Mühlbacher/Dreher/Gabriel-Ritter 1996, S. 205; Jurkovich 1974, S. 382; Duncan 1972, S. 314ff.

wissenschaftlicher, rechtlicher, politischer, wirtschaftlicher sowie soziokultureller Hinsicht) verstanden.[367] Während beispielsweise die Individualisierung des Konsums oder die Produkt- und Markeninflation Faktoren der zunehmenden Umweltkomplexität darstellen, gehören die sich immer schneller abwechselnden Trends im Konsumentenverhalten oder die Verkürzung der Produktlebenszyklen zu den Treibern der Umweltdynamik. Die anhaltende Umweltdynamik und die hohe Umweltkomplexität führen im Ergebnis zu einer erhöhten wahrgenommenen Unsicherheit.[368]

Im Gegensatz zur Umweltkomplexität kann die Umweltdynamik nicht systematisch richtig antizipiert werden, weshalb sie aus Sicht der Unternehmens- und Markenführung die weitaus grössere Herausforderung darstellt. Zudem sind heutzutage die meisten Märkte durch eine Vielzahl heterogener Nachfragesegmente und eine grosse Zahl von Anbietern charakterisiert, weshalb das Konzept der Umweltkomplexität lediglich eine begrenzte Diskriminationsfähigkeit aufweist.[369] Stattdessen wird in der Literatur der Umweltdynamik ein moderierender Einfluss auf die Planung bzw. die Planungsprozesse attestiert.[370] Aus diesem Grund fokussiert die Argumentation im Folgenden auf den Einfluss der zunehmenden Umweltdynamik auf den Markenführungsprozess. Diese Einschränkung wird durch mehrere empirische Untersuchungen gestützt, wonach die Umweltdynamik einen wesentlich höheren Einfluss auf die wahrgenommene Unsicherheit ausübt als die Umweltkomplexität.[371]

Die Frage, ob die Umweltdynamik kontinuierlich steigt oder nicht, wird in der Literatur uneinheitlich beantwortet. Während Thomas empirisch nachwies, dass die Dynamik von Ende der 60er-Jahre bis 1991 kontinuierlich anstieg, konnte Castrogiovianni im Rahmen einer Auswertung von Datenmaterial aus den Jahren 1968 bis 1992 keine generell zunehmende Umweltdynamik feststellen.[372] Die widersprüchlichen Ergebnisse legen die Vermutung nahe, dass die Umweltdynamik einerseits von Branche zu Branche, andererseits von Zeitraum zu Zeitraum variiert.[373] Ob es sich bei der zunehmenden Umweltdynamik um ein reales oder imaginäres Phänomen handelt, spielt jedoch lediglich eine untergeordnete Rolle. Entscheidend ist vielmehr, dass die Entscheider auf Unternehmensseite vielerorts eine zunehmende Dynamik wahrnehmen

---

[367] Vgl. Castrogiovanni 2002, S. 132; Meffert 1998, S. 44; Bourgeois 1980b, S. 33; Mühlbacher/Dreher/Gabriel-Ritter 1996, S. 205; Jurkovich 1974, S. 386ff.; Duncan 1972, S. 316f.

[368] Vgl. Albach 1978, S. 702ff.; Duncan 1972, S. 317; auch Simon 1993, S. 141. Kass unterscheidet in diesem Zusammenhang zwischen Ereignisunsicherheit bzw. exogener Unsicherheit (z.B. unvollständige Informationen über die technische oder rechtliche Entwicklung) und Marktunsicherheit bzw. endogener Unsicherheit (z.B. fehlende Informationen über die Pläne und Präferenzen anderer Marktteilnehmer). Vgl. Kaas 1990b, S. 539. Ansoff unterscheidet generell fünf verschiedene Grade von Unsicherheit. Vgl. Ansoff 1976, S. 133ff.

[369] Vgl. Jenner 2001b, S. 110

[370] Vgl. Barney/Zajac 1994, S. 5ff.; Jenner 2001b, S. 120

[371] Vgl. Duncan 1972, S. 325; Downey/Hellriegel/Slocum 1975, S. 625

[372] Vgl. Thomas 1996, S. 235; Castrogiovanni 2002, S. 141f.

[373] Vgl. auch McNamara/Vaaler/Devers 2003, S. 273; Abschnitt 3.1

und entsprechend reagieren.[374] Die wesentlichen Konsequenzen, die sich aus der wahrgenommenen Dynamik und der damit verbundenen Unsicherheit für die Markenführung ergeben, werden im folgenden Abschnitt näher beschrieben.

[374] Vgl. Downey/Hellriegel/Slocum 1975, S. 614f.; Bourgeois 1980b, S. 34; Homburg/Schäfer 2001, S. 158; Herrmann 1999, S. 11

3.3 Konsequenzen der Dynamik für die Markenführung

Wie jede strategische Planung ist auch die strategische Markenführung mittel- bis langfristig orientiert und bezieht sich per definitionem auf eine meist ungewisse Zukunft.[375] So sieht Mintzberg das Kernproblem jeglicher unternehmerischer Planung in der Prämisse, dass die Umwelt während der Planformulierung und -implementierung still steht oder sich in vorhergesagter Weise entwickelt.[376] Die bisherigen Ausführungen in diesem Kapitel haben gezeigt, dass diese Prämisse lediglich in den seltensten Fällen erfüllt sein dürfte. Die Zeiträume, in denen eine Prognose Gültigkeit hat, werden im Gegenteil immer kürzer. Der Umweltdynamik kommt demnach in vielen Fällen die Funktion einer moderierenden Variable zu, die über Erfolg oder Misserfolg von Strategien entscheidet. Die strategische Planung ist deswegen jedoch keineswegs obsolet, sondern schützt im Gegenteil einerseits die Entscheidungsträger (im Idealfall) vor Überraschungen und hilft andererseits die subjektiv empfundene Unsicherheit zu reduzieren.[377] Zudem werden insbesondere aufgrund der Stimulierung neuer Ideen und der Förderung der internen Kommunikation und Interaktion mit der Tätigkeit des Planens generell positive Erwartungen verknüpft.[378]

Die Ausführungen in Abschnitt 3.1 haben gezeigt, dass die Vorhersage und Antizipation der Umweltdynamik heutzutage eine der zentralen Herausforderungen der Unternehmens- und Markenführung darstellt. Die Vorhersage relevanter Diskontinuitäten ist dabei meist Aufgabe der so genannten strategischen Frühwarnung, die durch eine permanente Beobachtung vorhin identifizierter Indikatoren versucht, schwache Signale oder Veränderungen frühzeitig zu erkennen, auszuwerten und ihre Folgen für das Unternehmen abzuschätzen.[379] Die anschliessende Antizipation der relevanten Veränderungen umfasst die stetige Anspassung der Marke an die neuen Gegebenheiten. Ziel sollte dabei sein, die Umweltdynamik schneller zu antizipieren als die Konkurrenz und sich somit den stetigen Wandel zu Nutze zu machen. Dies wird nur selten mit rituellen Planungszyklen erreicht, sondern setzt im Gegenteil ein hohes Mass an Flexibilität, Kreativität und Offenheit gegenüber neuen Entwicklungen voraus.[380]

Die einzelnen Folgen, die sich für die Markenführung aus den jeweiligen Veränderungen und Entwicklungen ergeben, wurden in Abschnitt 3.2 bereits grösstenteils beschrieben. Im Folgenden geht es vielmehr darum, **kategorische Konsequenzen der zunehmenden Umweltdynamik** herauszuarbeiten, die losgelöst von partiellen Veränderungen und über Branchengrenzen hinweg Gültigkeit haben. Drei derartige Konsequenzen werden im Folgenden beschrieben, wobei sich die erste auf die Markenstrate-

[375] Zur Unterscheidung strategischer und operativer Markenführung vgl. Abschnitt 4.3
[376] Vgl. Mintzberg 1994, S. 110
[377] Vgl. Malik 1996, S. 169ff.; Belz 2005, S. 2; Albach 1978, S. 703
[378] Vgl. Powell 1992a, S. 32
[379] Vgl. Abschnitt 4.3.4
[380] Vgl. z.B. Grant 2003, S. 491

gie, die zweite auf die Gewichtung der einzelnen Instrumente innerhalb des Marketing-Mix und die dritte auf die Marketingwissenschaft bezieht:

(1) Der rasante Wandel impliziert, dass die strategische Markenführung zunehmend im Spannungsfeld zwischen Kontinuität und Aktualität interpretiert werden muss (Abschnitt 3.3.1).

(2) Insbesondere die Erlebnisorientierung der Verbraucher, die zunehmende Austauschbarkeit stofflich-funktionaler Leistungsmerkmale und die Konsequenzen der anhaltenden Informationsüberlastung lassen die kreative Kommunikation vielerorts zum zentralen und dominanten Erfolgsfaktor im Marketing avancieren (Abschnitt 3.3.2).

(3) Schliesslich haben die immer kürzer werdenden Halbwertszeiten von erfolgreichen Marketingstrategien und -konzepten auch Auswirkungen auf die Marketingwissenschaft. So wird vermehrt ein Paradigmenwechsel vom bislang in der Forschung dominierenden Content-Ansatz hin zu einer zunehmenden Prozessorientierung gefordert (Abschnitt 3.3.3).

3.3.1 Markenführung zwischen Kontinuität und Aktualität

Markenstrategien sind im Allgemeinen dann erfolgreich, wenn eine Stärke des Unternehmens oder der Marke auf eine Chance oder ein unbefriedigtes Bedürfnis im Markt trifft, zwischen Strategie und situativem Kontext also ein so genannter Fit besteht.[381] Angesichts der beschriebenen Umweltdynamik kann dieser Fit jedoch lediglich temporärer Natur sein, was permanente Anpassungen der Strategie an die veränderten Rahmenbedingungen erfordert.[382] Problematisch ist hierbei der Umstand, dass eine erfolgreiche Verankerung der Marke im Bewusstsein der Verbraucher umfangreiche Lernprozesse voraussetzt, die nur dann erfolgreich ablaufen können, wenn die Lerninhalte über einen gewissen Zeitraum konstant bleiben.[383] Aus diesem Grund bewegt sich der Prozess der strategischen Markenführung heutzutage in fast allen Branchen zwischen Kontinuität und Zeitgeist bzw. Anpassung an den sich stetig verändernden Kontext.[384] Langfristig werden nur diejenigen Marken erfolgreich sein, die diesen Balanceakt erfolgreich meistern.[385] Vor diesem Hintergrund wird die Markenführung in einer dynamischen Umwelt auch als Lernprozess zwischen eindeutiger Identität und situativ bedingten Anpassungen beschrieben.[386]

[381] Vgl. Mintzberg 1987, S. 74; auch Bourgeois 1980b, S. 32

[382] Vgl. Homburg/Schäfer 2001, S. 159

[383] Vgl. Jenner 1999c, S. 151; Mühlbacher/Dreher/Gabriel-Ritter 1996, S. 206

[384] Vgl. Homburg/Schäfer 2001, S. 159; Esch/Wicke 2001, S. 52; Jenner 1999c, S. 151. Roosdrop bezeichnet Kontinuität und Aktualität als gemeinsamen Nenner der Positionierungspflege. Vgl. Roosdrop 1998, S. 61ff.

[385] Gerken spricht in diesem Zusammenhang von der erfolgversprechenden Verbindung unvereinbarer Unterschiede. Vgl. Gerken 1994a, S. 229

[386] Vgl. Abschnitt 4.4.4

Die dauerhafte Verteidigung einer statischen Positionierung erscheint unter den skizzierten Bedingungen in den meisten Fällen illusorisch.[387] Vielmehr ist es für den nachhaltigen Erfolg einer Marke entscheidend, diese als dynamisches Phänomen und die Markenführung als entsprechend dynamischen Prozess zu verstehen, durch den die Marke attraktiv gemacht und gehalten werden soll.[388] Dies wird gemeinhin erreicht, indem die Marke einerseits eine klare Botschaft verkörpert, andererseits in ihrem Auftritt einen hohen Facettenreichtum bietet. Dazu muss klar zwischen dem **Markenkern** und zusätzlichen Positionierungsinhalten bzw. akzidentiellen Umsetzungsvariablen unterschieden werden. Der Markenkern darf dabei keinesfalls dem Zeitgeist geopfert werden, da er die relevante Assoziation symbolisiert, welche die Verbraucher mit der Marke in Verbindung bringen.[389] Zum Beispiel Sicherheit bei Volvo, Pflege bei Nivea, Männlichkeit bei IWC, physische Stärke bei Ovomaltine oder Kreativität bei Apple. Um die widerspruchsfreie Wahrnehmung der Marke sicherzustellen, sollte im Rahmen der Markenführung die Marke periodisch auf den gleichbleibenden Markenkern reduziert werden.[390]

Während sich der Markenkern meist am Markt und dem eigenen Unternehmen orientiert, beziehen sich die **zusätzlichen Positionierungsinhalte und Umsetzungsvariablen** in erster Linie auf die Makro-Umwelt und ermöglichen somit eine Anpassung der Marke an soziokulturelle Veränderungen.[391] Die periodische Betonung solch zusätzlicher Positionierungsinhalte aktualisiert die Marke im Zeitablauf. Insbesondere in Märkten, in denen kurzfristige Trends rasch antizipiert werden müssen (Modebranche, Kosmetik, Freizeitsport), ist eine periodische Aktualisierung überlebenswichtig. Dabei ist es von grosser Wichtigkeit, dass die zusätzlich zu kommunizierenden Positionierungsinhalte eine hohe Kompatibilität zum Markenkern aufweisen, da andernfalls eine Verwässerung der Marke droht.[392]

Homburg und Schäfer unterscheiden in diesem Zusammenhang im Rahmen der Markenführung zwischen so genannten Grundsatzentscheidungen und Anpassungsentscheidungen.[393] Während erstere den Markenkern und die Markenarchitektur betreffen und somit durch die unerlässliche Kontinuität geprägt sein sollten, bilden letztere die Grundlage für die erforderlichen Anpassungen der Marke an den sich ändernden Kontext. Als typische Anpassungsentscheidungen werden der Markentransfer oder die Anpassung der Kommunikationsstrategie angegeben.[394] Insbesondere die Werbung eignet sich als akzidentielles Marketinginstrument, um situativ zusätzliche Positionierungsinhalte zu besetzen, ohne dabei den Markenkern zu vernachlässigen oder gar zu verlet-

---

[387] Lediglich in Märkten mit geringer Umweltdynamik empfiehlt sich das Festhalten an einer statischen Positionierung. Vgl. Tomczak/Roosdrop 1996, S. 26

[388] Vgl. Jenner 1999b, S. 21; Herrmann 1999, S. 84; Roosdrop 1998, S. 1

[389] Vgl. Farquhar 1990, S. RC-8f.; Köhler 2001, S. 55

[390] Vgl. Tomczak/Roosdrop 1996, S. 34

[391] Vgl. Mühlbacher/Dreher/Gabriel-Ritter 1996, S. 217

[392] Vgl. Tomczak/Roosdrop 1996, S. 34

[393] Vgl. Homburg/Schäfer 2001, S. 159ff.

[394] Vgl. auch Jenner 2001a, S. 61; Abschnitt 3.2.2

zen.[395] So wurde beispielsweise die Marke Jägermeister, die seit jeher über eine lockere und ungezwungene Positionierung verfügte, in den letzten Jahren mittels einer frechen Werbekampagne erfolgreich verjüngt, ohne dabei die älteren Stammkunden zu verlieren.

Im Spannungsfeld zwischen Identität und Zeitgeist können grundsätzlich zwei Fehler begangen werden.[396] Einerseits führt ein starres Festhalten an einer gegebenen Positionierung bei veränderten Rahmenbedingungen zu einem Verlust an Aktualität (**Markenstarre**). Die Marke verstaubt und verschwindet langsam aus dem Evoked-Set der Verbraucher. Beispiele hierfür sind die englische Modemarke Laura Ashley oder das Eau de Cologne 4711. Andererseits gefährdet eine allzu starke Orientierung an gesellschaftlichen Trends, bzw. die permanente Änderung einer im Kern richtigen und tragfähigen Positionierung, die notwendige Markenidentität (**Markenaktionismus**).[397] Die Marke verwässert und verliert ihre Orientierungsfunktion. So löste sich beispielsweise die Zigarettenmarke Camel zu Beginn der 90er Jahre des vergangenen Jahrhunderts von traditionell bewährten Imagedimensionen wie Freiheit und Abenteuer und versuchte sich mit einer humorvollen Werbekampagne rund um ein Stoffkamel neu zu positionieren. Das Kamel und die Kampagne waren sehr beliebt, stellten jedoch einen radikalen Bruch mit dem bisherigen Markenkern und der Selbstwahrnehmung der Camel-Raucher dar. Der darauf folgende drastische Marktanteilseinbruch führte zu unzähligen weiteren Umpositionierungen, die das Markenbild von Camel vollends verwischten.[398]

Den Erfolg versprechenden Mittelweg zwischen Markenstarre und Markenaktionismus bezeichnet Jenner als **Dynamisch-kontinuierliche Markenführung** (vgl. Abbildung 3.4).[399] Beispiele für dynamisch-kontinuierlich geführte Marken sind Burberry, die, ohne ihre altehrwürdige englische Karomuster-Herkunft zu verleugnen, aktuelle Modetrends erfolgreich antizipiert, oder Nike, die sich rund um den Markenkern »Just do it« seit Jahren durch situative Positionierungsinhalte und Umsetzungsvariablen erfolgreich den in diesem Markt schnell ändernden Rahmenbedingungen anpasst.

---

[395] Vgl. Roosdrop 1998, S. 219; Meffert/Giloth 2002, S. 130

[396] Vgl. Jenner 1999b, S. 22f.; Jenner 1999c, S. 151

[397] Eine andauernde Änderung der Markenpositionierung ist oft Ausdruck so genannter Defizitausgleichstrategien und hängt eng mit der in Abschnitt 3.2.4 beschriebenen Kurzfristigkeit der Unternehmensziele zusammen. Vgl. auch Esch 2003, S. 22

[398] Vgl. Homburg/Schäfer 2001, S. 165

[399] Vgl. Jenner 1999b, S. 24

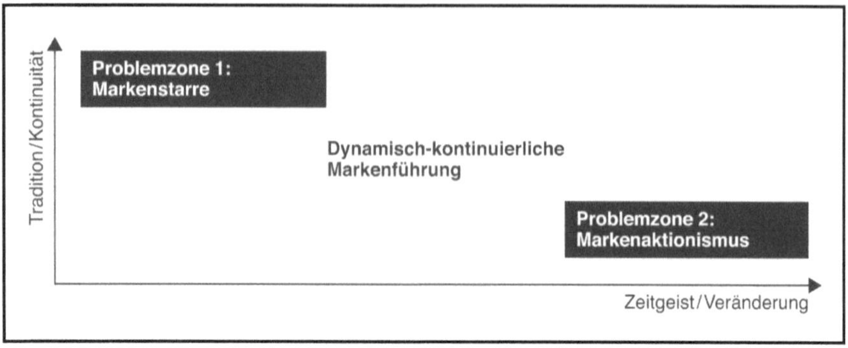

Abb. 3.4: Markenführung zwischen Markenstarre und Markenaktionismus[400]

Die dynamisch-kontinuierliche Markenführung bedingt wie gezeigt die periodische Besetzung situativer (oder segmentspezifischer) Positionierungsinhalte sowie stetige kleine Anpassungen des Markenimages. Diesbezüglich stellt klassische Werbung in Massenmedien nach wie vor das wirkungsvollste Marketinginstrument dar, was mit ein Grund ist, weshalb die Marketingkommunikation in den letzten Jahren zum Erfolgsfaktor wurde.[401]

3.3.2 Kreative Kommunikation als Erfolgsfaktor

Angesichts der skizzierten Verschiebung vom Produkt- zum Kommunikationswettbewerb und dem damit verbundenen **Kampf um Aufmerksamkeit** avanciert die Marketingkommunikation vielerorts zum zentralen Erfolgsfaktor der strategischen Markenführung.[402] Dabei versteht man unter einem (strategischen) Erfolgsfaktor gemeinhin eine besondere Fähigkeit oder Ressource, die es dem Unternehmen erlaubt, Positionierungsvorteile für seine Marke(n) gegenüber der Konkurrenz aufzubauen und langfristig zu halten.[403] Kaas bezeichnet denn auch die Kommunikation einer Erfolg versprechenden Positionierung als genauso wichtig wie die Positionierung selbst.[404] Der Kommunikationsmix wird somit in vielen Branchen zum dominanten Marketinginstrumentarium, das sich gleichzeitig durch eine hohe Absatzbedeutung und einen hohen Gestaltungsspielraum auszeichnet und sich deshalb gut zur Differenzierung eignet.[405] Boulding, Lee und Staelin konnten in einer Untersuchung nachweisen, dass vie-

[400] In Anlehnung an Jenner 1999b, S. 24

[401] Vgl. auch Rossiter/Percy 2001, S. 534f., Abschnitt 5.1

[402] Vgl. Tomczak/Müller 1992, S. 18; Abschnitte 3.2.2 und 3.2.3

[403] Vgl. Kreilkamp 1987, S. 176ff.; Kühn/Grünig 1998, S. 91

[404] Vgl. Kaas 1990b, S. 540; ähnlich: Schmid 1996, S. 214. Zum Thema Kommunikation der Positionierung vgl. auch Kotler/Bliemel 1995, S. 497

[405] Vgl. Haedrich/Tomczak/Kaetzke 2003, S. 65ff. Kühn differenziert im Rahmen seines Dominanz-Standard-Modells marktspezifisch zwischen dominanten, komplementären, marginalen und Standard-Faktoren, die sich jeweils anhand ihrer Absatzbedeutung und des zur Verfügung stehenden Gestaltungsspielraums unterscheiden lassen. Vgl. Kühn/Vifian 2003, S. 45ff

lerorts insbesondere die Werbung langfristig zu einer relevanten Differenzierung führt, die nicht zuletzt einen höheren Preis rechtfertigt.[406]

Die steigende Bedeutung der Kommunikationspolitik geht auch aus einer von Meffert und Bongartz durchgeführten Befragung hervor, in der sowohl Führungskräfte als auch Marketingwissenschaftler die Kommunikationspolitik (neben der Markenführung) als zentralen unternehmerischen Erfolgsfaktor für die Zukunft erachten.[407] Zu einem ähnlichen Ergebnis gelangte eine in der Schweiz durchgeführte Delphi-Befragung, wonach die Kommunikation relativ zu den anderen Marketing Sub-Mixen (Produkt, Preis, Distribution) künftig ganz klar an Bedeutung gewinnen wird.[408] Dies betrifft sowohl die klassische Werbung als auch unkonventionelle Marketingkommunikationsmassnahmen. Die zunehmende Bedeutung der Marketingkommunikation begründet sich in erster Linie in ihrer Eignung, auf viele der beschriebenen Veränderungen der Rahmenbedingungen adäquat und schnell zu reagieren.

So bedarf es zur notwendigen Anpassung einer Marke an den gesellschaftlichen und marktlichen Wandel Massnahmen, die geeignet sind, die gewünschte Wahrnehmung der Marke durch die Verbraucher verhältnismässig schnell zu beeinflussen. Kommunikation im Allgemeinen und die Werbung im Speziellen eignen sich als akzidentielle Marketinginstrumente hierzu besonders, da sie erlauben, situativ zusätzliche Positionierungsinhalte zu besetzen und die Marke dadurch aktuell zu halten.[409] Zudem bieten sich die unterschiedlichen Instrumente der Marketingkommunikation an, um auf die zunehmende Fragmentierung der Märkte zu reagieren, indem unterschiedliche Segmente oder Szenen differenziert und teilweise über andere Kommunikationskanäle angesprochen werden.[410]

Weiter avanciert die Marketingkommunikation insbesondere in denjenigen Märkten zum Erfolgsfaktor, die durch eine weit fortgeschrittene Homogenisierung stofflich-funktionaler Leistungsmerkmale gekennzeichnet sind.[411] Hier erscheint der Aufbau einer klassischen Unique Selling Proposition (USP) naturgemäss meist illusorisch. Vielmehr geht es darum, eine fehlende Leistungsdifferenz mittels einer Marke und vor allem deren Kommunikation zu kompensieren.[412] Reeves unterscheidet in diesem Zusammenhang zwischen einer natürlichen und einer konstruierten USP.[413] Während sich erstere direkt aus dem Angebot bzw. seinen Eigenschaften, seiner Beschaffenheit oder seiner Herstellungsweise ableiten lässt, beschreibt die konstruierte USP eine alleine durch Kommunikation geschaffene, differenzierende Eigenschaft des Angebots. Diese

[406] Vgl. Boulding/Lee/Staelin 1994, S. 171; Abschnitt 5.1
[407] Vgl. Meffert/Bongartz 2000, S. 384ff.; Meffert/Burmann/Koers 2002, S. 4
[408] Vgl. Pasquier/Dreosso/Rauch 2004, S. 29
[409] Vgl. Abschnitt 3.3.1
[410] Vgl. Köhler 2001, S. 58; Roosdrop 1998, S. 219; Abschnitt 3.2.1
[411] Vgl. Abschnitt 3.2.2
[412] Vgl. Pasquier/Dreosso/Rauch 2004, S. 31; Tomczak/Müller 1992, S. 20
[413] Vgl. Reeves 1961, S. 47ff.

künstliche USP wird in der Literatur meist als **Unique Advertising Proposition** (oder Unique Communication Proposition) bezeichnet und zielt auf eine emotionale Alleinstellung des Angebots in der Vorstellung der Verbraucher.[414]

Die zunehmende Bedeutung des Konzepts der Unique Advertising Proposition geht aus einer neueren U.S. amerikanischen Studie hervor, wonach bei wahrgenommener Produkt- und Markengleichheit meist die Werbung über den Kauf bzw. die Markenwahl entscheidet.[415] Zudem sind vor dem Hintergrund austauschbarer Produkte in der Verbraucherwahrnehmung oft diejenigen Leistungen und Marken die besten, für die am meisten geworben wird.[416] Diese Erkenntnis zeigt auch, dass die Kommunikationspolitik für Markenartikel im Wettbewerb gegen die immer stärker aufkommenden Handelsmarken von hoher Bedeutung ist.[417] Die hohe Relevanz der Kommunikation widerspiegelt sich nicht zuletzt auch im Vergleich unterschiedlicher Studien zur Flopwahrscheinlichkeit von Neuprodukten. Zumindest im Konsumgüterbereich kann davon ausgegangen werden, dass Marken mit hohen Werbebudgets im Vergleich zum Gesamtdurchschnitt deutlich geringere Flopraten aufweisen.[418]

Ein weiterer Grund für die steigende Bedeutung der Marketingkommunikation liegt in der vorhin beschriebenen zunehmenden Erlebnis- und Sinnorientierung der Konsumenten.[419] Aus dieser Entwicklung ergeben sich für die Markenführung vielfältige Chancen, wenn es gelingt, die Marke zu emotionalisieren, sie dadurch in der persönlichen Erlebniswelt der Konsumenten zu verankern und verhaltensrelevante Gedächtnisstrukturen aufzubauen.[420] Hier stellt die Werbung – je nachdem neben dem Produktdesign – das geeignetste Marketinginstrument dar.[421] So konnte Biel nachweisen, dass eine erlebnisorientierte, emotionale Differenzierung mittels Kommunikation und insbesondere Werbung den Kaufentscheid bzw. die Markenwahl stärker beeinflusst als funktionale oder technische Produktunterschiede.[422] Vor allem beim Markenaufbau spielt die Massenkommunikation mittels klassischer Werbung nach wie vor die mit Abstand wichtigste Rolle, da es hier in erster Linie darum geht, eine neue Marke einer breiten Öffentlichkeit bekannt zu machen.[423]

---

414 Vgl. z.B. Bruhn 2003a, S. 22; Kühn/Jenner 1998, S. 34; Kotler/Bliemel 1995, S. 662
415 Vgl. Elliott 2004, S. o.S.
416 Vgl. Kaas 1990b, S. 544. Dabei ist jedoch zu bedenken, dass aus Budgetgründen in vielen Märkten der Marktführer am meisten wirbt, dieser seine führende Stellung aber nicht unbedingt aufgrund des Werbedrucks erreichte.
417 Vgl Abschnitte 3.2.2, 5.1
418 Vgl. Sullivan 1992, S. 795ff.; auch Sattler 2001, S. 25; Abschnitt 3.2.2
419 Vgl. Abschnitt 3.2.1
420 Vgl. z.B. Buchholz/Wördemann 1998a, S. 141ff.
421 Vgl. Weinberg/Gröppel 1988, S. 191; Weinberg/Diehl 2001, S. 195; auch Pasquier/Dreosso/ Rauch 2004, S. 31
422 Vgl. Biel 1992, S. RC-9ff.; ähnlich: Buchholz/Wördemann 1998b, S. 77
423 Vgl. Rossiter/Percy 2001, S. 534f.

Insgesamt führt die zunehmende Anzahl an Marken zu einem steigenden Kommunikationswettbewerb und in der Verbindung mit der begrenzten Aufnahmefähigkeit und Verarbeitungskapazität der Konsumenten zu einer Positionierungsenge in der Psyche der Verbraucher.[424] Die Rezipienten reagieren auf diese Entwicklung durch die Anwendung so genannter Reduktionsstrategien.[425] Als Folge davon bleiben viele Kommunikationsanstrengungen unbeachtet und die Kommunikations- und insbesondere die Werbeeffizienz sind stark rückläufig.[426] Vor diesem Hintergrund müssen die Kommunikation und insbesondere die Werbung stärkere Anstrengungen denn je unternehmen, um aufzufallen und die Botschaft kurz, knapp, präzise, aber dennoch verständlich zu kommunizieren.[427] Der Kommunikationswettbewerb wird dabei von denjenigen Unternehmen gewonnen, die am effizientesten kommunizieren, also mit dem zur Verfügung stehenden Kommunikationsbudget die höchste Beachtung und Wirkung erzielen.

Kommunikationseffektivität und -effizienz sind von der Bekanntheit und dem Image einer Marke abhängig; je bekannter und beliebter eine Marke ist, desto höher ist die Kommunikationseffektivität, da die einzelnen Massnahmen eher beachtet werden, als wenn eine unbekannte, profillose Marke wirbt.[428] Andererseits entscheiden im Wettbewerb um Aufmerksamkeit **Kreativität** und **Sozialtechnik** über den Erfolg. Gerade in Märkten, in denen die angebotenen Leistungen und Produkte sehr ähnlich sind, muss die notwendige Differenzierung mittels einer Unique Advertising Proposition bzw. einer auffallenden und zudem unverwechselbaren Kommunikation angestrebt werden.[429] Dies bedeutet, dass keine Stereotypen der Werbebranche nachgebetet werden dürfen, sondern neue kreative Ideen entwickelt werden müssen. Diese gelten als unabdingbar, um mit der strategischen Werbebotschaft möglichst tief in das (Unter-) Bewusstsein des Verbrauchers vorzudringen.

Eine hohe Kreativität in der kommerziellen Kommunikation steigert aber nicht nur ihre Wirkung, sondern auch ihre gesellschaftliche Akzeptanz. So geben viele Fernsehzuschauer als Grund für ihr Zapping-Verhalten nicht die Informationsüberlastung, sondern die unbefriedigende Qualität der Werbespots an.[430] Gemäss einer Untersuchung des Marktforschungsinstituts GfK empfinden Briten Werbung im europäischen Vergleich am unterhaltsamsten und fühlen sich deshalb von ihr auch (mit Abstand) am wenigsten belästigt.[431] Zu einem ähnlichen Ergebnis gelangt die in Deutschland durchgeführte TNS-Emnid Studie, wonach langweilige und deshalb belästigende Werbung vor allem bei höheren Kaufkraftklassen im Extremfall sogar zu Kaufverweigerungen führen kann.[432] Vor diesem Hintergrund erstaunt es nicht, dass mehrere Unter-

[424] Vgl. Kroeber-Riel 1987, S. 257
[425] Vgl. Abschnitt 3.2.3
[426] Vgl. auch Keller 2003, S. 40
[427] Vgl. Bekmeier 1989, S. 94
[428] Vgl. Keller 1993, S. 9
[429] Vgl. Tomczak/Müller 1992, S. 21; Kaas 1990a, S. 51
[430] Vgl. Brockhoff/Dobberstein 1989, S. 27
[431] Vgl. o.V. 2003, S. o.S.
[432] Vgl. TNS-Emnid Studie, zitiert in: von Matt 2001, S. 16

suchungen in der jüngeren Vergangenheit belegen konnten, dass kreative Werbung effektiver ist als unkreative Werbung.

Beispielsweise zeigten Buchholz und Wördemann im Rahmen einer Analyse der erfolgreichsten Markenkampagnen der Welt, dass erfolgreiche Kampagnen deutlich kreativer sind als der Durchschnitt.[433] In einer anderen Studie zum Thema Werbekreativität und -effektivität gelangten Trommsdorf und Becker zum Schluss, dass bei kreativen Kampagnen die Wahrscheinlichkeit der Zielerreichung höher ist.[434] Als Kriterien zu Überprüfung der Kreativität wurden die vom Art Directors Club (ADC) Deutschland erarbeiteten Kreativitätskriterien verwendet, deren Relevanz im Rahmen der Untersuchung ebenfalls nachgewiesen werden konnte. Ein ähnliches Ergebnis zeigt eine vom Marktforschungsinstitut IHA/GfM durchgeführte Befragung bei 200 Schweizer Marketing- und Kommunikationsverantwortlichen, von denen 87 Prozent die Ansicht vertraten, dass Kreativität ursächlich zu mehr Erfolg in der Werbung führt.[435]

Eine Begründung, weshalb kreative Werbung effektiver ist, liefert die vertiefte Analyse der Daten der Brand Asset Valuator Erhebung.[436] Die Auswertung zeigt, dass vom ADC Schweiz ausgezeichnete Werbekampagnen im Vergleich zum Durchschnitt der Branche von den Verbrauchern insbesondere als signifikant populärer, relevanter, vertrauter, vitaler, progressiver, zeitgemässer, kundenorientierter und innovativer wahrgenommen werden.[437] Allesamt Attribute und Imagedimensionen, die in den meisten Fällen sowohl die Markenwahrnehmung als auch die Kaufentscheidung positiv beeinflussen. Demnach wird nicht nur der Kommunikationsmix oder die Werbung an sich, sondern auch die Art und Weise der Kommunikation, der Werbestil, zu einem Teil der Marke, und dadurch Kreativität und Eigenständigkeit in der Marketingkommunikation zu einem zentralen Erfolgsfaktor.

3.3.3 Process vs. Content in der Markenführung

Analog der Unterscheidung zwischen Marketingplanung und Marketingplänen kann auch im Rahmen der Markenführung aus wissenschaftlicher Perspektive zwischen dem Prozess der Markenführung einerseits und den daraus resultierenden Markenstrategien andererseits differenziert werden.[438] Der **Prozess der Markenführung** umfasst dabei verschiedene Aktivitäten, die idealtypisch in Analyse, Zielsetzung, Generierung, Bewertung und Auswahl strategischer Handlungsalternativen sowie deren Konkretisie-

[433] Vgl. Buchholz/Wördemann 1998a, S. 200
[434] Vgl. Trommsdorff/Becker 2001, S. 23
[435] Vgl. Aebi 2001, S. 11. Auch im Rahmen dieser Befragung wurden die vom ADC zur Messung der Kreativität herangezogenen Kriterien mehrheitlich als gültig erachtet.
[436] Vgl. Abschnitt 2.4.3
[437] Vgl. Felser 2001, S. 19
[438] Vgl. auch Jenner 2003a, S. 15

rung im Rahmen der operativen Markenführung unterteilt werden können.[439] Das Ergebnis dieses Prozesses ist eine **Markenstrategie**, die aufzeigen soll, wie die gesetzten ökonomischen und psychologischen Ziele zu erreichen sind.

Im Gegensatz zur hiesigen Marketingliteratur, wo die skizzierte Unterscheidung nur selten berücksichtigt wird und die beiden Forschungsansätze oft simultan verfolgt oder gar vermischt werden, differenziert die angelsächsische Marketing- und Managementliteratur explizit zwischen **Process** und **Content**.[440] Während es im Rahmen der meist ökonomisch orientierten Content-Forschung darum geht, erfolgreiche Marketing- oder Markenstrategien zu identifizieren und zu charakterisieren, versucht die vorwiegend verhaltenswissenschaftliche Process-Forschung Empfehlungen zu formulieren, wie Marketingprozesse zu gestalten sind, damit schlussendlich zur Zielerreichung geeignete Strategien und Konzepte generiert werden können.[441] Bislang fokussierte sich die Marketingforschung sowohl diesseits als auch jenseits des Atlantiks schwerpunktmässig auf den Content, also auf den Strategieinhalt.[442] Dieses Ungleichgewicht ist einfach nachvollziehbar, erscheint es doch ungleich einfacher und interessanter, im Nachhinein erfolgreiche Strategien zu erkennen und zu beschreiben, als mehr oder weniger abstrakte Empfehlungen abzugeben, wie unter Berücksichtigung einer Vielzahl von Kontextfaktoren Erfolg versprechende Lösungen generiert werden können.

Trotzdem ist der Erkenntnisstand der Content-Forschung im Marketing insgesamt eher ernüchternd. Ungeachtet der grossen Zahl an wissenschaftlichen Arbeiten liegen bislang in diesem Bereich kaum gesicherte Erkenntnisse vor, aus denen sich normative Gestaltungsempfehlungen ableiten lassen.[443] Der Hauptgrund für dieses Manko liegt darin, dass der Erfolg von Strategien immer auch auf situativen unternehmensinternen und -externen Kontextfaktoren beruht, sich also lediglich sehr beschränkt replizieren lässt.[444] Erschwerend kommt hinzu, dass der Content-Ansatz per definitionem einen statischen Charakter besitzt, also der anhaltenden Umweltdynamik in keiner Art und Weise gerecht wird.[445] Vielmehr sinken angesichts der sich stetig ändernden Kontextfaktoren die Halbwertszeiten von Marketing- und Markenstrategien immer schneller, weshalb einer unreflektierten Übertragung einer andernorts erfolgreichen Strategie in den meisten Fällen kein Erfolg beschieden ist.[446]

---

439 Vgl. Abschnitt 4.3

440 Vgl. z.B. Powell 1992b, S. 32; Jenner 2001b, S. 107. Für einen Überblick über die bisherigen Forschungsarbeiten zu den Themen Content und Process. Vgl. Bourgeois 1980b, S. 30; Eisenhart/Zbaracki 1992, S. 17. Barney und Zajac machen darauf aufmerksam, dass Content und Process nicht völlig unabhängig voneinander erforscht werden sollten. Vgl. Barney/Zajac 1994, S. 5ff.

441 Vgl. Schwenk 1995, S. 471f.; Bourgeois 1980b, S. 26

442 Vgl. Hamel 1998, S. 10; Prahalad/Hamel 1994, S. 11

443 Vgl. Jenner 2003a, S. 16

444 Vgl. Bourgeois 1980b, S. 28

445 Vgl. Castrogiovanni 2002, S. 130; Jenner 1999c, S. 149

446 Vgl. auch Tomczak/Roosdrop 1996, S. 26; Simon 1993, S. 141

Trotz dieser Erkenntnis haben sich in den letzten Jahren keine neuen wissenschaftlichen Ansätze zur Strategiegenerierung durchgesetzt, weshalb sich auch die in der Praxis angewendeten Prozesse der Markenführung nicht gross veränderten.[447] Noch immer dominieren in den meisten Unternehmen jahrelang erprobte, rituelle Planungszyklen, obwohl angesichts der anhaltenden Umweltdynamik im Gegenteil ein hohes Mass an Flexibilität, Kreativität und Offenheit gegenüber neuen Entwicklungen erforderlich wäre.[448] Mintzberg vertritt die Ansicht, dass Strategien mehr oder weniger natürlich entstehen.[449] Dazu bedarf es jedoch einer zweckmässigen Gestaltung des Strategieprozesses, dem bei der Entwicklung neuer, Erfolg versprechender Ansätze und Strategien die Rolle eines Katalysators zukommt.[450] Zusammenfassend kann festgehalten werden, dass vor dem Hintergrund der in diesem Kapitel beschriebenen Umweltdynamik die Gestaltung der Planungsprozesse und somit auch des Markenführungsprozesses immer entscheidender wird, um einerseits die permanente Anpassung der Marke an die sich ändernden Kontextfaktoren sicherzustellen und andererseits die subjektiv empfundene Unsicherheit zu reduzieren.[451]

Aus diesem Grund wird von der Marketingwissenschaft vermehrt ein **Paradigmenwechsel** vom bislang dominierenden Content-Ansatz hin zu einer zunehmenden Prozessorientierung gefordert. Die Identifikation der situativ optimalen Entscheidungsalternative rückt im Blickfeld der Wissenschaft gegenüber dem Prozess der Entscheidungsfindung immer mehr in den Hintergrund. Angesichts der herrschenden Umweltdynamik gewinnt vielmehr die Frage nach der optimalen Gestaltung des Planungsprozesses zunehmend an Bedeutung. Gesucht sind heutzutage Mechanismen, die bei instabilen Wettbewerbsbedingungen zu geeigneten bzw. erfolgreichen Markenstrategien führen und deren Adaptation an immer wieder veränderte Umweltbedingungen ermöglichen.[452] Die Marketingwissenschaft muss mehr denn je Empfehlungen abgeben, wie genau eine Erfolg versprechende Marketingkonzeption generiert und anschliessend kontinuierlich modifiziert werden kann.[453]

Obwohl die Prozessgestaltung aufgrund ihrer relativ leichten Imitierbarkeit keinen Wettbewerbsvorteil im eigentlichen Sinne darstellt,[454] kann sie dennoch als Erfolgsfaktor der Markenführung bezeichnet werden.[455] Deshalb und aufgrund der in diesem Kapitel gemachten Überlegungen verfolgt die vorliegende Arbeit einen Prozessansatz und versucht Empfehlungen abzugeben, wie der im nächsten Kapitel beschriebene Markenführungsprozess am Erfolg versprechendsten zu gestalten ist.

---

447 Vgl. Hamel 1998, S. 10

448 Vgl. Grant 2003, S. 491; D'Aveni 1994, S. 235; auch Abschnitt 4.4.4

449 Vgl. Mintzberg 1987, S. 68

450 Vgl. Hamel 1998, S. 11

451 Vgl. auch Abschnitt 3.2.5

452 Vgl. Malik 1996, S. 179f.

453 Vgl. Bourgeois 1980b, S. 29; Schwenk 1995, S. 471

454 Vgl. Powell 1992a, S. 551; Powell 1992b, S. 33; auch: Barney/Zajac 1994, S. 5ff.

455 Vgl. auch Aaker/Joachimsthaler 2000a, S. 314ff.

4. Markenführung als Managementprozess

»Plans are nothing, but planning is everything.«
Dwight D. Eisenhower

4.1 Markenführung und Markenerfolg

Die bisherige Argumentation hat mehrfach gezeigt, dass eine erfolgreiche Markenbildung umfangreiche Lernprozesse auf Seiten der Verbraucher voraussetzt. Vor diesem Hintergrund lässt sich die Marke (zumindest aus verhaltensorientierter Perspektive) auch als Resultat einer Vielzahl über einen längeren Zeitraum durchgeführter Marketingmassnahmen sowie der sich daraus ergebenden Einstellungen und Erfahrungen der Verbraucher und anderer relevanter Bezugsgruppen verstehen. Der langfristige, systematische **Managementprozess** der Planung, Koordination, Implementierung und Kontrolle dieser Massnahmen wird gemeinhin und im Rahmen der vorliegenden Arbeit als **Markenführung** bezeichnet.[456] Streng genommen wird der Ausdruck Markenführung somit zum Synonym für das gesamte Marketing.[457]

Bruhn und auch Sattler gehen von einem annähernd identischen Definitionsansatz aus, verwenden jedoch anstelle des Begriffs Markenführung denjenigen der Markenpolitik.[458] Dieses Begriffsverständnis erweiternd unterscheidet Herrmann in seiner Definition zwischen der Markenführung im engeren Sinne, dem strategischen Markenmanagement, und der Markenführung im weiteren Sinne, die neben dem strategischen Markenmanagement auch die operative Markenpolitik umfasst.[459] Ungeachtet dieser Terminologie werden die drei Begriffe Markenführung, Markenmanagement und Markenpolitik hier und im Folgenden synonym verwendet. Dem Sprachgebrauch der Praxis folgend definieren Haedrich, Tomczak und Kaetzke Markenführung als kontinuierliche und systematische Pflege von eingeführten Marken entlang ihres Lebenszyklus', lassen also im Rahmen ihrer Definition die Markeneinführung explizit aussen vor, weshalb sich der Autor dieser Definition nicht anschliesst.[460] Von einem wertorientierten Definitionsansatz geht Keller aus, der unter dem Begriff Markenführung die Gestaltung und Implementierung von Marketingmassnahmen zum Aufbau, zur Steuerung und zur Messung des Markenwerts versteht.[461] Die langfristige Steigerung des Markenwerts kann somit als übergeordnetes Ziel der Markenführung bezeichnet werden.[462]

---

456 Vgl. Meffert/Burmann/Koers 2002, S. 8; Meffert/Burmann 2002c, S. 30
457 Vgl. Belz 1998, S. 40
458 Vgl. Bruhn 2003b, S. 181; Sattler 2001, S. 39
459 Vgl. Herrmann 1999, S. 59f.
460 Vgl. Haedrich/Tomczak 1996, S. 27; Haedrich/Tomczak/Kaetzke 2003, S. 18
461 Vgl. Keller 2003, S. 44
462 Vgl. auch Sattler 2001, S. 39. Zum Thema Markenwert vgl. Abschnitt 2.4

Die Beziehung zwischen Markenwert und Markenführung weist einen iterativen Charakter auf. Einerseits dient der Markenwert im Markenführungsprozess als zentrale Steuerungs- und Kontrollgrösse und determiniert zu einem grossen Teil die Ausgestaltung der Markenführung.[463] Andererseits resultiert der Markenwert hauptsächlich aus der Art und Weise der Markenführung. Betrachtet man beispielsweise die Relaunch-Aktivitäten der Marken Audi, Adidas oder Camel der letzten Jahre und den unterschiedlichen Erfolg, der ihnen beschieden war, so wird deutlich, dass die Stärke bzw. der Wert einer Marke zum grössten Teil durch die Markenführung selbst bestimmt wird.[464] Diese Einschätzung wird durch eine empirische Studie von Wolff Olins und Booz, Allen, Hamilton gestützt, wonach eine professionelle, umfassende Markenführung Markenwert und Unternehmenserfolg erheblich steigern kann.[465] Gemäss der Studie ist der operative Gewinn bei 80 Prozent der mit starkem Markenfokus geführten Unternehmen fast doppelt so hoch wie im Branchenschnitt.

Angesichts dieser Relevanz erstaunt die hohe Zahl wissenschaftlicher Publikationen zum Thema Markenführung nicht. Doch sie ist eher Ausdruck der Dynamik und der Heterogenität der einzelnen Untersuchungsansätze, als dass man bei der Markenführung von einem forschungstheoretisch durchdrungenen Gebiet sprechen könnte. Zu unterschiedlich sind die einzelnen Ausgangspunkte und Ansätze, zu abweichend die jeweiligen Fragestellungen. Die geäusserte Forderung nach generellen Konzepten der Markenführung, die einen holistischen Ansatz verfolgen und versuchen, das Marketing nicht nur zu optimieren, sondern strategisch zu gestalten, bleibt grösstenteils unbeantwortet.[466] Eine in sich geschlossene Theorie der Markenführung ist bislang lediglich vage erkennbar.[467] Dies dürfte insbesondere daran liegen, dass es dem Marketing und somit auch der Markenführung bislang nie wirklich gelungen ist, in der Managementtheorie eine Führungsrolle zu übernehmen. Stattdessen werden die im Rahmen der Strategieforschung entwickelten Modelle und Instrumente lediglich ergänzt und auf die Bedürfnisse des Marketings adaptiert.[468]

Bislang wurde mehrfach darauf hingewiesen, dass Marken oftmals den wichtigsten Erfolgsfaktor im Marketing darstellen, weshalb in der einschlägigen Literatur Einigkeit darüber besteht, dass die Markenführung eine der zentralen Managementaufgaben im Rahmen der marktorientierten Unternehmensführung darstellt.[469] Diese Aufwertung der Markenführung widerspiegelt den Umstand, dass Markenführung nicht mehr länger als Instrument oder Aufgabe der Produktpolitik interpretiert wird, sondern alle

[463] Die Orientierung am Markenwert hilft die Dynamik zu beherrschen und die für die Markenführung unabdingbare Kontinuität zu gewährleisten. Vgl. Homburg/Schäfer 2001, S. 170; auch Irmscher 1997, S. 69

[464] Vgl. auch Jenner 1999b, S. 22ff.

[465] Vgl. Harter, et al. 2005, S. 1

[466] Vgl. Belz 1998, S. 41

[467] Vgl. Kenning 2003, S. 109

[468] Dieser Ansatz wird notabene auch im Rahmen des vorliegenden Kapitels verfolgt. Vgl. insbesondere Abschnitt 4.4.

[469] Vgl. z.B. Herrmann 1999, S. 121ff.

Bereiche eines Unternehmens betrifft und (analog dem Marketing) als Steuerung des Unternehmens durch Kundenbedürfnisse interpretiert werden kann.[470] Demzufolge geht es bei der Markenführung heutzutage immer weniger um eine marketingtechnische Kür als vielmehr um fundamentale Führungs-, Entwicklungs- und Organisationsprozesse im gesamten Unternehmen.[471]

Nur wenn die Markenführung selbst als dynamischer Prozess respektive als aktions- und reaktionsfähiges System verstanden und gestaltet wird, kann sie einen entscheidenden Beitrag leisten, die Umweltdynamik und -komplexität zu antizipieren und somit den Markenwert langfristig zu steigern.[472] In diesem Zusammenhang können insbesondere **die Prozessstruktur und die Prozessgestaltung als Erfolgsfaktoren der Markenführung** betrachtet werden.[473] Diese Überlegungen bilden die Grundlage des vorliegenden Kapitels. Eine Systematisierung des deutungsoffenen Begriffs (Management-)Prozess unternimmt Van de Ven, der im Hinblick auf die wissenschaftliche Forschung drei Interpretationen von strategischen Prozessen unterscheidet, die auch im Zusammenhang mit der Markenführung relevant sind und die Struktur des vorliegenden Kapitels vorgeben:[474]

(1) Prozesse dienen der Erklärung kausaler **Beziehungen zwischen In- und Output**. Betrachtet man den eigentlichen Prozess als Blackbox, determiniert die Ausgangssituation (Input) das Ergebnis der Entscheidung (Output). Die im Rahmen der Markenführung verfolgten Ziele sowie die dem Prozess zu Grunde gelegte Sicht oder Theorie der Marke sind dabei elementare Bestandteile der Ausgangssituation und können als Input bezeichnet werden. Ausgehend von diesen Überlegungen werden in Abschnitt 4.2 verschiedene Ansätze der Markenführung skizziert und mit Beispielen illustriert.

(2) Die zweite Prozessinterpretation spiegelt die Tatsache wider, dass Strategien und Konzepte nicht uno acto sondern schrittweise entstehen, und der dazu notwendige Prozess als logische **Sequenz von Ereignissen** und/oder Aktivitäten abgebildet werden kann. Dieser Interpretation folgend wird in Abschnitt 4.3 die Struktur des Markenführungsprozesses näher beleuchtet.

(3) Schliesslich kann der Prozessbegriff der **Charakterisierung individueller und organisatorischer Aktivitäten** (z.B. Entscheidungsverhalten, Arbeitsabläufe) dienen. Dabei steht die Frage im Zentrum, wie effektive und effiziente Prozesse am besten zu gestalten sind. Diese Frage auf den Markenführungsprozess übertragend werden in Abschnitt 4.4 die zentralen Gestaltungsdimensionen des Markenführungsprozesses vorgestellt und der Markenführungsprozess als Lernprozess beschrieben.

---

[470] Vgl. Haedrich/Tomczak 1996, S. 11; auch von Matt 1987, S. 46ff.; Abschnitt 2.1

[471] Vgl. Herrmann 2003, S. 44

[472] Vgl. Jenner 1999b, S. 21; Haedrich/Tomczak 1996, S. 27; Shocker/Srivastava/Ruekert 1994, S. 149; auch Belz 2005, S. 2ff.; Malik 1996, S. 169ff.

[473] Vgl. Aaker/Joachimsthaler 2000a, S. 26; Haedrich/Tomczak/Kaetzke 2003, S. 33

[474] Vgl. Van de Ven 1992, S. 169f.

4.2 Ansätze der Markenführung

Die Ausführungen zur Wesensbestimmung der Marke haben gezeigt, dass Marken in erster Linie Modelle darstellen, die zur Erklärung ökonomischer, psychologischer, gesellschaftlicher und kultureller Phänomene herangezogen werden.[475] Entsprechend stammen die verschiedenen Ansätze zur Wesensbestimmung der Marke aus teils unterschiedlichen Forschungsrichtungen mit abweichenden Erkenntniszielen: Marken sind aus semiotischer und juristischer Sicht differenzierende Zeichen, entstehen aus Anbietersicht durch den zweckmässigen Einsatz des zur Verfügung stehenden Marketinginstrumentariums und sind aus Verbrauchersicht insbesondere durch psychologische Dimensionen wie Bekanntheit und Image gekennzeichnet. Als direkte Folge der Koexistenz verschiedener Ansätze zur Wesensbestimmung der Marke sowie der im vorherigen Abschnitt erwähnten Relevanz des Themas Markenführung werden in der einschlägigen Literatur eine Vielzahl von Markenführungsansätzen bzw. Markentheorien mehr oder weniger kontrovers diskutiert.[476]

Die wissenschaftliche Diskussion ist aber eher Ausdruck des sich stetig verändernden Markenverständnisses und Folge des Profilierungsdrangs einzelner Autoren, als dass man bei den unterschiedlichen Theorien und Modellen von sich ausschliessenden, trennscharf abgrenzbaren Ansätzen sprechen könnte. Vielmehr handelt es sich – analog zur Wesensbestimmung der Marke – lediglich um unterschiedliche Perspektiven auf denselben Untersuchungsgegenstand.[477] Dementsprechend kann grundsätzlich zwischen endogenen, exogenen und integrativen Markenführungsansätzen unterschieden werden (vgl. Abbildung 4.1). Dieser Differenzierung folgend werden im vorliegenden Abschnitt neben drei endogenen Ansätzen (Abschnitt 4.2.1) insbesondere der verhaltens- und imageorientierte (Abschnitt 4.2.2), der fraktale (Abschnitt 4.2.3) sowie als Beispiel eines integrierenden Modells der identitätsorientierte Markenführungsansatz (Abschnitt 4.2.4) vorgestellt.

[475] Vgl. Abschnitt 2.2

[476] Zur Systematisierung der einzelnen Markenführungsansätze vgl. z.B. Meffert/Burmann 2002c, S. 18ff.; Herrmann 1999, S. 59f.

[477] Vgl. auch Bruhn 2003b, S. 184

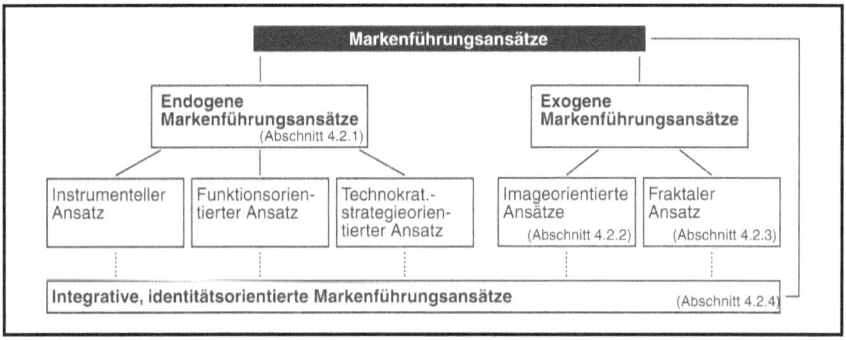

Abb. 4.1: Überblick über die wichtigsten Markenführungsansätze

4.2.1 Endogene Markenführungsansätze

Wie Abbildung 4.1 zeigt, kann bei den endogenen Markenführungsansätzen grob zwischen dem instrumentellen, dem funktionsorientierten und dem technokratisch-strategieorientierten Markenführungsansatz unterschieden werden. Diese drei Ansätze sollen im Folgenden kurz skizziert und illustriert werden.

Der **instrumentelle Ansatz** der Markenführung basiert auf einem merkmalsorientierten Markenverständnis, orientiert sich am klassischen Markenartikelkonzept und kann als Ausgangspunkt der professionellen Markenführung bezeichnet werden.[478] Der instrumentelle (oder auch: instrumentale) Ansatz ist eng verbunden mit dem von Domizlaff geprägten Begriff der Markentechnik, die sich schwerpunktmässig mit der Namensfindung, der Waren- und Verpackungsgestaltung, der Preissetzung, des Vertriebs und dem Einsatz der klassischen Werbung beschäftigt.[479] Vergleichbar mit einem naturgesetzlichen Zusammenhang formulierte Domizlaff bereits 1939 22 unternehmens- und marktunabhängige Grundgesetze der natürlichen Markenbildung, bei deren Befolgung sich quasi automatisch der Erfolg einstellen sollte. Grundlage der instrumentellen Markenführung ist die Identifikation derjenigen Absatzinstrumente, die in einer spezifischen Situation aus einer zunächst anonymen Ware langfristig einen Markenartikel entstehen lassen. Auch wenn dieser Ansatz der Markenführung aus heutiger Sicht teilweise befremdet, so ist zu berücksichtigen, dass ihm unter den damaligen wirtschaftlichen Rahmenbedingungen oft Erfolg beschieden war.[480] Ebenfalls instrumenteller Natur ist der später entstandene **funktionsorientierte Ansatz** der Markenführung.[481] Auch dieser Ansatz orientiert sich schwerpunktmässig an den anbieterbezogenen Markenfunktionen, erweitert aber das Instrumentarium der Markenführung um Aufgabenbereiche wie z.B. Marktforschung oder Produktentwicklung.

[478] Vgl. Bruhn 2003b, S. 184
[479] Vgl. Domizlaff 1951/1992, S. 33ff.
[480] Vgl. Meffert/Burmann 2002c, S. 21
[481] Vgl. Bruhn 2003b, S. 184; Meffert/Burmann 2002c, S. 22 und die dort zitierte Literatur

Als Weiterentwicklung des instrumentellen und des funktionsorientierten Markenführungsansatzes bildete sich Ende der 80er-Jahre der **technokratisch-strategieorientierte Ansatz** der Markenführung heraus.[482] Im Unterschied zu den oben dargestellten Ansätzen, die die Markenführung meist lediglich als Teilgebiet des Marketings beschreiben, fordert der strategieorientierte Ansatz eine Gleichstellung von Markenführung und Marketing.[483] Diese Forderung ist Ausdruck des Wechsels der Betrachtungsweise von der Marketing- bzw. Funktionsebene zur Unternehmensführungsebene. Die Planung, Steuerung, Koordination und Kontrolle aller auf den Absatzmarkt gerichteten und die Marke betreffenden Massnahmen und Subsysteme stehen dabei im Mittelpunkt des Interesses. Aus diesem Grund dient der technokratisch-strategieorientierte Ansatz als Grundlage der meisten integrativen Markenbewertungsmodelle.[484] Die dem strategieorientierten Ansatz zugrunde gelegte technokratische Vorstellung von Marken und deren Bildung wird jedoch den komplexen sozialpsychologischen Aspekten der Markenführung meist nicht gerecht.[485]

Der technokratisch-strategieorientierte Markenführungsansatz kann anhand der in Abbildung 4.2 dargestellten Prozessstruktur von Haedrich, Tomczak und Kaetzke illustriert werden.[486] Der dargestellte Prozess beschränkt sich auf die kontinuierliche und systematische Pflege bereits eingeführter Marken, lässt demnach die Markeneinführung und das Branding aussen vor. Neben der der eigentlichen Markenführung vorgelagerten Zielbestimmung wird zwischen drei strategischen Prozessschritten und der nachgelagerten Realisationsphase unterschieden. Die Markenstrategie setzt sich aus der Bestimmung der Grundsatzstrategie, den instrumentellen Strategiemodellen (instrumentelle Leitplanung) sowie der Instrumentalstrategien (instrumentellen Detailplanung) zusammen. Begleitend zu den vier Prozessschritten erfolgt eine kontinuierliche Analyse, Prognose und Kontrolle.

[482] Vgl. Haedrich/Tomczak 1996, S. 27ff.; Schulz/Brandmeyer 1989, S. 360f.; Franzen/Trommsdorff/Riedel 1994, S. 1373ff.
[483] Vgl. Bruhn 2003b, S. 184
[484] Vgl. Abschnitt 2.4.4
[485] Vgl. Meffert/Burmann 2002c, S. 25, 27
[486] Vgl. Haedrich/Tomczak/Kaetzke 2003, S. 25f.

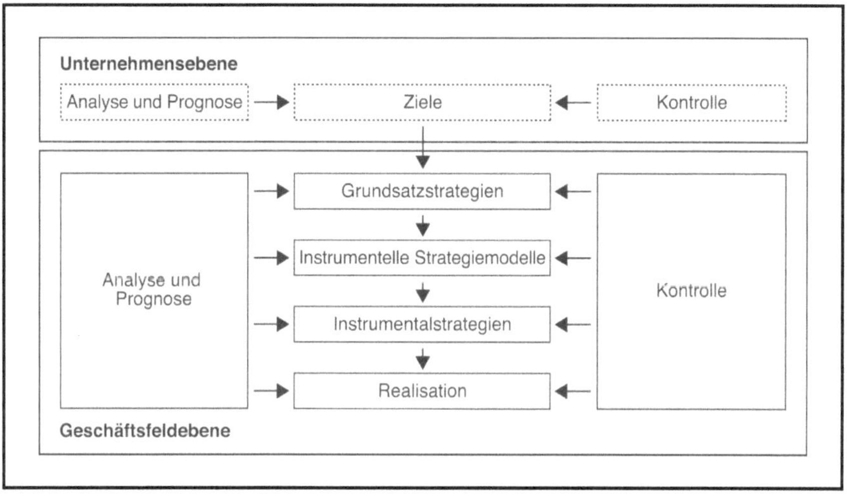

Abb. 4.2: Markenführungsprozess nach Haedrich, Tomczak und Kaetzke[487]

4.2.2 Imageorientierte Markenführungsansätze

Mit dem Aufkommen des wirkungsbezogenen und psychologischen Markenverständnisses Ende der 70er-Jahre änderten sich auch die Ansätze der Markenführung.[488] Es fand ein Paradigmenwechsel statt, indem die Markenführung nicht länger aus der Perspektive des Markeneigners, sondern aus Sicht der Verwender angesehen wurde. In diesem Zusammenhang ist insbesondere der **verhaltens- bzw. imageorientierte Ansatz** der Markenführung zu nennen.[489] Dieser Ansatz beruht auf umfangreichen Forschungen zur Bedeutung, der Operationalisierung und den Dimensionen des Markenimages. So beschreibt beispielsweise Keller im Rahmen seines Customer-based Brand Equity Ansatzes die Wirkung einer Marke als *»...the differential effect of brand knowledge on consumer response to the marketing of the brand.«*[490] Die Wissensstruktur einer Marke (Brand Knowledge) setzt sich dabei einerseits aus der (gestützten und ungestützten) Markenbekanntheit, andererseits aus dem **Markenimage** zusammen, das als Konstrukt verschiedener vom Verbraucher gespeicherter Markenassoziationen beschrieben wird (Favourability, Strength, Uniqueness, Attributes, Attitudes).[491]

Auf der Grundlage dieser Operationalisierung des Markenimages entwarf Keller einen imageorientierten Prozessansatz zur Markenführung, der die in Abbildung 4.3 aufge-

---

487 In Anlehnung an Haedrich/Tomczak/Kaetzke 2003, S. 25; Haedrich/Tomczak 1996, S. 32
488 Vgl. Abschnitt 2.2.3
489 Vgl. Berekoven 1978, S. 43ff.; Aaker/Keller 1990, S. 27ff.
490 Keller 1993, S. 8
491 Vgl. Keller 1993, S. 2ff.; Keller 2001, S. 1061ff.

führten vier Prozessmodule und Schlüsselkonzepte umfasst.[492] Auf den ersten Blick scheint der abgebildete Prozess keine fundamentalen Unterschiede gegenüber den in Abschnitt 4.2.1 skizzierten endogenen Markenführungsansätzen aufzuweisen. Bei einer näheren Betrachtung zeigt sich jedoch, dass Kellers Markenführungsansatz (im Gegensatz zu demjenigen von Haedrich, Tomczak und Kaetzke) keine streng synoptische Planungskonzeption verfolgt, sondern eher als iterative Aufzählung der einzelnen im Rahmen der verhaltens- und imageorientierten Markenführung zur Verfügung stehenden Möglichkeiten zu verstehen ist. Alle vier aufgeführten Module zielen dabei ganz klar auf den Aufbau und die zielgerichtete Beeinflussung des Markenimages bei der relevanten Zielgruppe ab und weisen keinen endogenen oder klassisch instrumentellen Charakter auf.

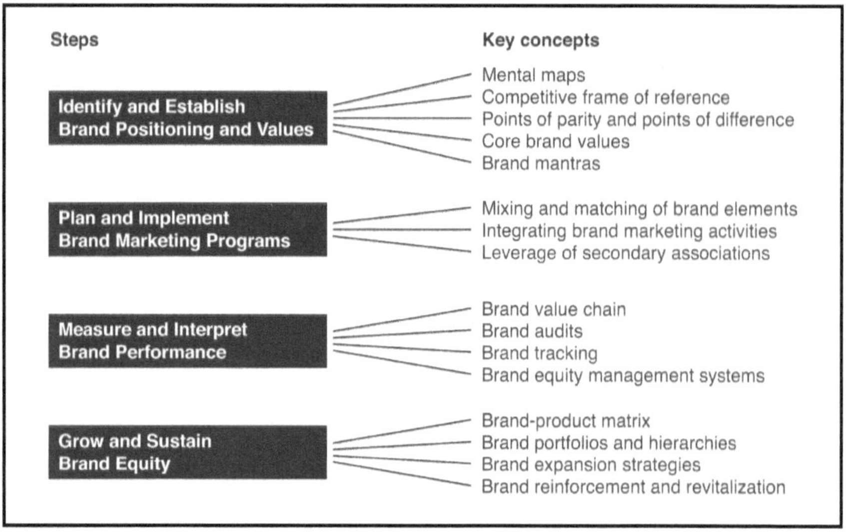

Abb. 4.3: Strategischer Markenführungsprozess nach Keller[493]

Die Relevanz des Markenimages bzw. **kognitiver Nutzenkomponenten** beim Kaufentscheid betont bereits Vershofen in seiner Nutzenlehre.[494] Dabei geht er davon aus, dass die »Marktentnahmen von Gütern« durch den Nachfrager nicht nur vom Grund-, sondern auch vom Zusatznutzen bestimmt wird. Er unterscheidet dabei 10 Nutzenarten, die hierarchisch geordnet sind (Nutzenleiter) und vom stofflich-technischen Grundnutzen bis hin zum phantastisch-magischen Zusatznutzen reichen.[495] Die einzel-

[492] Vgl. Keller 2003, S. 44ff.

[493] Keller 2003, S. 44

[494] Vgl. Vershofen (1959), zitiert in Herrmann/Huber/Braunstein 2001, S. 109

[495] Eine alternative Art der Klassifikation verschiedener Nutzenebenen liefert Levitt, der Produkte und Leistungen in vier Konzeptionsebenen unterteilt: the Generic Product, the Expected Product, the Augmented Product und the Potential Product. Dabei entspricht jede zusätzliche Ebene einem Zusatznutzen für den Konsumenten. Vgl. Levitt 1980, S. 85ff.

nen Nutzenklassen können jedoch nicht überschneidungsfrei definiert werden, weshalb das Modell keine Ableitung konkreter Gestaltungsempfehlungen ermöglicht. Zudem beschreibt die klassische Nutzentheorie lediglich, welche Nutzenarten die Kaufentscheidung beeinflussen, vermag aber nicht zu erklären, weshalb Verbraucher die Realisierung eines gewissen Zusatznutzens anstreben und deshalb zum Teil komplexe, emotionale Beziehungen zu Marken aufbauen.[496]

Einen ersten Ansatz zur Überwindung der aufgezeigten Probleme liefert die von Park, Jaworski und MacInnis vorgeschlagene alternative Nutzenklassifikation.[497] Dabei wird analog zu unterschiedlichen Kaufmotiven zwischen Funktions-, Erfahrungs- und Symbolnutzen unterschieden. Der **Funktionsnutzen** entspricht dem klassischen Grundnutzen, ist eng mit den konkreten Produktattributen verknüpft und befriedigt in aller Regel negativ motivierte Bedürfnisse (Problemlösung oder -umgehung).[498] Der **Erfahrungsnutzen** begründet sich ebenfalls in den konkreten Produktattributen, ist jedoch emotionalerer Natur und bezieht sich meist auf die Verwendungssituation und nur selten auf die konkrete Produktleistung. Dementsprechend eignet sich der Erfahrungsnutzen zur Befriedigung positiv motivierter Bedürfnisse wie z.B. des Wunsches nach intellektueller oder sinnlicher Stimulation. Der **Symbolnutzen** ist am weitesten vom ursprünglichen Produktnutzen entfernt und beruht nicht auf konkreten Produktattributen, sondern ist nahezu vollständig im Image der Marke begründet. Der Symbolnutzen dient der Befriedigung von höheren Bedürfnissen wie z.B. dem Wunsch nach Individualität, Prestige oder Selbstverwirklichung.[499] Dieser alternative Klassifikationsansatz ist insofern von Interesse, als dass er den deutungsoffenen Begriff des Zusatznutzens plausibel unterteilt und die dadurch entstehenden Nutzenarten überschneidungsfrei definiert. Zudem gewährleistet er den geforderten Miteinbezug der Motivforschung und ermöglicht dadurch die Ableitung konkreter Gestaltungsempfehlungen.

Auf der Grundlage derartiger Erkenntnisse werden im Rahmen verhaltens- bzw. imageorientierter Markenführungsansätze Gestaltungsempfehlungen zum Aufbau und zur zielgerichteten Beeinflussung des Markenimages entwickelt, die sich schwerpunktmässig auf die Positionierung und den kommunikativen Auftritt der Marke beziehen.[500] Als Grundlage der imageorientierten Markenführung dient immer ein aussagekräftiges Imagetracking. Wie der im vorherigen Abschnitt beschriebene strategieorientierte Markenführungsansatz fordert auch der verhaltens- bzw. imageorientierte Ansatz der Markenführung eine Gleichstellung von Markenführung und Marketing.[501] Dieser Forderung liegt in diesem Fall die Überzeugung zugrunde, dass grundsätzlich

[496] Vgl. Herrmann/Huber/Braunstein 2001, S. 109

[497] Vgl. Park/Jaworski/MacInnis 1986, S. 136ff.

[498] Zu den unterschiedlichen positiven und negativen Kaufsmotiven vgl. Fennell 1978, S. 40ff.; auch Rossiter/Percy 1998, S. 212ff.

[499] Vgl. auch Maslow 1998, S. 18f.

[500] Vgl. Berekoven 1978, S. 46ff.; Farquhar 1990, S. RC-8ff.; Keller 1993, S. 14ff.; auch Aaker/Keller 1990, S. 38; Aaker 1991, S. 164ff.; Ries/Trout 1986, S. 37ff.

[501] Vgl. Bruhn 2003b, S. 184

jede Marketingmassnahme einer Marke deren Image beeinflusst.[502] Die hauptsächliche Kritik am imageorientierten Ansatz der Markenführung setzt bei der Überbetonung des Markenimages und der damit verbundenen Vernachlässigung der Markenkompetenz an. So münde die imageorientierte Markenführung oft in Defizitausgleichsstrategien, die einerseits nicht mehr glaubwürdig seien und andererseits mittelfristig eine Verwässerung der Marke bewirken würden.[503] Zudem ist der imageorientierte Ansatz mit Integrationsdefiziten behaftet, da er ausschliesslich auf das Fremdbild der Marke fokussiert und dabei die innengerichtete Perspektive vernachlässigt.[504]

4.2.3 Fraktaler Markenführungsansatz

Ausgehend von einem sozialpsychologischen Markenverständnis und als Antwort auf die zunehmende gesellschaftliche Fragmentierung propagierte Gerken Mitte der 90er-Jahre den Ansatz der fraktalen Markenführung. Das Konzept der Fraktale stammt ursprünglich aus der Mathematik und dient der Beschreibung natürlicher Formen wie z.B. Wolken oder Berge. Dabei wird davon ausgegangen, dass Dinge, in unterschiedlichen Massstäben betrachtet, jeweils annähernd identisch aussehen.[505] Gerken definiert Fraktale lediglich in vager Anlehnung an die mathematische Theorie als Selbstähnlichkeit, die sich durch eine homogene Inhomogenität auszeichnet.[506] Seiner Meinung nach sind die klassischen betriebswirtschaftlichen Prinzipien der Markenführung heutzutage überholt, denn sie verdammen die Marke zu *»statischer Prägnanz durch Reduktion und Penetration«*[507] und führen sie dadurch unweigerlich in die Veralterung und Austauschbarkeit. Vielmehr sollten sich Marken der kultursoziologischen Dynamik nicht nur anpassen, sondern sie aktiv mitgestalten.[508]

Im Rahmen der fraktalen Markenführung wird der ruhende, relativ stabile Markenkern durch einen **Mythos** ersetzt, der aufgrund seiner Elastizität die Anforderungen einer schnelllebigen Zeit besser erfüllt. Neben dem Mythos beinhaltet die Marke zudem die Komponenten Kairos und Logos. Unter **Kairos** versteht Gerken die Zeitgeistkomponente der Marke, in der sich unterschiedliche, zum Teil gegensätzliche Strömungen und Trends zusammenfinden. Der **Logos** dagegen umfasst die faktischen Informationen einer Marke und spiegelt das Interesse des Verbrauchers wider, neben den spirituellen und mystischen Komponenten auch sachliche Informationen über die Marke zu erwerben. Aufgabe der Markenführung ist diesem Ansatz zufolge die Generierung dynamischer Markenoberflächen, die aktuelle Trends wiedergeben und sich somit im Fluss des Zeitgeists selbst organisieren. Die Profilierung der Marke ergibt sich dabei

502 Vgl. Biel 1992, S. RC-10
503 Vgl. Esch 2003, S. 22
504 Vgl. Meffert/Burmann 2002c, S. 24; Bruhn 2003b, S. 184
505 Vgl. Paulus 1995, S. 85
506 Vgl. Gerken 1994a, S. 14
507 Gerken 1994b, S. 14
508 Vgl. auch Abschnitt 2.2.4

aus dem steten Wechsel der Kommunikationsthemen und der Markengestalt. Die Zersplitterung der Marke in ihre inhaltlichen Bestandteile ist dabei als Reaktion auf die von Gerken beobachtete Auflösung der Zielgruppen in kleine Szenen zu verstehen.[509]

Die Werbeagentur Scholz & Friends hat Mitte der 90er-Jahre des vorigen Jahrhunderts für die Zigarettenmarke West in Deutschland die erste Kampagne entwickelt, die auf dem fraktalen Markenführungsansatz beruhte.[510] Die Kampagne bestand aus einem Potpourri teils widersprüchlicher Motive, die in ihrer Gesamtheit an die latente Sehnsucht der Rezipienten appellierten, ihre verschiedenen Ichs auszuleben, auch wenn diese nicht immer gesellschaftlich akzeptiert sind. Einzige Konstante in der West-Kampagne war das Markenlogo und der Claim »Test it«. Dieser erste grosse Versuch einer fraktalen Markenführung scheint aber nicht unbedingt erfolgreich verlaufen zu sein. Die Kampagne wurde nach relativ kurzer Zeit wieder durch eine klassische Kommunikationsstrategie abgelöst.

Der Ansatz der fraktalen Markenführung weist fundamentale Unterschiede zu den klassischen Markenführungsansätzen auf und unterliegt aus diesem Grund vielfältiger, meist vernichtender Kritik aus Wissenschaft und Praxis.[511] Insbesondere die von Gerken propagierte Auflösung der Zielgruppe, der klare Verstoss gegen die Kontinuitätsforderung der traditionellen Markenführung und die dem Modell anhaftenden Operationalisierungsdefizite bieten Anlass zur Kritik. Der Ansatz der fraktalen Markenführung kann jedoch als Antithese zur herkömmlichen Markenführung verstanden werden. So liegt sein Verdienst einerseits im Aufbrechen starrer Denkmuster, andererseits in der Betonung soziokultureller, kaum fassbarer Aspekte von Marken, die ihren Mythos letztlich ausmachen.[512] Es ist deshalb anzunehmen, dass in Zukunft Elemente des fraktalen Ansatzes in Form einer Synthese in herkömmliche Markenführungsansätze einfliessen werden.

4.2.4 Identitätsorientierte Markenführungsansätze

Als Antwort auf die Integrationsdefizite der endogenen und exogenen Markenführungsansätze bildete sich Mitte der 90-Jahre der **identitätsorientierte Ansatz** der Markenführung heraus.[513] Diesem Ansatz liegt ebenfalls ein sozialpsychologisches Markenverständnis zugrunde, wobei die Stärke einer Marke in erster Linie auf ihre Identität zurückgeführt wird. Im Unterschied zum Markenimage, der Wahrnehmung der Marke durch den Markt, versteht man unter dem Begriff der Markenidentität das

509 Vgl. Abschnitt 3.2.1
510 Vgl. Herrmann 1999, S. 171f., 92f.
511 Vgl. im Überblick Paulus 1995, S. 80ff.
512 Vgl. Meffert/Burmann 2002c, S. 28; Herrmann 1999, S. 92f.
513 Vgl. Kapferer 1992, S. 39ff.; Upshaw 1995, S. 18ff.; Aaker 1996, S. 67ff.; Meffert/Burmann 2002b, S. 35ff.

Bild, das von einer Marke vermittelt werden soll.[514] Für Aaker und Joachimsthaler repräsentiert die Markenidentität demnach *»(...) what the organization wants the brand to stand for«*.[515] Die Vertreter des identitätsorientierten Markenführungsansatzes gehen davon aus, dass Marken streng genommen lediglich über ihre Identität geführt werden können, und sich alle weiteren Facetten der Marke daraus ergeben.[516]

Die Markenidentität wird je nach Autor leicht unterschiedlich operationalisiert. Kapferer beispielsweise entwickelte zur Erfassung der Markenidentität das so genannte Identitätsprisma, welches die sechs Identitätselemente Beschaffenheit (Erscheinungsbild), Bezug zum Verbraucher (Markenbeziehung), spontane Zuordnung, Persönlichkeit bzw. Charakter, Kultur und Vision (Selbstimage) beinhaltet.[517] Während die ersten drei Elemente die Aussenorientierung bzw. die Externalisierung der Marke kennzeichnen, bilden die letzten drei Elemente die Innenorientierung bzw. Internalisierung der Marke. Von einem leicht abweichenden Ansatz geht Aaker aus, der die Markenidentität in eine Kernidentität und eine erweiterte Identität unterteilt. Die Markenidentität ergibt sich dabei summarisch aus der Betrachtung der Marke als Produkt (Anwendungsbereich, Qualität etc.), als Organisation (z.B. globale oder lokale Marken), als Person (Markenpersönlichkeit und Markenbeziehung) und als Symbol (Corporate Design).[518] Eine annähernd identische Operationalisierung findet sich bei Meffert und Burmann.[519] Sie stützen ihre Ausführungen zur identitätsorientierten Markenführung sowohl auf den ressourcenorientierten als auch auf den marktorientierten Ansatz und gehen davon aus, dass die frühzeitige Identifikation von Kunden-Nutzen-Potenzialen und der Aufbau entsprechender Marketingressourcen in hohem Masse erfolgsentscheidend sind.

Eine auf dem identitätsorientierten Markenverständnis basierende Struktur des Markenführungsprozesses findet sich bei Aaker und Joachimsthaler, die im Rahmen ihres **Global Brand-Planning Process**' vier verschiedene Module zur Markenführung unterscheiden (vgl. Abbildung 4.5).[520] Ähnlich wie Keller (vgl. Abbildung 4.3) verfolgen auch Aaker und Joachimsthaler bei der Markenführung keine streng synoptische Planungslogik, sondern begnügen sich mit einer Aufzählung der im Rahmen der identitätsorientierten Markenführung anstehenden Aufgaben, mit dem Ziel, damit eine über Landesgrenzen hinweg konsistente Markenführung sicherzustellen.

---

514 Der Begriff der Markenidentität ist eng verknüpft mit demjenigen der Corporate Identity, wo es unter anderem um die Bestimmung der Unternehmenswerte geht. Die Corporate Identity entspricht der Unternehmensidentität und repräsentiert, wofür das Unternehmen stehen will.

515 Aaker/Joachimsthaler 2000a, S. 40

516 Vgl. z.B. Burmann 2004, S. 18

517 Vgl. Kapferer 1992, S. 50ff.

518 Vgl. Aaker 1996, S. 78ff.; auch Abschnitt 4.3.1

519 Vgl. Meffert/Burmann 2002b, S. 51ff. Obwohl die beiden Autoren am Anfang ihrer Ausführungen die Bedeutung des ressourcenorientierten Ansatzes für die Markenführung explizit hervorheben, vernachlässigen sie diese Perspektive in ihren folgenden Ausführungen fast gänzlich und beschränken sich grösstenteils auf die bereits im Rahmen des imageorientierten Markenführungsansatzes skizzierten externen Aspekte der Markenführung.

520 Vgl. Aaker/Joachimsthaler 2000a, S. 314ff.

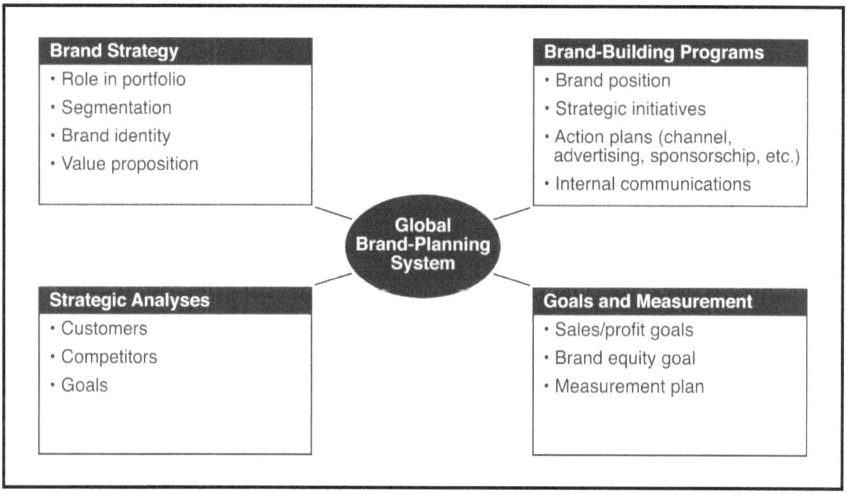

Abb. 4.4: Global Brand Planning Template[521]

Im Mittelpunkt sämtlicher identitätsorientierter Ansätze steht die Beziehung zwischen der Markenidentität als Aussagekonzept und dem Markenimage als Akzeptanzkonzept.[522] Dabei wird unter der Markenidentität das Selbstbild der Marke verstanden, während das Markenimage dem Fremdbild der Marke entspricht. Ziel der Markenführung ist in jedem Fall eine möglichst hohe Übereinstimmung zwischen Markenidentität und Markenimage.[523] Dies ist unabdingbar, weil das Image einer Marke die Entscheidungen des Managements beeinflusst und umgekehrt die Identität einer Marke die Kaufentscheidungen der Verbraucher.[524] Unternehmerische Entscheidungen und Konsumentenentscheidungen sind also unmittelbar aufeinander bezogen und müssen demnach aufeinander abgestimmt werden. Zusammenfassend lässt sich festhalten: Je höher die Übereinstimmung zwischen Markenidentität und Markenimage, desto stärker die Marke.

Der wesentliche Unterschied der identitätsorientierten Ansätze gegenüber den vorherig beschriebenen Markenführungsansätzen liegt in der **integrativen Perspektive**, die sowohl die marktbezogene als auch die innengerichtete Sicht der Marke umfasst.[525] Diese Integration bildet die Grundlage einer über Funktions- und Unternehmensgrenzen hinweg greifenden Vernetzung aller markenbezogenen Aktivitäten und Massnahmen. In diesem Zusammenhang kann identitätsorientierte Markenführung umschrieben werden als die Planung, Steuerung und Kontrolle aller Massnahmen zur Errei-

[521] Aaker/Joachimsthaler 2000a, S. 315
[522] Vgl.auch Kapferer 1992, S. 44ff.
[523] Vgl. Meffert/Burmann 2002b, S. 66f.; Chernatony/Dall'Olmo Riley 1998, S. 421f.
[524] Vgl. Herrmann 1999, S. 44
[525] Zur Bedeutung der innengerichteten Markenpositionierung vgl. Keller 1999, S. 43ff.; Aaker/Joachimsthaler 2000a, S. 13, 87

chung eines gewünschten Images sowohl bei externen als auch bei internen Bezugsgruppen.[526]

Die Ausführungen in diesem Abschnitt haben gezeigt, dass die dem Markenführungsprozess zugrunde gelegte Sicht der Marke in hohem Masse die Art der Markenführung determiniert. Während sich die endogene Markenführung meist auf merkmalbezogene Markenansätze bezieht, gehen sowohl die imageorientierte und die fraktale als auch die identitätorientierte Markenführung von einem sozialpsychologischen oder kommunikationsorientierten Markenansatz aus. Die eingangs geäusserte Forderung nach einem holistischen, in sich geschlossenen Ansatz der Markenführung bleibt nach wie vor unbeantwortet.[527] Trotz der heftig geführten wissenschaftlichen Diskussion über die Zweckmässigkeit der einzelnen Ansätze sei an dieser Stelle noch einmal darauf hingewiesen, dass es sich nicht um trennscharf abgrenzbare, sich ausschliessende Ansätze handelt, sondern – analog zur Wesensbestimmung der Marke – um unterschiedliche Sichtweisen auf denselben Untersuchungsgegenstand.

[526] Vgl. Meffert/Burmann 2002c, S. 30
[527] Vgl. Kenning 2003, S. 109, auch: Belz 1998, S. 41

4.3 Struktur des Markenführungsprozesses

Die Ausführungen im vorherigen Abschnitt haben gezeigt, dass der Markenführungsprozess ungeachtet des ihm zugrunde gelegten Markenführungsansatzes gemeinhin als Sequenz verschiedener Planungsschritte beschrieben wird, jedoch in der einschlägigen Literatur weder hinsichtlich der Anzahl noch der Abgrenzung der einzelnen Phasen Einigkeit besteht. Die Ursachen, weshalb eine trennscharfe Abgrenzung der einzelnen Prozessschritte praktisch unmöglich ist, liegen einerseits im iterativen Charakter des Markenführungsprozesses, andererseits in seiner hohen Dynamik. Vereinfacht kann trotzdem jeder der skizzierten Prozesse in die vier Phasen Analyse, Strategie, Umsetzung und Kontrolle unterteilt werden. Dieser rudimentären Abgrenzung folgend wird im vorliegenden Abschnitt die Struktur des Markenführungsprozesses anhand der vier Phasen Markenidentität und Positionierung (Abschnitt 4.3.1), Markenintegration und Branding (Abschnitt 4.3.2), Implementierung und Realisation (Abschnitt 4.3.3) sowie Markencontrolling (Abschnitt 4.3.4) beschrieben. Um den iterativen und dynamischen Charakter des Markenführungsprozesses zu unterstreichen, sind die einzelnen Phasen in Abbildung 4.5 kreisförmig angeordnet.

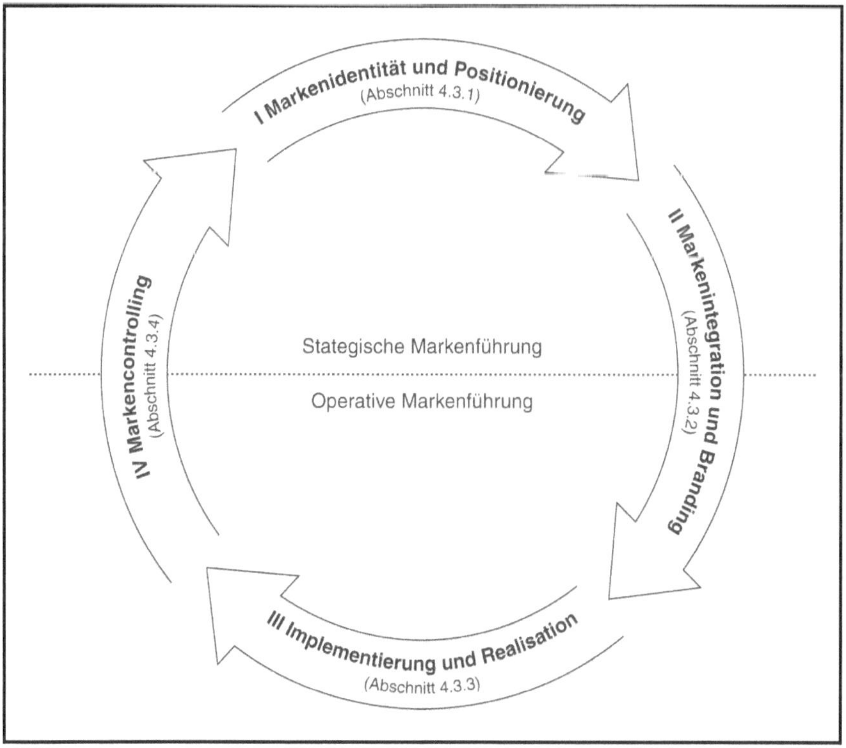

Abb. 4.5: Idealtypische Phasen des Markenführungsprozesses

Wie aus Abbildung 4.5 hervorgeht, kann analog zum Marketing auch bei der Markenführung zwischen einer strategischen und einer operativen Ebene unterschieden werden. Gemeinhin dient dabei der Zeithorizont von Plänen als zentrales Differenzierungsmerkmal, wobei die **strategische Markenführung** langfristig angelegt ist, während die **operative Markenführung** einen kurzfristigen Fokus aufweist.[528] Aber auch operative Entscheide können langfristige Konsequenzen haben (z.B. für das Produktdesign), wohingegen strategische Entscheide umgekehrt nicht selten auf die unmittelbare Zukunft abzielen. Ungeachtet des zeitlichen Kriteriums kann davon ausgegangen werden, dass der Konkretisierungsgrad der Pläne von der strategischen zur operativen Markenführung wächst, während die Freiheitsgrade der Planung abnehmen.

Im Rahmen der Markenführung scheint es zweckmässig, diejenigen Entscheide als strategisch zu bezeichnen, die es erlauben, sich auf eine vielleicht vorhersehbare, aber in jedem Fall unsichere Zukunft einzustellen.[529] So erachtet Wehrli diejenigen Marketingaktivitäten als strategisch, die die kurzfristige Marktsicht um die Dimensionen Konkurrenz und Umwelt erweitern und somit einen wesentlichen Beitrag zur Schaffung langfristiger Wettbewerbsvorteile gegenüber der Konkurrenz leisten.[530] Demnach bilden Entscheide bezüglich der Marktsegmentstrategie, der Markenidentität, der Positionierung und der Markenintegration den strategischen Rahmen der Markenführung, wogegen die Umsetzung und Überprüfung des Marketing-Mix, die allfällige Anpassung der Marketinginfrastruktur und die Allokation des Budgets der Markenführung operativer Natur sind.[531] Vereinfacht ausgedrückt können diejenigen Aktivitäten als strategisch bezeichnet werden, die in Bezug auf die darauf folgenden Massnahmen, die dadurch gebundenen Ressourcen sowie ihren Präzedenzcharakter eine besondere Bedeutung aufweisen.[532]

4.3.1 Markenidentität und Positionierung

Der Aufbau und die Pflege starker Marken, bzw. die langfristige Steigerung des Markenwerts, gelten als übergeordnetes Ziel der Markenführung.[533] Die bisherige Argumentation hat gezeigt, dass der Wert einer Marke in erster Linie davon abhängt, ob es gelingt, eine klare Markenidentität zu schaffen, eine darauf aufbauende, unverwechselbare Positionierung zu besetzen und diese angesichts der sich stetig verändernden Rahmenbedingungen über den Zeitablauf aktuell zu halten. Diese drei Kernaufgaben der strategischen Markenführung bilden die erste Phase des in Abbildung 4.5 gezeigten Markenführungsprozesses und sollen im Folgenden näher beschrieben werden.

[528] Vgl. z.B. Schäffer/Woillauer 2003, S. 87; Jenner 2003a, S. 58. Teilweise werden die strategische und die operative Ebene um eine dazwischen liegende taktische Ebene ergänzt.
[529] Vgl. Haedrich/Tomczak 1996, S. 25 und die dort zitierte Literatur
[530] Vgl. Wehrli 1998, S. 21
[531] Vgl. Kühn/Vifian 2003, S. 54f.
[532] Vgl. Eisenhart/Zbaracki 1992, S. 17
[533] Vgl. Keller 2003, S. 44; Esch/Wicke 2001, S. 46; Sattler 2001, S. 39

Aaker definiert **Markenidentität** als *»a unique set of brand associations that the brand strategist aspires to create or maintain. These associations represent what the brand stands for and imply a promise to customers from the organisation members«.*[534] Gemäss seinem Ansatz ergibt sich die Markenidentität summarisch aus der Betrachtung der Marke als Produkt, als Organisation, als Person und als Symbol:[535]

(1) Die **Produktdimension** umfasst Assoziationen, die sich aus der Produktkategorie, der Konsumsituation oder dem Herkunftsland der Marke ergeben.[536] So wird beispielsweise die Marke McDonald's als amerikanische Fast-Food-Kette wahrgenommen, die Marke Chanel als luxuriöses, französisches Modelabel. Derartige meist unveränderbare Eigenschaften und Assoziationen sind strategische Parameter beim Aufbau einer Markenidentität.

(2) Die **organisationale Dimension** beschreibt diejenigen Markenassoziationen, die sich aus der sozialen Rolle (Arbeitgeber, Umweltorientierung etc.) und der Grösse einer Unternehmung ableiten lassen. So trägt beispielsweise die Tatsache, dass die Schweizerische Mobiliar Versicherung der grösste Steuerzahler der Stadt Bern ist, massgeblich zu ihrem positiven Image in der Hauptstadt bei. Auf vielen Märkten ist ferner davon auszugehen, dass globale Marken eine höhere Anziehungskraft aufweisen als lokale oder regionale Marken.

(3) Unter dem Begriff **Markenpersönlichkeit** werden alle Markenassoziationen zusammengefasst, die sich aus dem Umstand ergeben, dass Marken genauso wie Menschen eine Persönlichkeit besitzen und dementsprechend wahrgenommen werden.[537] Die Markenpersönlichkeit ergibt sich dabei einerseits aus konkreten Marketingmassnahmen (Verpackung, Distribution, Preis, etc.), andererseits aus den Vorstellungen der Verbraucher über den typischen Markenverwender (User-Imagery) oder die in der Werbung verwendeten Persönlichkeiten (Testimonials).[538] Grundsätzlich ist davon auszugehen, dass die Präferenz für eine Marke zunimmt, je stärker sie mit Charakteristika assoziiert wird, die dem idealen Ich des Verbrauchers entsprechen.[539]

(4) Die **symbolische Dimension** der Markenidentität umfasst diejenigen Verbraucherassoziationen, die durch die einzelnen Markenelemente hervorgerufen werden.[540] Die Ausgestaltung der Markenelemente, das so genannte Branding im engeren Sinne, gehört streng genommen nicht zur obersten strategischen Ebene der Markenführung und

---

[534] Aaker 1996, S. 68; ähnlich Aaker/Joachimsthaler 2000a, S. 40

[535] Vgl. Aaker 1996, S. 78ff. Ähnliche Operationalisierungen der Markenidentität finden sich bei Kapferer sowie Meffert und Burmann. Vgl. Kapferer 1992, S. 50ff.; Meffert/Burmann 2002b, S. 51ff.; auch Abschnitt 4.2.4

[536] Zu Assoziationen, die mit dem Herkunftsland verbunden sind, vgl. z.B. Kühn 1992, S. 303ff.

[537] Vgl. z.B. Aaker 1997, S. 347ff.; Plummer 1985, S. 28; Abschnitte 2.2.3 und 4.2.2.

[538] Vgl. Aaker 1996, S. 145f.; Biel 2001, S. 76

[539] Vgl. Sirgy 1982, S. 289.

[540] Vgl. z.B. Aaker 1996, S. 84f.; Esch/Langner 2001, S. 439ff.

wird demnach erst im folgenden Abschnitt zum Thema Markenintegration und Branding näher beschrieben.

Es bleibt anzumerken, dass nicht alle vier Dimensionen der Markenidentität gleich schnell und gleich gut verändert werden können. Während die organisationale und die Produktdimension meist sakrosankte Parameter darstellen und lediglich auf lange Sicht verändert werden können, erscheint eine Anpassung der Markenpersönlichkeit und der symbolischen Dimension der Markenidentität durch geeignete Marketingmassnahmen mittelfristig durchaus möglich und oft auch sinnvoll. Unter anderem aus diesem Grund lässt sich das Konzept der Markenidentität nicht klar von demjenigen der Positionierung einer Marke abgrenzen.[541] Entgegen der Ansicht von Aaker, wonach die Positionierung Teil der Markenidentität ist,[542] wird hier und im Folgenden davon ausgegangen, dass die Bestimmung der Markenidentität ein der Positionierung vorgelagerter Prozessschritt darstellt und letztere determiniert, nicht aber umfasst. Aus prozessualer Sicht werden deshalb die Bestimmung der Markenpersönlichkeit sowie die Ausgestaltung der Markenelemente nicht zur Markenidentität gezählt, sondern aus ihr abgeleitet.

Die erwähnten Abgrenzungsprobleme beruhen nicht zuletzt auch auf dem Umstand, dass der Begriff der **Positionierung**, obwohl er in keinem Lehrbuch fehlt und vielerorts als Kernelement, Kernentscheidung und Grundlage der strategischen Markenführung bezeichnet wird,[543] in der einschlägigen Literatur zweideutig verwendet wird.[544] Einerseits wird aus verhaltenswissenschaftlicher Sicht unter dem Begriff Positionierung die subjektive Wahrnehmung einer Marke durch die Verbraucher bzw. ihre Position in den Köpfen der Konsumenten verstanden.[545] Andererseits bildet die Positionierung aus Sicht der Markenführung die gedankliche Grundlage für die Ausgestaltung der verschiedenen Marketinginstrumente und stellt somit auf die Aktivitäten ab, die durchgeführt werden, um eben diese Wahrnehmung einer Marke gezielt zu beeinflussen.[546] Dieses zweite Begriffsverständnis impliziert, dass die Wahl der Wettbewerbsstrategie sowohl Ausgangspunkt als auch Teil der Positionierung ist.[547] Beide Begriffsinterpretationen hängen eng zusammen und fliessen in die Definition von Keller ein: *»[...] brand positioning is all about creating the optimal location in the minds of existing and potential customers so that they think of the brand in the 'right way'«.*[548]

---

[541] Zur Abgrenzung zwischen Markenidentität, Positionierung und Image vgl. auch Haedrich/ Tomczak/Kaetzke 2003, S. 30f.

[542] Vgl. Aaker 1996, S. 71

[543] Vgl. Jenner 1999b, S. 20; Tomczak/Roosdrop 1996, S. 26; Esch 2001b, S. 233

[544] Vgl. Kühn/Jenner 1998, S. 9; Mühlbacher/Dreher/Gabriel-Ritter 1996, S. 204; Roosdrop 1998, S. 14

[545] Vgl. Kroeber-Riel/Esch 2000, S. 47; Kroeber-Riel/Weinberg 2003, S. 219ff. Diese erste Begriffsinterpretation ist eng mit dem in Abschnitt 2.2.3 beschriebenen Markenimage verknüpft.

[546] Vgl. Kühn/Jenner 1998, S. 19ff.; Mühlbacher/Dreher/Gabriel-Ritter 1996, S. 204

[547] Vgl. Kühn 1996, S. 112ff.; Zum Begriff Wettbewerbsstrategie vgl. Porter 1985, S. 11ff.

[548] Keller 1999, S. 44

Diese Definition deckt sich inhaltlich im Wesentlichen mit dem von Ries und Trout eingeführten und diskutierten Ansatz des **Positioning**, der sich auf die Werbung in hart umkämpften Märkten mit schwach involvierten Verbrauchern bezieht.[549] Die beiden Autoren heben in ihren Ausführungen die notwendige Einzigartigkeit einer Marke hervor und empfehlen, sich angesichts der wachsenden Komplexität und der herrschenden Kommunikationsbedingung bei der Markenführung auf ein einziges, zentrales Positionierungsmerkmal zu konzentrieren und mit diesem die Spitzenposition in den Köpfen der Verbraucher zu erobern.[550] Insbesondere die Besetzung (noch) freier Kommunikations- oder Positionierungsfelder ermöglicht es, trotz Informationsüberlastung die gewünschte Werbebotschaft effektiv und effizient zu kommunizieren.[551] Die von Ries und Trout gemachten Empfehlungen sind heutzutage unbestritten, wenn sie auch in der Praxis nicht immer befolgt werden.

Im Allgemeinen verspricht eine Positionierung dann erfolgreich zu werden, wenn ein relevantes Kundenbedürfnis aufgegriffen wird, das von den Wettbewerbern noch nicht besetzt ist.[552] Hierzu stehen grundsätzlich zwei Möglichkeiten zur Auswahl. Beim klassischen Positionierungsmodell bzw. der **reaktiven Positionierung** werden in einem ersten Schritt sich ausschliessende, kaufrelevante Eigenschaftsdimensionen oder Nutzenmerkmale bestimmt, die den so genannten Positionierungsraum aufspannen. Anschliessend werden einerseits die Idealvorstellungen der Verbraucher, andererseits die subjektiv wahrgenommenen Positionen der verschiedenen sich konkurrenzierenden Marken mittels klassischer Marktforschung abgefragt und im Positionierungsraum eingetragen.[553] Zum Schluss wird nach einer so genannten Positionierungslücke, einem durch die Konkurrenz noch nicht besetzten, aber Erfolg versprechenden Feld ge sucht.

Da es jedoch in den meisten Märkten kaum noch offensichtliche Positionierungslücken gibt und es heutzutage nur mehr selten ausreicht, die Markenführung an bereits bekannten Nutzenmerkmalen auszurichten, sondern stattdessen eine überraschende Abhebung von der Konkurrenz gefragt ist, gewinnt der Ansatz der **proaktiven Positionierung** zunehmend an Bedeutung.[554] Dabei wird versucht, ein latentes, dem Verbraucher bislang lediglich unterbewusst bekanntes, aber dennoch relevantes Bedürfnis z.B. mittels explorativer Marktforschung zu finden und im Anschluss in einzigartiger Weise zu besetzen. Dadurch kann es einer Marke gelingen, den Reference-Frame, den etablierten kognitiven Positionierungsraum, zu verändern.[555] So empfehlen

[549] Vgl. Ries/Trout 1986, S. 17ff.

[550] Zur Komplexität und den herrschenden Kommunikationsbedingungen vgl. Abschnitt 3.2.3. Zur Reduktion von Positionierungseigenschaften auch Esch 2001b, S. 238

[551] Vgl. auch Park/Jaworski/MacInnis 1986, S. 136

[552] Vgl. Kroeber-Riel/Weinberg 2003, S. 221

[553] Vgl. Haedrich/Tomczak/Kaetzke 2003, S. 47ff.; Esch 2001b, S. 236ff.; Kühn/Jenner 1998, S. 38ff.

[554] Vgl. Haedrich/Tomczak/Kaetzke 2003, S. 52ff.; Köhler 2001, S. 56f.; Jenner 1999b, S. 20; Tomczak/Roosdrop 1996, S. 29

[555] Zum Begriff Reference-Frame vgl. Keller 2003, S. 136ff.; Keller/Sternthal/Tybout 2002, S. 82; Herrmann 1999, S. 134ff.

beispielsweise Ries und Trout Marktherausforderern, nicht einfach die bestehenden Marktregeln besser als der Marktführer zu befolgen, sondern stattdessen eine Positionierung bzw. eine Positionierungslücke zu suchen, die die etablierten Spielregeln des Marktes in Frage stellt.[556]

Die beschriebenen Kriterien Relevanz und Differenzierbarkeit sind jedoch in den meisten Fällen lediglich notwendige nicht aber hinreichende Bedingungen einer erfolgreichen Positionierung. Um eine Marke nachhaltig im Markt zu etablieren, bedarf es neben der Besetzung eines relevanten Verbraucherbedürfnisses auch der Fähigkeiten und Glaubwürdigkeit, dieses Bedürfnis besser zu befriedigen als die Konkurrenz. Aus diesem Grund erscheint es sinnvoll, die oben beschriebenen marktorientierten Ansätze (market-based view) im Rahmen der Positionierung durch die interne, ressourcenorientierte Sicht (resource-based view) zu ergänzen.[557] So kann abgeschätzt werden, ob die für eine gewünschte Positionierung notwendigen unternehmensbezogenen Erfolgsvoraussetzungen (z.B. ausreichende Kapazitäten bei einer Preisstrategie oder das für eine emotionale Profilierung unabdingbare Marketing Know-how) gegeben sind. Je nachdem müssen alternative Positionierungen gesucht oder fehlende Ressourcen aufgebaut oder eingekauft werden.[558]

Eine vielversprechende Positionierung und deren effiziente Umsetzung sind allerdings nur kurz- bis mittelfristig ein Erfolgsgarant.[559] Angesicht der sich stetig ändernden Umweltbedingungen ist es entscheidend, Markenpositionierung und -struktur über den Zeitverlauf aktuell zu halten.[560] Diese Aufgabe kann als **Positionierungspflege** bezeichnet werden.[561] Dabei geht es in erster Linie um Entscheidungen über Um- oder Neupositionierungen, Line Extensions in bestehenden Märkten und Markentransfers in neue Märkte.[562] Da bereits in Abschnitt 2.3.4 zu den Rationalisierungsfunktionen von Marken auf das Thema Markentransfer eingegangen wurde, beschränken sich die Ausführungen hier auf die Anpassung der Markenpositionierung.

Wenn eine der drei notwendigen Voraussetzungen einer Erfolg versprechenden Positionierung (Relevanz, Differenzierbarkeit und Glaubwürdigkeit) nicht mehr gegeben ist,

---

[556] Vgl. Ries/Trout 1986, S. 80. Ein Beispiel einer proaktiven Positionierung ist der Sportartikelhersteller Puma, der angestammte Nutzenmerkmale im Sportmarkt ignorierte und seine Marke äusserst erfolgreich als Modelabel positionierte.

[557] Vgl. Haedrich/Tomczak/Kaetzke 2003, S. 54ff.; Tomczak/Roosdrop 1996, S. 29ff.; Kühn 1996, S. 114. Zum Vergleich zwischen dem marktorientierten und dem ressourcenorientierten Ansatz vgl. z.B. Kühn/Grünig 1998, S. 119ff. und die dort zitierte Literatur.

[558] Vgl. Abschnitt 4.3.3

[559] Vgl. Keller/Sternthal/Tybout 2002, S. 83

[560] Vgl. Abschnitt 3.3.1

[561] Vgl. Roosdrop 1998, S. 16f.

[562] Vgl. Homburg/Schäfer 2001, S. 162ff.; Farquhar 1990, S. RC-11; auch Park/Jaworski/MacInnis 1986, S. 138f. Je nach Relevanz und Ubiquität gehört auch das im folgenden Abschnitt beschriebene Co-Branding zur Positionierungspflege.

scheint eine Um- oder Neupositionierung angezeigt.[563] Falls beispielsweise als Folge einer versäumten Entwicklung lediglich eine kleine Differenz zwischen der aktuellen Markenposition und den Idealvorstellungen der Zielgruppe besteht, bietet sich eine **Umpositionierung** der Marke im bestehenden Positionierungsraum an. Grundsätzlich kann dies auf zwei Arten erfolgen; entweder durch eine Anpassung der Positionierung an die Idealvorstellung der Zielgruppe oder durch eine Beeinflussung der Idealvorstellung im Hinblick auf die bestehende Positionierung.[564] In beiden Fällen bleiben die Zielgruppe und ein grosser Teil der ursprünglich zur Positionierung genutzten Markeneigenschaften erhalten. Liegt jedoch aufgrund revolutionärer Veränderungen eine gravierende Abweichung zwischen der Markenposition und den Idealvorstellungen der Zielgruppe vor, scheint ein Relaunch bzw. eine **Neupositionierung** der Marke über bislang mit der Marke noch nicht assoziierte Eigenschaften angebracht.[565] Demnach ist eine Umpositionierung stets reaktiver Natur, wohingegen eine Neupositionierung einen proaktiven Charakter aufweist.

Vor dem Hintergrund der zunehmenden Marktdynamik wird das Konzept der Positionierung vereinzelt in Frage gestellt.[566] Diese Kritik scheint allerdings unangebracht, hat doch die bisherige Argumentation gezeigt, dass in hochdynamischen Märkten diejenigen Unternehmen erfolgreich sind, denen es gelingt, ihre Marke **dynamisch zu positionieren** bzw. den Balanceakt zwischen einer starren Markenpositionierung und permanenten, konzeptionslosen Um- und Neupositionierungen (Markenaktionismus) zu meistern.[567] Dies wird gemeinhin erreicht, indem die Marke einerseits eine klare, kontinuierliche Botschaft verkörpert, andererseits in ihrem in den folgenden Abschnitten beschriebenen Auftritt einen hohen Facettenreichtum bietet.

4.3.2 Markenintegration und Branding

Während in der ersten Phase des Markenführungsprozesses die Festlegung einer Soll-Identität und einer Soll-Positionierung im Mittelpunkt standen, geht es in diesem Abschnitt schwerpunktmässig darum, geeignete Mittel zur effektiven und effizienten Erreichung dieser Ziele zu wählen. Zwei Aufgaben stehen dabei im Vordergrund: Einerseits die Bestimmung und Ausgestaltung der relevanten Marketinginstrumente, die so genannte Markenintegration, andererseits die Festlegung der einzelnen Markenelemente, das so genannte Branding.[568] Diese beiden Kernaufgaben bilden die zweite

[563] Vgl. Aaker 1991, S. 251ff. Zur Abgrenzung zwischen Um- und Neupositionierung vgl. Esch 2001b, S. 245ff.; Haedrich/Tomczak/Kaetzke 2003, S. 61ff.; Homburg/Schäfer 2001, S. 162ff.

[564] Vgl. Kroeber-Riel/Weinberg 2003, S. 219

[565] Zur Unterscheidung zwischen evolutionärer und revolutionärer Positionierungspflege vgl. Roosdrop 1998, S. 78ff.; auch Jenner 1999c, S. 150

[566] Vgl. Gerken 1994a, S. 203ff.

[567] Vgl. Tomczak/Roosdrop 1996, S. 33; Abschnitt 3.3.1

[568] Vgl. Keller 1993, S. 9

Phase des in Abbildung 4.5 gezeigten Markenführungsprozesses und sollen im Folgenden näher betrachtet werden.

Im Rahmen der **Markenintegration** geht es um die integrierte Planung des Marketing-Mix im Sinne der vorgegebenen Markenidentität und Positionierung.[569] So sind beispielsweise das breite Sortiment von Nivea, das Design von Bang & Olufsen, der hohe Preis von Rolex, die direkte Distribution bei Tchibo oder die Werbekampagne für Absolut Vodka unabdingbare, mehr oder weniger direkt aus der Positionierung abgeleitete Bestandteile der jeweiligen Marke. Im Rahmen der Produktpolitik stehen Entscheidungen bezüglich der Produktqualität, des Produktdesigns sowie der Tiefe und Breite des Sortiments im Vordergrund. Beim Pricing gilt es, die Balance zwischen der wahrgenommenen Produktqualität, den Kosten des Produkts und seinem Preis zu finden, so dass eine positive Alleinstellung in der Preis-Leistungs-Relation der Produktgattung erzielt wird (Value Pricing). Die distributionspolitischen Entscheidungen (Marktbearbeitungsstrategie) umfassen in erster Linie die Wahl des Absatzweges und die Selektion der Absatzmittler. Im Rahmen der Kommunikationspolitik wird durch Wahl und Gestaltung der verschiedenen Kommunikationsinstrumente das äussere Leistungsprofil der Marke geformt.

Aufgrund der herrschenden Informationsüberlastung und der Wirkungszusammenhänge zwischen verschiedenen Marketinginstrumenten steht bei der Markenintegration weniger die detaillierte Ausgestaltung der einzelnen Massnahmen als vielmehr die Konsistenz des gesamten Marketing-Mix im Mittelpunkt des Interesses.[570] Die eingesetzten Instrumente dürfen sich keinesfalls konkurrenzieren, sondern müssen ganzheitlich aufeinander abgestimmt werden, um sich gegenseitig zu unterstützen (integriertes Marketing). Sie sind einzig und alleine an der Positionierung der Marke auszurichten, da nur so eine prägnante und widerspruchsfreie Markenpersönlichkeit entstehen kann. Grundsätzlich ist davon auszugehen, dass beim Marketing-Mix das Ganze mehr ergeben sollte als die Summe seiner Teile, weshalb ein konsistenter Marketing-Mix relativ grosse positive Synergien entfalten kann.[571]

Um diese Synergien zu nutzen und das Problem der Simultanbehandlung einer Vielzahl von möglichen Marketingmassnahmen zu entschärfen, entwickelte Kühn das **Dominanz-Standard-Modell**, in dem marktspezifisch und situativ (Segment, Zeitablauf) dominante, komplementäre, marginale und Standard-Marketinginstrumente unterschieden werden.[572] Sowohl dominante als auch Standard-Instrumente weisen eine hohe Absatzbedeutung auf. Erstere sind zusätzlich durch einen grossen Gestaltungs-

[569] Zum Begriff Markenintegration vgl. Meffert/Burmann 2002a, S. 82. Zum Begriff integrierte Planung vgl. Jenner 2003a, S. 61. Zum Marketing-Mix und den bei seiner Gestaltung zu fällenden Entscheiden vgl. z.B. Kühn/Vifian 2003, S. 11ff.; Keller 2003, S. 237ff.; Kotler/Bliemel 1995, S. 667ff.; Meffert 1998, S. 317ff.

[570] Vgl. z.B. Haedrich/Tomczak/Kaetzke 2003, S. 76; Jenner 1999b, S. 21. Zu den Wirkungszusammenhängen und Interdependenzen im Marketing-Mix vgl. z.B. Steinmann 1987, S. 47ff.

[571] Vgl. Kühn/Jenner 1998, S. 49ff.

[572] Vgl. Kühn/Vifian 2003, S. 45ff.; Steinmann 1987, S. 73ff.

spielraum gekennzeichnet, letztere dagegen einem durch die Marktsituation vorgegebenen Standard anzupassen (z.B. Verpackung bei Zigaretten). Komplementäre Instrumente dienen in erster Linie der Stützung der Wirkung der dominanten Instrumente, während marginale Instrumente in einer bestimmten Situation annähernd bedeutungslos sind. Bei der Anwendung des Dominanz-Standard-Modells werden die zur Verfügung stehenden Marketinginstrumente in die vier Kategorien eingeteilt und anschliessend die dominanten und später die komplementären Instrumente konkretisiert. Die Standardinstrumente bedürfen keiner grossen Gestaltungsentscheidungen, da hier verbindliche Marktstandards keinen eigentlichen Gestaltungsspielraum offen lassen. Die sukzessive Ausgestaltung der zum Einsatz gelangenden Instrumente reduziert die wahrgenommene Komplexität der Markenintegration und stellt die Konsistenz des gesamten Marketing-Mix sicher.

Ausgehend von ähnlichen Überlegungen formulierten Haedrich und Tomczak den Ansatz **instrumenteller Strategiemodelle** zur wirkungsbezogenen Gewichtung der Marketinginstrumente.[573] Wie Kühn gehen sie davon aus, dass die Ausgestaltung spezifischer Marketinginstrumente sowohl die Auswahl als auch den Gestaltungsfreiraum anderer Instrumente determiniert. In diesem Sinne definieren instrumentelle Strategiemodelle Schwerpunkt- oder Leitinstrumente und legen Richtlinien für deren quantitativen und qualitativen Einsatz fest. Dabei wird das Ziel verfolgt, durch eine weitere Planungsebene die Anzahl Möglichkeiten zur Erreichung der gesetzten Positionierungsziele zu verringern. Beispiele instrumenteller Strategiemodelle sind das Premium-Marken-Modell (z.B. Prada), das Design-Modell (z.B. Bang & Olufsen), das Innovations-Modell (z.B. Sony) oder das Discount-Modell (z.B. Denner). Die grundlegende Problematik instrumenteller Strategiemodelle liegt in ihrer fehlenden Abgrenzbarkeit zur Positionierung. Meist ergeben sich die Leitinstrumente und ihre Ausgestaltung direkt aus der Positionierung, weshalb instrumentelle Strategiemodelle die wahrgenommene Komplexität oft nur scheinbar reduzieren.

Ungeachtet des gewählten Vorgehens steht nach der Festlegung der zur Erreichung der Positionierungsziele geeigneten Instrumente die schwierige Frage nach deren Ausgestaltung im Mittelpunkt des Interesses. Die Beantwortung dieser Frage stellt in vielen Fällen eine ebenso grosse Herausforderung dar wie das Finden einer Erfolg versprechenden Positionierung selbst. In der Regel kommt der Konzeption der kommunikativen Massnahmen angesichts ihres tendenziell grossen Gestaltungsspielraums sowie ihrer Hebelwirkung eine herausragende Bedeutung zu.[574] Dabei ist insbesondere die Integration aller eingesetzten Kommunikationsmassnahmen bzw. ihre inhaltliche, formale, örtliche und zeitliche Abstimmung von grosser Wichtigkeit (integrierte Kommunikation).[575] In diesem Zusammenhang spielt die konsistente und verbindliche Gestaltung der eingesetzten Markenelemente, das Branding, eine entscheidende Rolle.

---

[573] Vgl. Haedrich/Tomczak 1996, S. 145ff.; auch Tomczak/Roosdrop 1996, S. 38ff.

[574] Vgl. Meffert/Burmann 2002a, S. 82; Abschnitt 3.3.2. Die klassische Werbung steht dabei nach wie vor an der Spitze der Bedeutungsskala. Vgl. Esch 2001a, S. 615

[575] Vgl. Abschnitt 3.2.3

Der englische Begriff **Branding** bezeichnet streng genommen den Akt der Kennzeichnung und kann mit dem Wort Markierung übersetzt werden. Der Zweck des Brandings liegt in der Individualisierung eines Objekt, um es von anderen Objekten unterscheiden zu können.[576] Ausgehend von dieser offenen Definition wird der Begriff Branding in der einschlägigen Literatur uneinheitlich verwendet.[577] Während einige Branding sehr eng verstehen und mit der Namensfindung und -gebung gleichsetzen, subsumieren andere unter dem Begriff die gesamte Gestaltung des Marketing-Mix. Die erste Begriffsinterpretation ist zu eng, da heute zur erfolgreichen Markierung ein guter Markenname alleine nicht mehr ausreicht. Die zweite Begriffsinterpretation ist zu weit und deckt sich eher mit dem hier verwendeten Ausdruck der Markenintegration. Im Folgenden wird deshalb ein Mittelweg eingeschlagen und zwischen Branding im engeren und weiteren Sinne unterschieden.[578]

Das **Branding im engern Sinne** bezeichnet die eigentliche Markierung bzw. die Gestaltung der einzusetzenden Markenelemente.[579] Darunter fallen unter anderem der Markenname (z.B. 20 Minuten für eine Pendlerzeitung), Farben (z.B. Postgelb), Markensymbole und Logos (z.B. Swoosh von Nike), Claims (z.B. »Think different« für Apple) oder Metaphern (z.B. Weisser Reise für ein Waschmittel). Durch eine aufeinander und auf die Positionierung abgestimmte Gestaltung der Elemente soll eine Markierung entwickelt werden, die einerseits positionierungsrelevante Assoziationen vermittelt, andererseits eine hohe Diskriminationsfähigkeit und Prägnanz aufweist, so dass sich die Marke hinreichend von der Konkurrenz abhebt und zudem gut und schnell erkennbar ist. Die alleinige Markierung einer Leistung macht aber noch keine Marke. Zum Erreichen des Markenstatus' bedarf es zusätzlich einer gewissen Bekanntheit und eines Markenimages.[580] Ziel ist demnach, die Marke bekannt zu machen und gleichzeitig die eingesetzten Markenelemente mit einer möglichst relevanten und differenzierenden Bedeutung aufzuladen. Dies wird in aller Regel durch den Einsatz verschiedener Kommunikationsinstrumente erreicht, weshalb die Markenkommunikation auch als **Branding im weiteren Sinne** verstanden werden kann.

Eine in letzter Zeit sehr populäre Untervariante des Brandings stellt das so genannte **Co-Branding** dar, wobei der Auftritt der eigenen Marke kurz- oder langfristig durch eine oder mehrere zusätzliche Marke(n) ergänzt wird.[581] Co-Branding Projekte treten in verschiedenen Formen auf: Produktkombinationen (z.B. Bacardi-Cola), Doppelmarken (z.B. Sony Ericsson), Ingredient Branding (Intel inside), Joint Promotions (z.B. McDonald's und Disney) oder Kompetenzabsender (z.B. Bluewin by Swisscom

---

[576] Vgl. Abschnitt 2.2

[577] Vgl. Esch/Langner 2001, S. 441 und die dort zitierte Literatur

[578] Vgl. Esch/Langner 2001, S. 442; Aebi 2005, S. 106ff.; Abschnitt 5.4.2

[579] Zur Gestaltung der einzelnen Markenelementen vgl. z.B. Keller 2003, S. 174ff.; Haedrich/ Tomczak/Kaetzke 2003, S. 39ff.; Aaker 1996, S. 84f.

[580] Vgl. Adjouri 2002, S. 112ff.; Bruhn 2002, S. 10ff.; Abschnitt 2.2

[581] Zum Thema Co-Branding vgl. z.B. Simonin/Ruth 1998, S. 30ff.; Keller 2003, S. 360ff.; Aaker 1996, S. 298ff.; Haedrich/Tomczak/Kaetzke 2003, S. 134ff. Die Begriffe Joint Branding oder Markenallianz beschreiben grundsätzlich dasselbe Phänomen.

fixnet). In allen Fällen erhoffen sich die Kooperationspartner durch den gleichzeitigen Auftritt mehrerer Marken die Realisierung von Synergie- und Spillovereffekten wie z.B. einen Imagetransfer, geringere Kosten oder die Erschliessung einer neuen Zielgruppe. Gleichzeitig sind mit Co-Branding-Projekten aber auch bestimmte Schwierigkeiten verbunden, die sich vor allem daraus ergeben, dass ein externer Partner involviert ist. So entsteht meist ein erhöhter Koordinationsaufwand, bestehen wenige bis keine Kontrollmöglichkeiten der Aktivitäten des Kooperationspartners und unter Umständen werden zusätzliche Kosten für die Nutzung fremder Marken generiert. Unter diesen Gesichtspunkten machen Co-Branding Projekte nur dann Sinn, wenn es teurer oder unmöglich wäre, eine eigene, neue Marke aufzubauen.

4.3.3 Implementierung und Realisation

Ziel der dritten Phase des in Abbildung 4.5 beschriebenen idealtypischen Markenführungsprozesses ist die Umsetzung der Markenintegration und des Brandings in konkrete Aktivitäten. Derartige Aspekte werden in der einschlägigen Marketingliteratur lediglich stiefmütterlich behandelt oder ganz vernachlässigt.[582] Dies obwohl die Implementierungsphase insofern von entscheidender Bedeutung ist, als dass auch die Erfolg versprechendste Positionierung am Ende lediglich so gut ist wie ihre Umsetzung.[583] Defizite bei der Implementierung lassen die besten Strategien und Konzepte zu Papiertigern verkommen. Vor diesem Hintergrund kann die Implementierung im Rahmen der Markenführung als Erfolgsfaktor bezeichnet werden.

Nicht selten ist in der betriebswirtschaftlichen Praxis zu beobachten, dass operative Pläne sich verselbständigen und keinen eigentlichen Strategiebezug mehr erkennen lassen. Beispielsweise ist bei manchen Werbekampagnen der Zusammenhang zwischen Werbebotschaft und Positionierung der Marke nur mehr vage erkennbar. Dieses Phänomen wird in der einschlägigen Literatur gemeinhin als **Implementierungslücke** (auch: Implementationslücke) bezeichnet.[584] Die möglichen Gründe für eine Lücke zwischen Konzept- und Realisationsebene sind vielfältig. Zum einen ist es angesichts der in vielen Unternehmen grassierenden Kurzfristorientierung praktisch unmöglich, die betrieblichen Aktivitäten an langfristigen Strategien auszurichten.[585] Stattdessen wird in der Implementierungsphase vielerorts mehr oder weniger konzeptlos und primär schnell auf aktuelle Trends und Entwicklungen reagiert.

Erschwert wird die Umsetzung von Markenstrategien zudem durch die Tatsache, dass je nach Marketinginstrument unterschiedliche organisatorische Einheiten und teilweise auch externe (z.B. Werbeagenturen) zuständig sind.[586] Da diese meist eine leicht ande-

[582] Vgl. Miller/Wilson/Hickson 2004, S. 203; Jenner 2003a, S. 157
[583] Vgl. Aaker/Joachimsthaler 2000b, S. 65f.
[584] Vgl. Miller/Wilson/Hickson 2004, S. 203; Esch 2001b, S. 249
[585] Vgl. Abschnitt 3.2.4
[586] Vgl. auch Kotler/Bliemel 1995, S. 1144f.

re Sicht als das Management aufweisen und zum Teil abweichende Interessen verfolgen, ist der Koordinationsaufwand beträchtlich. Grundsätzlich kann davon ausgegangen werden, dass bei einer stark zentralisierten Planung der Koordinationsaufwand im Rahmen der Implementierung relativ gering ist, wohingegen es grosser Anstrengungen bedarf, um das für eine erfolgreiche Implementierung notwendige Engagement auf Seiten der Mitarbeiter zu initiieren.[587] Bei einer dezentralen Planung dürfte es genau umgekehrt sein, da hier die Mitarbeiter eine bestimmte Strategie nicht als aufoktroyiert, sondern als ihre eigene empfinden. Vor diesem Hintergrund sollte ein frühzeitiger Einbezug der für die Umsetzung verantwortlichen Stellen und Externen in die Konzeptphase die angesprochene Implementierungslücke verringern.

Im Rahmen einer empirischen Studie konnten Miller, Wilson und Hickson nachweisen, dass insbesondere die in einer Unternehmung vorhandenen Erfahrungen sowie die Bereitschaft zum Wandel (Unternehmenskultur) bei der Umsetzung von Strategien erfolgsentscheidend sind.[588] Deshalb gehören neben der konkreten Umsetzung der Strategie auch allfällige Anpassungen der **Marketingorganisation** sowie insbesondere der Aufbau der für die Erreichung und Verteidigung der Positionierung erforderlichen personellen **Ressourcen und Fähigkeiten** zur Implementierungsphase.[589] In diesem Zusammenhang kommt der Fähigkeit zum organisationalen Lernen eine herausragende Bedeutung zu.[590] Ferner gehören auch Bestimmung und Bereitstellung des erforderlichen **Budgets** zur Implementierungs- und Umsetzungsphase.[591] Dabei sind die erwarteten Erträge und Kosten der Marketingmassnahmen zu prognostizieren, um auf dieser Basis eine Allokation des Budgets vorzunehmen. Da derartige Ertrags- und Kostenschätzungen naturgemäss mit Unsicherheiten behaftet sind, erscheint es sinnvoll, gleichzeitig zur Budgetierung die zentralen wirtschaftlichen Zielvorgaben je Marketingmassnahme zu definieren, um so über eine Grundlage für das im folgenden Abschnitt beschriebene Markencontrolling zu verfügen.

---

[587] Zu unterschiedlichen Planungsstilen vgl. z.B. Hart 1992, S. 333ff.; Abschnitt 4.4

[588] Vgl. Miller/Wilson/Hickson 2004, S. 206f.

[589] Vgl. Jenner 2003a, S. 160ff.; Abschnitt 4.3.2. Kühn und Vifian bezeichnen derartige Anpassungen als Änderungen der Marketinginfrastruktur, wobei sie unter dem Begriff die Marketingorganisation, personelle Ressourcen, Marketing-Führungsinstrumente und das Marketinginformationssystem subsumieren. Vgl. Kühn/Vifian 2003, S. 80f.

[590] Vgl. Abschnitt 4.4.4

[591] Vgl. Kühn/Vifian 2003, S. 81f.; Jenner 2003a, S. 165ff.

4.3.4 Markencontrolling

Bezeichnet man Markenführung analog zum Marketing als Führung des Unternehmens vom Markt her und das Controlling als ergebnisorientierte Führungskonzeption, so besteht die Hauptaufgabe des Markencontrollings in der Zusammenführung dieser beiden Perspektiven. Gemeinhin wird in der einschlägigen Literatur zwischen strategischem und operativem Controlling unterschieden.[592] Während beim strategischen Controlling die Frage interessiert, ob der eingeschlagene Kurs richtig ist (are we doing the right things?), steht im Rahmen des operativen Controllings die Überprüfung der Wirksamkeit der ergriffenen Aktivitäten hinsichtlich der gesetzten Ziele im Mittelpunkt (are we doing the things right?). Schreyögg und Steinmann unterscheiden im Rahmen des strategischen Controllings weiter zwischen der Prämissenkontrolle, der Durchführungskontrolle und der strategischen Überwachung.[593] Diese vier Aufgaben sowie ihre sinnvolle Integration in ein ganzheitliches Markencontrolling bilden die vierte und letzte Phase des in Abbildung 4.5 gezeigten Markenführungsprozesses und sollen im Folgenden näher beschrieben werden.

Bei der **Prämissenkontrolle** geht es darum, die der Markenstrategie zu Grunde gelegten Annahmen oder eben Prämissen kontinuierlich zu überprüfen.[594] Somit entspricht die Prämissenkontrolle in etwa dem, was in der Literatur gemeinhin als Analyse(phase) bezeichnet wird.[595] Es gilt, die in Abschnitt 3.2 beschriebenen Veränderungen der Rahmenbedingungen systematisch und kontinuierlich zu analysieren, um die von ihnen ausgehenden Einflüsse auf die eigene Marke zu ermitteln. Vor dem Hintergrund der in Abschnitt 4.3.1 hergeleiteten Voraussetzungen an eine Erfolg versprechende Positionierung (Relevanz, Differenzierung und Glaubwürdigkeit) interessieren im Rahmen der Prämissenkontrolle insbesondere Veränderungen im Konsumentenverhalten, im Wettbewerbsumfeld und im eigenen Unternehmen sowie eine allfällige sich daraus ergebende Verschiebung der marktspezifischen Erfolgsfaktoren. Hierzu bieten sich Segmentierungsstudien und Wettbewerbsanalysen sowie eine marketingorientierte Analyse der unternehmensinternen Stärken und Schwächen an. Da angesichts der stetig zunehmenden Umweltdynamik eine ursprünglich Erfolg versprechende Positionierung plötzlich drastisch an Attraktivität verlieren kann, ist eine systematische Kontrolle der der Markenführung zugrunde gelegten Prämissen in den meisten Fällen unumgehbar.

Im Gegensatz zur Prämissenkontrolle fokussiert die **Durchführungskontrolle** auf Informationen, die sich im Anschluss an die Implementierung und Realisation ergeben, und zielt auf eine möglichst zeitnahe Identifikation von Abweichungen gegenüber den

[592] Vgl. z.B. Jenner 2003a, S. 182; Hammann 2001, S. 283; Meffert 1998, S. 1047
[593] Vgl. Schreyögg/Steinmann 1985, S. 401ff.
[594] Vgl, Schreyögg/Steinmann 1985, S. 401f.
[595] Zum Thema Marketinganalyse vgl. z.B. Kühn/Vifian 2003, S. 25ff.

Planvorgaben.[596] Insbesondere Gap-Analysen und klassische Soll-Ist-Vergleiche sind dazu geeignet.[597] Erachtet man den Markenwert als zentrale Orientierungsgrösse und seine Steigerung als Ziel der Markenführung, so bedarf es einer Durchführungskontrolle, die die Entwicklung der Markenstärke (z.B. Markenbekanntheit, Markenimage, Markenpersönlichkeit) über den Zeitablauf zum Ausdruck bringt.[598] Die Durchführungskontrolle muss aufzeigen, ob und inwieweit die durchgeführten Marketingaktivitäten zur Stärkung der Marke beigetragen haben. Auf dieser Grundlage können anschliessend allfällige Um- und Neupositionierungen sowie Neuallokationen des zur Verfügung stehenden Budgets vorgenommen werden.[599] Eine umfassende, kontinuierliche Durchführungskontrolle im beschriebenen Sinne ist insofern notwendig, als dass sich die Rentabilität der Investitionen in die Marke erst mittel- bis langfristig zeigt, weshalb ihre Wirkungen nicht ohne weiteres aus der bestehenden Buchhaltung eines Unternehmens hervorgehen.[600]

Die **strategische Überwachung** stellt das dritte Standbein der strategischen Kontrolle dar und ist im Vergleich zur Prämissen- und Durchführungskontrolle langfristiger orientiert und ungerichtet.[601] Dies ist insofern beabsichtigt, als dass die strategischen Überwachung als Auffangnetz dienen und somit das Selektionsrisiko der Planung kompensieren soll. Die primäre Aufgabe der strategischen Überwachung liegt denn auch in der Absicherung des geplanten Vorgehens gegenüber relevanten Diskontinuitäten in der Unternehmensumwelt. Dazu wird versucht, im Rahmen der **strategischen Frühwarnung** schwache Signale oder Veränderungen frühzeitig zu erkennen, auszuwerten und ihre möglichen Folgen für die Marke abzuschätzen (Szenariotechnik).[602]

In Zusammenhang mit dem strategischen Markencontrolling wird auch die Durchführung von Marketing- oder **Marken-Audits** in Betracht gezogen.[603] Ein Marken-Audit weist in aller Regel keinen direkten Zusammenhang zur Planung und Durchführung der Markenstrategie auf, sondern zielt allgemein auf eine umfassende und systematische Überprüfung aller im Rahmen der Markenführung eingesetzten Marketinginstrumente.[604] Dabei geht es schwerpunktmässig um eine Analyse allfälliger Diskrepanzen zwischen den Fähigkeiten und Ressourcen des Unternehmens und den Erfordernissen

---

[596] Vgl. Schreyögg/Steinmann 1985, S. 402f. Wie das operative Markencontrolling ist die Durchführungskontrolle von ihrem Charakter her eine Feedback-Kontrolle, wird jedoch zu strategischen Steuerungszwecken (Feedforward) genutzt.

[597] Vgl. Meffert/Koers 2002, S. 408; Jenner 2003a, S. 184f.

[598] Vgl. Keller 1993, S. 15. Zur Berechnung der Markenstärke und des Markenwerts vgl. Abschnitt 2.4. Zur Markenbewertung als Controllinginstrument vgl. Bekmeier-Feuerhahn 1998, S. 158ff.; Hammann 2001, S. 291

[599] Vgl. z.B. Yoo/Donthu/Lee 2000, S. 196ff.

[600] Vgl. Simon/Sullivan 1993, S. 28ff.

[601] Vgl. Schreyögg/Steinmann 1985, S. 403ff.

[602] Vgl. Kühn/Fasnacht 1997, S. 22ff.; Köhler/Böhler 1984, S. 94ff.; Ansoff 1976, S. 129ff.; Abschnitt 3.3. Zum Thema Szenariotechniken vgl. Abschnitt 4.4.4

[603] Vgl. Jenner 2005, S. 197ff.

[604] Vgl. Hammann 2001, S. 286; Köhler 1998, S. 12f.

des Marktes sowie zwischen der Selbstwahrnehmung der Marke und der Fremdwahrnehmung durch die Verbraucher.

Im Gegensatz zum strategischen Markencontrolling, das grösstenteils durch eine Feedforward-Orientierung gekennzeichnet ist, stellt das **operative Markencontrolling** (mit Ausnahme von Pre-Tests) eine klassische Feedback-Kontrolle dar. Einerseits fallen unter das operative Markencontrolling die Überprüfung der Wirkung einzelner Marketinginstrumente, andererseits die Analyse der Effizienz des gesamten Marketing-Mix.[605] Klassische Instrumente oder Massnahmen des operativen Marken- oder Marketingcontrollings sind beispielsweise Haushalts- und Detailhandelspanels, Testmärkte, Copy-Tests, Kundenzufriedenheitsmessungen, Messungen der Werbeerinnerung, Preissensibilitätsmessungen, Überprüfung der Absatzkanäle etc.[606] Eines der Hauptprobleme im Rahmen der instrumentenbezogenen Kontrolle stellt die Überprüfung der ökonomischen Werbewirkung dar, da zeitliche und sachliche Interdependenzen die Ex-post-Messung des Erfolgs der Werbung meist verunmöglichen.

Die bisherigen Ausführungen in diesem Abschnitt haben gezeigt, dass in der betriebswirtschaftlichen Praxis eine Vielzahl unabhängiger Kontrollinstrumente zum Einsatz kommt. Dies widerspiegelt sich auch in vielen in der einschlägigen Literatur diskutierten Controlling-Ansätzen, die mehrheitlich Insellösungen darstellen.[607] Für den Nutzen des Markencontrollings ist es jedoch entscheidend, dass sich die an unterschiedlicher Stelle erhobenen Daten zu einem kohärenten System ergänzen, da nur so eine Verknüpfung von strategischem und operativem Markencontrolling sichergestellt werden kann. Ein integrierter Controllingansatz, der in Theorie und Praxis grossen Anklang gefunden hat, ist die von Kaplan und Norten entwickelte **Balanced Scorecard**.[608] Die Balanced Scorecard beruht auf vier miteinander verketteten Perspektiven (Kundenperspektive, Finanzperspektive, Prozessperspektive und Potenzialperspektive), verknüpft kurzfristige monetäre Grössen mit vorgelagerten nicht-monetären Erfolgsfaktoren und berücksichtigt so die Wünsche der wichtigsten Stakeholder. Konkret werden ausgehend von der gewählten Strategie pro Perspektive Zielgrössen festgelegt, geeignete Kennzahlen definiert und diese anschliessend gemessen. Meffert und Koers übertrugen die ursprünglich auf Unternehmensebene angesiedelte Balanced Scorecard auf die Bedürfnisse des Marketingcontrollings, indem sie mit der internen, der marktlichen und der Ergebnissicht drei neue Perspektiven wählten und den Markenwert als zentrale Kennzahl definierten.[609]

---

605 Vgl. Jenner 2003a, S. 187ff.; Meffert 1998, S. 1050ff.

606 Zu den einzelnen Instrumenten vgl. z.B. Schnell/Hill/Esser 1993, S. 325ff.; Kühn/Fankhauser 1996, S. 25ff.

607 Vgl. Meffert/Koers 2002, S. 404 und die dort zitierte Literatur

608 Vgl. Kaplan/Norton 1992, S. 71ff.; Kaplan/Norton 1996, S. 53ff.

609 Vgl. Meffert/Koers 2002, S. 415ff. Zur Notwendigkeit der Integration des Markenwerts in die Balanced Scorecard vgl. auch Huber/Herrmann/Peter 2003, S. 353.

Unter den sich bei jeder Gelegenheit als kreativ bezeichnenden Marketingfachleuten wird das Controlling oft belächelt und seine Vertreter werden als realitätsfremde Zahlenmenschen betitelt. Eine derartige Einstellung ist nicht nur selbstherrlich, sondern in den meisten Fällen auch nicht zweckdienlich. Ein umfassendes Markencontrolling fördert im Gegenteil im gesamten Unternehmen Verständnis und Akzeptanz gegenüber dem Marketing und die Einsicht, dass Marken nicht primär Kostentreiber, sondern einen wirkungsvollen Hebel zur Wertschöpfung darstellen.[610] Diese Überzeugung ist Voraussetzung für jene kontinuierlichen Investitionen, die erforderlich sind, um eine starke Marke aufzubauen und langfristig zu pflegen. In Tabelle 4.8 sind die in diesem Abschnitt beschriebenen Aufgaben im Rahmen des Markenführungsprozesses noch einmal dargestellt.

Prozessphase	Kernaufgaben
Markenidentität und Positionierung (Abschnitt 4.3.1)	_Bestimmung der Markenidentität _Bestimmung der Markenpositionierung _Positionierungspflege
Markenintegration und Branding (Abschnitt 4.3.2)	_Markenintegration _Branding im engeren Sinne _Branding im weiteren Sinne
Implementierung und Realisation (Abschnitt 4.3.3)	_Umsetzung der Konzepte in Aktivitäten _Anpassung der Marketingorganisation _Aufbau der notwendigen Ressourcen und Fähigkeiten _Budgetierung
Markencontrolling (Abschnitt 4.3.4)	_Prämissenkontrolle (Analyse) _Durchführungskontrolle _Strategische Überwachung (Frühwarnung) _Operatives Markencontrolling

Tab. 4.1: Kernaufgaben der Markenführung

[610] Vgl. ähnlich: Keller 2000, S. 154; Irmscher 1997, S. 61; Harter, et al. 2005, S. 3; Bekmeier-Feuerhahn 1998, S. 165

4.4 Gestaltung des Markenführungsprozesses

Die bisherigen Ausführungen beschrieben den Markenführungsprozess als Sequenz verschiedener Planungsschritte bzw. Entscheidungen und stellten somit schwerpunktmässig auf die Prozessstruktur ab. Für die in diesem Abschnitt angestrebte Analyse der Gestaltung des Markenführungsprozesses erweist sich die Orientierung an derartigen Phasenmodellen jedoch als wenig sinnvoll, da die jeweiligen Prozessphasen praktisch von allen marktorientierten Unternehmen in der einen oder anderen Form durchlaufen werden. Unterschiede im Markenführungsprozess ergeben sich demnach meist nicht aus dem Umstand, ob ein Unternehmen eine bestimmte Planungsaktivität ausübt oder nicht, sondern viel eher aus der Art, wie im Unternehmen Planungsaktivitäten gestaltet bzw. markenstrategische Entscheidungen getroffen werden. Der vorliegende Abschnitt fokussiert dabei einerseits auf die Charakterisierung individueller und organisatorischer Planungsaktivitäten, andererseits auf die Identifikation von Eigenschaften und Faktoren effektiver Markenführungsprozesse.[611]

Obwohl die Prozessgestaltung als Erfolgsfaktor der Markenführung bezeichnet wird, folgt die einschlägige Literatur zu Marke und Markenführung grösstenteils dem Content-Ansatz, wobei der Aspekt der Prozessgestaltung weitgehend ausgeblendet wird.[612] Die Ausführungen in diesem Abschnitt beruhen deshalb zum grössten Teil auf Überlegungen und Erkenntnissen der Managementliteratur, in deren Rahmen die Analyse von strategischen Entscheidungen und der Gestaltung von Planungsprozessen traditionell einen hohen Stellenwert einnimmt.[613] Dabei kann grob zwischen so genannten Planungstypologien (Klassifikationen unterschiedlicher Entscheidungsstile) und Arbeiten zur Identifikation relevanter Dimensionen von Planungsprozessen unterschieden werden. Da die Markenführung in den meisten Unternehmen einen geradezu idealtypischen strategischen Charakter aufweist, spricht grundsätzlich nichts gegen die Übertragbarkeit der in diesen Forschungsfeldern gewonnenen Einsichten und Erkenntnisse auf den Markenführungsprozess.

In der Literatur zum strategischen Management finden sich zahlreiche Ansätze zur **Klassifikation unterschiedlicher Planungsstile**.[614] Um den Rahmen des vorliegenden Abschnitts nicht zu sprengen, soll hier stellvertretend lediglich die Typologie von Hart skizziert werden, der auf der Grundlage theoretischer Überlegungen und empirischer Erkenntnisse zwischen fünf idealtypischen Arten der Strategiefestlegung differenziert.[615] Die einzelnen Planungsstile unterscheiden sich dabei primär anhand der Rollen, die unterschiedliche Mitglieder der Organisation und weitere Stakeholder im Rahmen des Prozesses der Strategieformulierung spielen, weshalb die Typologie vor

[611] Dieser Aspekt steht bei Van de Vens zweiter Prozessinterpretation im Mittelpunkt. Vgl. Van de Ven 1992, S. 170; Abschnitt 4.1

[612] Vgl. Aaker/Joachimsthaler 2000a, S. 26; Abschnitt 3.3.3

[613] Vgl. auch Jenner 2003a, S. 120f.

[614] Vgl. im Überblick Schwenk 1995, S. 474f., Jenner 1999a, S. 182ff.; Jenner 2003a, S. 121ff.

[615] Vgl. Hart 1992, S. 333ff.

dem Hintergrund des Untersuchungsgegenstandes dieser Arbeit eine besondere Relevanz aufweist. Während beim Planungsstil **Command** die Strategie von den obersten Entscheidungsträgern festgelegt und durch nachgeordnete Hierarchieebenen lediglich umgesetzt wird, versucht die Unternehmensführung beim Planungsstil **Symbolic** das Handeln der Mitarbeiter durch die Formulierung einer Vision und einer Mission (indirekt) zu steuern. Beim Planungsstil **Rational** wird der Prozess der Strategiefindung und -formulierung sehr umfassend gestaltet, wobei formale Planungsinstrumente zur Evaluation und Kontrolle intensiv zum Einsatz gelangen. Der Planungsstil **Transactiv** ist dadurch gekennzeichnet, dass die Strategie auf Lerneffekten beruht und aus der permanenten Interaktion der Organisation mit ihren Stakeholdern entsteht, wohingegen beim Planungsstil **Generic** vor allem Mitglieder unterer Hierarchieebenen die Verantwortung der Strategieformulierung tragen und dabei von den obersten Entscheidungsträgern lediglich unterstützt und korrigiert werden.

Es ist anzumerken, dass die Effektivität einzelner Planungsstile nicht generell, sondern lediglich kontextabhängig beurteilt werden kann. Die Ausführungen in diesem Abschnitt werden zeigen, dass insbesondere der Umweltdynamik, der eine Marke ausgesetzt ist, sowie der vom Unternehmen eingeschlagenen Wettbewerbsstrategie ein moderierender Einfluss zukommt. Während beispielsweise ein stark hierarchischer Planungsstil bei einer Preis-Mengen-Strategie oder einer relativ statischen Umwelt durchaus Erfolg versprechend sein kann, fordern eine hoch dynamische Umwelt oder eine Differenzierungsstrategie viel eher einen offenen, die Mitarbeiter und andere Stakeholder involvierenden Planungsstil.

Aus pragmatischen Gründen können bei der Klassifikation unterschiedlicher Planungstypen jeweils nicht alle Aspekte der Strategieformulierung berücksichtigt werden, weshalb sich bei jeder Typologisierung zwangsläufig die Frage nach der Relevanz der zur Abgrenzung herangezogenen Kriterien stellt. Aus diesem Grund liegt ein weiterer Schwerpunkt der Process-Forschung in der Identifikation zentraler Charakteristika bzw. **Dimensionen zur Unterscheidung von Planungsprozessen**. Chakravarthy identifizierte beispielsweise aufgrund einer umfassenden Literaturanalyse die sieben in Abbildung 4.6 aufgeführten Charakteristika von Planungsprozessen.[616] Bei einer näheren Betrachtung wird deutlich, dass die Merkmale nicht überschneidungsfrei sind, weswegen sie von Jenner zu drei zentralen Planungsdimensionen verdichtet werden:[617] Den Stellenwert von Kreativität und Kontrolle, den Stellenwert analytischer Verfahren und den Stellenwert eines Ressourcen-Audits bezeichnet Jenner zusammenfassend als **Planungsrationalität**, wohingegen er die Intensität der Umweltbeobachtung und die Menge der für die Planung bereitgestellten Ressourcen als **Planungsintensität** interpretiert. Die Anzahl der in die Planung einbezogenen Funktionsbereiche und der unternehmensinterne Widerstand gegenüber Planung fasst er in der Dimension **Offenheit der Planung** zusammen (vgl. Abb. 4.6).

[616] Vgl. Chakravarthy 1987, S. 517
[617] Vgl. Jenner 1999a, S. 184f.; Jenner 2001b, S. 108ff.; Jenner 2003a, S. 124

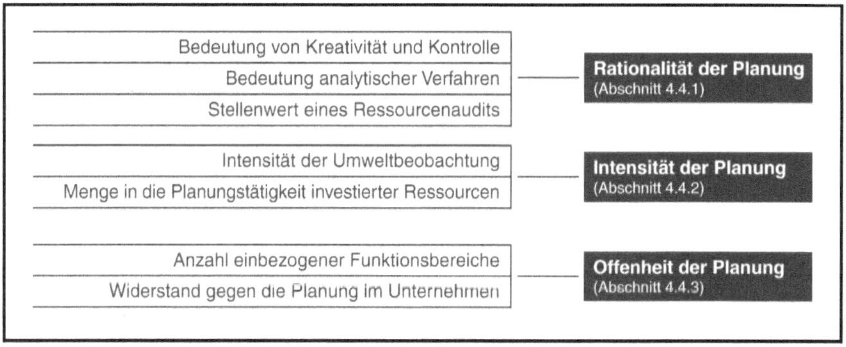

Abb. 4.6: Dimensionen zur Charakterisierung von Planungsprozessen[618]

Die Struktur des vorliegenden Abschnitts basiert auf den oben zitierten Arbeiten und Überlegungen von Chakravarthy und Jenner zu den Gestaltungsparametern von strategischen Planungsprozessen, die im Folgenden auf den Markenführungsprozess übertragen werden, wobei die Plausibilität des Transfers der Erkenntnisse jeweils überprüft wird. Der Abschnitt gliedert sich demzufolge in die Unterkapitel Rationalität der Markenführung (Abschnitt 4.4.1), Intensität der Markenführung (Abschnitt 4.4.2) und Offenheit der Markenführung (Abschnitt 4.4.3). Abschliessend erfolgt in Abschnitt 4.4.4 als eine Art Fazit die Beschreibung der Markenführung als Lernprozess.

4.4.1 Rationalität der Markenführung

Die zur Bestimmung einer Markenstrategie gewählte Vorgehensweise bestimmt die Rationalität des Markenführungsprozesses.[619] Diese beschreibt insbesondere das Ausmass, in welchem bei der Entscheidungsfindung einem systematischen Prozessansatz gefolgt wird (Formalisierungsgrad der Planung), und ist Ausdruck der Bedeutung von Kreativität und Intuition sowie des Stellenwerts analytischer Verfahren im Rahmen des Planungsprozesses. Die Rationalität des Markenführungsprozesses reflektiert demnach das gedankliche Vorgehen des Managements, um unter gegebenen Umständen eine möglichst optimale Entscheidung zu treffen. Grundsätzlich wird in der Managementliteratur in Zusammenhang mit der Prozessrationalität zwischen einer synoptischen (ganzheitlichen, rationalen) und einer inkrementellen (schrittweisen, stückwerktechnischen) Planung oder Planungslogik unterschieden.[620] Die beiden Planungskonzeptionen unterscheiden sich anhand einer Vielzahl von Kriterien.

---

[618] In Anlehnung an Jenner 2003a, S. 124

[619] Aus streng ökonomischer Sicht kann ein rationales Verhalten mit einem nutzenmaximierenden Vorgehen gleichgesetzt werden. Da die optimale Entscheidung aber a priori nicht bekannt ist, rückt zur Charakterisierung von Planungsprozessen die so genannte Prozessrationalität in den Vordergrund. Vgl. z.B. Jenner 1999a, S. 191

[620] Zur Unterscheidung zwischen synoptischer und inkrementeller Planung vgl. Picot/Lange 1979, S. 569ff.; Schwenk 1995, S. 475; Bourgeois 1980a, S. 228; Kühn/Grünig 1998, S. 35; Powell 1992b, S. 32

Charakteristisch für die **synoptische Planung** sind eine ganzheitliche, integrierte Problemsicht, ein hoher Stellenwert analytischer Modelle und Methoden, ein hoher Formalisierungsgrad der Planung sowie die Annahme, dass es zur erfolgreichen Strategiegenerierung eines systematischen Vorgehens bzw. einer klar definierten Prozessstruktur bedarf.[621] Vereinfacht ausgedrückt wird im Anschluss an eine umfassende Analyse von Chancen, Gefahren, Stärken und Schwächen eine Vielzahl möglicher Handlungsalternativen generiert, die danach anhand gewichteter oder ungewichteter Kriterien in Bezug auf den Erreichungsgrad vorher festgelegter Ziele bewertet werden, um am Schluss das Erfolg versprechendste bzw. optimale Vorgehen zu bestimmen.[622] Aufgrund der durch die Berücksichtigung einer hohen Zahl von Faktoren bedingten Komplexität, des erheblichen Zeitbedarfs sowie der daraus resultierenden hohen Kosten gilt das synoptische Planungsmodell zumindest in einer dynamischen Umwelt eher als ungeeignet.[623] Ferner ist seit den Arbeiten von Simon zur Bounded Rationality erwiesen, dass die Entscheidungsfindung von Managern insbesondere bei hoher Umweltkomplexität und -dynamik nicht als rational, sondern lediglich als beschränkt rational bezeichnet werden kann, die synoptische Planungslogik demnach zumindest in dieser Beziehung nicht der betrieblichen Realität entspricht.[624]

Deshalb wird im Rahmen der **inkrementellen Planung** davon ausgegangen, dass Manager ihren Entscheidungen lediglich ein vereinfachtes Modell der Realität zugrunde legen, die Zahl möglicher Handlungsoptionen auf eine überschaubare Menge (oder im Extremfall sogar eine einzige) beschränken und als Ergebnis der Planung bereits eine zufriedenstellende Lösung akzeptieren.[625] Eng verknüpft mit der inkrementellen Planung ist der Einsatz so genannter Heuristiken oder heuristischer Verfahren, die im Gegensatz zu analytischen Verfahren in der Regel nicht zu optimalen, aber meist zu befriedigenden Lösungen führen und insbesondere dann zum Einsatz gelangen, wenn die Anwendung analytischer Verfahren unmöglich, zu kompliziert, zu zeitaufwendig oder zu teuer wäre.[626] Charakteristisch für die inkrementelle Planung ist ferner die Annahme, dass Probleme in Teilprobleme zerlegt und anschliessend schrittweise gelöst werden können, keine klare Trennung zwischen Zielen und Mitteln erfolgt, und dass der Prozess der Strategieformulierung entsprechend fragmentiert, evolutionär und grösstenteils intuitiv abläuft.[627]

Zusammenfassend kann festgehalten werden, dass die synoptische Planung zwar einen normativen Charakter aufweist, der inkrementelle Planungsansatz aber die betriebliche

---

[621] Vgl. z.B. Picot/Lange 1979, S. 572; Hitt/Tyler 1991, S. 327f.; Eisenhart/Zbaracki 1992, S. 18; Hart 1992, S. 328

[622] Die Frage, ob die Zielfestlegung Bestandteil des strategischen Planungsprozesses oder aber diesem vorgelagert ist, wird in der Literatur uneinheitlich beantwortet. Vgl. Jenner 2001b, S. 109 und die dort zitierte Literatur.

[623] Vgl. Kühn 1978, S. 33; Eisenhart/Zbaracki 1992, S. 20f.

[624] Vgl. Simon 1955, S. 7ff; Simon 1979, S. 3ff.

[625] Vgl. Hart 1992, S. 328

[626] Vgl. Hitt/Tyler 1991, S. 331f.; Bea 1992, S. 335ff.

[627] Vgl. Picot/Lange 1979, S. 572; Jenner 1999a, S. 193f.; Kühn/Grünig 1998, S. 35

Realität besser abbildet. Dabei ist jedoch zu beachten, dass die beiden Planungskonzeptionen keine dichotomen Alternativen darstellen, sondern vielmehr als Endpunkte eines Kontinuums möglicher Planungsarten zu verstehen sind, also auch ein Mittelweg zwischen den beiden Extrema durchaus Erfolg versprechend sein kann.[628] Die Frage nach dem idealen Punkt auf diesem Kontinuum, also ob tendenziell eher eine synoptische oder eine inkrementelle Planungslogik zu favorisieren ist, kann nicht generell, sondern lediglich kontextabhängig beantwortet werden. In der Literatur wird diesbezüglich insbesondere der Umweltdynamik ein moderierender Einfluss nachgesagt.[629]

So kann davon ausgegangen werden, dass in einer durch hohe Dynamik und Komplexität gekennzeichneten Situation viele Informationen entweder gar nicht zur Verfügung stehen oder aber im Gegenteil derart viele Informationen vorliegen, dass ein streng synoptischer Planungsansatz schon alleine aus Zeitgründen unzweckmässig erscheint. Aus diesen beiden Umständen ergibt sich die Vermutung, dass ein inkrementelles Vorgehen bei hoher Umweltdynamik generell zu favorisieren sei. Obwohl diese Einschätzung mehr als plausibel scheint, kommt Jenner in einer breit angelegten, branchenübergreifenden Untersuchung zum gegenteiligen Befund, wonach eine synoptische, rationale Planung nicht nur bei einer niedrigen, sondern auch bei einer hohen Umweltdynamik zu besseren Resultaten führt.[630]

Überträgt man diese auf den ersten Blick überraschende Erkenntnis von Jenner auf den Markenführungsprozess, so wird sie verhältnismässig leicht nachvollziehbar. Insbesondere die Ausführungen in Abschnitt 3.3.1 haben gezeigt, dass bei hoher Umweltdynamik vor allem denjenigen Marken Erfolg beschieden ist, die den Balanceakt zwischen Kontinuität und Zeitgeist erfolgreich meistern. Dazu bedarf es neben stetiger Modifikationen der Markenstrategie auch einer langfristigen Orientierung, die im Rahmen einer synoptischen Planung eher gegeben sein dürfte, während ein inkrementeller Planungsansatz mit hoher Wahrscheinlichkeit in kurzfristige Defizitausgleichsstrategien bzw. einen schädlichen Markenaktionismus münden würde. Auch im Hinblick auf den steigenden Integrationsbedarf der verschiedenen Marketingaktivitäten im Rahmen der Markenführung (integriertes Marketing) scheint ein synoptischer und somit ganzheitlicher Planungsansatz deutlich zweckmässiger.[631]

Entgegen diesen Einschätzungen kann jedoch auch die Auffassung vertreten werden, dass der Markenführungsprozess wie kein anderer strategischer Planungsprozess auf Intuition und Kreativität beruht, und ein streng synoptisches Planungsverhalten, das sich ausschliesslich an rationalen Grundsätzen orientiert, hierfür gänzlich ungeeignet

---

[628] Vgl. Eisenhart/Zbaracki 1992, S. 21; Schwenk 1995, S. 475

[629] Vgl. Eisenhart/Zbaracki 1992, S. 21; Barney/Zajac 1994, S. 5f.

[630] Vgl. Jenner 1999a, S. 290f. Zu einem ähnlichen Ergebnis gelangen auch Hitt und Tyler in ihrer Untersuchung zum Einfluss verschiedener Faktoren auf den Planungsstil. Vgl. Hitt/Tyler 1991, S. 339ff.

[631] Vgl. Abschnitt 4.3.2

erscheint.[632] Diese teils widersprüchlichen Erklärungsversuche machen deutlich, dass die Frage, ob im Rahmen der Markenführung eine synoptische oder eine inkrementelle Planung zu favorisieren sei, lediglich kontextabhängig beantwortet werden kann. So ist beispielsweise davon auszugehen, dass bei einem technokratisch-strategieorientierten Markenführungsansatz eher eine synoptische Planungslogik angewendet wird, wohingegen im Rahmen einer imageorientierten oder fraktalen Markenführung ein inkrementeller Planungsansatz vielversprechender erscheint.[633] Zudem hängt die Wahl der zweckmässigen Planungskonzeption auch stark von der im folgenden Abschnitt beschriebenen Intensität der Markenführung ab.

4.4.2 Intensität der Markenführung

Die Intensität der Markenführung bezeichnet vereinfacht ausgedrückt den Aufwand, der im Rahmen des Markenführungsprozesses betrieben wird, und bezieht sich in erster Linie auf das in Abschnitt 4.3.4 beschriebene Markencontrolling. Die Intensität der Markenführung ist hoch, wenn eine grosse Menge unterschiedlichster Informationen generiert und ein hoher Aufwand in Bezug auf deren Auswertung und Interpretation betrieben wird. Es kann deshalb davon ausgegangen werden, dass die Planungsintensität bei einer synoptischen Planung tendenziell höher ist als bei einer inkrementellen Planung. In Bezug auf die Planungsintensität stellt sich die zentrale Forschungsfrage, wann eine Erhöhung des Planungsaufwandes zu einem besseren Ergebnis der Planung und somit zu mehr Erfolg führt. Auch diese Frage kann nicht generell, sondern lediglich kontextabhängig beantwortet werden. In der Literatur werden insbesondere der Planungsintensität der Konkurrenz, der herrschenden Umweltdynamik sowie der vom Unternehmen eingeschlagenen Wettbewerbsstrategie ein moderierender Einfluss attestiert. Diese drei Faktoren werden im Folgenden näher betrachtet.

Mit dem Ziel, die Auswirkungen einer hohen Planungsintensität auf den Unternehmenserfolg in Abhängigkeit des **Planungsaufwandes der Konkurrenz** zu untersuchen, verglich Powell die beiden Branchen Möbel und Damenmode.[634] Im Rahmen einer empirischen Untersuchung konnte er die Hypothese bestätigen, wonach eine hohe Intensität der Planung in Branchen, in denen Planungsaktivitäten generell weit verbreitet sind (Damenmode), keinen Einfluss auf den Erfolg hat, während die Höhe des Planungsaufwands in Branchen mit heterogener Planungsintensität (Möbelhandel) einen signifikanten Einfluss auf den Unternehmenserfolg ausübt. Angesichts der Tatsache, dass heutzutage die grosse Mehrzahl der marktorientierten Unternehmen im Rahmen der Markenführung einen hohen Aufwand betreibt, muss davon ausgegangen werden, dass es zunehmend schwieriger wird, sich durch eine relativ hohe Intensität der Markenführung einen Konkurrenzvorteil zu verschaffen. Zudem ist anzunehmen,

[632] Vgl. Mintzberg 1994, S. 108; Sutton 2002, S. 9ff.; Andrews/Smith 1996, S. 184
[633] Vgl. Abschnitt 4.2
[634] Vgl. Powell 1992a, S. 553ff.

dass der Grenznutzen der Planung abnimmt und sich ein Mehr an Planung unter Umständen sogar negativ auf den Erfolg auswirken kann.[635] So ist beispielsweise denkbar, dass zu viele Informationen den Blick aufs Wesentliche verstellen (Paralyse durch Analyse) oder dass umfangreiche Analysen und Auswertungen dringliche Entscheidungen unnötig verzögern. Zudem dürften bei einer sehr hohen Planungsintensität die im Rahmen der Markenführung notwendige Kreativität und Flexibilität leiden.[636]

Aus dieser Sicht kann argumentiert werden, dass eine hohe Planungsintensität bei hoher **Umweltdynamik** eine nachteilige Wirkung auf den Erfolg ausübt. Dieser Ansicht widerspricht jedoch eine empirische Untersuchung von Jenner, wonach eine hohe Planungsintensität zwar nicht generell zu besseren Ergebnissen führt, aber bei einer hohen Umweltdynamik einen signifikanten Erfolgseinfluss ausübt.[637] Diese Erkenntnis scheint in Bezug auf den Markenführungsprozess plausibel: Je höher die Umweltdynamik und -komplexität, der eine Marke ausgesetzt ist, desto mehr Informationen über gesellschaftliche und marktliche Veränderungen werden benötigt, um den Wandel der relevanten Umweltfaktoren rechtzeitig zu antizipieren und die Marke aktuell zu halten. Es ist davon auszugehen, dass eine hohe Planungsintensität die wahrgenommene Unsicherheit reduziert und sich deshalb insbesondere in Märkten mit hoher Dynamik positiv auf den Erfolg der Planung auswirkt.[638] Vor diesem Hintergrund bezeichnet Belz die professionelle und umfassende Markenführung als geeignetes Instrument, um die wachsende Komplexität zu beherrschen.[639]

Neben der Planungsintensität der Konkurrenz und der Umweltdynamik wird auch der vom Unternehmen verfolgten **Wettbewerbsstrategie** ein moderierender Einfluss auf die Planungsintensität zugeschrieben.[640] In diesem Zusammenhang konnte in der oben zitierten Untersuchung ebenfalls nachgewiesen werden, dass Unternehmen, die eine Preis-Mengen-Strategie wählten, generell durch eine geringere Planungsintensität gekennzeichnet sind als Unternehmen, die eine Differenzierungsstrategie verfolgen.[641] Im Gegensatz dazu konnte kein Zusammenhang zwischen der Aggressivität des Wettbewerbsverhaltens eines Unternehmens und seiner Planungsintensität aufgedeckt werden. Auch diese Erkenntnisse lassen sich plausibel auf den Markenführungsprozess übertragen. Unternehmen, die eine Preis-Mengen-Strategie verfolgen, sind tendenziell produktionsorientiert und benötigen aus diesem Grund weniger Informationen über die Unternehmensumwelt. Die Profilierung erfolgt eindimensional über den Preis, weshalb weniger Faktoren im Prozess der Strategieformulierung eine Rolle spielen. Zudem kollidieren die mit einer hohen Planungsintensität einhergehenden höheren Kos-

[635] Vgl. auch Jenner 2003a, S. 125

[636] Vgl. auch Mintzberg 1994, S. 108; Grant 2003, S. 491

[637] Vgl. Jenner 1999a, S. 289ff.

[638] Vgl. De Geus 1988, S. 70; Köhler/Böhler 1984, S. 93. Malik beschreibt die Reduktion der wahrgenommenen Unsicherheit als eines der zentralen Ziele der Planung. Vgl. Malik 1996, S. 169ff.

[639] Vgl. Belz 2005, S. 2

[640] Vgl. Barney/Zajac 1994, S. 5

[641] Vgl. Jenner 1999a, S. 292

ten mit der im Rahmen einer Preisstrategie generell angestrebten Kostenminimierung. Dem gegenüber erfordert eine Differenzierungsstrategie eine weit höhere Planungsintensität, da in diesem Fall für die Absicherung und Weiterentwicklung der Profilierung mehr Informationen generiert und analysiert werden müssen.

Abschliessend ist anzumerken, dass angesichts der vielerorts stetig steigenden Umweltdynamik eine hohe Planungsintensität insbesondere im Rahmen einer proaktiven Markenführung sinnvoll erscheint, während bei einer reaktiven Markenführung, wo mehrheitlich Anpassungsentscheidungen anstehen, eine zu hohe Planungsintensität unter Umständen hinderlich sein kann, da darunter die notwendige Flexibilität und Geschwindigkeit zu leiden drohen.[642] Zudem scheint heutzutage in vielen Branchen ein gewisses Mass an Planungsintensität im Rahmen der Markenführung einen so genannten Standardfaktor darzustellen, dessen Übererfüllung keinen zusätzlichen Erfolg bringt, dessen Nichterfüllung jedoch verheerende Auswirkungen zur Folge haben kann.

4.4.3 Offenheit der Markenführung

Die bisherigen Ausführungen haben gezeigt, dass eine der Hauptaufgaben der Markenführung darin besteht, relevante Veränderungen in der Umwelt schneller zu antizipieren als die Konkurrenz. Dazu bedarf es unter anderem eines hohen Masses an Offenheit gegenüber neuen Entwicklungen und Einsichten.[643] Aufgrund verfestigter Überzeugungen einzelner, wichtiger Entscheidungsträger bestehen jedoch innerhalb von Unternehmen oft erhebliche Widerstände gegenüber neuen Denkweisen und einer diesbezüglichen Änderung oder Anpassung der Markenstrategie.[644] Vor diesem Hintergrund kann grundsätzlich zwischen einer **restriktiven Gestaltung** und einer **offenen Gestaltung** der Planung im Allgemeinen und des Markenführungsprozesses im Speziellen unterschieden werden. Die beiden Planungstypen unterscheiden sich insbesondere anhand des Zentralisierungsgrads der Planung, der Heterogenität des Erfahrungshintergrundes der an der Entscheidung beteiligten Personen, der Intensität der Diskussionen und der Bedeutung eines Konsenses im Rahmen der Planung.[645] Die vier Kriterien werden im Folgenden kurz beschrieben.

(1) Während die restriktive Planung durch einen hohen **Zentralisierungsgrad** gekennzeichnet ist, die Entscheidungsgewalt also bei einer kleinen Gruppe von führen-

---

[642] Zum Vergleich zwischen proaktiver und reaktiver Positionierung vgl. Abschnitt 4.3.1

[643] Vgl. Grant 2003, S. 491

[644] Vgl. Chakravarthy 1987, S. 517; Abschnitt 4.4.4

[645] Jenner zählt fünf Indikatoren zur Abgrenzung zwischen offenen und restriktiven Planungsprozessen auf, die an dieser Stelle auf die vier aufgeführten Kriterien verdichtet werden. Vgl. Jenner 2003a, S. 132; Jenner 1999a, S. 202. Es ist darauf hinzuweisen, dass die Indikatoren nicht unabhängig voneinander sind. So dürfte beispielsweise ein tiefer Zentralisierungsgrad der Planung fast zwangsläufig zu einer höheren Heterogenität des Erfahrungshintergrundes der an der Planung beteiligten Personen sowie zu kontroverseren Diskussionen führen.

den Mitarbeitern liegt, werden im Rahmen offener Planungsprozesse eine Vielzahl von Mitarbeitern und teilweise auch externe Stakeholder in den Entscheidungsfindungsprozess einbezogen.[646] Ziel der offenen Planung ist die Generierung einer hohen Varietät möglicher Handlungsalternativen: Probleme sollen aus neuen Perspektiven betrachtet und die Bandbreite des in die Entscheidungsfindung einfliessenden Wissens erweitert werden, um unter Umständen zu neuen, unorthodoxen Lösungen zu gelangen.[647]

(2) Aus diesem Grund spielt neben der Anzahl, der an der Entscheidung beteiligten Personen, insbesondere die **Heterogenität des Erfahrungshintergrundes der Entscheidungsträger** eine zentrale Rolle. Diese Einschätzung wird durch eine empirische Untersuchung von Hitt und Tyler gestützt, wonach persönliche Charakteristika der Entscheidungsträger (insbesondere Alter, Art der Ausbildung, Erfahrung und hierarchische Position) einen signifikanten Einfluss auf die strategische Entscheidungsfindung ausüben.[648] Aufgrund derartiger Erkenntnisse wird in der Literatur verschiedentlich der vermehrte Einbezug junger und unerfahrener Mitarbeiter in den Planungs- und Entscheidungsfindungsprozess gefordert.[649] Ähnlich argumentieren Hamel und Prahalad, die eine hohe genetische Vielfalt im Rahmen von Planungsprozessen als erfolgswirksam erachten.[650]

(3) Neben Anzahl und Bandbreite der in den Entscheidungsfindungsprozess eingebrachten Perspektiven und Meinungen spielt insbesondere die **Intensität der Diskussionen** bei der Entscheidungsfindung eine diskriminierende Rolle. Während im Rahmen einer restriktiven Planung versucht wird, Diskussionen von Beginn an durch die Ausübung hierarchischer Macht zu vermeiden, werden kontrovers geführte Diskussionen im Rahmen einer offenen Planung als positiv und wünschenswert erachtet.[651] Diese Einschätzung beruht auf der Annahme, dass intensive Diskussionen und Konflikte im Rahmen der Entscheidungsfindung zwar Zeit und Nerven kosten, aber gleichzeitig die Kreativität von Strategien und die Anpassungsfähigkeit von Unternehmen an ihre Umwelt erhöhen.[652] Diese erhofften Effekte werden sich aber nur dann einstellen, wenn die Diskussion sachlich geführt und nicht auf persönliche Aspekte abgestellt wird.[653]

---

[646] Vgl. Hart 1992, S. 333ff.

[647] Vgl. Hamel 1998, S. 12; auch Sutton 2002, S. 9

[648] Vgl. Hitt/Tyler 1991, S. 339ff. Diese und ähnliche Erkenntnisse bilden die Grundlage der Upper Echelons Theory. Vgl. Jensen/Zajac 2004, S. 507ff.

[649] Vgl. z.B. Grant 2003, S. 494; Sutton 2002, S. 14; Andrews/Smith 1996, S. 182f.

[650] Vgl. Hamel/Prahalad 1994, S. 52; auch: Hamel 1998, S. 12f.

[651] Vgl. Roventa 1989, S. 284; Schweiger/Sandberg/Ragan 1986, S. 66; Janis 1982, S. 262ff.; Abschnitt 4.4.4

[652] Wobei davon auszugehen ist, dass zwischen der Offenheit des Prozesses und dem Erfolg ein kurvilinearer Zusammenhang besteht, der Erfolg also ab einem bestimmten Grad an Offenheit abzunehmen beginnt. Vgl. auch Gebert/Boerner/Landwehr 2001, S. 217

[653] Vgl. Schwenk 1995, S. 476; Sutton 2002, S. 9

(4) Ein weiteres zentrales Charakteristikum von Entscheidungsprozessen ist die **Bedeutung eines Konsenses** im Rahmen der Planung.[654] Die Erzielung eines Konsenses steht dabei nicht im Widerspruch zu intensiv geführten Diskussionen. Vielmehr ist eine sich allmählich einstellende Konvergenz der vertretenen Ansichten auf der Basis kontrovers geführter Diskussionen Ziel eines offenen Planungsprozesses.[655] Empirische Untersuchungen über die Erfolgswirkung eines Konsenses im Rahmen der strategischen Planung liefern unterschiedliche, teils widersprüchliche Ergebnisse.[656] Dies legt die Vermutung nahe, dass Kontextvariablen das Verhältnis zwischen einem Konsens bei der Entscheidungsfindung und dem Erfolg der Planung determinieren. So konnten Homburg, Krohmer und Workmann empirisch nachweisen, dass ein Konsens insbesondere im Rahmen einer Differenzierungsstrategie (im Gegensatz zu einer Preis-Mengen-Strategie) und bei einer statischen Umwelt (im Gegensatz zu einer hohen Umweltdynamik) eine signifikante Erfolgswirkung aufweist.[657]

Wie bei den beiden vorhin skizzierten Planungsdimensionen wird auch in Bezug auf die Offenheit der Planung der Umweltdynamik der mit Abstand grösste moderierende Einfluss attestiert. Diese Einschätzung beruht auf der Überlegung, dass ein einzelner oder eine kleine Gruppe von Entscheidern bei hoher Umweltdynamik niemals über alle für die Entscheidungsfindung notwendigen Informationen verfügen. Zudem scheinen dogmatische, restriktive Planungsprozesse aufgrund ihrer Engstirnigkeit ungeeignet, um die bei hoher Umweltdynamik wahrgenommene Unsicherheit zu reduzieren.[658] Diese Ansicht wurde von Jenner in einer empirischen Untersuchung bestätigt, wonach sich eine offene Gestaltung des Planungsprozesses bei hoher Umweltdynamik signifikant positiv auf den Erfolg auswirkt, wohingegen bei einer niedrigen Umweltdynamik keine signifikanten Unterschiede zwischen einer offenen und einer restriktiven Planung nachgewiesen werden konnten.[659]

Da es im Rahmen der strategischen Markenführung oft darauf ankommt, eine Vielzahl von Entwicklungen und Perspektiven zu berücksichtigen und das in den Planungsprozess einfliessende Wissen möglichst gross zu halten, kommt der Offenheit der Planung in dieser Phase des Markenführungsprozesses eine herausragende Bedeutung zu. Insbesondere bei der Positionierung empfehlen sich die Einsetzung interfunktionaler Teams von Entscheidungsträgern, situativ ergänzt durch unwissende externe Spezialis-

---

[654] Als Konsens wird eine Übereinstimmung der an der Entscheidung beteiligten Personen hinsichtlich der angestrebten Ziele und der dafür einzusetzenden Mittel definiert. Vgl. z.B. Bourgeois 1980a, S. 227. Die Konsensorientierung bildet somit die Alternative zur Durchsetzung von Entscheidungen mittels hierarchischer Macht.

[655] Vgl. Jenner 2003a, S. 133; auch: Schwenk 1995, S. 476

[656] Vgl. Homburg/Krohmer/Workmann 1999, S. 340ff.; Bourgeois 1980a, S. 233, 239ff.; auch Schwenk 1995, S. 476; Eisenhart/Zbaracki 1992, S. 34

[657] Vgl. Homburg/Krohmer/Workmann 1999, S. 350

[658] Vgl. Schwenk 1995, S. 480

[659] Vgl. Jenner 1999a, S. 291

ten, sowie intensive, kontrovers geführte Diskussionen.[660] Demgegenüber steht bei der operativen Markenführung die effiziente Umsetzung der eingeschlagenen Strategie im Vordergrund, weshalb hier der Planungsaufwand minimiert und ein dementsprechend restriktiver Planungsansatz gewählt werden sollte.

Im Hinblick auf die Gestaltung des Markenführungsprozesses ist abschliessend anzumerken, dass die drei in diesem Abschnitt skizzierten Planungsdimensionen (Rationalität, Intensität und Offenheit der Markenführung) nicht unabhängig voneinander sind, sondern sich erwartungsgemäss gegenseitig stark beeinflussen. So zeigen empirische Ergebnisse, dass eine hohe Planungsrationalität in der unternehmerischen Praxis mit einer hohen Planungsintensität und einer offenen Planung korreliert.[661] Die Ausführungen haben zudem gezeigt, dass insbesondere die Umweltdynamik bei der Gestaltung des Markenführungsprozesses eine zentrale Rolle spielt. Alle drei in diesem Abschnitt skizzierten Gestaltungsparameter des Markenführungsprozesses sind bei hoher Umweltdynamik so zu wählen, dass eine möglichst frühzeitige Anpassung der Markenstrategie an die sich ändernden Umweltbedingungen gewährleistet ist. Vor diesem Hintergrund wird der Prozess der Strategieformulierung verschiedentlich auch als Lernprozess interpretiert.

4.4.4 Markenführung als Lernprozess

Die bisherige Argumentation hat gezeigt, dass ein unbeirrtes Festhalten an einer statischen Positionierung angesichts der sich stetig ändernden Umweltbedingungen den nachhaltigen Erfolg einer Marke gefährden kann. Diese Einschätzung wird durch breit angelegte Längsschnittanalysen gestützt, wonach rund die Hälfte der führenden Marken ihre Position im Zeitablauf einbüsst.[662] Der Hauptgrund hierfür liegt meist in einer zu langsamen und/oder ungenügenden Antizipation sich teilweise fundamental ändernder Rahmenbedingungen. Vor diesem Hintergrund kommt bei der Gestaltung des Markenführungsprozesses der Aufgabe, Marken kontinuierlich an die sich ändernden Umweltbedingungen anzupassen, eine entscheidende Bedeutung zu. In der Literatur wird in diesem Zusammenhang verschiedentlich auf die hohe Bedeutung von Lerneffekten im Rahmen der Unternehmens- und Markenführung verwiesen.[663] Vereinzelt wird die unternehmerische Fähigkeit, schneller zu lernen als die Konkurrenz, als der in vielen Branchen einzige verbleibende Wettbewerbsvorteil angesehen.[664] Aus diesem Grund wird der Markenführungsprozess hier und im Folgenden als institutioneller Lernprozess interpretiert.

[660] Vgl. Mühlbacher/Dreher/Gabriel-Ritter 1996, S. 213; Hamel/Prahalad 1996, S. 240; Sutton 2002, S. 13

[661] Vgl. Jenner 1999a, S. 293

[662] Vgl. Golder 2000, S. 162ff.; Diller/Kaffenberger/Lücking 1993, S. 273ff.

[663] Vgl. Schäffer/Woillauer 2003, S. 86; Burmann 2001, S. 178; Jenner 1999b, S. 20; Mühlbacher/Dreher/Gabriel-Ritter 1996, S. 206; Slater/Narver 1995, S. 63f.; Prahalad/Hamel 1994, S. 12; Albach 1978, S. 712; Hart 1992, S. 338

[664] Vgl. De Geus 1988, S. 71; Slater/Narver 1995, S. 66

Um relevante Umweltveränderungen erfolgreich zu antizipieren, müssen die Entscheidungsträger diese erstens frühzeitig erkennen und zweitens eine davon ausgehende Neuausrichtung der Markenstrategie vornehmen. Die dazu nötige Fähigkeit von Unternehmen, Wissen zu generieren, zu neuen Einsichten zu gelangen und diese in Verhaltensänderungen umzusetzen, wird als **organisationales Lernen** bezeichnet.[665] Ähnlich definiert de Gues institutionelles Lernen als »... *the process whereby management teams change their shared mental models of their company, their markets, and their competitors.*«[666] In einer empirischen Untersuchung konnten Schäffer und Woillauer nachweisen, dass organisationales Lernen die Effektivität der Antizipation relevanter Umweltveränderungen erhöht und somit insbesondere bei hoher Umweltdynamik einen positiven Einfluss auf Erfolg und Rentabilität ausübt.[667]

Wie die Ausführungen in Abschnitt 3.2 gezeigt haben, kann grundsätzlich zwischen evolutionären und revolutionären Umweltveränderungen unterschieden werden. Analog dazu wird in der Literatur zwischen adaptivem und generativem organisationalen Lernen differenziert.[668] **Adaptives Lernen** kann als Grundform des Lernens oder als Anpassungslernen bezeichnet werden. Es beruht in erster Linie auf Erfahrungen und vollzieht sich innerhalb der Grenzen des etablierten unternehmerischen Denkens. Adaptives Lernen ist geeignet, um evolutionären Umweltveränderungen zu begegnen, und bildet die Grundlage für instrumentelle Anpassungen der Markenstrategie (z.B. Preis- oder Verpackungsänderung). Dem gegenüber werden beim **generativen Lernen** etablierte Annahmen in Frage gestellt, wodurch eine grundsätzlich neue Weltanschauung entstehen kann und soll. Generatives organisationales Lernen ist notwendig, um revolutionäre Umweltveränderungen zu antizipieren. Je nach Situation und Aufgabe bedarf es in der Markenführung entweder adaptiven oder generativen Lernens.

Aufgrund verfestigter Überzeugungen einzelner, wichtiger Entscheidungsträger bestehen jedoch innerhalb von Unternehmen oft erhebliche Widerstände gegenüber neuen Denkweisen und deren Umsetzung im Rahmen der Unternehmens- oder Markenstrategie.[669] Diese beharrenden Tendenzen werden als **Lernbarrieren** bezeichnet, da sie notwendige organisationale Lernprozesse empfindlich verzögern oder gar unmöglich machen und deshalb insbesondere bei hoher Umweltdynamik ein grosses Problem darstellen.[670] Im Zusammenhang mit der unternehmensinternen Wahrnehmung der Notwendigkeit, zu lernen und einen Wandel zu vollziehen, wird in der Literatur das Konstrukt der dominanten Logik diskutiert.[671]

---

[665] Vgl. Jenner 1999c, S. 152. Organisationales Lernen beruht dabei immer auf individuellen Lernprozessen, die innerhalb der Unternehmung zusammengeführt werden.

[666] De Geus 1988, S. 70

[667] Vgl. Schäffer/Woillauer 2003, S. 102f.

[668] Zu Arten des organisationalen Lernens vgl. Slater/Narver 1995, S. 64. Ähnlich unterscheidet Ansoff zwischen starken und schwachen Reaktionen auf Diskontinuitäten. Vgl. Ansoff 1976, S. 136

[669] Vgl. Homburg/Schäfer 2001, S. 170; Hamel/Prahalad 1996, S. 240; auch: Hamel/Prahalad 1994, S. 50ff.

[670] Vgl. auch Kraatz/Zajac 2001, S. 634

[671] Zur dominanten Logik vgl. Prahalad/Bettis 1986, S. 485ff.; Bettis/Prahalad 1995, S. 5ff.

Prahalad und Bettis bezeichnen als **dominante Logik** »*...a mind set or a world view or conceptualization of the business and the administrative tools to accomplish goals and make decisions in that business. It is stored as a shared cognitive map (or set of schemas) among the dominant coalition. It is expressed as a learned, problem-solving behaviour.*«[672] Das Konstrukt der dominanten Logik beschreibt demnach die zumindest unter den Entscheidungsträgern innerhalb eines Unternehmens (dominant coalition) vorherrschende verfestigte Sichtweise der Geschäftstätigkeit und hat paradigmatischen Charakter.[673] Die hauptsächlichen Quellen dominanter Logik sind einerseits der Erfolg in der Vergangenheit, andererseits das menschliche Bedürfnis, an Bewährtem und Erprobtem festzuhalten. Getreu dem Motto »es kann nicht sein, was nicht sein darf« leistet die dominante Logik der selektiven Wahrnehmung Vorschub, funktioniert als Informationsfilter und Lernbarriere und erschwert somit die angemessene Reaktion auf relevante Umweltveränderungen. Im Rahmen der Markenführung bezieht sich eine allfällige dominante Logik in erster Linie auf die suggerierten Kundenbedürfnisse (»wir wissen, was unsere Kunden wollen«) sowie langjährig erprobte Ansätze zu deren Befriedigung.

Revolutionäre Veränderungen bedürfen einer neuen dominanten Logik und somit eines generativen Lernprozesses.[674] Die Bereitschaft zur Überwindung einer dominanten Logik ist bei erfolgreichen Marken jedoch relativ gering, da zumindest die leitenden Mitarbeiter bewährte Erfolgsrezepte im Rahmen eines Sozialisationsprozesses verinnerlicht haben.[675] Normalerweise bedarf es bei solchen Unternehmen einer Krise, bevor notwendige Lernprozess in Gang kommen.[676] In diesem Fall stehen die Entscheidungsträger aber meist unter hohem Zeitdruck, und die Auswahl an Handlungsalternativen ist dementsprechend beschränkt. Ziel sollte vielmehr sein, kontinuierlich zu lernen und so Krisen zu vermeiden. Es stellt sich demnach die Frage, wie eine dominante Logik überwunden bzw. durch eine neue dominante Logik ersetzt werden kann, bevor die Marke in eine Krise gerät. Neben dem Hinweis auf eine strategische Frühwarnung, deren Informationen es jedoch richtig zu interpretieren gilt, werden in der Literatur insbesondere vier Methoden angegeben, um Lernprozesse anzuregen und eine dominante Logik zu überwinden: Szenariotechniken, Communities of Practice, die dialektische Planung und das Advocatus Diaboli-Verfahren.

(1) Bei der Anwendung von **Szenariotechniken** geht es darum, allfällige Umweltveränderungen nicht einfach abzuwarten, bis im schlimmsten Fall eine Krise eintritt, sondern proaktiv durchzuspielen. Dabei werden einzelne Mitarbeiter oder Gruppen von

---

[672] Prahalad/Bettis 1986, S. 491

[673] Es versteht sich, dass die allfällig in einem Unternehmen vorherrschende dominante Logik auch immer von der wahrgenommenen Unsicherheit, der eingeschlagenen Wettbewerbsstrategie sowie den persönlichen Charakteristika der Entscheidungsträger abhängt. Vgl. auch Barney/Zajac 1994, S. 6; Hitt/Tyler 1991, S. 332ff.

[674] Die Ablösung einer bestehenden dominanten Logik durch eine neue dominante Logik wird auch als Unlearning bezeichnet. Vgl. Hamel/Prahalad 1994, S. 59; Prahalad/Hamel 1994, S. 9

[675] Vgl. auch Malik 1996, S. 174

[676] Vgl. Simon 1993, S. 137

Mitarbeitern beauftragt, ein Szenario für die Zukunft zu entwickeln und die für diesen Fall nötigen Anpassungen oder Änderungen der Strategie aufzuzeigen.[677] Ungeachtet der Tatsache, ob die einzelnen Szenarien eintreffen, werden durch diese Technik Diskussionen ausgelöst, die den organisationalen Lernprozess drastisch beschleunigen können.

(2) **Communities of Practice** stellen Zusammenschlüsse von Experten dar, die über ähnliche Fähigkeiten verfügen und an der Lösung derselben oder vergleichbarer Probleme arbeiten.[678] Entgegen klassischen Projektteams organisiert sich eine Community of Practice selbst, legt ihre Ziele und die Agenda nach eigenem Ermessen fest und folgt keinen bestehenden hierarchischen Strukturen. Dieser informelle Charakter fördert den Informationsfluss und die Offenheit der Kommunikation zwischen den Mitgliedern, weshalb Communities of Practice der Generierung neuen Wissens Vorschub leisten. Zumindest aus theoretischer Perspektive ist es unerheblich, ob die Mitglieder der Communities dem gleichen oder unterschiedlichen Unternehmen angehören.

(3) Die **dialektische Planung** (dialectical inquiry) geht von der Annahme aus, dass abstrakte Daten und Informationen erst vor dem Hintergrund einer bestimmten Weltanschauung einen Sinn ergeben, und ein Erkenntnisfortschritt nur durch die Konfrontation konfliktärer Aussagen entstehen kann (Dialektik).[679] Konkret werden zwei gegenläufige Strategiealternativen formuliert und vorgetragen (These und Antithese). Ausgehend von einer kontroversen Debatte zwischen den Vertretern der beiden Ansätze wird von einer dritten Partei (z.B. Geschäftsleitung) eine objektiv höherwertige Synthese herbeigeführt.

(4) Im Gegensatz zur dialektischen Planung, wo zwei gleichwertige Strategieansätze präsentiert und diskutiert werden, zielt das **Advocatus Diaboli-Verfahren** (devil's advocacy) einseitig darauf ab, eine Strategie »auf Teufel komm raus« zu kritisieren, um deren Schwachstellen aufzudecken und auszumerzen.[680] Zu diesem Zweck werden Mitarbeiter (oder Externe) mit der Aufgabe betraut, die gegenwärtig verfolgte oder eine präsentierte Strategie aus jeder denkbaren Perspektive zu hinterfragen.

Ungeachtet der in der Literatur kontrovers geführten Debatte über die Effektivität und Effizienz der skizzierten Verfahren zeigen Ergebnisse einer Laborstudie von Schweiger, Sandberg und Ragan, dass sowohl die dialektische Planung als auch das Advocatus Diaboli-Verfahren geeignet sind, um eine dominante Logik zu überwinden, und vor allem bei komplexen Problemen – wie der Änderung oder Anpassung der Markenstrategie – zu einer besseren Entscheidungsqualität führen als konsensorientierte Ent-

[677] Zu Szenariotechniken vgl. De Geus 1988, S. 71ff.; auch von Reibnitz 1989, Sp. 1980ff.
[678] Zu Communities of Practice vgl. Wenger/Snyder 2000, S. 139ff.; Jenner 2003b, S. 298ff.
[679] Zur dialektischen Planung vgl. Roventa 1989, Sp. 283f.; Schweiger/Sandberg/Ragan 1986, S. 52
[680] Zum Advocatus Diaboli-Verfahren vgl. Schweiger/Sandberg/Ragan 1986, S. 52; Janis 1982, S. 267f.

scheidungsprozesse.[681] Diese Einschätzung wird durch eine empirische Studie von Homburg, Krohmer und Workmann gestützt, wonach die Erzielung eines Konsenses mit zunehmender Umweltdynamik weniger erfolgswirksam wird.[682]

Grundsätzlich ist anzumerken, dass alle vier skizzierten Techniken zur Überwindung einer dominanten Logik einer offenen Planung bzw. einer geringen Zentralisierung der Entscheidungsfindung bedürfen. Diese Erkenntnis überrascht nicht, erscheint es doch plausibel, dass eine hohe Dezentralisierung bei der Entscheidungsfindung einer dominanten Logik entgegenwirkt und einen positiven Einfluss auf die Lernfähigkeit des Unternehmens ausübt.[683] In diesem Zusammenhang kommt Janis im Anschluss an die Analyse unterschiedlichster strategischer Entscheidungssituationen zur Empfehlung, eine allfällige dominante Logik (er nennt dieses Phänomen Groupthink) durch die Intensivierung der Diskussion und insbesondere durch den **Einbezug externer Spezialisten** zu überwinden.[684]

Im Rahmen strategischer Markenentscheide ist die Werbeagentur aufgrund ihres Wissens, ihrer Erfahrung, ihrer Unabhängigkeit und ihrer Objektivität in vielen Fällen prädestiniert, ein alternatives Szenario zu entwickeln, in Communities of Practice Einsitz zu nehmen, die Antithese zu vertreten oder die Rolle des Advocatus Diaboli zu übernehmen.[685] In diesen Fällen kommt der Agentur die Funktion eines Katalysators des Lernprozesses zu. Teilweise wird ein derartiges Vorgehen von Seiten des Werbeauftraggebers sogar explizit erwartet. Ob, und wenn ja, wie und wie erfolgreich die Agenturen diese Rolle wahrnehmen, ist Gegenstand der folgenden Kapitel.

---

681 Vgl. Schweiger/Sandberg/Ragan 1986, S. 66. Zur kontrovers geführten Debatte über die Zweckmässigkeit der einzelnen Techniken vgl. z.B. Roventa 1989, Sp. 286; Jenner 1999c, S. 157 und die an diesen Stellen zitierte Literatur.

682 Vgl. Homburg/Krohmer/Workmann 1999, S. 350

683 Vgl. Schäffer/Woillauer 2003, S. 103; Prahalad/Bettis 1986, S. 496

684 Vgl. Janis 1982, S. 266f.

685 So fordern zum Beispiel Rossiter und Percy, dass die Werbeagentur im Markenführungsprozess als Markenwächter agiert. Vgl. Rossiter/Percy 2001, S. 535

5. Bedeutung der Werbeagentur für die Markenführung

»The relationship between a manufacturer and his advertising agency is almost as intimate as the relationship between a patient and his doctor.«
David Ogilvy

5.1 Werbung und Markenerfolg

Insbesondere die Ausführungen in Abschnitt 3.3.2 haben gezeigt, dass kreative Markenkommunikation und speziell die klassische Werbung auf vielen Märkten zum Erfolgsfaktor avanciert sind. Aus diesem Grund wird die klassische Werbung vor allem in der imageorientierten Marketingliteratur als das zentrale Instrument zur Markenbildung betrachtet.[686] Beispiele wie Nike, Marlboro, Coca-Cola oder Nescafé belegen, dass die Erfolge starker Marken oftmals eng mit einem überdurchschnittlichen Einsatz klassischer Werbung verbunden sind.[687] Gemäss einer Untersuchung von Simon und Sullivan beeinflusst die Werbung den Wert einer Marke auf vielfältige Art und Weise.[688] Ausgehend von dieser Erkenntnis wird im vorliegenden Abschnitt der Frage nachgegangen, welche unterschiedlichen Wirkungen die klassische Werbung auf den Erfolg und somit den Wert einer Marke ausübt. Dazu wird auf das in Abbildung 5.1 dargestellte Markenwertmodell »Brand Equity Ten« von Aaker zurückgegriffen und der Beitrag der klassischen Werbung zu den fünf unterschiedenen Gruppen von Markenwertdeterminanten (Markentreue, wahrgenommene Qualität, Markenassoziationen und -image, Markenbekanntheit sowie Marktanteil und Distributionsgrad) untersucht.

---

686 Vgl. z.B. Aaker/Biel 1993, S. 1ff.; Keller 1993, S. 2ff.; Haedrich/Tomczak/Kaetzke 2003, S. 73; Homburg/Schäfer 2001, S. 169; Rossiter/Percy 2001, S. 525ff.; Eagle/Kitchen 2000, S. 103; Trommsdorff 1997, S. 1; Tomczak/Müller 1992, S. 18

687 Vgl. auch Owen 1993, S. 18

688 Vgl. Simon/Sullivan 1993, S. 33

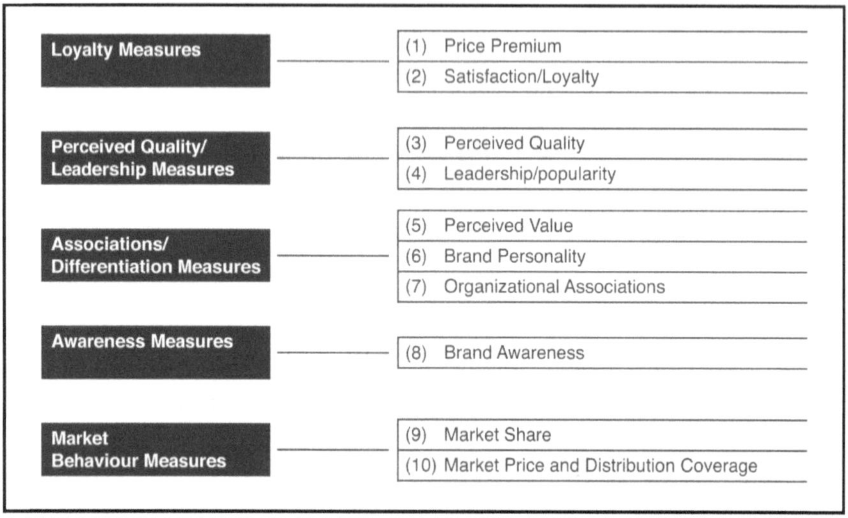

Abb. 5.1: Brand Equity Ten[689]

Gemäss einer Studie von Yoo, Donthu und Lee korrelieren die Werbeausgaben für eine Marke positiv mit der **Markentreue** ihrer Verwender.[690] Weiter konnten Boulding, Lee und Staelin mit Hilfe der PIMS Daten nachweisen, dass eine profilierende und relevante Werbebotschaft langfristig zu einer Differenzierung der beworbenen Marke führt, die im Gegenzug nicht nur die Markentreue erhöht, sondern insbesondere die Durchsetzung eines **höheren Preises** gegenüber dem Wettbewerb ermöglicht.[691] Zu einem vergleichbaren Ergebnis gelangte Gatignon, der empirisch belegen konnte, dass eine Erhöhung der Werbeausgaben für eine Marke die Preiselastizität ihrer Verwender senkt und dadurch die Markentreue erhöht.[692] Werbung kann aber auch dazu eingesetzt werden die Konsumfrequenz zu erhöhen, beispielsweise durch eine neue Konditionierung, bzw. die werbliche Positionierung der Marke in einer anderen, verwandten Produktkategorie.[693]

Während die Wirkung der Werbung auf die Zahlungsbereitschaft der Konsumenten relativ unbestritten ist, stellt sich trotz der empirischen Evidenz die Frage, ob Werbung tatsächlich Markenloyalität erzeugt oder nicht eher existierende Markentreue erhält, indem sie die Verwender durch eine geeignete Ansprache in ihrer Wahl bestätigt und von einem Markenwechsel abhält. Es ist davon auszugehen, dass andere Marketingin-

---

689 Aaker 1996, S. 319. In einer Untersuchung konnten Yoo, Donthu und Lee die wahrgenommene Qualität, die Markentreue, die Markenassoziationen sowie die Markenbekanntheit als Determinanten des Markenwerts empirisch validieren. Vgl. Yoo/Donthu/Lee 2000, S. 204

690 Vgl. Yoo/Donthu/Lee 2000, S. 200. Zum gleichen Ergebnis kommen Eagle und Kitchen in einer breit angelegten Befragung neuseeländischer Marketingmanager. Vgl. Eagle/Kitchen 2000, S. 100

691 Vgl. Boulding/Lee/Staelin 1994, S. 171; auch Kenning 2003, S. 106

692 Vgl. Gatignon 1984, S. 394

693 Vgl. Wansink/Ray 2000, S. 106ff.; Buchholz/Wördemann 1998b, S. 78ff.

strumente, insbesondere die Produkt- und Dienstleistungsqualität, einen stärkeren Einfluss auf die Markentreue ausüben als die Werbung.[694] Darüber hinaus scheint die Wirkung der Werbung auf die Markenloyalität auch von der Produktkategorie und dem Gütertyp abhängig zu sein. So konnte Bamert empirisch nachweisen, dass die vorhin diskutierten, aus dem Konsumgüterbereich stammenden Resultate nicht vorbehaltlos auf den tertiären Sektor übertragen werden können. Er fand in seiner Untersuchung im Dienstleistungsbereich keinen Beweis für einen positiven Zusammenhang zwischen Werbung und Markentreue.[695]

Verschiedene empirische Untersuchungen zeigen, dass Intensität und Qualität der Werbung den Rezipienten als Indikatoren für die **wahrgenommene Qualität** der beworbenen Marke dienen.[696] Die Verbraucher gehen davon aus, dass Unternehmen, die relativ viel werben, langfristig auf einem Markt bestehen wollen und deshalb höchstwahrscheinlich auch über qualitativ hochstehende Produkte verfügen.[697] Zudem wird eine hohe Qualität der Werbung von den Rezipienten dahingehend interpretiert, dass Werbetreibende für qualitativ minderwertige Produkte kaum eine teure Werbekampagne schalten würden. Die Machart der Werbung wird in diesem Fall mit der Produktqualität assoziiert.

Neben diesen indirekten Auswirkungen der Werbung auf die wahrgenommene Qualität besteht aber auch ein direkter Zusammenhang, der zum Tragen kommt, wenn die hohe Qualität eines Produktes in der Werbung explizit erwähnt wird.[698] In diesem Fall ist jedoch anzumerken, dass sich die Rezipienten der kommerziellen Motivation der Werbetreibenden bewusst sind, weshalb derartige Werbekampagnen generell mit Glaubwürdigkeitsdefiziten behaftet sind.[699] Diese Schwierigkeiten beschränken sich jedoch grösstenteils auf relativ unbekannte und wenig profilierte Marken aus dem Bereich höherwertiger Erfahrensgüter.[700] Zudem ist auch in Bezug auf die wahrgenommene Markenqualität davon auszugehen, dass die Werbung lediglich im Konsumgüterbereich, nicht aber bei Dienstleistungen die oben beschriebene Wirkung zeigt.[701] Dies dürfte in erster Linie auf die für Dienstleistungen charakteristische hohe Bedeutung des menschlichen Faktors bei der Leistungserbringung sowie auf die damit einhergehende Heterogenität der Leistungsqualität zurückzuführen sein.[702]

---

694 Vgl. Irmscher 1997, S. 225
695 Vgl. Bamert 2005, S. 304
696 Vgl. Yoo/Donthu/Lee 2000, S. 207; Kaas 1990c, S. 501
697 Vgl. Kaas 1990a, S. 51
698 Zur Unterscheidung zwischen den direkten und indirekten Wirkungen von Werbung auf die wahrgenommene Qualität vgl. Kirmani/Zeithaml 1993, S. 149ff.
699 Vgl. auch Abschnitt 3.2.1
700 Vgl. Keller 1993, S. 9; Kaas 1990a, S. 50f.
701 Vgl. Bamert 2005, S. 304
702 Zu den Charakteristika von Dienstleistungen vgl. auch Abschnitt 5.2.4

Nicht wirklich überraschend konnten unter anderen Biel und Chaudhuri empirisch nachweisen, dass die Werbung das **Markenimage** und die Markenreputation stark beeinflusst und diese wiederum die Markenwahl und somit auch den Markenwert (mit)determinieren.[703] Diese Erkenntnis wird durch eine Befragung von Eagle und Kitchen gestützt, wonach die Werbung von allen abgefragten Markenwertdeterminanten am stärksten die mit einer Marke verknüpften **Assoziationen** beeinflusst.[704] Generell drücken sich diese Assoziationen im Image der Marke aus, werden vom Rezipienten subjektiv wahrgenommen und wiederum auf die Marke übertragen.[705] Aus diesem Grund wird die Werbung auch als Sprachrohr der Positionierung bezeichnet und stellt in den meisten Fällen den geeigneten Weg dar, um das Image einer Marke zu entwickeln oder zu verändern.[706] Zudem prägen alle Elemente der Werbung – von der Botschaft über die Tonalität bis zum redaktionellen Umfeld – die **Markenpersönlichkeit**.[707] Ausgehend von diesen Erkenntnissen wird die Imagewerbung oftmals als Teil der Marke bezeichnet.[708]

Noch bevor die Werbung das Image und die Persönlichkeit der beworbenen Marke prägt, erhöht sie ihre Visibilität und somit ihre **Bekanntheit**.[709] Allgemein ist die klassische Werbung im Vergleich zu andern Kommunikationsinstrumenten ein kostengünstiges und äusserst wirksames Instrument, um einen Markennamen bekannt zu machen und mit einer Produktkategorie zu verknüpfen.[710] Dadurch senkt die Werbung die Suchkosten der Verbraucher und ermöglicht bei entsprechender Werbeintensität die Aufnahme der Marke ins Evoked-Set der anvisierten Zielgruppe, was eine Grundvoraussetzung für den Markenerfolg darstellt.[711] Ist eine Marke bekannt, gilt es ihre Aktualität kontinuierlich zu erhalten, damit sie nicht vom Wettbewerb aus dem Bewusstsein der Verbraucher gedrängt wird.[712] Auch hierzu eignet sich die Werbung als akzidentielles Marketinginstrument besonders, da sie in der Lage ist, aktuelle Themen zu besetzten und Trends aufzunehmen, ohne dabei die funktionale Kompetenz der Marke zu tangieren.[713]

In Bezug auf den Zusammenhang zwischen der Werbung und der Marktstellung einer Marke konnten Simon und Sullivan nachweisen, dass der Share of Voice, der Anteil einer Marke an den gesamten Werbeausgaben einer Branche, ihren **Marktanteil** posi-

---

[703] Vgl. Biel 1992, S. RC-9ff.; Chaudhuri 2002, S. 35ff.

[704] Vgl. Eagle/Kitchen 2000, S. 100

[705] Vgl. Keller 1993, S. 3f.; auch Aaker 1997, S. 355

[706] Vgl. auch Trommsdorff 1997, S. 1; Schmid 1996, S. 214

[707] Vgl. Batra/Lehmann/Singh 1993, S. 93f.; Aaker 1997, S. 354

[708] Vgl. Kaas 1990a, S. 51; Biel 1992, S. RC-9

[709] Vgl. Chaudhuri 2002, S. 35ff.; Yoo/Donthu/Lee 2000, S. 206

[710] Alternative Kommunikationskanäle wie bspw. die Verkaufsförderung greifen zu spät im Entscheidungsprozess beim Verbraucher oder können aus Kostengründen nicht häufig genug eingesetzt werden, um die notwendige Bekanntheit aufzubauen. Vgl. Rossiter/Percy 2001, S. 526

[711] Vgl. Miller/Berry 1998, S. 78

[712] Vgl. Kroeber-Riel 1993, S. 47

[713] Vgl. Homburg/Schäfer 2001, S. 169; Irmscher 1997, S. 226; Abschnitt 3.3.1

tiv beeinflusst.[714] Es ist hier jedoch davon auszugehen, dass die Werbung keinen direkten Einfluss auf den Marktanteil einer Marke ausübt, sondern in erster Linie ihre Bekanntheit, ihr Image und die Markentreue erhöht, und diese Veränderungen anschliessend für eine Steigerung des Marktanteils verantwortlich sind.[715] So konnten beispielsweise Miller und Berry in einer Längsschnittstudie im U.S.-amerikanischen Mietautomarkt nachweisen, dass der positive Zusammenhang zwischen Share of Voice und Marktanteil in erster Linie auf eine Erhöhung der Markenbekanntheit zurückzuführen ist.[716]

Dieselbe Problematik stellt sich bei der Untersuchung der Werbewirkung auf den **Distributionsgrad**. Es ist anzunehmen, dass die Werbung keine direkten Auswirkungen auf die Distribution ausübt, sondern primär eine Erhöhung des Markenwerts bewirkt, die dann ihrerseits den Distributionsgrad positiv beeinflusst.[717] Dessen ungeachtet kann jedoch davon ausgegangen werden, dass die Werbung die Wiedererkennung der Marke im Geschäft erhöht, weshalb sie das Absatzrisiko des Handels senkt und somit indirekt die Verfügbarkeit der Marke erhöht.[718] Die Werbung stellt für den Handel in vielen Fällen nach wie vor den wichtigsten Pull-Faktor dar;[719] und Pull-Anreize erklären 2/3 der Erfolgsrelevanz von Marken beim Handel.[720] Aus diesem Grund weisen Marken mit einem relativ hohen Share of Voice meist auch einen entsprechenden Distributionsgrad auf.[721]

Vor dem Hintergrund der in diesem Abschnitt gemachten Überlegungen erstaunt es nicht, dass die Bedeutung der Kommunikationspolitik gegenüber anderen Instrumentalbereichen des Marketings relativ hoch ist und gemäss der im Rahmen einer Delphistudie befragten Experten noch weiter steigen wird.[722] Obwohl unkonventionelle Kommunikationskanäle aufgrund der sich ändernden Kommunikationsbedingungen aller Voraussicht nach in Zukunft an Bedeutung gewinnen werden, bleibt die klassische Werbung (gemessen an den Ausgaben) nach wie vor das mit Abstand wichtigste Marketingkommunikationsinstrument.[723] Dies dürfte in erster Linie auf den Umstand zurückzuführen sein, das Below-the-Line-Instrumente (z.B. Direkt Marketing) in den meisten Fällen nicht in der Lage sind, die für den Markenerfolg notwendige Bekanntheit aufzubauen.[724] Zudem besteht insbesondere im Konsumgüterbereich, wo Unter-

[714] Vgl. Simon/Sullivan 1993, S. 38

[715] Streng genommen stellt der Marktanteil alleine ohnehin kein wirklich aussagekräftiges Kriterium für die Stärke einer Marke dar. Vgl. Biel 1992, S. RC-7; Yoo/Donthu/Lee 2000, S. 204

[716] Vgl. Miller/Berry 1998, S. 80

[717] Vgl. Yoo/Donthu/Lee 2000, S. 206

[718] Vgl. Irmscher 1997, S. 221; Berekoven 1978, S. 47

[719] Zur Abgrenzung zwischen Pull- und Push-Faktoren vgl. z.B. Kühn/Vifian 2003, S. 75f.

[720] Vgl. Trommsdorff 1997, S. 10f.

[721] Vgl. auch Aebi 2003, S. 327

[722] Vgl. Pasquier/Dreosso/Rauch 2004, S. 29

[723] Vgl. Pasquier/Dreosso/Rauch 2004, S. 36, 79

[724] Vgl. Rossiter/Percy 2001, S. 526; Miller/Berry 1998, S. 78. Zur Abgrenzung zwischen Above-the-line und Below-the-line Instrumenten vgl. Abschnitt 5.3.1.

nehmen nur selten einen direkten Kontakt zum Kunden haben, streng genommen keine Alternative zur klassischen Werbung, wenn es darum geht, ein Markenimage aufzubauen oder einen Imagewechsel zu vollziehen.[725]

Zusammenfassend kann festgehalten werden, dass die Werbung auf vielfältige Art entscheidende Beiträge zum Erfolg und somit zum Wert einer Marke zu leisten vermag. Da die vorliegende Arbeit eine Prozessperspektive einnimmt, und Werbekampagnen meist nicht vom markenführenden Unternehmen selbst, sondern von einer externen Werbeagentur konzipiert und realisiert werden, rückt **die Zusammenarbeit zwischen dem Werbeauftraggeber und seiner Agentur** ins Zentrum des forscherischen Interesses. Aus diesem Grund werden im nachfolgenden Abschnitt 5.2 mehrere Theorien zu interorganisationalen Kooperationen auf ihre Anwendbarkeit auf den hier vorliegenden Untersuchungsgegenstand geprüft, bevor in Abschnitt 5.3 die Unternehmensform der Werbeagentur differenziert untersucht und in Abschnitt 5.4 verschiedene Markenführungsansätze von Werbeagenturen vorgestellt werden.

[725] Vgl. auch Park/Jaworski/MacInnis 1986, S. 136ff. Die immer wieder zitierten Beispiele von Marken, die ohne klassische Werbung auskommen (z.B. Body-Shop, Zara oder Marks & Spencer) stammen alle aus dem Handelsbereich.

5.2 Theoretische Grundlagen der Zusammenarbeit

Kein grosses Schweizer Unternehmen konzipiert und realisiert seine Werbekampagnen selbst. Vielmehr werden eine Vielzahl unterschiedlicher Management- und Gestaltungsaufgaben der Kommunikationspolitik von den Werbetreibenden ausgegliedert und externen Agenturen übertragen. Nüchtern betrachtet kann diese Zusammenarbeit als eine meist auf Mandatsbasis beruhende hierarchische Kooperation rechtlich selbständiger aber wirtschaftlich interdependenter Unternehmen, die gemeinsame Ziele verfolgen, beschrieben werden.

Ziel dieses Abschnitts ist die Diskussion theoretischer Forschungsansätze, die der Untersuchung der Zusammenarbeit zwischen Werbeauftraggeber und Werbeagentur zugrunde gelegt werden können. Dabei geht es nicht darum, alle möglichen Theorien zur Erklärung und Charakterisierung interorganisationaler Kooperationen ausführlich zu diskutieren.[726] Ein derartiges Vorgehen würde den Rahmen dieses Kapitels sprengen. Stattdessen soll eine beschränkte Auswahl relevanter Ansätze und Forschungsfelder kurz beschrieben und ihre Anwendbarkeit auf den hier vorliegenden Untersuchungsgegenstand geprüft werden. Dass ein derartiges Vorgehen für die Erforschung wirtschaftlicher Kooperationen geeignet ist, zeigen unter anderem die Arbeiten von Sydow und Knorr.[727]

Zunächst werden in Abschnitt 5.2.1 Ansätze aus dem Bereich der neuen Institutioneökonomie auf ihre Übertragbarkeit geprüft, bevor in Abschnitt 5.2.2 mit der Ressource-based View und der Transaktionswerttheorie zwei Ansätze aus der Managementliteratur, in Abschnitt 5.2.3 die Netzwerkforschung und in Abschnitt 5.2.4 das Dienstleistungs- und Beziehungsmarketing auf ihren möglichen Beitrag zur Erforschung der Zusammenarbeit zwischen Werbeauftraggeber und Werbeagentur untersucht werden.

5.2.1 Neue Institutionenökonomie

Die Entwicklung der Informationsökonomik, der Vertragstheorie und der Spieltheorie hat in den letzten Jahren zu einer zunehmenden Konvergenz zwischen Volkswirtschafts- und Betriebswirtschaftslehre geführt. So erfuhr beispielsweise die neue Institutionenökonomie trotz der grundsätzlich verhaltenswissenschaftlichen Ausrichtung des Marketings in jüngster Zeit eine grössere Verbreitung in der Marketingforschung.[728] Die neue Institutionenökonomie setzt sich mit der Entstehung und Gestaltung von Institutionen auseinander und umfasst dabei auch kooperative Organisations-

[726] So werden beispielsweise spieltheoretische, arbeitsökonomische, rechtliche und politische, politökonomische oder psychologische Theorieansätze ausgeklammert, da ihre Relevanz für den vorliegenden Untersuchungsgegenstand als verhältnismässig gering eingeschätzt werden kann.

[727] Vgl. Sydow 1993, S. 127ff.; Knorr 2005, S. 9ff.

[728] Vgl. Kaas 2002, S. 219

formen. Ihre Grundlagen stammen einerseits aus der neoklassischen Ökonomie, andererseits aus der Informationsökonomik.[729] Daraus entwickelten sich unter anderem zwei Theorien, die sich mit der Analyse interorganisationaler Kooperationen beschäftigen: die Principal Agency-Theorie und die Transaktionskostentheorie. Diese zwei Ansätze werden im Folgenden kurz skizziert und ihre Anwendbarkeit auf die Zusammenarbeit zwischen Werbeauftraggeber und Werbeagentur geprüft.

Die **Principal Agency-Theorie** untersucht durch Hierarchien gekennzeichnete Beziehungen zweier Akteure. Der Prinzipal (z.B. Aktionär) beauftragt den Agenten (z.B. Manager), ihn in seinem Sinne zu vertreten bzw. gemäss seinem Auftrag zu handeln.[730] Derartige Beziehungen können sowohl innerhalb einer Organisation als auch zwischen Organisationen auftreten. Damit der Beauftragte im Sinne des Auftraggebers agiert, sind Informationen bereitzustellen, vertragliche und organisatorische Regeln zu vereinbaren und ihre Einhaltung zu kontrollieren sowie ein adäquates Anreiz- und Sanktionssystem zu entwickeln. Da vertragliche und organisatorische Regeln nie alle Eventualitäten von vornherein berücksichtigen können, bleibt dem Agenten grundsätzlich ein diskretionärer Handlungsspielraum, den er – gemäss der Theorie – aufgrund der latent vorhandenen konfliktären Ziele von Prinzipal und Agent durch opportunistisches Verhalten auszunutzen versuchen wird. Die Kritik an der Principal Agency-Theorie setzt an diesem einseitigen Menschenbild an und macht geltend, dass das reale Verhalten von Wirtschaftssubjekten in sozialen Organisationen nicht unbedingt den theoretischen Vorhersagen entspricht.[731]

Die Principal Agency-Theorie ist im vorliegenden Fall insofern relevant, als dass es sich bei der Zusammenarbeit zwischen Werbeauftraggeber und Werbeagentur (nomen est omen) um eine hierarchische Kooperationsform handelt. Die Theorie spielt vor allem bei der Frage nach der geeigneten Agenturhonorierung durch den Werbeauftraggeber eine Rolle.[732] Neben dem Prozent-, Pauschal- und Aufwandshonorar wird in letzter Zeit in der werblichen Praxis verstärkt der Einsatz **anreizgesteuerter Vergütungssysteme**, so genannter Erfolgshonorare, diskutiert.[733] Bei dieser Honorierungsart wird die gesamte oder ein bestimmter Teil der Agenturvergütung vom Erreichen vorgängig festgelegter absatzpolitischer Ziele abhängig gemacht. Neben dem zusätzlichen Aufwand und den Schwierigkeiten bei der Budgetierung besteht die hauptsächliche Problematik der Erfolgshonorierung in der Wahl geeigneter Bemessungsgrundlagen, da sich deren Veränderung möglichst direkt aus den Leistungen der Werbeagentur ergeben muss und durch keine Störvariablen beeinflusst sein sollte. In diesem Zusammenhang werden vor allem die Veränderung der Markenbekanntheit und des Marken-

[729] Vgl. Madhok 2002, S. 535

[730] Vgl. Sydow 1993, S. 171ff.; Knorr 2005, S. 9 und die an diesen Stellen zitierte Literatur.

[731] Für einen detaillierten Überblick über die Kritik an der Principal Agency-Theorie vgl. Sydow 1993, S. 173

[732] Zur Agenturhonorierung und den verschiedenen Vergütungsmöglichkeiten vgl. Bruhn 2005, S. 316ff.; Bruhn 2003a, S. 386ff.; Pasquier/Dreosso/Rauch 2004, S. 107ff.

[733] Vgl. z.B. Murphy/Cunningham 1993, S. 464; Zuberbier 1994, S. 1064

images diskutiert, auch wenn beide Grössen die genannten Anforderungen streng genommen nicht erfüllen. Obwohl die meisten Werbeagenturen gegenüber einer Erfolgshonorierung offen sind, wird diese Vergütungsart in der Schweiz lediglich selten angewendet.

Eine grössere Bedeutung im Rahmen der Kooperationsforschung kommt dem ursprünglich von Coase begründeten **Transaktionskostenansatz** zu, der sich mit der Effizienz von Austauschbeziehungen (Transaktionen) zwischen Akteuren auseinandersetzt.[734] Seine Grundannahme besagt, dass die an einem Austauschprozess beteiligten Partner ihre Beziehung so gestalten werden, dass die auf beiden Seiten anfallenden Transaktionskosten minimiert werden.[735] Derartige Transaktionskosten entstehen vor allem bei der Anbahnung, der Abwicklung, der Kontrolle, der Anpassung sowie der Auflösung von Verträgen zwischen den Transaktionspartnern.[736] Grundsätzlich kann davon ausgegangen werden, dass mit zunehmender Kooperationsdauer die Auflösungskosten steigen, während die andern Kostenarten tendenziell sinken. Die Minimierung der Transaktionskosten erfolgt hauptsächlich durch die Wahl der geeigneten Kooperationsform, wobei Markt (buy) und Hierarchie (make) die Endpunkte eines Kontinuums von Möglichkeiten bzw. Kooperationsarten darstellen.[737] Dabei ist davon auszugehen, dass mit zunehmenden Transaktionskosten hierarchische Kooperationsformen zu einem besseren Ergebnis führen.

Der Transaktionskostenansatz ist im vorliegenden Fall insofern von Bedeutung, als dass er eine Grundlage für die Entscheidung bereit stellt, ob überhaupt eine Werbeagentur beauftragt wird oder ob alle kommunikativen Aktivitäten im eigenen Unternehmen (**In-House Agency**) konzipiert und realisiert werden.[738] Diese Grundsatzentscheidung ist gemäss Murphy und Cunningham von den fünf Kriterien Kontrolle (vgl. auch Principal Agency-Theorie), Kosten, Niveau der kommunikativen Aktivitäten, Objektivität und Effektivität abhängig.[739] Die Ausführungen in den Abschnitten 4.4.3 und 4.4.4 haben gezeigt, weshalb die Objektivität bzw. die Aussensicht der Werbeagentur im Rahmen der Markenführung von entscheidender Bedeutung sein kann. Meist wird die Entscheidung eine externe Agentur einzusetzen jedoch lediglich in der Hoffnung gefällt, dass die Agentur aufgrund ihrer Ressourcen in der Lage ist, die kommunikativen Aufgaben effektiver und effizienter auszuführen, als dies bei einer internen Lösung der Fall wäre. Diese spezifischen Ressourcen von Werbeagenturen liegen vor allem in ihrer konzeptionellen und gestalterischen Kreativität, in ihrem strategischen und fachlichen Wissen sowie in ihren Beziehungen insbesondere zur Me-

[734] Vgl. Madhok 2002, S. 535; Knorr 2005, S. 10. Der Transaktionskostenansatz findet ebenfalls in der Netzwerkforschung und im Rahmen des Beziehungsmarketings Anwendung. Vgl. Kaas 2002, S. 219

[735] Vgl. Sydow 1993, S. 130

[736] Vgl. Dyer 1997, S. 536

[737] Vgl. Sydow 1993, S. 130ff.; Sydow 2001, S. 243ff.

[738] Vgl. auch Zuberbier 1994, S. 1060ff.

[739] Vgl. Murphy/Cunningham 1993, S. 460

dienbranche.[740] Diese Argumentation zeigt, dass der Transaktionskostenansatz alleine zur theoretischen Beschreibung der Zusammenarbeit zwischen Werbeauftraggebern und Werbeagenturen nicht ausreicht, sondern zumindest um die im nächsten Abschnitt diskutierte Ressourcenperspektive ergänzt werden muss.

5.2.2 Managementansätze

Ausserhalb der neuen Institutionenökonomie finden sich auch in der Managementliteratur Forschungsansätze, die der Untersuchung der Kooperation zwischen Werbeauftraggeber und Werbeagentur zu Grunde gelegt werden können. Insbesondere die bereits angesprochene Ressourcenperspektive sowie der auf der Transaktionskostentheorie aufbauende Transaktionswertansatz sollten einen Erklärungsbeitrag leisten können. Diese beiden Ansätze werden im Folgenden kurz diskutiert und ihre konkrete Anwendbarkeit auf den vorliegenden Untersuchungsgegenstand geprüft.

Die Ressourcenperspektive wird in der Literatur meist mit dem englischen Begriff **Resource-based View** bezeichnet und beschreibt eine Organisation als ein Bündel von Ressourcen und Fähigkeiten, deren Kombination im Idealfall zu so genannten **Kernkompetenzen** führt.[741] Diese Kompetenzen ermöglichen Wettbewerbsvorteile, sofern sie wertvoll, knapp und innerhalb nützlicher Zeit weder substituierbar noch imitierbar sind. Aus der Ressourcenperspektive werden Unternehmenskooperationen in erster Linie in der Absicht eingegangen, Zugang zu weiteren komplementären Ressourcen und Kompetenzen zu erlangen und somit die Ressourcenbeschränkung zu überwinden und neue Wettbewerbsvorteile zu internalisieren.[742] Da grundsätzlich davon ausgegangen werden kann, dass externe Werbeagenturen aufgrund ihrer Unabhängigkeit und der Tatsache, dass sie meist für mehrere Kunden tätig sind, bezüglich der entscheidenden Ressourcen einer In-House Agentur überlegen sind, kann die Ressourcenperspektive vorbehaltlos auf die Beziehung zwischen Werbeauftraggeber und Werbeagentur übertragen werden.[743]

Neben der fehlenden Internalisierung der Ressourcenperspektive bezieht sich die Kritik am im vorhergehenden Abschnitt diskutierten Transaktionskostenansatz insbesondere auf das der Theorie zu Grunde gelegte opportunistische Menschenbild, das darauf aufbauende Primat der Kostenminimierung sowie die Überbetonung struktureller zu Lasten prozessualer und strategischer Aspekte.[744] Ausgehend von dieser Kritik postu-

[740] Vgl. Abschnitte 5.3 und 5.4; auch: Bruhn 2003a, S. 378

[741] Vgl. Jüttner/Wehrli 1994a, S. 43f.; auch Kühn/Grünig 1998, S. 141ff. Die dem Ressourcenansatz zugrunde liegende inside-out Perspektive ist gegenläufig zum Blickwinkel sowohl der neuen Institutionenökonomie als auch des Marketings. Vgl. auch Porter 1996, S. 11ff.

[742] Vgl. Madhok 2002, S. 544; Wilkinson/Young 2002, S. 123f

[743] Vgl. auch Aaker 1996, S. 348; Zuberbier 1994, S. 1060; Wehrli 1992, S. 118

[744] Für einen detaillierten Überblick über die Kritik am Transaktionskostenansatz vgl. Sydow 1993, S. 145ff.; Sydow 2001, S. 265ff.

lierten Zajac und Olsen zur Analyse interorganisationaler Kooperationen den **Transaktionswertansatz.**[745] Dieser Ansatz beruht vereinfacht ausgedrückt auf der Überzeugung, dass Investitionen in eine Beziehung zu einem anderen Unternehmen nicht nur Kosten verursachen, sondern vielerorts z.B. aufgrund von Lerneffekten auch einen strategischen Wert (Transaktionswert) generieren. Eine Kooperation stellt vor diesem Hintergrund für die beteiligten Unternehmen im Idealfall einen eigenen Wettbewerbsvorteil dar, den es in die Gesamtstrategie zu integrieren gilt, um eine maximale Wertschöpfung zu erreichen. Zur Absicherung dieses Wettbewerbsvorteils muss gezielt in das Management der Beziehung investiert werden. Der Transaktionswertansatz erweitert die Ressourcenperspektive insofern, als Wettbewerbsvorteile auch in Netzwerken bzw. im Rahmen interorganisationaler Kooperationen und nicht nur im Unternehmen selbst erzielt werden können.[746]

Zajac und Olsen gehen davon aus, dass eine Erhöhung des Transaktionswerts zwar zwangsläufig mit einer Erhöhung der Transaktionskosten einhergeht, diese aber relativ gesehen weniger stark ansteigen, weshalb sich beziehungsspezifische Investitionen lohnen.[747] Entgegen den grundsätzlichen Annahmen der Transaktionskostentheorie kommt Dyer sogar zum Schluss, dass Investitionen in eine Kooperation steigen können, während die Transaktionskosten unverändert bleiben.[748] Im Rahmen einer Studie in der Automobilindustrie konnte er nachweisen, dass die durch Kooperationen geschaffenen Werte um so grösser sind, je spezifischer die beteiligten Partner investieren. Dieses Ergebnis zeigt, dass ein intensives Beziehungsmanagement hilft, die entstehenden Transaktionskosten z.B. durch den Abbau von Informationsasymmetrien zu senken und somit die kooperative Wertgenerierung zu erhöhen.[749] Wertzuwächse in langfristigen Geschäftsbeziehungen können auf eine gesteigerte Effizienz (Zeit und Qualität), eine erhöhte Kontrolle, Lerneffekte sowie eine zunehmende Stabilität zurückgeführt werden.[750]

Wendet man den Transaktionswertansatz auf die Beziehung zwischen Werbeauftraggeber und Werbeagentur an, umfasst der Transaktionswert nicht nur den Zielerreichungsgrad der gemeinsam lancierten Werbekampagne, sondern zum Beispiel auch die in Abschnitt 4.4.4 geforderten organisationalen Lerneffekte. Während die meisten ökonomischen Theorien bei der Untersuchung hierarchischer Kooperationen aus der Perspektive des auftraggebenden Unternehmens argumentieren und sich dabei insbesondere mit der Wahl der geeigneten Organisationsform (Hierarchie oder Markt) auseinandersetzen, nimmt der Transaktionswertansatz gleichermassen die Sicht des Auftraggebers und des Beauftragten ein. Aus diesem Grund vermag er theoretisch zu er-

[745] Vgl. Zajac/Olsen 1993, S. 131ff.
[746] Vgl. auch Ritter/Gemünden 2003, S. 694
[747] Vgl. Zajac/Olsen 1993, S. 143
[748] Vgl. Dyer 1997, S. 551ff.
[749] Zu den verschiedenen Arten von Werten, die im Rahmen von Kooperationen generiert werden können, vgl. Ritter/Gemünden 2003, S. 694
[750] Vgl. Wehrli/Jüttner 1996, S. 34

klären, weshalb viele Werbeagenturen im Rahmen ihrer Kundenbeziehungen Investitionen tätigen, die die zur Absicherung der Kooperation notwendigen Aufwendungen bei weitem übersteigen. Denn eine effektive Werbekampagne ist nicht nur Grundlage einer guten Kundenbeziehung, sondern gleichzeitig auch das primäre Instrument einer Werbeagentur, um sich selbst zu profilieren.[751]

Angesichts der eingangs dieses Kapitels beschriebenen Tatsache, dass kreative Werbekampagnen in vielen Fällen einen Erfolgsfaktor im Marketing darstellen, und davon ausgehend, dass eine gute Werbekampagne eines relativ hohen Engagements sowohl vom Werbetreibenden selbst als auch der Werbeagentur bedarf, kann der Transaktionswertansatz von den bislang diskutierten (ökonomischen) Theorien den grössten Beitrag zur Analyse der Beziehung zwischen Werbeauftraggeber und Werbeagentur leisten. Insbesondere liefert er im Gegensatz zu den anderen Ansätzen eine theoretische Begründung, weshalb eine von beiden Seiten intensiv geführte Beziehung in vielen Fällen zweckmässig erscheint. Durch die Verbindung der Ressourcentheorie mit den anfallenden Transaktionskosten erweitert der Transaktionswertansatz zudem die Ressourcenperspektive auf die im folgenden Abschnitt beschriebenen Netzwerke.

5.2.3 Netzwerkforschung

Netzwerke können beispielsweise zwischen Körperzellen (kognitive Netze), Individuen, Gruppen und Gemeinschaften, Ländern, Unternehmenseinheiten oder zwischen Unternehmen bestehen.[752] Dementsprechend verschieden sind die Wissenschaftsdisziplinen, die sich mit der Erforschung von Netzwerken auseinandersetzen. Im Rahmen dieser Arbeit sind jedoch lediglich Netzwerke zwischen rechtlich selbstständigen Unternehmen Gegenstand der Diskussion. Auch in diesem Bereich haben sich unterschiedliche Forschungszweige parallel und relativ unabhängig voneinander ausgebildet (Organisationstheorie, Innovationsmanagement, Einkauf oder Marketing), wobei die ersten Ansätze bereits auf das frühe 20. Jahrhundert zurückgehen.[753] Es ist zu beachten, dass die einzelnen Forschungszweige unterschiedliche Ziele verfolgen. Während einige versuchen, Netzwerke zwischen unabhängigen Unternehmen zu beschreiben und ihre Entstehung zu verstehen, fokussieren andere Arbeiten auf das Management und die Führung komplexer Netzwerke. Die betriebswirtschaftliche Netzwerkforschung erfuhr insbesondere gegen Ende des vergangenen Jahrhunderts infolge der wissenschaftlichen Diskussion von Outsourcing, Downsizing, Kernkompetenzen, Joint Ventures, virtuellen Organisationen etc. eine grössere Verbreitung.

---

[751] Zu den damit teilweise verbundenen Zielkonflikte zwischen Auftraggeber und Agentur vgl. Siegert/Brecheis 2005, S. 132f

[752] Vgl. auch Sydow 1993, S. 74ff.

[753] Vgl. Ritter/Gemünden 2003, S. 691f.

Ein Netzwerk zwischen Unternehmen kann als komplexes, selbstregulierendes System verstanden werden, innerhalb dessen verschiedene Organisationen gleichzeitig führen und geführt werden.[754] Sobald das Netzwerk durch eine klare Hierarchie gekennzeichnet ist, spricht man von einem **strategischen Netzwerk** und bezeichnet die führende Organisation als fokales Unternehmen.[755] Ein strategisches Netzwerk stellt demnach eine Kooperationsform zwischen Markt und Hierarchie dar, die durch reziproke, kooperative und relativ stabile Beziehungen zwischen rechtlich selbstständigen aber wirtschaftlich interdependenten Unternehmen charakterisiert ist.[756] Meist werden im Rahmen der Netzwerkforschung Netzwerke untersucht, die aus mehr als zwei unabhängigen Unternehmen bestehen. Die dabei gewonnenen Einsichten und Erkenntnisse lassen sich aber in aller Regel vorbehaltlos auf die Analyse dyadischer Partnerschaften übertragen.[757] Somit kann die Beziehung zwischen dem Werbeauftraggeber und seiner Werbeagentur als strategisches Netzwerk bezeichnet werden, wobei der Werbeauftraggeber das fokale Unternehmen darstellt.

Das primäre Interesse der wirtschaftlichen Netzwerkforschung liegt in der organisatorischen Ausgestaltung von Unternehmensnetzwerken und der Analyse der interorganisationalen Zusammenarbeit zwischen den beteiligten Unternehmen. Tabelle 5.1 gibt einen Überblick über Merkmalsausprägungen, die unterschiedliche Netzwerke aufweisen können.

Merkmal	**Merkmalsausprägungen**
Geografische Orientierung	regional / national / kontinental / international
Kooperationsrichtung	vertikal / horizontal / lateral
Marktauftritt	völlig einheitlich bis völlig uneinheitlich
Ausrichtung	personell / intraorganisational / interorganisational
Transaktionstyp	Markt vs. Hierarchie
Ressourcenabhängigkeit	völlige Ressourcenabhängigkeit vs. völlige Ressourcenunabhängigkeit
Willensbildung	ein Partner / Gruppe / Mehrheit / Einstimmigkeit
Willensdurchsetzung	ein Partner / Mehrheit / Einstimmigkeit
Bindungsgrad	sehr hoch bis sehr niedrig _Bindungsdauer (kurz- bis langfristig) _Bindungsintensität (stringente bis lockere Vorgaben) _Bindungsumfang (wenige bis alle Aktivitätsbereiche)
Autonomiegrad	sehr hoch bis sehr niedrig

Tab. 5.1: Merkmale und Merkmalsausprägungen von Netzwerken[758]

[754] Vgl. Wilkinson/Young 2002, S. 129; Ritter/Gemünden 2003, S. 693

[755] Vgl. Jarillo 1988, S. 31; Sydow 1993, S. 81

[756] Vgl. Sydow 1993, S. 82. Strategische Netzwerke entstehen entweder aufgrund freiwilliger Kooperation oder durch Ausgliederung bzw. Desintegration. Vgl. Sydow 1993, S. 55

[757] Vgl. Knorr 2005, S. 21

[758] Vgl. Ahlert/Evanschitzky 2003, S. 45f. Alternative Merkmale und Merkmalsausprägungen finden sich bei Sydow 1993, S. 85

Die aufgeführten Merkmale und Merkmalsausprägungen eignen sich zur Strukturierung verschiedener Netzwerkformen und somit auch zur Abgrenzung unterschiedlicher Kooperationsarten zwischen Werbeauftraggeber und Werbeagentur. So sind die Merkmale Willensbildung und Willensdurchsetzung Ausdruck der in Abschnitt 4.4.3 beschriebenen Offenheit des Markenführungsprozesses auf Auftraggeberseite. Insbesondere diese beiden Merkmale als auch die drei Faktoren des Bindungsgrads eignen sich zur Beschreibung unterschiedlicher Formen der Zusammenarbeit zwischen Werbeauftraggeber und Werbeagentur, weshalb sie später im Rahmen der empirischen Untersuchung zur Operationalisierung der Variablen eingesetzt werden können.[759] Abgesehen von der Charakterisierung einzelner Kooperationsformen überschneidet sich die Netzwerkforschung zum Teil auch bei der Untersuchung der Beziehungsentwicklung mit dem im folgenden Abschnitt diskutierten Beziehungsmarketing.[760]

5.2.4 Dienstleistungs- und Beziehungsmarketing

Das **Dienstleistungsmarketing** ist ein relativ junger Bereich der Marketingforschung, der seit Mitte der achtziger Jahre des vergangenen Jahrhunderts eine grössere Verbreitung erfährt.[761] Die zunehmende Bedeutung des Dienstleistungsmarketings ist einerseits Folge des kontinuierlichen Wachstums des tertiären Sektors in den Industrienationen, andererseits der fortschreitenden Konvergenz des Konsumgüter- und Dienstleistungsmarketings.[762] Diese Annäherung ist eine Konsequenz der zunehmenden Homogenisierung stofflich-technischer Leistungsmerkmale insbesondere von Konsumgütern, weshalb die angestrebte Differenzierung oftmals lediglich durch die Einführung von Zusatzdienstleistungen (z.B. Leasingangebote) möglich ist.[763] Eine derartige Verknüpfung von Produkten und Dienstleistungen wird auch als Leistungsbündel bezeichnet. Als Folge dieser Entwicklung finden die Einsichten und Erkenntnisse des Dienstleistungsmarketings zunehmend auch Anwendung in verwandten Bereichen des Marketings.

Dienstleistungen unterscheiden sich von Konsum- und Investitionsgütern insbesondere durch ihren nichtgreifbaren Charakter (Immaterialität), den zeitlichen und örtlichen Zusammenfall von Produktion und Konsumation, die deswegen fehlende Lagerfähigkeit, die damit verbundene Integration des Kunden in den Erstellungsprozess, die hohe Heterogenität bei der Leistungserbringung und die verhältnismässig einfache Kopierbarkeit von Innovationen.[764] Diese Charakteristika haben zur Folge, dass sich das Dienstleistungsmarketing im Gegensatz zum klassischen Marketing eines **erweiterten Instrumentariums** bedient, das neben den herkömmlichen vier P's ebenfalls die drei

[759] Vgl. Abschnitt 6.3
[760] Vgl. Ritter/Gemünden 2003, S. 692
[761] Vgl. Berry/Parasuraman 1993, S. 13; Zeithaml/Parasuraman/Berry 1985, S. 33
[762] Vgl. Kotler/Bliemel 1995, S. 707; Levitt 1976, S. 63ff.; Bamert/Wehrli 2005, S. 134
[763] Vgl. auch Abschnitt 3.2.2
[764] Vgl. Kotler/Bliemel 1995, S. 711ff.; Zeithaml/Parasuraman/Berry 1985, S. 33ff.

Submixe People, Physical Evidence und Process umfasst.[765] People steht dabei für die herausragende Bedeutung des menschlichen Faktors bei der Dienstleistungserbringung (interaktives Marketing), Physical Evidence unterstreicht die Relevanz tangibler Faktoren (z.B. Räumlichkeiten) als Verkörperung der intangiblen Dienstleistung, und Process betont die Wichtigkeit des Leistungserstellungsprozesses im Rahmen des Dienstleistungsmarketings.

Vor dem Hintergrund der aufgeführten Besonderheiten ist die Erfolgsrelevanz einer hohen Qualität bei der Leistungserbringung im Dienstleistungsbereich höher einzuschätzen als in der Konsumgüterindustrie, weshalb die Strategie der Qualitätsführerschaft im tertiären Sektor eine besonders aussichtsreiche Profilierungsvariante darstellt.[766] In diesem Zusammenhang konnten Bamert und Wehrli im Rahmen einer empirischen Studie nachweisen, dass der Kundendienst bei Konsumgütern als Teil des Marketing-Mix wahrgenommen wird, und somit lediglich eine der Beurteilung der Markenstärke vorgelagerte Grösse repräsentiert, während die wahrgenommene Qualität bei Dienstleistungsunternehmen eine eigenständige Dimension des Markenwerts darstellt.[767] Diese Einsicht lässt die **Dienstleistungsqualität** zum zentralen Begriff im Dienstleistungsmarketing avancieren. Im Gegensatz zur Produktqualität ist jedoch die Qualität von Dienstleistungen aufgrund ihrer Immaterialität und der Prämisse der Kundenintegration ungleich schwieriger zu operationalisieren.

Zur Beschreibung und Messung der Dienstleistungsqualität hat sich in den letzten Jahren der von Parasuraman, Zeithaml und Berry eingeführte und kontinuierlich weiterentwickelte Ansatz **SERVQUAL** durchgesetzt.[768] Die Dienstleistungsqualität wird dabei als einstellungsähnliches Konstrukt verstanden, das aus dem subjektiven Vergleich der erwarteten mit der erlebten Leistung resultiert. Vereinfacht ausgedrückt kann die Dienstleistungsqualität als zufriedenstellend oder höher beurteilt werden, wenn die erlebte Leistung die erwartete übertrifft. Diesem Mechanismus folgend wird bei der Messung der Dienstleistungsqualität mittels SERVQUAL zunächst nach der generellen Bedeutung einer bestimmten Qualitätsdimension in einer gewählten Branche und dann nach ihrer konkreten Ausprägung im zu untersuchenden Fall gefragt. Neben diesen Doppelskalen sind für SERVQUAL insbesondere die 22 branchenübergreifend eingesetzten Items charakteristisch, die folgende fünf universell gültigen Qualitätsdimensionen repräsentieren:

(1) **Tangibles**, als die Gesamtheit des physischen und somit greifbaren Umfelds einer Dienstleistung (Räumlichkeiten, Einrichtungen und Ausrüstungen, Erscheinungsbild des Personals, gedruckte Kommunikationsmittel);

---

[765] Vgl. Gronroos 1990, S. 4ff.; Meffert 1998, S. 1079ff.; Kotler/Bliemel 1995, S. 719; Knorr 2005, S. 25f. und die an diesen Stellen zitierte Literatur.

[766] Vgl. Hentschel 1999, S. 293f.

[767] Vgl. Bamert/Wehrli 2005, S. 140

[768] Vgl. Parasuraman/Zeithaml/Berry 1985, S. 41ff.; Parasuraman/Zeithaml/Berry 1988, S. 12ff. Zur Kritik am SERVQUAL Ansatz vgl. Hentschel 1999, S. 307ff.; Buttle 1996, S. 10ff.

(2) **Reliability**, als die Fähigkeit, die versprochene Dienstleistung kompetent, zuverlässig, präzise und akkurat auszuführen;

(3) **Responsiveness**, als die Bereitschaft, Kunden zu helfen und ihre Probleme schnell und adäquat zu lösen;

(4) **Assurance**, als das (Fach-)Wissen, die Höflichkeit und die Vertrauenswürdigkeit der involvierten Mitarbeiter;

(5) **Empathy**, als die Gewilltheit, sich individuell um jeden Kunden zu kümmern.

Die Erkenntnisse des Dienstleistungsmarketings lassen sich vorbehaltlos auf die Beziehung zwischen Werbeagentur und Auftraggeber anwenden, da die Konzeption und Realisation von Werbemassnahmen eine klassische interaktionistische Dienstleistung darstellt.[769] Auch wenn nicht alle aufgeführten Besonderheiten von Dienstleistungen unreflektiert auf die Werbung übertragen werden können, vermögen die skizzierten Konzepte und Ansätze zu erklären, weshalb Werbeagenturen stets versuchen, sich gegenseitig die talentiertesten und renommiertesten Mitarbeiter abzuwerben (People), wieso sie in reduziert und dennoch chaotisch eingerichteten Räumlichkeiten an repräsentativer Lage logieren (Physical Evidence) und warum die Gestaltung der Ablauforganisation als zentraler Erfolgsfaktor von Werbeagenturen bezeichnet wird (Process).[770] Insbesondere die vier letztgenannten Dimensionen der Dienstleistungsqualität nach SERVQUAL eignen sich zur Beschreibung und Abgrenzung verschiedener Beziehungen zwischen Werbeagenturen und Werbeauftraggebern, weshalb sie später im Rahmen der empirischen Untersuchung zur Operationalisierung der unabhängigen Variablen eingesetzt werden können.[771]

Die Reflexionen zum Dienstleistungsmarketing machen deutlich, wie wichtig die persönliche Interaktion bei der Dienstleistungserbringung ist. Ausgehend von dieser Erkenntnis erfuhr in den letzten zwanzig Jahren das Konzept des **Beziehungsmarketings** in unterschiedlichen Anwendungsbereichen des Marketings eine grössere Verbreitung.[772] Diese Entwicklung kann auch als Reaktion auf die in Abschnitt 3.2 beschriebenen Veränderungen der relevanten Umweltbedingungen interpretiert werden. So bedingten beispielsweise die zunehmende Individualisierung des Konsums, die sich immer schneller ändernden Kundenbedürfnisse, die abnehmende Markenloyalität, die Verkürzung der Produktlebenszyklen oder die zunehmende Austauschbarkeit von Leistungen und Produkten einen Paradigmenwechsel im Marketing von der klassischen Transaktionsorientierung zu einer zunehmenden Beziehungsorientierung.[773]

---

[769] Vgl. Wehrli 1992, S. 119

[770] Zur Ablauforganisation von Werbeagenturen vgl. Abschnitt 5.3.2

[771] Vgl. Abschnitt 6.3

[772] Vgl. O'Malley/Tynan 2000, S. 797. Erkenntnisse aus dem Beziehungsmarketing finden sich heute in fast allen Marketingbereichen wie z.B. dem Dienstleistungsmarketing, dem Mitarbeitermarketing, dem Konsumgütermarketing oder dem Direktmarketing.

[773] Vgl. Jüttner/Wehrli 1994b, S. 57. Dieser Paradigmenwechsel darf jedoch nicht losgelöst von anderen Entwicklungen im Marketing wie z.B. dem Direktmarketing oder dem Database-Marketing interpretiert werden. Vgl. O'Malley/Tynan 2000, S. 797

Als Folge davon änderte sich die Zielsetzung im Marketing von der Kundenakquisition zu einer umfassenden Steuerung der Kundenbeziehung.

Grundsätzlich kann zwischen Beziehungsmarketing im engeren und weiteren Sinne unterschieden werden.[774] Während bei ersterem der Fokus ausschliesslich auf der dyadischen Kundenbeziehung liegt, erweitert der zweite Ansatz das Beziehungsmarketing auf weitere Bezugsgruppen der Unternehmung (z.B. Lieferanten, Absatzmittler, Mitarbeiter, Wettbewerber). Ausgehend von der Erkenntnis, dass es meist billiger ist, einen bestehenden Kunden an das Unternehmen zu binden, als einen neuen Kunden zu akquirieren, zielt das **Beziehungsmarketing i.e.S.** auf eine möglichst langfristige Kundenbeziehung, die Basis eines dauerhaften Wettbewerbsvorteils sein soll.[775] Insbesondere durch die Senkung der Transaktionskosten pro Kunde und die Möglichkeit von Cross-Selling Aktivitäten kann der Wert des Kunden im Zeitablauf gesteigert werden.[776] Auch beim **Beziehungsmarketing i.w.S.** steht die Absicht im Vordergrund, durch eine langfristige und stabile Partnerschaft die kooperative Wertgenerierung beispielsweise aufgrund von Effizienzvorteilen oder Lerneffekten zu steigern (vgl. Transaktionswertansatz).

Die meisten Autoren gehen von einer weiten Begriffsauffassung aus. So definieren z.B. Morgan und Hunt in einer oft zitierten Arbeit Beziehungsmarketing wie folgt: *»Relationship Marketing refers to all marketing activities directed toward establishing, developing and maintaining successful relational exchange.«*[777] Diese Ausweitung des Beziehungsmarketings ist mit der Abkehr von einem linearen, ausschliesslich am Endkunden orientierten Marketingverständnis zu einer vernetzten, Kooperationen umfassenden Sichtweise verbunden. Um die zahlreichen dabei auftretenden Interdependenzen zwischen den unterschiedlichen Beziehungen zu erfassen und zu steuern, wird in der Literatur für das Beziehungsmarketing eine Art Netzwerkperspektive vorgeschlagen.[778] Jüttner und Wehrli fordern in diesem Zusammenhang die Integration von Beziehungen zu Kunden sowie zu vertikalen, horizontalen und lateralen Partnern in ein **Wertsystem**.[779] Dabei verstehen die Autoren unter einem Wertsystem ein System bestehend aus Akteuren, die gemeinsam interagieren und so den Gesamtwert des Systems erhöhen und gleichzeitig mit weiteren, vergleichbaren Wertsystemen konkurrieren. Die spezifischen Kompetenzen der einzelnen Partner sind dabei neben der Kooperation an sich das konstitutive Element von Wertsystemen.

---

[774] Vgl. Wehrli/Jüttner 1996, S. 33f. Eine abweichende Strukturierung des Beziehungsmarketings findet sich bei Gummesson, der zwischen klassischen Abnehmerbeziehungen, speziellen Abnehmerbeziehungen, Mega-Beziehungen und Nano-Beziehungen differenziert. Vgl. Gummesson 1996, S. 33

[775] Vgl. auch Gronroos 1990, S. 5

[776] Vgl. Wehrli/Jüttner 1996, S. 34

[777] Morgan/Hunt 1994, S. 22. Alternative, aber ebenso offene Definitionen finden sich z.B. bei Gronroos 1990, S. 5; Gummesson 1996, S. 32

[778] Vgl. Morgan/Hunt 1994, S. 21

[779] Vgl. Jüttner/Wehrli 1994b, S. 63; Wehrli/Jüttner 1996, S. 35

Einer Übertragung der hier dargestellten Erkenntnisse und Konzepte des Beziehungsmarketings auf die Zusammenarbeit zwischen Werbeagentur und Werbeauftraggeber steht nichts im Wege. Das Beziehungsmarketing i.e.S. scheint vor allem aus Sicht der Werbeagentur relevant, da sie die dieser Arbeit zugrunde gelegte Beziehung als dyadische Kundenbeziehung wahrnimmt. Demgegenüber stellt aus der Perspektive des Werbeauftraggebers das Beziehungsmarketing i.w.S. den geeigneten Ansatz dar. Insbesondere die beschriebenen Reflexionen zu den untereinander konkurrenzierenden Wertsystemen, die durch gemeinsame Ziele und unterschiedliche Kompetenzen der beteiligten Akteure definiert sind, vermögen die Zusammenarbeit zwischen Werbeauftraggeber und Werbeagentur treffend zu charakterisieren.

Der jeweilige Beitrag, den die in diesem Abschnitt diskutierten Theorien zur Erforschung der Zusammenarbeit zwischen Werbeauftraggeber und Werbeagentur zu leisten vermögen, ist verschieden gross und unterschiedlicher Natur. Während die Principal-Agency Theorie nur zur Beschreibung einer einzelnen Facette der dieser Untersuchung zugrunde gelegten Beziehung Anwendung findet (Agenturhonorierung), und der Transaktionskostenansatz und die Ressourcenperspektive streng genommen lediglich zu erklären vermögen, weshalb Unternehmen mit Werbeagenturen kooperieren, liefert der Transaktionswertansatz die theoretische Begründung, weshalb eine von beiden Seiten intensiv geführte Beziehung zwischen Werbeauftraggeber und Werbeagentur in vielen Fällen sinnvoll erscheint. Er stützt somit die früher geäusserte Überzeugung, dass erfolgreiche Werbekampagnen ein hohes Engagement sowohl vom Werbeauftraggeber als auch von der Werbeagentur bedingen, und kann als theoretische Grundlage zur Hypothesenbildung dienen. Auf die Frage nach der konkreten Ausgestaltung der Beziehung zwischen Werbeagentur und Werbeauftraggeber liefern die Netzwerktheorie sowie das Dienstleistungs- und Beziehungsmarketing Antworten. Insbesondere die Merkmalsausprägungen von Netzwerken und die verschiedenen Dimensionen der Dienstleistungsqualität eignen sich zur Beschreibung und Abgrenzung unterschiedlicher Beziehungsformen zwischen Werbeagenturen und Werbeauftraggebern, weshalb sie zur Operationalisierung der Variablen Anwendung finden können. Tabelle 5.2 gibt abschliessend einen Überblick über die in diesem Abschnitt beschriebenen Theorien, ihren Beitrag zum vorliegenden Untersuchungsgegenstand sowie die von ihnen primär eingenommene Perspektive.

Theoretischer Ansatz	Beitrag zur Analyse der Zusammenarbeit zwischen Werbeauftraggeber und Werbeagentur	Perspektive	
		Auftrag-geber	Agentur
Principal Agency-Theorie	Erfolgshonorierung als Anreiz- und Sanktionssystem in hierarchischen Kooperationen.	X	
Transaktions-kostenansatz	Unternehmen beauftragen Werbeagenturen, um die Transaktionskosten tief zu halten.	X	
Resource-based View	Unternehmen beauftragen Werbeagenturen, um Zugang zu spezifischen Ressourcen zu erlangen.	X	
Transaktions-wertansatz	Intensiv geführte Beziehungen erhöhen die kooperative Wertgenerierung.	X	X
Netzwerk-forschung	Merkmalsausprägungen von strategischen Netzwerken zur Beschreibung hierarchischer Kooperationen.	X	X
Dienstleistungs-marketing	Dimensionen der DL-Qualität zur Beschreibung unterschiedlicher Kundenbeziehungen.		X
Beziehungs-marketing	Die Zusammenarbeit zwischen Auftraggeber und Agentur als Wertsystem.	X	X

Tab. 5.2: Theoretische Ansätze der Zusammenarbeit und ihr Erklärungsbeitrag

5.3 Werbeagentur

Im vorgängigen Abschnitt wurde theoretisch untersucht, weshalb unterschiedliche Management- und Gestaltungsaufgaben der Kommunikationspolitik von den Werbetreibenden ausgegliedert und auf wirtschaftlich und rechtlich unabhängige Dienstleistungsunternehmen übertragen werden. Diese Unternehmen werden gemeinhin Werbeagenturen genannt und können als unternehmensexterne Träger des in Kapitel 4 diskutierten Markenführungsprozesses beschrieben werden. Dieser Argumentation folgend und in Anlehnung an Bruhn kann als Werbeagentur jedes Dienstleistungsunternehmen der Marktkommunikation bezeichnet werden, das in eigenem Namen, aber im Auftrag eines Werbetreibenden gegen vereinbartes Entgelt Aufgaben in einem, mehreren oder allen der folgenden Bereiche übernimmt: Beratung bei der Kommunikationskonzeption, Ausführung bestimmter Teilleistungen bei der kreativen Umsetzung sowie Analyse, Planung, Konzeption, Gestaltung und Durchführung von Kampagnen.[780]

Da die Bezeichnung Werbeagentur weder rechtlich noch tatsächlich fest umrissen ist, hat sich unter diesem Oberbegriff in den letzten Jahren aufgrund der rapiden Entwicklung der Marketingkommunikation eine Vielzahl unterschiedlicher Unternehmenstypen herausgebildet, deren Gemeinsamkeit streng genommen lediglich in Erbringen einer Leistung aus dem Bereich Kommunikation für Auftraggeber besteht.[781] Daher ist die oben angegebene Definition relativ weit gefasst. Die Ambivalenz des Begriffs Werbeagentur ist weiter darauf zurückzuführen, dass sich die in der wissenschaftlichen Literatur teilweise verwendete, präzisere Bezeichnung Kommunikationsagentur in der Praxis bislang nicht durchsetzen konnte. Aus diesen Gründen bedarf es einer Typologisierung der in der Praxis vorkommenden Arten von Werbeagenturen. Diese erfolgt in Abschnitt 5.3.1, bevor in Abschnitt 5.3.2 die Organisation einer Full-Service Werbeagentur und in Abschnitt 5.3.3 die Funktion strategische Planung in Werbeagenturen diskutiert werden.

---

[780] Vgl. Bruhn 2005, S. 305. Ähnliche Definitionen des Begriffs Werbeagentur finden sich z.B. bei Siegert/Brecheis 2005, S. 136; Mühlbacher 2001, S. 1848

[781] Dementsprechend weit beschreibt der Branchenverband Schweizer Werbe- und Kommunikationsagenturen (BSW swiss leading agencies) seine Mitglieder als *» führende Agenturen im Bereich der Marktkommunikation (...), die sich über ein hohes fachliches Wissen und Können ausweisen, erstklassige strategische, beraterische, kreative und treuhänderische Leistungen innerhalb der Marktkommunikation erbringen und ihre Kunden im Rahmen von längerfristigen Mandats-Verhältnissen betreuen.«* Vgl. BSW swiss leading agencies 2006, S. o.S.

5.3.1 Typologisierung von Werbeagenturen

Im Hinblick auf die Zielsetzung der vorliegenden Arbeit erscheint eine Typologisierung von Werbeagenturen aufgrund ihrer Spezialisierung zweckmässig.[782] Grundsätzlich lassen sich Werbeagenturen dabei einerseits nach der Tiefe ihres Dienstleistungsangebots in so genannte Full-Service- und Teil-Service-Agenturen, andererseits nach der Breite ihres Angebots in Kommunikationsagenturen, klassische Werbeagenturen und Spezialagenturen unterscheiden. Die verschiedenen in der Praxis nicht immer klar voneinander abgrenzbaren Typen von Werbeagenturen sind in Abbildung 5.1 (nicht abschliessend) aufgeführt und werden im Folgenden kurz beschrieben.

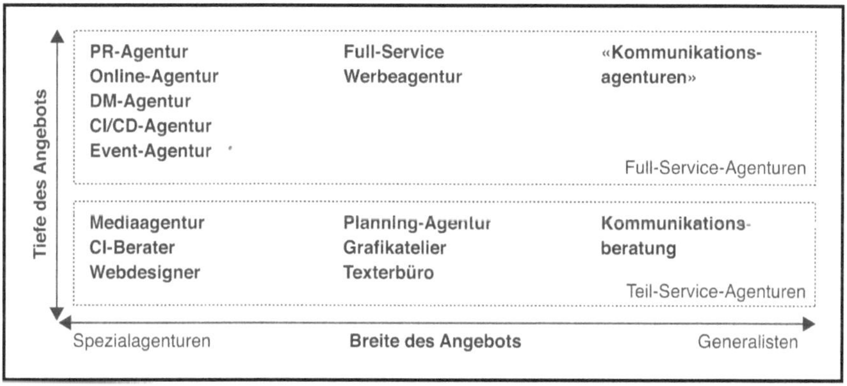

Abb. 5.2: Typologie von Werbeagenturen

Full-Service-Agenturen bieten ein umfassendes Leistungsangebot, das sich von der Marktanalyse und der Strategieentwicklung über die Konzeption, Gestaltung und Herstellung der Kommunikationsmittel bis zu deren Streuung und Kontrolle erstreckt.[783] Ob dabei alle Leistungen intern erstellt oder je nach Bedarf externe Subunternehmer (Teil-Service- oder Spezialagenturen) oder Freelancer hinzugezogen werden, macht keinen grossen Unterschied, so lange die Koordination der verschiedenen Aktivitäten in der Agentur verbleibt. Im Gegensatz dazu beschränken sich **Teil-Service-Agenturen** auf Einzeldienste in Spezialbereichen wie beispielsweise der Strategieentwicklung (Planning-Agentur), der Medienplanung, der Kommunikationsberatung oder der grafischen Gestaltung kreativer Ideen.[784] Teil-Service-Agenturen bieten ihre Leistun-

[782] Zur Abgrenzung verschiedener Arten von Werbeagenturen und den in diesem Abschnitt beschriebenen Idealtypen vgl. z.B. Bruhn 2005, S. 305ff.; Siegert/Brecheis 2005, S. 133ff.; Zuberbier 1994, S. 1061ff.

[783] Es ist anzumerken, dass meist nicht alle Kunden alle angebotenen Leistungen einer Full-Service Agentur gleichermassen nutzen.

[784] Aufgrund des meist hohen finanziellen Engagements kommt insbesondere den Mediaagenturen in dieser Kategorie eine herausragende Bedeutung zu, was in den letzten Jahren zu einer weiterführenden Spezialisierung gemäss den Hauptaufgaben Mediastrategie und Mediaeinkauf geführt hat. Vor dem Hintergrund der beim Mediaeinkauf primär ausschlaggebenden Einkaufsmacht kooperieren die meisten Full-Service-Werbeagenturen in diesem Bereich mit Mediaagenturen.

gen entweder direkt den Werbetreibenden an oder agieren als Subunternehmer anderer Werbeagenturen.

Zum zweiten lassen sich Agenturen nach ihrer Spezialisierung auf Kommunikationsinstrumente unterscheiden. Während sich **klassische Werbeagenturen** schwerpunktmässig auf die so genannte Above-the-line-Werbung in Massenmedien konzentrieren (Print, Plakat, Radio, TV, Kino), betätigen sich **Spezialagenturen** in einem Below-the-line-Bereich wie zum Beispiel Direktmarketing, Public Relations oder Events.[785] Analog den Teil-Service-Agenturen bieten Spezialagenturen je nach Situation ihre Leistungen entweder anderen Agenturen oder aber direkt den Werbetreibenden an. Von der hier vorgeschlagenen Typologie abweichend, werden der Kategorie der Spezialagenturen vereinzelt auch Agenturen zugeordnet, die sich auf eine bestimmte Branche spezialisiert haben, die über besonders komplexe oder sehr spezifische Kommunikationsstrukturen verfügt (z.B. Pharmazie oder Mode).[786]

Klassische Werbeagenturen, die ihr Angebot um mehrere Kommunikationsinstrumente aus dem Below-the-line Bereich erweitert haben, können streng genommen als **Kommunikationsagenturen** oder **Agenturen für integrierte Kommunikation** bezeichnet werden. Diese Bezeichnungen haben sich aber in der Praxis nicht durchgesetzt, weshalb man auch in diesem Fall nach wie vor meist von einer klassischen Full-Service-Werbeagentur spricht. Während sich vor allem in den 90er Jahren des letzten Jahrhunderts unterschiedlichste Typen von Spezialagenturen herausgebildet haben, konnte in den letzten Jahren in der Schweiz eine Umkehr dieser Entwicklung beobachtet werden. Aufgrund finanzieller Überlegungen und vor dem Hintergrund einer möglichst integrierten Kommunikation fand in vielen grösseren Werbeagenturen eine Reintegration verschiedener Below-the-line-Kommunikationsinstrumente statt. So bieten heute beispielsweise viele Werbeagenturen auch (wieder) Leistungen aus den Bereichen Corporate Design, Direktmarketing oder Online-Kommunikation an.

In der Praxis kommt es vor allem bei grösseren Kampagnen meist zu einer Aufteilung des Werbebudgets des Werbeauftraggebers auf mehrere Kommunikationsinstrumente, wobei die Full-Service-Werbeagentur mit der klassischen Werbung betraut wird und für die anderen Kommunikationsdisziplinen verschiedene Spezialisten herangezogen werden. In vielen Fällen erfüllt die Werbeagentur in dieser Konstellation die wichtige Funktion der **Leitagentur**, die im Sinne der integrierten Kommunikation die kommunikativen Leitlinien bestimmt und gegebenenfalls auch für die effiziente und harmoni-

[785] Im Gegensatz zur klassischen Mediawerbung bezeichnet man vor allem in der Werbepraxis nichtklassische Werbeformen wie z.B. Sponsoring, Direktmarketing, Eventmarketing, Wildplakatierung, Verkaufsförderung etc. als Below-the-line-Instrumente. Charakteristisch für derartige Werbeformen ist die Tatsache, dass sie ohne Massenmedium als Werbeträger (Zeitungsinserat, Plakatstelle etc.) auskommen. Die genaue Abgrenzung der unterschiedlichen Kommunikationsdisziplinen wird jedoch in der Literatur uneinheitlich vorgenommen. Vgl. z.B. Auer/Diederich 1993, S. 11; Siegert/Brecheis 2005, S. 29ff.

[786] Vgl. Zuberbier 1994, S. 1062

sche Abstimmung der eingesetzten Kommunikationsinstrumente verantwortlich ist.[787] Mit dem Ziel, derartige Prozesse zu vereinfachen, schliessen sich unterschiedliche Agenturen oft unter dem Dach einer gemeinsamen Holding und teilweise sogar unter einem gemeinsamen Namen zusammen.[788] Ein Beispiel einer derartigen Struktur ist die in Zürich ansässige Wirz Gruppe für integrierte Kommunikation, die neben der Werbeagentur Wirz unter anderem auch die Web-Agentur assai, die Direktmarketing-Agentur Wirz, Brugger, Lüthi, die Firma Wirz Corporate (Public Relations, Corporate Publishing, Corporate Identity und Design) sowie eine massgebliche Beteiligung an der Mediaagentur OMD umfasst.[789]

Im Zuge der anhaltenden Globalisierung ist weiter ein Trend zur zunehmenden Internationalisierung der Werbebranche auszumachen. Grosse länderübergreifende Werbeetats sind heutzutage ohne internationales Netzwerk kaum mehr führ- und realisierbar. Aus diesem Grund wurde die Agenturlandschaft in den letzten Jahren durch die Bildung **internationaler Agenturnetzwerke** und deren Eingliederung in börsennotierte Holdings geprägt.[790] Während in diesen Beteiligungsgesellschaften zunächst lediglich verschiedene klassische Werbeagenturnetzwerke zusammengeschlossen waren, hat die in den letzten Jahren anhaltende Verschiebung zugunsten des Below-the-line-Bereichs dazu geführt, dass vermehrt auch Spezialagenturen in die Holdings integriert wurden. So umfasst beispielsweise die Omnicom-Gruppe neben den bekannten, international agierenden, klassischen Agenturnetzwerken BBDO, TBWA und DDB unter anderem auch die Mediaagentur OMD und die Direktmarketing-Gruppe proximity.[791] Alle grossen Schweizer Werbeagenturen gehören heute entweder vollständig (z.B. TBWA) oder zu einem Teil (z.B. Spillmann Felser Leo Burnett) internationalen Agenturnetzwerken oder sind zumindest assoziierte Mitglieder (z.B. Wirz BBDO) solcher Konglomerate.

Die Ausführungen in der vorliegenden Arbeit gehen von der klassischen Werbeagentur aus; verstanden als **Full-Service-Werbeagentur**, deren Schwerpunkt in der Above-the-line-Werbung liegt, und die diesen situativ entweder durch eigene Spezialabtei-

---

[787] Der Begriff Leitagentur hat in der Praxis zwei Bedeutungen. Einerseits wird er für diejenige Agentur benutzt, der im Rahmen der integrierten Kommunikation eine Führungsrolle gegenüber den anderen beteiligten Agenturen zukommt. Andererseits bezeichnet er diejenige Agentur, die bei internationalen Kampagnen die strategische, konzeptionelle und gestalterische Führung inne hat.

[788] Zu den in der Praxis anzutreffenden Arten der Zusammenarbeit unterschiedlicher Spezialagenturen oder verschiedener Spezialabteilungen innerhalb einer Agentur vgl. auch Aaker 1996, S. 349ff.

[789] Weitere Schweizer Beispiele sind die Werbeagentur Publicis, die zusammen mit der DM-Agentur Fisch.Meier.Direkt und der Mediaagentur Optimedia die Publicis-Gruppe bildet. Oder die Agenturen Advico (Werbung), Futurecom (Web), Wundermann (Direktmarketing) und Burson-Marsteller (Public Relations), die unter dem Dach der Young & Rubicam Gruppe zusammengefasst sind.

[790] Diese Entwicklung ist unter anderem auch auf die Konkurrenzausschlussklausel zurückzuführen, die es den Werbeagenturen untersagt, konkurrenzierende Unternehmen gleichzeitig zu betreuen. Durch den Zusammenschluss mehrerer unabhängiger Agenturen zu einer Holding kann diese Wachstumsbeschränkung umgangen werden. Vgl. auch Bruhn 2005, S. 307

[791] Weitere grosse Holdings und die zu ihnen gehörenden Agenturnetzwerke sind z.B. WPP (Grey, J. Walter Thompson, Ogilvy, Young & Rubicam) oder die Publicis-Gruppe (Publicis, Leo Burnett, Saatchi & Saatchi).

lungen oder als Leitagentur in Kooperation mit anderen Teil-Service oder Spezialagenturen ergänzt. Diesem Typ von Werbeagentur entsprechen alle grossen Schweizer Werbeagenturen, weshalb im folgenden Abschnitt die Organisation einer Full-Service-Werbeagentur näher betrachtet wird.

5.3.2 Organisation einer Full-Service-Werbeagentur

Die Organisationsstruktur einer Full-Service-Werbeagentur wird wesentlich durch die verschiedenen Aktivitäten der Agentur und deren Gewichtung im Rahmen der Agenturstrategie geprägt.[792] Aus diesem Grund und vor dem Hintergrund der in Kapitel 3 beschriebenen Dynamik lässt sich der Aufbau einer Full-Service-Werbeagentur lediglich idealtypisch darstellen. Dabei ist davon auszugehen, dass die meisten Schweizer Full-Service-Werbeagenturen über eine **funktionale Organisationsstruktur** mit den vier Abteilungen Beratung, Strategie, Kreation und Produktion verfügen (vgl. Abbildung 5.3).[793] Je nach Dienstleistungsangebot können Spezialabteilungen für verschiedene Below-the-line-Bereiche hinzukommen. Abteilungsübergreifende Aufgaben wie Personal, Finanzen und Informationstechnologie sind meist in einem Zentralbereich zusammengefasst. Während die drei Abteilungen Strategie, Kreation und Produktion in aller Regel wiederum funktional strukturiert sind, ist die Beratungsabteilung immer objektorientiert nach Kundengruppen gegliedert.

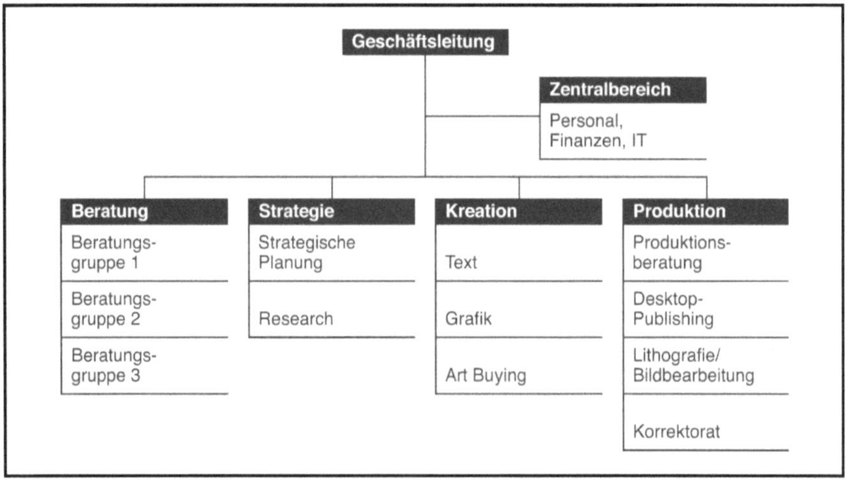

Abb. 5.3: Idealtypische Organisationsstruktur einer Full-Service-Werbeagentur

[792] Zu Agenturstruktur, -kultur und -politik vgl. Wehrli 1992, S. 120ff.

[793] Davon leicht abweichende Organisationsstrukturen von (deutschen) Werbeagenturen finden sich bei Bruhn 2005, S. 307ff., Siegert/Brecheis 2005, S. 158ff. und in der an diesen Stellen zitierten Literatur. Nach Wissen des Autors verfügt zur Zeit keine Schweizer Werbeagentur über eine eigene Mediaabteilung. Dieser Aufgabenbereich wird aufgrund der dazu notwendigen Einkaufsmacht in aller Regel an externe Mediaagenturen ausgegliedert.

Die **Beratung** (auch Kundenberatung oder Kontakt genannt) stellt das Bindeglied zwischen der Agentur und ihrem Auftraggeber dar. Sie verwaltet den Werbeetat des Kunden, berät diesen in Bezug auf seine Kommunikationsaktivitäten und plant und überwacht die Werbekampagne von ihrer Entstehung bis zur Abwicklung. Ähnlich einem Account Manager ist der Berater der Verkäufer der Agenturleistung beim Kunden und Vertreter des Kunden in der Agentur. Es gehört insbesondere zum Aufgabenbereich des Beraters, die Arbeit der verschiedenen Abteilungen innerhalb einer Werbeagentur sowie diejenige externer Spezialisten (z.B. Mediaagentur) zu koordinieren, weshalb seine Tätigkeit als Projektmanagement bezeichnet werden kann. Die termin- und sachgerechte Umsetzung der Werbekampagne liegt in der Verantwortung des Beraters.

Der Aufgabenbereich der **Strategie** setzt sich einerseits aus der Bereitstellung und Aufarbeitung sämtlicher werberelevanter Daten, andererseits aus der Entwicklung der Werbestrategie zusammen. Dementsprechend kann die Strategieabteilung idealtypisch in eine Research Abteilung sowie die eigentliche strategische Planung unterteilt werden. Während die Research Abteilung in erster Linie Sekundärdaten sammelt und auswertet und bei Bedarf (meist in Zusammenarbeit mit Marktforschungsunternehmen) eigene Untersuchungen konzipiert und durchführt, widmet sich die strategische Planung vor allem der Werbestrategie.[794] Ob die Strategieabteilung explizit in die beiden Funktionen aufgeteilt wird, hängt in der Praxis insbesondere von ihrer Grösse ab.

Die zur **Kreation** gehörenden Funktionen Text und Grafik (Art Direction) sind für die eigentlich schöpferische Arbeit zuständig: die Transformation der Werbestrategie, des Creative Briefs, in zielgerichtete Werbemittel. Dies beinhaltet die Konzeption bzw. Entwicklung einer Werbeidee und deren kreative Umsetzung in Bildmotive und Werbetexte. In den meisten Kreationsabteilungen werden die Texter und Grafiker bei der Auswahl von Fotografen, Regisseuren und Produktionsgesellschaften vom so genannten Art Buying (oder FFF-Producing) unterstützt. Die von der Kreation konzipierten und gestalteten Werbemittel werden anschliessend von der Abteilung **Produktion** bis zur Schaltreife (Reinzeichnung) fertiggestellt. Vor allem in kleineren Werbeagenturen stellt die Produktion oftmals keine eigenständige Abteilung dar, sondern ist Teil der Kreationsabteilung und meist der Art Direction unterstellt.

Charakteristisch für die Organisation einer Full-Service-Werbeagentur ist, dass der Grossteil der Agenturleistung in Form von **Projektmanagement** erstellt wird. Dabei wird die formale Organisationsstruktur durch eine informale Teamstruktur überdeckt: Je nach Kunde und Projekt arbeiten Spezialisten aus den unterschiedlichen Bereichen im Rahmen eines Projektteams eng zusammen. Daher kommt der Ablauforganisation innerhalb einer Werbeagentur in aller Regel eine höhere Bedeutung zu als der vorhin beschriebenen Aufbauorganisation.[795] Der Prozess der Entstehung einer Werbekampagne lässt sich grob in die drei Phasen Strategie, Konzept und Realisation untertei-

[794] Zur Funktion strategische Planung vgl. Abschnitt 5.3.3

[795] Zur Unterscheidung zwischen Aufbau- und Ablauforganisation vgl. z.B. Grochla 1995, S. 24f.

len.[796] Dieser idealtypischen Gliederung folgt die in Abbildung 5.4 gezeigte **Ablauforganisation** einer Full-Service-Werbeagentur, wobei nicht alle beschriebenen Funktionen in allen drei Phasen gleichermassen zum Einsatz gelangen.

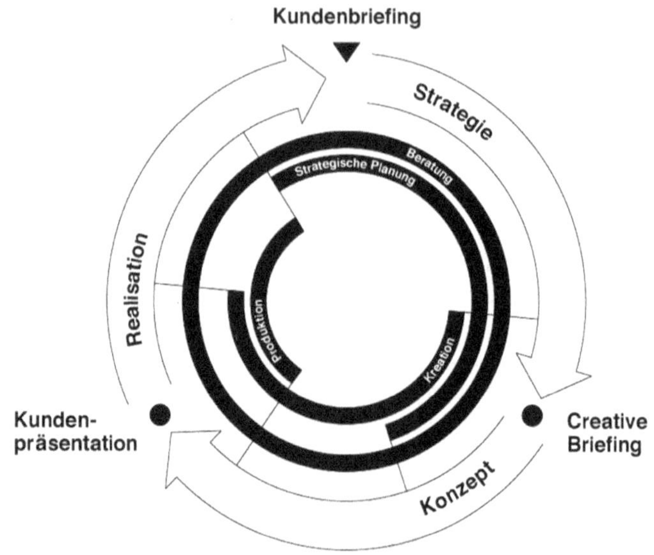

Abb. 5.4: Idealtypische Ablauforganisation einer Full-Service-Werbeagentur

Nach erfolgtem Briefing durch den Kunden bzw. Werbeauftraggeber geht es in der **Strategiephase** primär darum, die erhaltenen Fakten, Strategien, Konzepte und Vorgaben bei Bedarf durch eigene Recherchen zu ergänzen und anschliessend so lange zu verdichten, bis als strategisches Extrakt das Creative Brief vorliegt. Dieses umfasst alle wichtigen Aspekte der Kommunikations- oder Werbestrategie und bildet somit die Grundlage für die anschliessende **Konzeptphase**. Ziel des im Rahmen dieser Phase zu entwickelnden Kreativkonzepts ist die überraschende aber zielgerichtete Inszenierung der Botschaft der Werbekampagne. Im Rahmen der an die Konzeptphase anschliessenden Kundenpräsentation werden Strategie und Konzept dem Auftraggeber vorgestellt. Ist dieser mit den präsentierten Ansätzen einverstanden, beginnt die **Realisationsphase**, in der die zum Einsatz gelangenden Werbemittel zuerst produziert und danach geschaltet werden. Ebenfalls in diese Phase fällt die Überprüfung der Effizienz der Werbekampagne. Die dabei gewonnenen Ergebnisse und Einsichten bilden oftmals die Grundlage der nächsten Strategiephase und somit der nächsten Werbekampagne, weshalb die in Abbildung 5.4 dargestellte Ablauforganisation kreisförmig angeordnet ist.

[796] Vgl. auch Rainey 1997, S. 6

Der hier beschriebene Prozess der Entstehung einer Werbekampagne zeigt mehrere Berührungspunkte mit der in Abschnitt 4.3 besprochenen idealtypsichen Struktur des Markenführungsprozesses. Diese Berührungspunkte bilden die Grundlage der Zusammenarbeit zwischen Werbeauftraggeber und Werbeagentur im Rahmen der Markenführung und werden in Abschnitt 5.4 näher beleuchtet. Da der Funktion strategische Planung von den hier vorgestellten Abteilungen einer Werbeagentur im Hinblick auf den dieser Arbeit zugrunde gelegten Untersuchungsgegenstand zweifelsfrei die grösste Bedeutung zukommt, wird sie im folgenden Abschnitt näher betrachtet.

5.3.3 Strategische Planung in Werbeagenturen

Die in Abschnitt 3.2 beschriebenen Veränderungen des Wettbewerbsumfelds und der Kommunikationsbedingungen haben dazu geführt, dass auf vielen Märkten seit geraumer Zeit ein Kampf um Aufmerksamkeit tobt. Aus dem Produktwettbewerb ist ein Kommunikationswettbewerb geworden.[797] Als Folge dieser Entwicklungen versuchen einige Unternehmen mit möglichst kreativen Werbekampagnen um jeden Preis aufzufallen, um auf sich und ihre Produkte aufmerksam zu machen. Jedoch ist davon auszugehen, dass auch die kreativste Werbekampagne nichts bringt, wenn sich die Rezipienten anschliessend nicht an die Marke erinnern, oder aber die vermittelte **Botschaft** als irrelevant einschätzen.[798] Geht man davon aus, dass der Zusatznutzen einer Marke immer wichtiger wird und die Werbung als Folge dieser Entwicklung vielerorts zu einem zentralen Bestandteil der Marke avanciert, so reicht Umsetzungskreativität alleine nicht aus. Die Werbekampagne muss ebenfalls eine relevante und differenzierende Botschaft überbringen.[799] Gefordert sind strategische Ansätze, die die Kreativität kanalisieren.[800] Ausdruck dieser Einsicht ist der Umstand, dass auch in der Schweiz in den letzten Jahren alle grösseren Werbeagenturen eine Abteilung für strategische Planung eingerichtet und mit der Entwicklung von Werbestrategien betraut haben.[801]

Der Begriff strategische Planung ist die (missglückte) Übersetzung des englischen Ausdrucks **Account Planning**, der das dritte Standbein einer Werbeagentur neben Kreation und Beratung bezeichnet. Die beiden englischen Werbeagenturen J. Walter Thompson und Boase Massimi Pollitt gelten als Begründer der strategischen Pla-

[797] Vgl. auch Esch/Wicke 2001, S. 19; Tomczak/Müller 1992, S. 18

[798] Zum Begriff der Werbebotschaft vgl. z.B. Behrens 1996, S. 41ff.; Wehrli 1998, S. 118 und die an dieser Stelle zitierte Literatur.

[799] Felser unterscheidet in diesem Zusammenhang zwischen Was- und Wie-Kreativität. Während erstere Ausdruck einer relevanten und differenzierenden Werbebotschaft ist (strategische Kreativität), bezieht sich letztere auf eine möglichst überraschende Dramatisierung (Umsetzungskreativität). Vgl. Felser 1994, S. 49

[800] Vgl. Aaker 1996, S. 352; Kroeber-Riel 1993, S. 52

[801] So umfasst die Account Planning Group Switzerland, der Verband der strategischen Planer der Schweiz, Ende 2005 26 Mitglieder, die grösstenteils in den führenden Schweizer Werbeagenturen tätig sind.

nung.[802] Um auf die sich immer schneller ändernden Markt- und Kommunikationsbedingungen zu reagieren, integrierten sie Ende der 60er-Jahre des vergangenen Jahrhunderts Markt- und Sozialforscher in die bestehenden Agenturteams und nannten diese Account Planner. Deren Aufgabe bestand in erster Linie darin, empirische Studien durchzuführen oder bestehende Untersuchungen im Hinblick auf die Werbekonzeption auszuwerten. Ziel dieser Aktion war, die bereits damals stetig steigende Umweltkomplexität und -dynamik zu beherrschen und das vermehrt zur Verfügung stehende Wissen über Marken, Märkte und Verbraucher im Werbeprozess zu nutzen. In den 70er-Jahren war Account Planning noch futuristisch, in den 80ern trendy und seither ist es mehr oder weniger weltweit etabliert.

Dabei unterscheiden sich **Art und Ausprägung der strategischen Planung** von Land zu Land, von Agentur zu Agentur, von Planer zu Planer und von Projekt zu Projekt.[803] Dementsprechend schwierig gestaltet sich die Suche nach einer allgemeingültigen Definition der strategischen Planung. Der ursprünglich von Pollitt stammende Ansatz, den strategischen Planer als Anwalt des Verbrauchers in der Agentur zu bezeichnen,[804] ist verwirrend und überholt. Vielmehr unterstützt der strategische Planer einerseits die strategische Markenführung des Werbeauftraggebers, indem er (oft mittels Marktforschung) die Werbeziele und die Werbezielgruppe genauer definiert; andererseits inspiriert und kanalisiert er die Kreation, indem er die Werbebotschaft und die Tonalität der Werbung möglichst kreativ formuliert und die gesamte Werbekonzeption in Bezug auf ihre Strategiekonformität überwacht. Die Entwicklung der Werbestrategie (Creative Brief) kann demnach als die zentrale Aufgabe der strategischen Planung bezeichnet werden.[805] Zudem überprüft der strategische Planer – wenn möglich – die Wirkung der Werbekampagne. Die strategische Planung bildet demnach nicht nur die Schnittstelle zwischen Beratung und Kreation, sondern auch diejenige zwischen Markenstrategie und Werbekampagne.

Jung und von Matt umreissen die Tätigkeit eines strategischen Planers aus Praktikersicht wie folgt: *»Um in der schwierigen Frage, was bewegt ein Markenimage in die richtige Richtung und was bewegt nur Mediagelder, Sicherheit zu erzielen, hat unsere Industrie den strategischen Planer erfunden. Eine Instanz für die Analyse und Planung von Markenbotschaften.«*[806] Diese Definition zeigt, dass die strategische Planung im Werbeprozess für die Marke verantwortlich ist, während sich die Beratung primär um den Kunden und die Kreation in erster Linie um die Ideen kümmert. Aus Agentursicht reduziert die strategische Planung die wahrgenommene Komplexität, mit dem Ziel, sich bei der Werbekonzeption auf das Wesentliche zu konzentrieren und dadurch effizienter, kreativer und vor allem erfolgreicher zu werben. Durch eine disziplinierende

[802] Vgl. Pollitt 2000, S. 3ff.; King 1989, S. o.S. ; auch Steel 1998, S. 38ff.
[803] Zu den unterschiedlichen Arten strategischer Planung vgl. z.B. Rainey 1997, S. 10ff.
[804] Vgl. Pollitt 2000, S. 6
[805] Zur Abgrenzung zwischen Werbestrategie, Copy Strategie und Creative Brief vgl z.B. Bruhn 2005, S. 390ff.
[806] Jung/von Matt 2002, S. 158

Einbettung der Werbekampagne in die Markenstrategie steigert die strategische Planung zudem das Vertrauen des werbenden Unternehmens in die Agentur. Diese Überlegungen machen deutlich, dass strategische Planung nicht als starres Instrumentarium, sondern vielmehr als **Denkhaltung** zu interpretieren ist. Es geht darum, Kognition und Intuition möglichst verführerisch miteinander zu verbinden.

Das Fehlen einer dominierenden Auffassung von strategischer Planung schlägt sich auch in einer Studie von Müller und Brütsch nieder.[807] Die Untersuchung zeigt, dass sowohl bei der Begriffsabgrenzung als auch in Bezug auf die Aufgaben der strategischen Planung zwischen Werbeauftraggebern und Werbeagenturen divergierende Ansichten vorherrschen. Es besteht zwar bei beiden befragten Gruppen Einigkeit darüber, dass die strategische Planung in Zukunft an Bedeutung gewinnen wird, allerdings finden sich in Bezug auf die Bedeutung konkreter Instrumente und Aufgaben teilweise grosse Abweichungen (vgl. Abbildung 5.5). Während die befragten Werbeagenturen die Hauptaufgaben der strategischen Planung bei der Erarbeitung möglicher Kreativstrategien und der Plausibilisierung der kreativen Idee orten, bezeichnen die Werbeauftraggeber strategische Marketingentscheide sowie die Analyse der Marktstruktur und des Marktvolumens als bedeutungsvolle Aufgaben der strategischen Planung. Inwieweit sich diese divergierenden Ansichten inzwischen angenähert haben, ist schwierig abzuschätzen.

Abb. 5.5: Einschätzung der Account Planning Aufgaben nach ihrer Bedeutung[808]

[807] Vgl. Müller/Brütsch 1998, S. 32ff.

[808] Müller/Brütsch 1998, S. 32

Abweichende Ansichten über die Ausgestaltung der strategischen Planung bestehen nicht nur zwischen Werbeauftraggebern und Werbeagenturen, sondern auch unter den Werbeagenturen. Dies schlägt sich nicht zuletzt in den unterschiedlichen **Organisationsstrukturen** nieder, mit denen Agenturen versuchen, die strategische Planung zu integrieren. Während das englische Modell in jeder Beratungsgruppe einen strategischen Planer vorsieht,[809] findet sich beispielsweise in Frankreich der Ansatz, die strategische Planung organisatorisch neben Text und Grafik als dritten Teil der Kreation einzugliedern. In der Schweiz integrieren die meisten Werbeagenturen die Strategieabteilung entweder als Stabsstelle oder aber als gleichberechtigte Abteilung neben Kreation und Beratung (vgl. Abbildung 5.3). Die Wahl der adäquaten Organisationsstruktur hängt neben der Agenturphilosophie insbesondere von der Agenturgrösse und der Anzahl strategischer Planer ab. Grössere Schweizer Agenturen beschäftigen zwei bis vier strategische Planer.

In letzter Zeit zeichnet sich vor allem in Deutschland die Entwicklung ab, die Strategieabteilung aus der Werbeagentur auszugliedern.[810] So entstanden beispielsweise die Firmen Lucy-Planning von Springer & Jacoby, die Publicis Sasserath Brand Consultancy oder die **Planning-Agentur** Sturm & Drang, an der die Agenturgruppe TBWA die Mehrheit hält. Diese Struktur hat den Vorteil, dass im strategischen Bereich auch Kunden losgelöst von der Werbeagentur akquiriert und betreut werden können. Zudem ist es einfacher, die strategische Beratungsleistung zu verrechnen. Demgegenüber birgt die Auslagerung das Risiko, die für die strategische Planung unabdingbare Nähe zwischen Strategie und Kreation zu verlieren. Aus diesem Grund hat die BBDO Gruppe ihre ursprüngliche Planning-Agentur Brand Link zur Unternehmensberatung BBDO Consulting ausgebaut und gleichzeitig wieder traditionelle strategische Planer in die Werbeagenturen integriert. In diesem Zusammenhang wird teilweise zwischen Creative Planning, der hier beschriebenen Funktion innerhalb der Werbeagentur, und Strategic Planning, verstanden als von der Werbeagentur getrennte Marken- und Kommunikationsberatung, unterschieden.

Zusammenfassend kann festgehalten werden, dass sich die strategische Planung als dritte Säule des Agenturgeschäfts neben Kreation und Beratung etabliert hat. Inzwischen machen 46% der Schweizer Auftraggeber die Vergabe eines Werbebudgets von der Existenz einer Strategieabteilung in der Agentur abhängig.[811] Dies lässt vermuten, dass die **Bedeutung der strategischen Planung** auch in der Schweiz weiter zunehmen wird, obwohl es nach wie vor an einer einheitlichen Auffassung über diese Funktion mangelt.[812] Interpretiert man die Werbeagentur als Wertschöpfungskette und die strategische Planung neben Beratung, Kreation und Realisation als primäre Wertschöpfungsaktivität (vgl. Abbildung 5.6), so ist davon auszugehen, dass die strategische Planung das Mehrwertpotenzial der Werbeagentur gegenüber ihren Kunden erhöht und

[809] Vgl. Pollitt 2000, S. 3
[810] Vgl. Gieseking 2005, S. 32ff.; Scholz 2002, S. 50f.
[811] Vgl. Müller/Brütsch 1998, S. 34
[812] Vgl. auch Pasquier/Dreosso/Rauch 2004, S. 111

sich deshalb (insbesondere hierzulande) zum Aufbau von Wettbewerbsvorteilen in der Agenturbrache anbietet.[813] Jedenfalls haben verschiedene Werbeagenturen in letzter Zeit eine diesbezügliche Kompetenz aufgebaut und drängen nun in den Bereich der strategischen Markenführung vor.[814] Es bleibt abzuwarten, ob den Werbeagenturen diese neu erlangte Kompetenz im harten Konkurrenzkampf gegen Unternehmensberater und Corporate Identity Agenturen vom Markt attestiert und honoriert wird.

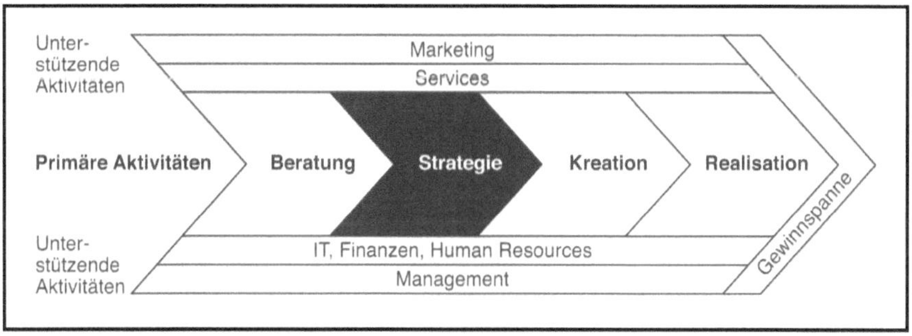

Abb. 5.6: Wertschöpfungskette einer Full-Service-Werbeagentur[815]

[813] Zur Beschreibung der Werbeagentur als Wertschöpfungskette vgl. Wehrli 1992, S. 118. Zur Wertschöpfungskette an sich vgl. Porter 1985, S. 59ff.
[814] Vgl. auch Shocker/Srivastava/Ruekert 1994, S. 156; Aaker 1996, S. 348
[815] In Anlehnung an Wehrli 1992, S. 118

5.4 Markenführung aus Sicht der Werbeagenturen

Die Berührungspunkte zwischen der in Abschnitt 4.3 diskutierten idealtypischen Struktur des Markenführungsprozesses und der in Abschnitt 5.3.2 beschriebenen Ablauforganisation einer Full-Service-Werbeagentur bilden die Grundlage der Zusammenarbeit zwischen Werbeauftraggeber und Werbeagentur. Im vorliegenden Abschnitt geht es darum, diese Berührungspunkte aus Sicht der Werbeagentur zu beschreiben und mit Beispielen von Markenführungsansätzen und -instrumenten zu illustrieren. Die Ausführungen beruhen einerseits auf dem Studium der einschlägigen Literatur, andererseits auf den Erkenntnissen der im Rahmen der vorliegenden Arbeit durchgeführten qualitativen Vorstudie bei acht leitenden Vertretern führender Schweizer Werbeagenturen.[816] Es ist selbstredend, dass die meisten Agenturen keinen vertieften Einblick in die Details der im Rahmen der Markenführung angewandten Methoden gewähren. Daher beschränken sich die folgenden Ausführungen auf den methodischen Zugriff ausgewählter Instrumente, ohne beispielsweise Details in den Bereichen Datenerhebung und -auswertung zu berücksichtigen.

Es versteht sich, dass Rolle und Bedeutung der Werbeagentur im Markenführungsprozess nicht generell, sondern lediglich kontextabhängig beurteilt werden können. Die befragten Experten sind sich einig, dass insbesondere der Grösse des werbetreibenden Unternehmens, der Dauer der Zusammenarbeit, der Höhe des zu verwaltenden Werbeetats, der Gewichtung der Werbung im Marketing Mix des Werbetreibenden, der in einer Branche herrschenden Kommunikationsstrukturen, der Umwelt- und Marktdynamik, der Unternehmenskultur des Werbeauftraggebers sowie nicht zuletzt der Kompetenz und des Leistungsangebots der Werbeagentur eine moderierende Wirkung zukommt. Tendenziell kann davon ausgegangen werden, dass kleinere Auftraggeber eher bereit sind, markenstrategische Entscheide an ihre Werbeagentur zu delegieren, während grössere Unternehmen mit entsprechend umfangreichen Marketingabteilungen die Agentur bei der strategischen Markenführung in erster Linie als Sparringpartner oder Advocatus Diaboli einsetzen.[817] Diese Unterschiede lassen sich durch Kompetenzdifferenzen zwischen dem Werbeauftraggeber und der Werbeagentur erklären. Während kleinere Unternehmen oftmals lediglich eine begrenzte Marketingkompetenz aufweisen und deshalb bei Bedarf relativ viele Aktivitäten an ihre Agentur auslagern, verfügen grössere Unternehmen über eigene Spezialisten und ein entsprechendes Know-how, weshalb der Werbeagentur in diesem Fall eher die Rolle eines Katalysators denn eines Entscheidungsträgers zukommt.

Der in Abschnitt 4.3 beschriebene idealtypische Markenführungsprozess umfasst die vier Phasen Markenidentität und Positionierung, Markenintegration und Branding, Implementierung und Realisation sowie Markencontrolling.[818] Da die Rolle der Wer-

[816] Vgl. Abschnitt 6.2.1
[817] Vgl. Abschnitt 4.4.4
[818] Vgl. Abbildung 4.5

beagentur in der Implementierungs- und Realisationsphase unbestritten und in der Literatur umrissen ist, wird dieser Aufgabenbereich im vorliegenden Abschnitt ausgeklammert.[819] Vor dem Hintergrund des beschriebenen Vordringens vieler grosser Werbeagenturen in den Bereich der strategischen Markenführung erscheint es interessanter, stattdessen die Rolle der Werbeagentur in den strategischen Phasen des Markenführungsprozesses zu untersuchen und zu illustrieren; hat sich doch in diesem Bereich in den letzten Jahren ein zuweilen unübersichtlicher Wettbewerb etabliert. Das vorliegende Kapitel beschreibt daher Ansätze der Werbeagenturen zur Positionierung (Abschnitt 5.4.1), zur Markenintegration (Abschnitt 5.4.2) und zum Markencontrolling (Abschnitt 5.4.3). Als eine Art Fazit und im Hinblick auf die empirische Untersuchung wird in Abschnitt 5.4.4 zudem die Bedeutung einer engen Zusammenarbeit zwischen Werbeauftraggeber und Werbeagentur erörtert.

5.4.1 Instrumente von Werbeagenturen zur Markenpositionierung

Aufgrund der wachsenden Einsicht in die Bedeutung starker Marken für den Unternehmenserfolg stieg in vielen Unternehmen der Bedarf an praktisch einsetzbarem markentechnischem Know-how. Die grossen internationalen Agenturnetzwerke haben dies erkannt und bieten heute ihren Kunden neben den klassischen Agenturleistungen auch unterschiedliche Instrumente zur Markenpositionierung an. Da die meisten dieser Modelle lediglich in ihren Grundzügen veröffentlicht wurden, ist eine ausführliche Beschreibung und Beurteilung wie auch ein Vergleich der einzelnen Modelle und Ansätze nicht möglich. Im Folgenden wird daher lediglich eine beschränkte Auswahl von Instrumenten in kurzer Form dargestellt. Die Beschreibungen beruhen einerseits auf der Arbeit von Zednik und Strebinger zu den unterschiedlichen Markenmodellen der Praxis und dem Forschungsbericht von Meyer, Pirck und Pogoda zu verschiedenen Markenführungsansätzen deutscher Werbeagenturen,[820] andererseits auf Selbstdarstellungen der Agenturen im Internet und der im Rahmen dieser Arbeit durchgeführten qualitativen Vorstudie.

(1) **Disruption** von **BDDP** (heute TBWA) dürfte das bekannteste Positionierungsinstrument einer Werbeagentur sein.[821] Das Modell basiert auf der Prämisse, dass Evolution lediglich durch Diskontinuität möglich ist. Im Rahmen so genannter Disruption Days werden etablierte Marktkonventionen grundsätzlich in Frage gestellt und ein absichtlicher Bruch mit dem Status Quo herbeigeführt. Auf diese Weise sollen Standards in Marketing und Werbung durchbrochen und die Marke gegenüber den Wettbewerbern differenziert werden.

---

[819] Zur Werbeplanung und -konzeption als Teil der operativen Markenführung vgl. stattdessen z.B. Bruhn 2005, S. 298ff.; Bruhn 2003a, S. 267ff.; Rossiter/Percy 1998, S. 177ff.; Behrens 1996, S. 41ff.

[820] Vgl. Zednik/Strebinger 2005, S. 207ff.; Meyer/Pirck/Pogoda 1997, S. 328ff.

[821] Vgl. BDDP 1997, S. 0.02ff.; Dru 2002, S. 19ff.

(2) Die **Brand Potential Analysis** von **BBDO** zielt auf die Abbildung markenrelevanter Zusammenhänge aus Verbrauchersicht ab. Dabei wird das Ist-Image der Marke hinterfragt, um ihr Potenzial aufzudecken und Optimierungsmöglichkeiten aufzuzeigen. Dies wird anhand von vier Positionierungsmodellen vorgenommen, die das visuelle Image der Marke, ihre Eigenschaften, die Motivationsgründe der Markenwahl sowie den Wert der Marke aus Konsumentensicht abbilden.

(3) Das **STAR-System** von **Euro-RSCG** versucht die Marke als ein lebendes Wesen zu begreifen. Ausgehend von ihrer Physis, ihrem Charakter und ihrem Stil soll die Markenpersönlichkeit zu einem Star entwickelt werden. Dazu wird die Marke in einem ersten Schritt anhand ihrer Eigenschaften sowohl von den Markenverantwortlichen als auch den Verwendern prägnant beschreiben.

(4) Das **Brand Character Modell** von **Grey** unterteilt die Marke in die drei Bereiche Produkt, Positionierung und Persönlichkeit. Wie der Name schon sagt, zielt das Instrument darauf ab, einer Marke einen unverwechselbaren Charakter zu verleihen. Dazu steht ebenfalls die gemeinsame Suche nach Persönlichkeitsmerkmalen, die die Marke vom Wettbewerb abzugrenzen vermögen, im Vordergrund.

(5) Das Modell **Brand Stewardship** von **Ogilvy & Mather** soll sicherstellen, dass alle Markenaktivitäten den inneren Kern der Marke genau widerspiegeln und ausbauen. Dazu versammeln sich Experten von Agentur- und Kundenseite im Rahmen so genannter Brand Audits, um gemeinsam zu einer komprimierten Beschreibung der emotionalen und rationalen Faktoren der Marke zu gelangen.

(6) Der **3D-Planning Process** von **Young & Rubicam** dient der systematischen Analyse des Marktes, der Verbraucher und der Marke. Dabei steht auch bei diesem Ansatz die Suche nach neuen, differenzierenden, relevanten und glaubwürdigen Positionierungsansätzen im Vordergrund.

(7) Auch das von der Planning-Agentur **Publicis Sasserath** entwickelte Modell **MarkenWesen** vergleicht die Marke mit einem menschlichen Wesen, wobei die vier Dimensionen Attraktivität, Individualität, Konsistenz und Vertrautheit der Marke unterschieden werden. Mit dem Ziel, eine tragfähige Positionierung zu erarbeiten, wird neben den Ausprägungen und dem Profil der Marke ebenfalls der Markenkontext (Unternehmen, Wettbewerber und Gesellschaft) untersucht.

(8) Das Instrument **Brand Wheel** von **Bates** stellt ein typisches Markenkernmodell dar.[822] Dem Schälen einer Zwiebel gleich werden dabei zunächst die physikalischen Eigenschaften des Produkts, die Nutzendimensionen für die Verbraucher, die implementierten Wertvorstellungen und die Markenpersönlichkeit analysiert, um letztendlich die Brand Essence, den Markenkern aufzuspüren. Dieser bildet anschliessend die

[822] Vgl. Herrmann 1999, S. 86ff.

Grundlage für eine effektive Positionierung und eine erfolgreiche Kommunikation der Marke.

Die beschriebenen Instrumente und Ansätze beruhen ausnahmslos auf einem psychologischen (oder eventuell kommunikationsorientierten) Markenverständnis und verfolgen alle einen **imageorientierten Markenführungsansatz**.[823] Die Agenturen verstehen Marken als Ergebnis von Marketing- und speziell Werbemassnahmen in der Vorstellung der Verbraucher. Die meisten der beschriebenen Ansätze verfolgen das Ziel, eine Vielzahl von Markencharakteristika und -attributen mittels Audits und Workshops auf einen relevanten und wirklich differenzierenden Markenkern zu reduzieren, den es anschliessend in der Werbung zu dramatisieren gilt. Die Ansätze dienen daher in erster Linie der im Hinblick auf die Werbekonzeption unabdingbaren Kanalisierung der Kreativität.

Aufgrund der allen beschriebenen Instrumenten eigenen einseitigen Fokussierung auf das Markenimage und die kommunikative Positionierung genügt keiner der vorgestellten Ansätze den Anforderungen an ein ganzheitliches Markenführungsmodell. Zudem weisen einige der angebotenen Instrumente eher den Charakter von Workshop-Programmen auf, weshalb der Eindruck entsteht, sie würden in erster Linie zur Intensivierung der Beziehung zwischen Werbeagentur und Werbeauftraggeber eingesetzt. Da die beschriebenen Modelle ausnahmslos im Ausland entwickelt wurden, ist es ohnehin schwierig abzuschätzen, ob sie in der Schweizer Werbepraxis tatsächlich zur Markenpositionierung eingesetzt werden, oder ob die Instrumente eher der Profilierung der Agentur bei potenziellen und bestehenden Kunden sowie der Begründung werblicher Massnahmen dienen. Ungeachtet dieser Fragen darf aber davon ausgegangen werden, dass der Werbeagentur insbesondere bei Marken, die sich ausschliesslich oder grösstenteils mittels Werbung differenzieren, bei der Positionierung aus naheliegenden Gründen eine hohe Bedeutung zukommt.

5.4.2 Markenintegration und Branding aus Sicht der Werbeagentur

Gemäss den im Rahmen der qualitativen Vorstudie befragten Experten spielt die Werbeagentur bei der Bestimmung und Planung der relevanten Marketinginstrumente, der so genannten **Markenintegration**, im Vergleich zu den anderen Phasen des Markenführungsprozesses lediglich eine Nebenrolle. Dies dürfte vor allem darauf zurückzuführen sein, dass viele der bei der Ausgestaltung des Marketing-Mix auf Auftraggeberseite involvierten Stellen (z.B. Verkauf oder Produktmanagement) oftmals gar keinen direkten Kontakt zur Werbeagentur aufweisen. Daher beschränkt sich die Mitarbeit der Agentur bei der Markenintegration meist auf die Analyse unterschiedlicher Berührungspunkte (Touchpoint-Analysen) zwischen der Marke und ihren Verwendern, die anschliessend als Grundlage für die Entwicklung integrierter

[823] Vgl. Abschnitte 2.2 und 4.2.2

und cross-medialer Kommunikationskonzepte dienen.[824] Vor allem grösseren Full-Service-Werbeagenturen, die eventuell auch Leistungen aus verwandten Kommunikationsdisziplinen anbieten, wird in diesem Bereich von Auftraggebern eine hohe Kompetenz attestiert. Aus diesem Grund ist es in der Praxis auch oft die Werbeagentur, der bei der **integrierten Kommunikation** die Rolle der Leitagentur zukommt, die Empfehlungen in Bezug auf die einzusetzenden Instrumente abgibt, die inhaltlichen und gestalterischen Leitlinien bestimmt und gegebenenfalls für die effiziente und harmonische Abstimmung der einzelnen Kommunikationsinstrumente verantwortlich ist.

Um ihre Auftraggeber bei der Bestimmung und Gewichtung der einzusetzenden Marketinginstrumente zu unterstützen und mit dem Ziel, die Rolle der Werbung im Marketing-Mix präzise zu formulieren, bieten vereinzelte Agenturen so genannte **Purchasing-Tunnel**-Modelle an.[825] Derartige Modelle stellen eine Weiterentwicklung der AIDA-Formel dar und untersuchen empirisch, inwieweit es einer Marke gelingt, ihre Bekanntheit über alle Stufen des Kaufentscheidungsprozesses in Markentreue zu verwandeln. Dazu werden in aller Regel die gestützte und ungestützte Bekanntheit einer Marke, ihr Image, die Kaufbereitschaft der anvisierten Zielgruppe, die Kauf- bzw. Konvertierungsrate sowie die Markenloyalität erhoben. Der Prozentsatz der von einer Stufe zur nächsten verloren gegangenen Konsumenten liefert Anhaltspunkte, wie Marketingressourcen am effektivsten und effizientesten eingesetzt werden können und welche Rolle die Werbung im Marketing-Mix übernehmen sollte.[826]

Um die Rolle der Werbeagentur im Rahmen des **Brandings** zu beschreiben, bietet es sich an, die in Abschnitt 4.3.2 gemachte Unterscheidung zwischen Branding im engeren und Branding im weiteren Sinne zu übernehmen. Ein Ansatz, der zwischen den beiden Konzepten klar differenziert und in der Werbepraxis zum Einsatz gelangt, ist das in Abbildung 5.6 dargestellte **Markenrad** von **Wirz Werbung**.

[824] Ein Instrument hierzu ist bspw. Connections von TBWA. Vgl. McLean 2002, S. 259ff.

[825] Z.B. das Modell Buying-steps von Young & Rubicam oder Brand Screen von BBDO Consulting. Zu letzterem vgl. Jullens/Sander 2002, S. 26f.

[826] Kroeber-Riel und Esch unterscheiden in diesem Zusammenhang drei Rollen der Werbung bzw. Werbestrategien: Informierung, Emotionalisierung und Aktualisierung. Vgl. Kroeber-Riel/Esch 2000, S. 47ff.

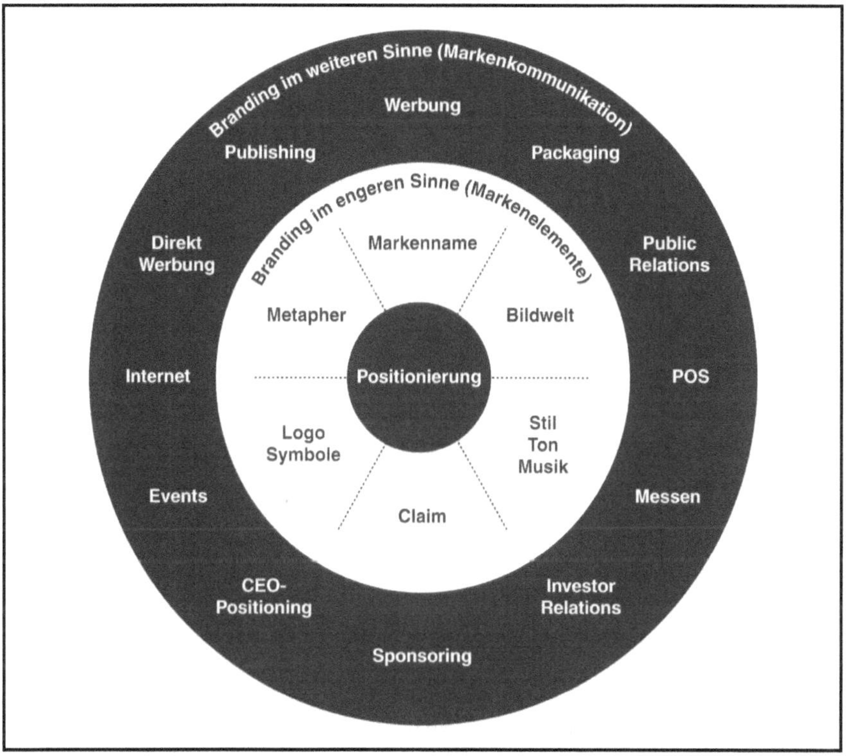

Abb. 5.7: Markenrad von Wirz Werbung[827]

Das Modell ist von innen nach aussen hierarchisch strukturiert. Im Zentrum jeglicher Überlegungen steht die Positionierung der Marke, die sich in den im Modell rund um die Positionierung angeordneten Markenelementen spiegelt. Je nach Branche und Marke können Anzahl und Relevanz der einzelnen Elemente variieren. Die **Markenelemente** bilden in ihrer Gesamtheit die eigentliche Markierung bzw. das Branding im engeren Sinne. Da die alleinige Markierung zur Erreichung eines Markenstatus' nicht ausreicht, bedarf es Instrumente, die der Marke Bekanntheit verschaffen und gleichzeitig die eingesetzten Markenelemente mit Bedeutung aufladen. Dies erfolgt in aller Regel durch den Einsatz verschiedener Kommunikationsinstrumente, weshalb die **Markenkommunikation** im abgebildeten Modell die dritte Ebene darstellt und als Branding im weiteren Sinne bezeichnet werden kann. Die in Abbildung 5.6 aufgeführten Kommunikationsinstrumente stellen ebenfalls eine willkürliche Auswahl dar und können je nach Marke und Branche variieren.

Der Werbeagentur kommt im Rahmen des Branding im weiteren Sinne naturgemäss eine entscheidende Bedeutung zu. Demgegenüber hängt die Rolle der Werbeagentur

[827] In Anlehnung an Aebi 2005, S. 106f.

bei der Ausgestaltung der verschiedenen Markenelemente in erster Linie davon ab, ob der Werbetreibende zusätzlich mit einer Corporate Design Agentur zusammenarbeitet. In diesem Fall dürfte die Verantwortung für das Branding im engeren Sinne in aller Regel der Spezialagentur obliegen. Andernfalls liegt die Gestaltung der Markenelemente aber meist im Aufgabenbereich der Werbeagentur, was den grossen Vorteil mit sich bringt, dass zwischen dem Corporate Design und der Gestaltung der Kommunikationsmittel (Corporate Communications) keine unternehmensübergreifende Schnittstelle besteht. Dies leistet der angestrebten Durchgängigkeit zwischen den einzelnen Ebenen des Brandings Vorschub und schliesst zeit- und nervenaufreibende Kompetenzstreitigkeiten zwischen involvierten Agenturen im Vornherein aus.[828]

5.4.3 Instrumente von Werbeagenturen zum Markencontrolling

Gemäss den im Rahmen der qualitativen Vorstudie befragten Experten sind die Werbeagenturen oftmals sowohl beim strategischen als auch beim operativen Markencontrolling involviert. Bei letzterem – der Überprüfung der Wirkung einzelner Marketinginstrumente – beschränkt sich die Rolle der Agentur allerdings meist auf die Mitarbeit bei der Konzeption von **Pre- und Posttests** der von ihr entwickelten **Werbekampagnen**. Oft wird es vom Werbetreibenden erlaubt oder sogar gewünscht, dass die Agentur eigene, kampagnenspezifische Forschungsfragen formuliert. Damit die Unabhängigkeit der Testergebnisse gewährt ist, obliegt die anschliessende Durchführung der Befragung aber in aller Regel einem spezialisierten Marktforschungsinstitut. Eine diesbezügliche Zusammenarbeit zwischen Werbeauftraggeber und Werbeagentur erscheint insofern sinnvoll, als dass die Ergebnisse derartiger Tests die Ausgangslage entweder für die Überarbeitung einer noch nicht geschalteten oder der darauf folgenden Werbekampagne bilden, also für die beteiligte Werbeagentur in hohem Masse relevant sind.

Im Hinblick auf die **Prämissenkontrolle** haben sich viele vor allem grössere Werbeagenturen in letzter Zeit zu Spezialisten für gesellschaftliche Strömungen, Szenen und Zielgruppen entwickelt.[829] Mit dem Ziel, die zu entwickelnden Werbekampagnen an den vielbeschworenen Zeitgeist anzulehnen und den Werbetreibenden positionierungsrelevante Informationen über aktuelle soziale und kulturelle Trends zu liefern, führen viele Werbeagenturen auf eigene Rechung mehr oder weniger umfangreiche Untersuchungen durch. Beispielsweise initiierte BBDO Europe 2004 eine paneuropäische Studie zum Thema »Being Twenty Something«, um das Lebensgefühl der Generation der 20- bis 30-Jährigen zu beschreiben und zu zeigen, auf welche gesellschaftlichen Entwicklungen das Marketing vorbereitet sein muss.[830] Die Methodik der Untersuchung war zweigeteilt. In einer ersten qualitativen Phase befragten die Agenturen so

[828] Zur nicht immer einfachen Zusammenarbeit zwischen Corporate Design- und Werbeagenturen vgl. auch Aebi 2003, S. 343ff.

[829] Vgl. Holt 2002, S. 84; Zuberbier 1994, S. 1058

[830] Vgl. Oeschger/Walter 2005, S. 19

genannte Early Adopters im Rahmen von Informal Dinners zu unterschiedlichsten Themen wie Religion, Sexualität, Familie oder Karriere. Aufbauend auf den dabei gewonnenen Erkenntnissen, wurde für die zweite, quantitative Phase der Studie ein Fragebogen mit 33 Fragen entwickelt. Diese haben inzwischen über 2000 Twenty Somethings in neun europäischen Ländern beantwortet.

Einen ganz anderen Ansatz wählte die Werbeagentur **Jung von Matt**, die auf der Grundlage von Statistiken und Expertengesprächen das Wohnzimmer der häufigsten Familie der Schweiz erforschte, es in ihren Agenturräumen 1:1 nachbaute und einrichtete. Das Ziel der Aktion bestand darin, eine Vielzahl von Forschungsdaten zum durchschnittlichen Schweizer Haushalt erlebbar zu machen. Gemäss eigenen Angaben nutzt die Agentur das **häufigste Wohnzimmer** einerseits als Sitzungszimmer für Mitarbeiter und Kunden, andererseits als Inspirationsquelle für Markenstrategien und Werbekampagnen.

Neben den beschriebenen Ad-hoc-Untersuchungen bieten insbesondere die grossen internationalen Agenturnetzwerke auch unterschiedliche Instrumente zum Brand-Tracking bzw. der **Durchführungskontrolle** an. Das bekannteste Beispiel hierfür dürfte der bereits in Abschnitt 2.4.3 zu den marketingorientierten Markenbewertungsansätzen diskutierte **Brand Asset Valuator** von **Young & Rubicam** sein. Ausgehend von inzwischen über 120'000 Interviews in mehr als 24 Ländern gibt die Studie Aufschluss über Stärken und Schwächen der erfassten Marken, gemessen an den Dimensionen Differenzierung, Relevanz, Wertschätzung und Vertrautheit. Diese Informationen spiegeln einerseits die aktuelle Stärke, andererseits das Wachstumspotenzial konkreter Marken wider, und bilden so die Grundlage allfälliger Um- oder Neupositionierungen sowie Anhaltspunkte für die Erarbeitung künftiger Werbestrategien.

Ein weiterer Ansatz zur diagnostischen und evaluativen Bewertung von Marken ist das von **Wirz Werbung** in enger Zusammenarbeit mit dem Marktforschungsinstitut Publitest entwickelte Instrument **Brand Focus**. Die Methodik des Brand Focus ist zweigeteilt. Im Rahmen einer qualitativen Vorstudie werden mittels Einzelexplorationen und Fokusgruppen die in einem bestimmten Markt imagerelevanten Markendimensionen definiert. Anschliessend liegt das Ziel einer repräsentativen Studie darin, die Ausprägungen dieser Dimensionen für ausgewählte Marken zu messen. Dieses Vorgehen ermöglicht einerseits die Identifizierung branchen- und markenspezifischer Imagetreiber, andererseits wird der Werteaufbau einer Marke sichtbar. Der Brand Focus bietet zudem die Grundlage für ein kontinuierliches Brand-Tracking. Während der vorhin beschriebene Brand Asset Valuator aufgrund seiner Internationalität und der breiten Untersuchungsbasis interessante Querschnittsanalysen ermöglicht, berücksichtigt der Brand Focus das konkrete Marktumfeld einer Marke, was im Einzelfall unverzerrtere Aussagen zulassen sollte.

Die deutsche Werbeagentur **Springer & Jacoby** entwickelte in enger Zusammenarbeit mit der Unternehmensberatung Roland Berger ebenfalls ein Instrument zur Zielgruppen- und Markenanalyse.[831] Die Methode des **Profiler** beruht auf 1600 qualitativen Aussagen von Verbrauchern sowie einem Panel, dem rund 15'000 Personen angehören. Im Rahmen dieser Untersuchungen wurden 20 generelle Kundenbedürfnisse identifiziert, die ein möglichst ganzheitliches Bild des Konsumenten abgeben sollen. Dazu gehören rationale Bedürfnisse wie z.B. Qualität, Service oder 24/7, andererseits auch emotionale Werte wie bspw. carefree (Unbekümmertheit), cool (Wunsch, Trends zu setzen) oder purism (Reduktion auf das Notwendigste). Der Profiler soll die Stärken und Schwächen der erfassten Marken im Vergleich zum Wettbewerb aufzeigen und anhand dieser Ergebnisse die Ableitung der erforderlichen werblichen Massnahmen ermöglichen.

Mitunter zeigen die letzten beiden diskutierten Ansätze, dass Werbeagenturen bei der Entwicklung und Umsetzung ihrer Markenführungsinstrumente oft mit externen Spezialisten wie Unternehmensberatungen oder Marktforschungsinstitute zusammenarbeiten. Derartige Kooperationen dürften in erster Linie entstehen, um gegenüber den Auftraggebern (sowie Dritten) die Vorwürfe der Voreingenommenheit und der fehlenden Kompetenz der Werbeagentur zu entkräften. Da die meisten Agenturen aus nachvollziehbaren Gründen keinen vertieften Einblick in die zur Markenanalyse und Markenführung eingesetzten Methoden gewähren, bleibt es schwierig abzuschätzen, wie stark die in diesem Abschnitt diskutierten Ansätze tatsächlich in der Praxis eingesetzt werden, oder ob die Instrumente in erster Linie der Profilierung der Agentur sowie der Begründung werblicher Massnahmen dienen. Dessen ungeachtet gibt Tabelle 5.3 abschliessend einen Überblick über die im Hinblick auf den Schweizer Mark wichtigsten in diesem Abschnitt diskutierten Markenführungsinstrumente von Werbeagenturen.

Phase im Markenführungsprozess	Methoden und Instrumente	Beispiele
Positionierung (Abschnitt 5.4.1)	_Klassische Positionierungsmodelle _Markenpersönlichkeitsansätze _Positionierungsprozessmodelle	_Disruption (TBWA) _STAR-System (EURO-RSCG) _Brand Character (Grey) _3D-Planning Process (AY&R)
Markenintegration und Branding (Abschnitt 5.4.2)	_Touchpoint-Analysen für die integrierte Kommunikation _Purchasing-Tunnel-Modelle _Brandingmodelle	_Connections (TBWA) _Brand Screen (BBDO) _Buying Steps (AY&R) _Markenrad (Wirz)
Markencontrolling (Abschnitt 5.4.3)	_Pre- und Posttests _Zielgruppen- und Segmentierungsstudien _Brand-Tracking-Modelle	 _20 Something (BBDO) _häufigstes Wohnzimmer (JvM) _Brand Asset Valuator (AY&R) _Brand Focus (Wirz)

Tab. 5.3: Ausgewählte Markenführungsansätze Schweizer Werbeagenturen

831 Vgl. Forster 2001, S. 32

Die Tabelle 5.3 verdeutlicht, dass es sich entgegen dem im vorliegenden Abschnitt gewählten Vorgehen oftmals schwierig gestaltet, einzelne Instrumente spezifischen Phasen des strategischen Markenführungsprozesses zuzuordnen. Vielmehr können die meisten der beschriebenen Ansätze und Methoden in mehreren oder allen Prozessphasen zum Einsatz gelangen. Dies ist nicht zuletzt Ausdruck des Bestrebens vor allem grösserer Werbeagenturen, in den gesamten Markenführungsprozess von der Positionierung bis zum Controlling involviert zu werden. Ein solch ganzheitlicher Einbezug wird von allen im Rahmen der qualitativen Vorstudie befragten Experten als positiv und erfolgskritisch eingestuft. Die Erfahrung zeige, dass eine umfassende Zusammenarbeit in aller Regel zu besserer Werbung führe, da meist nur so allfällige Lücken zwischen der Markenstrategie und der Werbekampagne umgangen werden können, und ein starker Einbezug der Werbeagentur in die strategische Markenführung generell das gegenseitige Commitment der beteiligten Personen erhöhe. Diese Argumentation wird im folgenden Abschnitt aus theoretischer Perspektive gestützt.

5.4.4 Zusammenarbeit zwischen Werbeauftraggeber und -agentur

In der Markenführung verhält es sich wie in der Fotografie: Technik ist notwendig, aber ohne **Kreativität** nichts. Angesichts der in den meisten Märkten herrschenden Positionierungsenge kommt der Entwicklung überraschender Lösungsansätze im Marketing heute eine herausragende Bedeutung zu.[832] Betrachtet man Kreativität in Anlehnung an Trommsdorff als innovative Komplexitätsbewältigung, so spielt sie bei der Markenführung eine Schlüsselrolle.[833] Die Wahrscheinlichkeit der Generierung kreativer Lösungen wird durch eine Vielzahl von Rahmenbedingungen beeinflusst. Die Argumentation in Abschnitt 4.4.4 hat gezeigt, dass insbesondere das Vorherrschen einer dominanten Logik im Unternehmen der Fokussierung auf etablierte und bewährte, aber vielleicht überholte Lösungsansätze Vorschub leistet. Aus diesem Grund sollten Aussenseiter an der strategischen Markenführung beteiligt werden, die bestehende Ansätze in Frage stellen.[834] Werbeagenturen sind prädestiniert, diese Rolle des Katalysators des Lernprozesses zu übernehmen, da ihr Kerngeschäft seit jeher in der Kreativität bzw. der Entwicklung neuartiger Ideen und Lösungen liegt.

Um diese Rolle verlässlich und gut spielen zu können, haben viele vor allem grössere Werbeagenturen in den letzten Jahren ihre **Kompetenz im Bereich der strategischen Markenführung** ausgebaut und sich zu Spezialisten für den Aufbau und die Pflege von Marken entwickelt.[835] Aaker geht in diesem Zusammenhang soweit zu behaupten, die besten Markenstrategen würden in Werbeagenturen sitzen.[836] Auch ohne diese Ansicht vorbehaltlos zu teilen, kann davon ausgegangen werden, dass eine vertrauensvol-

[832] Vgl. Jenner 2003a, S. 38; Mintzberg 1994, S. 108; auch Abschnitt 3.3.1
[833] Vgl. Trommsdorff 1997, S. 7
[834] Vgl. Sutton 2002, S. 13f.; Jenner 2003a, S. 39
[835] Vgl. Shocker/Srivastava/Ruekert 1994, S. 156; Zuberbier 1994, S. 1058
[836] Vgl. Aaker 1996, S. 348

le Zusammenarbeit mit einer guten Werbeagentur gewichtige Lerneffekte auf Seiten des Werbetreibenden mit sich bringt.[837] Eine enge Kooperation mit der Werbeagentur in allen Phasen des Markenführungsprozesses ermöglicht dem Werbeauftraggeber, die Erfahrungen und das Können unterschiedlicher Spezialisten zu nutzen, somit Zugang zu weiteren komplementären Ressourcen und Kompetenzen zu erlangen und Wettbewerbsvorteile zu internalisieren.[838]

Dass ein starker Einbezug der Werbeagentur in die strategische Markenführung Erfolg versprechend ist, haben Marken wie Nike (weg vom Spitzensport, hin zu »just do it«), Apple (»we'll change the way you work, learn, think and communicate«), IWC (Uhren für Männer) oder Orange (Telekommunikation bewerben, ohne Telekommunikation zu zeigen) vorgemacht. Es darf also davon ausgegangen werden, dass eine enge Zusammenarbeit mit einer Werbeagentur dem Werbetreibenden oftmals bemerkenswerte Synergieeffekte im Hinblick auf die Marke bietet. Aus diesem Grund fordern viele Auftraggeber einen verstärkten Einbezug der Werbeagentur in die Strategiephase.[839]

Entgegen diesen Überlegungen und Beispielen bemängeln verschiedene Autoren, dass viele Werbekampagnen keinen Bezug zur Markenpositionierung aufweisen bzw. zwischen Markenstrategie und Umsetzung oftmals eine so genannte **Implementierungslücke** klaffe.[840] Die Ursachen dafür liegen in vielen Fällen in einem fehlenden Einbezug und einer zu geringen Mitsprache der für die Umsetzung verantwortlichen Werbeagentur in die strategischen Phasen des Markenführungsprozesses. So sind beispielsweise viele Markenstrategien zu vielschichtig, um wirksam werblich umgesetzt werden zu können.[841] Oder aber die Vorgaben des Werbetreibenden an die Agentur sind derart ambivalent, dass jede und keine Werbekampagne die Markenstrategie widerspiegeln würde.[842] Diese Risken werden drastisch minimiert, wenn die für die Umsetzung verantwortliche Werbeagentur nicht erst in der Implementierungs- und Realisationsphase angegangen wird.[843] Aebi beklagt in diesem Zusammenhang, dass viele Werbeagenturen ihren Platz als Berater der Geschäftsleitung, den sie zu Zeiten Ogilvys und Bernbachs noch inne hatten, in den letzten Jahren an Unternehmens- und Marketingberatungen verloren hätten und nunmehr von vielen Werbetreibenden nur noch als Lieferanten für Werbung gesehen würden.[844]

---

[837] Vgl. Zuberbier 1994, S. 1064. Zur Relevanz des Vertrauens bei der Erzielung von Lerneffekten vgl. Schäffer/Woillauer 2003, S. 103

[838] Vgl. Abschnitt 5.2.2

[839] Vgl. Pasquier/Dreosso/Rauch 2004, S. 109; Müller/Brütsch 1998, S. 34

[840] Vgl. Esch 2001b, S. 249; Esch 2001c, S. 79; Jenner 2003a, S. 59

[841] Vgl. Esch 2001c, S. 79f.

[842] Vgl. Kenning 2003, S. 109

[843] Vgl. Abschnitt 5.4.3

[844] Vgl. Aebi 2003, S. 371. Dabei versteht es sich, dass professionelle Full-Service-Agenturen nicht einfach Befehlsempfänger sein wollen und können. Vgl. Zuberbier 1994, S. 1066

Ausgehend von diesen sich widersprechenden Erkenntnissen und Berichten, stellen sich die Fragen, ob und wann eine starke Integration der Werbeagentur in den Markenführungsprozess des Werbeauftraggebers erfolgswirksam ist, und wie die Zusammenarbeit zwischen den beiden Partnern gestaltet werden soll. Diese Fragen werden im folgenden, letzten Kapitel dieser Arbeit beantwortet.

6. Empirische Untersuchung

»Fruchtbare Sozialwissenschaft muss zu einem grossen Teil eine Untersuchung von dem sein, was nicht ist.«
Friedrich von Hayek

6.1 Wahl der Erhebungsmethode

Die Wahl einer geeigneten Methode zur Datenerhebung ist einerseits abhängig von dem zur Prüfung einer Hypothese erforderlichen Datentyp bzw. der Problemstellung der Untersuchung, andererseits von den zur Verfügung stehenden Ressourcen.[845] Ausgehend von diesen beiden Parametern müssen bei der Methodenwahl unter anderem die in Abbildung 6.1 vereinfacht dargestellten vier Entscheidungsstufen sukzessive durchschritten werden. Die für die vorliegende Untersuchung gewählten Optionen sind in der Abbildung schwarz hinterlegt.

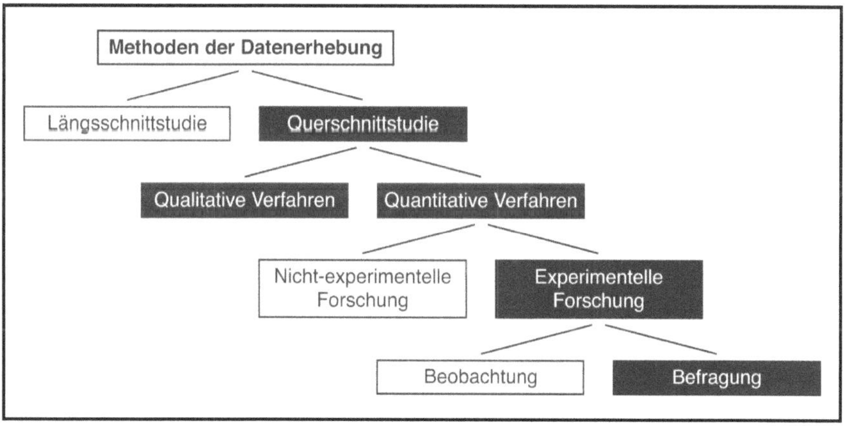

Abb. 6.1: Wahl der Datenerhebungsmethode

Empirische Daten können entweder als **Längsschnitt- oder Querschnittsstudie** erhoben werden.[846] Während bei Längsschnittstudien die Daten über einen längeren Zeitraum mehrfach bei derselben Stichprobe erhoben werden (z.B. Panel- oder Kohortendesign), beziehen sich Querschnittstudien auf einen bestimmten Zeitpunkt, in dem eine einmalige Datenerhebung stattfindet. Längsschnittdaten zeigen Veränderungen be-

[845] Vgl. z.B. Diekmann 1998, S. 287f.; Schnell/Hill/Esser 1993, S. 223

[846] Zur Abgrenzung und Beschreibung von Längsschnitt- und Querschnittstudien vgl. z.B. Diekmann 1998, S. 266ff.; Bortz/Döring 2002, S. 565

stimmter Situationen über einen bestimmten Zeitraum und finden deshalb insbesondere zur Prüfung zeitbezogener Hypothesen Anwendung. Um diesbezüglich verlässliche Aussagen machen zu können, sind zahlreiche Erhebungswellen notwendig, weshalb Längsschnittuntersuchungen meist mit spezifischen Problemen und einem erheblichen Untersuchungsaufwand verbunden sind. Das primäre Ziel der vorliegenden Arbeit liegt in der Überprüfung von Hypothesen zu einem bestimmten Zeitpunkt und weniger in der Beschreibung der Veränderung der Beziehung zwischen Werbeauftraggeber und Werbeagentur über die letzten Jahre hinweg – auch wenn eine derartige Betrachtung sicherlich interessant wäre. Aus diesem Grund stellt die **Querschnittsanalyse** für die durchzuführende Untersuchung die adäquatere Erhebungsmethode dar.

Neben der Abgrenzung von Quer- und Längsschnittstudien kann weiter zwischen **qualitativen und quantitativen Methoden der Datenerhebung** unterschieden werden.[847] Neben dem der Erhebung zugrunde gelegten Forschungsansatz (induktiv oder deduktiv, explanativ oder explorativ), den zum Einsatz gelangenden Techniken und dem Untersuchungsaufwand pro Proband liegt der Hauptunterschied zwischen den beiden Methodengruppen in der Art der gewonnenen Daten. Während bei der qualitativen Forschung verbale bzw. nichtnumerische Daten erhoben und anschliessend interpretativ verarbeitet werden, geht es bei der quantitativen Forschung um die statistische Analyse so genannt harter Messgrössen. Dementsprechend liegt das Forschungsziel qualitativer Methoden primär im Erkennen, Beschreiben und Verstehen von Zusammenhängen, dasjenige quantitativer Ansätze hingegen in deren Messung.

Der unterschiedliche Forschungszweck qualitativer und quantitativer Methoden führt dazu, dass in vielen Fällen erst durch ein Zusammenspiel der beiden Erhebungsarten umfassende und verlässliche Aussagen über einen Untersuchungsgegenstand gemacht werden können, weshalb in der forscherischen Praxis oft beide Methoden kombiniert werden.[848] Auch die Datenerhebung der vorliegenden Untersuchung ist zweigeteilt. In einem ersten Schritt werden die theoretischen Erkenntnisse im Rahmen einer **qualitativen Vorstudie** mittels Expertengesprächen ergänzt, überprüft und hinterfragt, bevor die theoretisch hergeleiteten Hypothesen durch eine **quantitative Untersuchung** verifiziert werden.[849]

Grundsätzlich kann weiter zwischen experimenteller (in vitro) und nicht-experimenteller Forschung (in vivo) unterschieden werden.[850] Im Rahmen von **Experimenten** werden bestimmte Sachverhalte und Zusammenhänge planmässig unter vom Forscher kontrollierten und variierten Bedingungen untersucht. Durch eine zufällige Zuteilung

[847] Zur Unterscheidung zwischen quantitativer und qualitativer Forschung vgl. z.B. Bortz/Döring 2002, S. 295ff.; Kühn/Fankhauser 1996, S. 51ff.

[848] Vgl. Diekmann 1998, S. 451; Bortz/Döring 2002, S. 298

[849] Zum Forschungsprozess und den methodischen Grundlagen vgl. Abschnitt 6.2

[850] Zur Abgrenzung und Charakterisierung von experimenteller, quasi-experimenteller und nicht-experimenteller Forschung vgl. z.B. Diekmann 1998, S. 289f.; Bortz/Döring 2002, S. 56ff.; Schnell/Hill/Esser 1993, S. 224ff.

der Untersuchungssubjekte zu unterschiedlichen Experimentalbedingungen (Randomisierung) und eine Neutralisierung möglicher Stör- bzw. Drittvariablen wird eine hohe Kontrolle derjenigen Variablen angestrebt, deren Einflüsse auf die abhängige Variable primär untersucht werden sollen. Ausgehend von einem Vergleich der beobachteten Ergebnisse unter den sich ändernden Experimentalbedingungen wird im Anschluss der Einfluss der unabhängigen Variablen auf die abhängige Variable abgeleitet.

Im Gegensatz zu experimentellen Untersuchungen werden bei der **nicht-experimentellen Forschung** die Vergleichsgruppen erst nachträglich im Zuge der statistischen Datenauswertung gebildet, weshalb diese Erhebungsarten auch als Ex-post-facto-Designs oder Ex-post-facto-Anordnungen bezeichnet werden.[851] Zudem übt der Forscher bei nicht-experimentellen Untersuchungen keine direkte Kontrolle über die unabhängigen Variablen aus, weil diese entweder nicht manipulierbar oder bereits eingetreten sind. Neben experimentellen und Ex-post-facto-Designs stellen **quasi-experimentelle Designs** einen Zwischentyp dar, bei dem die Vergleichsgruppen zwar im Voraus festgelegt werden, die Probanden den Gruppen jedoch nicht zufällig, sondern anhand gewisser Merkmale zugewiesen werden. Quasi-Experimente können also als Experimente ohne Randomisierung der Untersuchungssubjekte bezeichnet werden.[852]

Die Entscheidung zwischen einem experimentellen oder einem nicht-experimentellen Forschungsdesign hängt primär von der Frage ab, ob man tendenziell an einer hohen internen oder externen Validität der Ergebnisse interessiert ist.[853] Während sich die **interne Validität** auf die Ausblendung von Drittvariablen bezieht, also beschreibt, wie viele alternative Erklärungsversuche ausgeschlossen werden können bzw. ob die un abhängige Variable tatsächlich für die Varianz der abhängigen Variable verantwortlich ist, wird unter der **externen Validität** die Generalisierbarkeit der beobachteten Effekte bzw. ihre Übertragbarkeit auf andere Situationen, Zeitpunkte oder Personen(-gruppen) verstanden.

Während experimentelle Designs aufgrund der ihnen eigenen Kontrolle von Störfaktoren und der Zufallszuteilung der Untersuchungssubjekte in aller Regel eine höhere interne Validität aufweisen als nicht-experimentelle Designs, garantieren sie nicht unbedingt eine hohe externe Validität.[854] Es stellt sich bei Experimenten immer die Frage, ob sich die im Rahmen konstruierter und künstlicher Experimentalbedingungen

[851] Vgl. Diekmann 1998, S. 290; Schnell/Hill/Esser 1993, S. 241

[852] Von dieser verbreiteten Abgrenzung abweichend, diskutieren Campell und Stanley unter anderem zwei Arten von Quasi-Experimenten, die eine vollständige Randomisierung der Zielgruppe vorsehen. Vgl. Campbell/Stanley 1966, S. 34ff.

[853] Die Unterscheidung zwischen externer und interner Validität geht auf Campell und Stanley zurück. Vgl. Campbell/Stanley 1966, S. 5f. Später erweiterten Cook und Campell die ursprüngliche Konzeption der internen und externen Validität, indem sie zusätzlich die statistische Schlussfolgerungsvalidität und die Konstruktvalidität einführten. Vgl. Cook/Campbell 1976, S. 224ff.; auch: Schnell/Hill/Esser 1993, S. 162ff. Diese beiden zusätzlichen Validitätsarten können jedoch hier vernachlässigt werden.

[854] Vgl. auch Diekmann 1998, S. 302

nachgewiesenen Effekte vorbehaltlos auf die Wirklichkeit übertragen lassen. Dieser in der Literatur oftmals als **Laboreffekt** bezeichnete Einwand gilt insbesondere gegenüber Laborexperimenten wie beispielsweise dem Einsatz von Psychogalvanometer, Drehscheiben oder Tomografen und weniger bei Feldexperimenten.[855] Generell lässt sich festhalten, dass es lediglich selten gelingt, in einer Untersuchung gleichzeitig eine hohe interne und eine hohe externe Validität zu erzielen. Korrekturen zugunsten der einen wirken sich meist nachteilig auf die andere Validitätsart aus und umgekehrt.[856] Somit stellt die Wahl der geeigneten Untersuchungsmethode in vielen Fällen einen Kompromiss zwischen interner und externer Validität dar.

Obwohl experimentelle Designs gemeinhin als das ideale Vorgehen zur Prüfung von Kausalhypothesen beurteilt werden, haben sie in den Sozial- und Wirtschaftswissenschaften bislang eher normativen Charakter.[857] Die insbesondere in der Betriebswirtschaftslehre anzutreffende Dominanz nicht-experimenteller Forschungsdesigns liegt einerseits darin begründet, dass zur Prüfung vieler sozialer oder wirtschaftlicher Zusammenhänge je nach interessierenden Variablen (z.B. Personen- oder Unternehmensmerkmale) keine eigentliche Randomisierung der Untersuchungssubjekte vorgenommen werden kann. Andererseits sind viele unabhängige Variablen wie bspw. die wirtschaftlichen Rahmenbedingungen nur sehr beschränkt und lediglich im Rahmen von Laborversuchen manipulierbar und somit kontrollierbar. Die Entwicklung der Informationsökonomik, der Vertragstheorie, der Spieltheorie und der Neuroökonomie hat jedoch in den letzten 20 Jahren nicht nur zu einer zunehmenden Konvergenz zwischen Volkswirtschafts- und Betriebswirtschaftslehre geführt, sondern auch dazu beigetragen, dass im Rahmen betriebswirtschaftlicher Forschung vermehrt experimentelle Studiendesigns zum Einsatz gelangen.[858]

So zeigt ein umfassender Überblick über 25 empirische Forschungsarbeiten zu interorganisationalen Kooperationsformen im Bereich des Marketings, dass in letzter Zeit zur Untersuchung von Partnerschaften neben Fallstudien vor allem experimentelle und quasi-experimentelle Forschungsdesigns zum Einsatz gelangten.[859] Als Beispiel soll hier lediglich die bereits in Abschnitt 4.3.2 zitierte experimentelle Untersuchung von Simonin und Ruth zu Imagetransfereffekten von Markenallianzen erwähnt werden, deren Erkenntnisse auf einer Befragung von 350 Studenten und Universitätsangehörigen zu fiktiven Allianzen beruhen.[860] Die Gründe, weshalb insbesondere bei der Untersuchung von Unternehmenskooperationen in den letzten Jahren vermehrt auf experimentelle Designs zurückgegriffen wurde, sind vielfältig. Die drei wichtigsten, die alle auch auf die hier anstehende Untersuchung der Zusammenarbeit zwischen Werbeauftraggeber und Werbeagentur zutreffen, sollen im Folgenden skizziert werden.

---

[855] Vgl. auch Kühn/Fankhauser 1996, S. 82ff.
[856] Vgl. Bortz/Döring 2002, S. 56
[857] Vgl. Schnell/Hill/Esser 1993, S. 241; Diekmann 1998, S. 290, 303
[858] Vgl. auch Abschnitte 2.4 und 5.2.1
[859] Vgl. Knorr 2005, S. 77ff.
[860] Vgl. Simonin/Ruth 1998, S. 30ff.

(1) Bei der Untersuchung von Partnerschaften und Kooperationen zwischen verschiedenen Unternehmen muss immer von einer verhältnismässig hohen Zahl moderierender **Drittvariablen** wie z.B. Sympathie zwischen den beteiligten Personen, gegenseitiges Vertrauen, Beziehungsintensität, politische und kulturelle Dimensionen der Zusammenarbeit, Partnerschaftsneigung etc. ausgegangen werden.[861] Die Wahl eines nicht-experimentellen Designs für die vorliegende Untersuchung würde die Berücksichtigung möglichst aller potenziellen Drittvariablen bedingen. Dies hätte zur Konsequenz, dass die dieser Arbeit zu Grunde gelegte Fragestellung ausgeweitet und eine relativ allgemein gehaltene Untersuchung zu den Erfolgsfaktoren der Beziehungen zwischen Werbeauftraggeber und Werbeagentur durchgeführt werden müsste.[862] Dies war und ist nicht Ziel der vorliegenden Arbeit.

(2) Die Prozessgestaltung darf nicht unabhängig von den betrieblichen und wirtschaftlichen Realitäten untersucht werden.[863] Diese Anforderung berücksichtigend, gibt es in der Schweiz schätzungsweise 30 bis 40 Partnerschaften zwischen Werbeauftraggebern und Werbeagenturen, die vor dem Hintergrund der Problemstellung dieser Arbeit wirklich interessieren.[864] Die restlichen Beziehungen sind nur beschränkt aussagekräftig, weil entweder die Intensität der Partnerschaft zu gering ist, Werbestrategie und -konzeption im Ausland erarbeitet und in der Schweiz lediglich adaptiert werden, oder die Werbung ausschliesslich dazu eingesetzt wird, Sonderangebote und Preisreduktionen bekannt zu machen, was aus strategischer Sicht lediglich am Rande interessiert. **Das Fehlen einer ausreichenden Zahl geeigneter Untersuchungsobjekte** verunmöglicht eine aussagekräftige Ex-post-facto-Untersuchung.[865] Stattdessen müssen idealtypische Kooperationsformen zwischen Werbeauftraggeber und Werbeagentur planmässig konstruiert und ihr Einfluss auf die abhängige Variable untersucht werden.[866]

(3) Ein weiteres Problem bei der Untersuchung interorganisationaler Kooperationen stellt die **Operationalisierung der abhängigen Variable**, des Erfolgs der Zusammenarbeit dar. Meist fehlen geeignete Messgrössen wie beispielsweise die Veränderung des Markenwerts oder eine verlässliche Messung der Werbewirkung. Alternativ bietet sich der Grad der Erreichung der gemeinsam vereinbarten Ziele in Form eines Indexes an. Eine derartige Messung ist aber mit konzeptionellen sowie erhebungstechnischen Problemen behaftet, da zunächst nach den gemeinsam gesteckten Zielen und in einem zweiten Schritt nach deren Erreichungsgrad gefragt werden muss.[867] Die dazu eingesetzten Doppelskalen sind naturgemäss sehr komplex und überfordern viele Proban-

[861] Vgl. auch Knorr 2005, S. 139ff.; Abschnitt 5.2
[862] Zur Abgrenzung des Forschungsfeldes bzw. der Entscheidung zwischen einem reduktionistischen oder holistischen Forschungsdesign vgl. auch Jenner 1999a, S. 10ff.
[863] Vgl. Barney/Zajac 1994, S. 5ff.
[864] Vgl. auch Mediafokus 2005, S. o.S.
[865] Als Alternative würde sich eine qualitative Untersuchung mittels Fallstudien anbieten.
[866] Vgl. ähnlich Rooks, et al. 2000, S. 129; Rossi 1979, S. 178f.
[867] Zu den mit der Messung der Zielerreichung verbundenen Problemen vgl. Knorr 2005, S. 123ff.

den. Der Erfolg der Zusammenarbeit könnte auch anhand der Zufriedenheit der beteiligten Partner gemessen werden.[868] Eine derartige Operationalisierung scheint aber insofern problematisch, als dass die Quellen der Zufriedenheit unterschiedlicher Natur sein können und stark von den persönlichen Einstellungen und Präferenzen der Befragten abhängen. Schliesslich ist der Erfolg einer Partnerschaft nicht rational begründbar, sondern spiegelt vielmehr eine Vielzahl subjektiver und im Rahmen von nicht-experimentellen Untersuchungen nur schwer ergründbarer Einschätzungen der Beteiligten wider.[869]

Aus den genannten Gründen und im Hinblick auf die dieser Arbeit zugrunde gelegte Zielsetzung stellt ein experimentelles Forschungsdesign für die durchzuführende Studie die adäquatere Erhebungsmethode dar als ein klassisches Ex-post-facto-Design. Die **Vignettenanalyse**, die sich in der Soziologie zur Aufdeckung normativer Strukturen komplexer Einschätzungen mehrfach bewährt hat, scheint für die Untersuchung der Rolle der Werbeagentur im Markenführungsprozess geeignet. Der Übertragung dieser experimentellen Methode auf den wirtschaftswissenschaftlichen Kontext steht nichts im Wege.[870] Ähnlich der in der Betriebswirtschaft häufig angewendeten Conjoint-Analyse bedient sich die Vignettenanalyse eines faktoriellen Designs und ermöglich somit die in der vorliegenden Untersuchung angestrebte Erforschung der simultanen Wirkung mehrerer Experimentalvariablen.[871] Da die Vignettenanalyse zwingend eine **Befragung** umfasst, wird die am Anfang des Abschnitts angesprochene vierte Grundsatzentscheidung zwischen Beobachtung und Befragung hinfällig.[872]

Im folgenden Abschnitt 6.2 werden die methodischen Grundlagen der qualitativen Vorstudie und insbesondere der Vignettenanalyse erarbeitet, bevor in Abschnitt 6.3 die Operationalisierung der Variablen bzw. das Forschungs- und Fragebogendesign und abschliessend in Abschnitt 6.4 die Ergebnisse der experimentellen Untersuchung diskutiert werden.

---

[868] Zur Messung der (Kunden-)Zufriedenheit und der Dienstleistungsqualität sowie den damit verbundenen Schwierigkeiten vgl. z.B. Stauss 1999, S. 5ff.; Hentschel 1999, S. 291ff.

[869] Vgl. auch Rossi 1979, S. 177; allgemein Simon 1955, S. 7ff.

[870] Vgl. Rossi/Anderson 1982, S. 59. Ein Beispiel für den Einsatz einer Vignettenanalyse zur Erforschung von Partnerschaften in wirtschaftswissenschaftlichem Kontext findet sich bei Rooks, Raub, Selten und Tazelaar, die die Abhängigkeit interorganisationaler Kooperationen von der sozialen Eingebundenheit der beteiligten Partner untersuchten. Vgl. Rooks, et al. 2000, S. 123ff.

[871] Zum Begriff des faktoriellen Designs vgl. Diekmann 1998, S. 301

[872] Zur Abgrenzung und Beschreibung von Befragung und Beobachtung vgl. z.B. Bortz/Döring 2002, S. 237ff.; Schnell/Hill/Esser 1993, S. 328ff.; Diekmann 1998, S. 371ff.

6.2 Methodische Grundlagen

Wie im vorgängigen Abschnitt angesprochen und in Abbildung 6.2 dargestellt, besteht der Forschungsprozess aus fünf aufeinander folgenden Schritten, wobei die Schritte zwei bis vier den **Datenerhebungsprozess** abbilden.[873] Die theoretischen Erkenntnisse des Literaturstudiums innerhalb der relevanten Themenbereiche (vgl. Kapitel 2 bis 5) werden im Rahmen der qualitativen Vorstudie mittels explorativer Interviews mit leitenden Vertretern führender Schweizer Werbeagenturen ergänzt, überprüft, hinterfragt und mit Beispielen illustriert. Auf der Basis dieser Ergebnisse werden die quantitativ zu überprüfenden Variablen gemäss den Anforderungen einer Vignettenanalyse operationalisiert und ein Fragebogen ausgearbeitet, der in zwei unterschiedlich angeordneten Pretests auf seine Eignung und Verständlichkeit überprüft wird.[874] Der modifizierte Fragebogen bildet die Grundlage der quantitativen Datenerhebung bei Schweizer Marketing- und Kommunikationsleitern. Zur Überprüfung der theoriegeleiteten Hypothesen werden die erhaltenen Daten anschliessend mit statistischen Methoden ausgewertet.

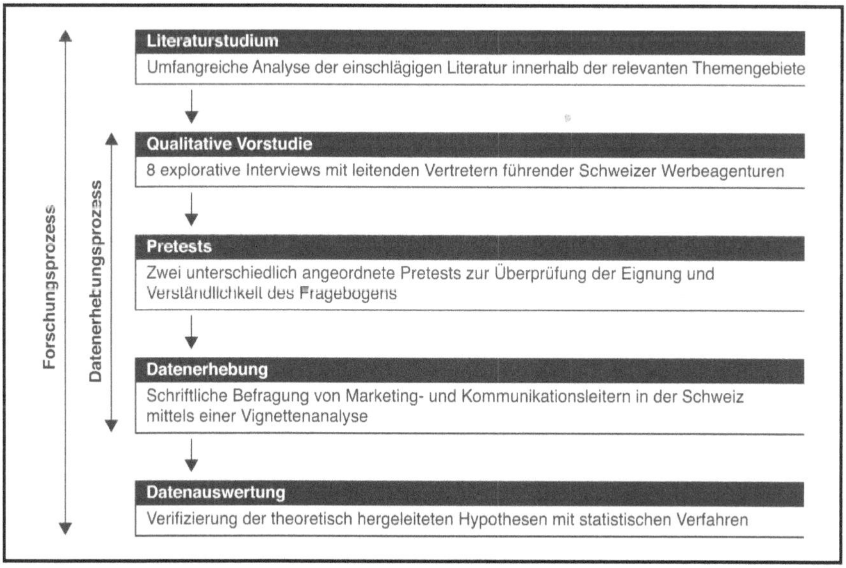

Abb. 6.2: Forschungs- und Datenerhebungsprozess

Der Vorteil dieses mehrstufigen Vorgehens bei der Datenerhebung liegt im Zusammenspiel qualitativer als auch quantitativer Methoden, um ein verlässliches Gesamtbild des Untersuchungsgegenstandes zu erlangen.[875] Zudem ermöglicht das gewählte

[873] Vgl. auch Abschnitt 1.2.3
[874] Zu den Pretests vgl. Abschnitt 6.3.5
[875] Vgl. Diekmann 1998, S. 451; Bortz/Döring 2002, S. 298

zweigeteilte Erhebungsdesign die separate Befragung beider am Prozess der Werbeplanung und -konzeption beteiligter Parteien, also sowohl der Werbeauftraggeber (quantitative Studie) als auch der Werbeagenturen (qualitative Vorstudie). Dieser Perspektivenwechsel führt zur gewünschten differenzierten Sichtweise auf die Partnerschaft zwischen Werbeagentur und Werbeauftraggeber. Der Struktur des beschriebenen Datenerhebungsprozesses folgend gliedert sich der vorliegende Abschnitt in zwei Bereiche: In Abschnitt 6.2.1 werden die methodischen Grundlagen der qualitativen Vorstudie erarbeitet, bevor in Abschnitt 6.2.2 das experimentelle Design der Vignettenanalyse inklusive der bei der Datenauswertung anzuwendenden statistischen Verfahren diskutiert werden.

6.2.1 Explorative Interviews als Vorstudie

Vor der schriftlichen Datenerhebung bei rund 500 Marketing- und Kommunikationsleitern in der Schweiz wurde eine **qualitative Vorstudie** in Form explorativer Interviews mit leitenden Vertretern führender Schweizer Full-Service-Werbeagenturen durchgeführt.[876] Ziel der persönlichen Gespräche war einerseits die kritische Überprüfung und Ergänzung der theoretischen Erkenntnisse. Andererseits galt es im Hinblick auf die Vignettenanalyse möglichst realitätsnahe Beschreibungen typischer Beziehungen zwischen Werbeauftraggeber und Werbeagentur zu generieren. Insgesamt wurden dazu **acht Expertengespräche** geführt. Die Auswahl der Gesprächspartner erfolgte aufgrund der Marktstellung der durch sie vertretenen Werbeagentur. Die acht Interviewpartner repräsentieren deshalb gewollt die acht grössten Schweizer Full-Service-Werbeagenturen im Herbst 2005. Die Gesprächspartner wurden zudem aufgrund ihrer Position und Funktion innerhalb der Agentur sowie ihrer langjährigen Erfahrung in der Werbung gewählt (vgl. Tab. 6.1). Die Gespräche fanden alle in den Monaten September und Oktober 2005 statt und dauerten zwischen 45 Minuten und anderthalb Stunden.

[876] Zu den meist synonym verwendeten Begriffen explorative Forschung, Einzelexploration und exploratives Interview vgl. Mayring 1996, S. 7; Bortz/Döring 2002, S. 54f.; Schnell/Hill/Esser 1993, S. 327; Kühn/Fankhauser 1996, S. 71.

Name	Funktion und Agentur	Ort und Datum
Geri Aebi	CEO Wirz Werbung	Zürich, 9.9.2005
Jean Etienne Aebi	Creative Consultant (ehem. Chief Creative Officer Publicis)	Zürich, 12.10.2005
David Allemann	Managing Director Advico Young & Rubicam	Gockhausen, 13.10.2005
Frank Bodin	Chairman und CEO Euro RSCG Switzerland	Zürich, 20.9.2005
Dr. Peter Felser	CEO Spillmann / Felser / Leo Burnett	Zürich, 22.9.2005
Kurt Schmid	CEO Lowe Switzerland	Zürich, 26.9.2005
Dr. Cary Steinmann	Chief Strategic Officer TBWA \ Switzerland	Zürich, 23.9.2005
Dr. Dominique von Matt	Geschäftsführer Jung von Matt an der Limmat	Zürich, 22.9.2005

Tab. 6.1: Interviewpartner

Die acht Expertengespräche wurden als **problemzentrierte Interviews** geführt.[877] Problemzentriert bedeutet in diesem Zusammenhang, dass es sich um offene, halbstrukturierte Gespräche unter Verwendung eines Interviewerleitfadens handelte. Dabei lässt der Interviewer den Befragten möglichst frei zu Wort kommen, um einem offenen Gespräch nahe zu kommen. Das Interview ist insofern zentriert, als dass der Interviewer zu Beginn in die Problematik einführt und im Verlaufe des Gesprächs immer wieder darauf zurückkommt. Während des Gesprächs sollte sich eine möglichst gleichberechtigte und offene Vertrauensbeziehung zwischen Interviewer und Befragtem entwickeln. Letzterer muss sich ernst genommen und keinesfalls ausgehorcht fühlen, um ehrlicher und reflektierter zu antworten, als dies bei geschlossenen Fragen oder einem umfassenden Fragebogen der Fall wäre. Diese informelle, aber trotzdem zielgerichtete Befragungsmethode, die sich in erster Linie an der Gedankenstruktur des Befragten orientiert, erwies sich im Hinblick auf die oben beschriebenen Ziele der qualitativen Vorstudie als geeignet.

Grundlage des **Interviewerleitfadens** waren die theoretischen Erkenntnisse des Literaturstudiums sowie persönliche Erfahrungen des Autors und Interviewers. Der Leitfaden umfasste neben den einleitenden Bemerkungen und der Einführung in die Problematik fünf offene Fragen zur aktuellen und künftigen Rolle der Werbeagentur im Markenführungsprozess. Neben Fragen zu Mitsprache (Frage 1) und Einbezug (2) der von den Gesprächspartnern repräsentierten Werbeagenturen in die Markenführungsprozesse ihrer Kunden wurden die von den Agenturen bei der Markenführung eingesetzten Instrumente und Methoden (3), konkrete Beispiele von Kunden-Agentur-

[877] Zum problemzentrierten Interview oder auch Leitfadengespräch vgl. Diekmann 1998, S. 450f.; Mayring 1996, S. 50ff.; Schnell/Hill/Esser 1993, S. 390ff.; Kühn/Fankhauser 1996, S. 72ff.

Beziehungen (4) sowie allgemeine Erfolgsfaktoren der Zusammenarbeit zwischen Agentur und Auftraggeber (5) thematisiert. Der Leitfaden diente dabei lediglich der Steuerung des Gesprächsverlaufs, weshalb nicht in allen acht Gesprächen alle fünf Fragen abgearbeitet wurden. Vielmehr wurde versucht, auf die speziellen Erfahrungen und Ansichten der einzelnen Gesprächspartner einzugehen. Am Ende der Interviews wurden die Befragten aufgefordert, weitere Punkte zu ergänzen, die bis dahin im Gespräch noch nicht zur Sprache kamen.

Neben der Einführung in die Thematik und einem Überblick über den Stand des Forschungsprojekts wurde den Interviewpartnern jeweils zu Beginn des Gesprächs zugesichert, dass die von ihnen gemachten Aussagen in Bezug auf Kunden-Agentur-Beziehungen später im Rahmen der Veröffentlichung der Ergebnisse nicht ihrer Person zugeordnet werden können. Auskünfte über konkrete Beziehungen zu Kunden und die im Rahmen der Zusammenarbeit eingesetzten Methoden und Instrumente wurden von allen Befragten als sensibler Bereich eingestuft. Das anfänglich gemachte Versprechen fand seinen Ausdruck im Verzicht auf einen Mitschnitt der Gespräche. Stattdessen wurden stichwortartige **Interviewprotokolle** erstellt, die später gemäss den Themenbereichen des Leitfadens gruppiert und ausgewertet wurden.

Die **Ergebnisse der Expertengespräche** finden sich überall in der vorliegenden Arbeit, vor allem jedoch im fünften Kapitel. Einige der dort skizzierten Ansichten und Beispiele zur Rolle der Werbeagentur im Markenführungsprozess beruhen auf Aussagen der Interviewpartner. Weiter dienten die gewonnenen Erkenntnisse als Grundlage für die auf die qualitative Vorstudie folgende Vignettenanalyse. Insbesondere bei der Entscheidung, welche der möglichen Variablen der Zusammenarbeit zwischen Werbeagentur und Auftraggeber zu variieren sind, wurde auf die Ergebnisse der Expertengespräche zurückgegriffen.[878] Andererseits flossen verschiedene von den Befragten gemachte Schilderungen typischer Beziehung zwischen Werbeagenturen und Kunden mehr oder weniger direkt in die Formulierungen einzelner Vignetten ein.

6.2.2 Vignettenanalyse als Datenerhebungsmethode

Der Erfolg interorganisationaler Beziehungen im Allgemeinen und derjenigen zwischen der Werbeagentur und ihrem Auftraggeber im Speziellen ist lediglich zum Teil rational begründbar. Vielmehr spiegelt er eine Vielzahl subjektiver, teils beschränkt rationaler und im Rahmen nicht-experimenteller Untersuchungen lediglich schwer ergründbarer Einschätzungen der beteiligten Personen wider.[879] Zur Untersuchung derartiger Kooperationen bedarf es demnach einer Methode, die sich zur Aufdeckung normativer Strukturen komplexer Einschätzungen und Entscheidungen eignet. Die ursprünglich zur Untersuchung soziologischer Fragestellungen entwickelte, aber inzwi-

[878] Vgl. Abschnitt 6.3

[879] Vgl. Abschnitt 6.1; auch Simon 1955, S. 7ff.

schen auch in verwandten sozialwissenschaftlichen Forschungsfeldern eingesetzte Methode der Vignettenanalyse hat sich diesbezüglich mehrfach bewährt.[880] So untersuchten beispielsweise Rooks, Raub, Selten und Tazelaar mittels einer Vignettenanalyse die Abhängigkeit von Lieferanten-Abnehmer-Beziehungen von der sozialen Eingebundenheit der beteiligten Partner.[881] Der von den Autoren gewählte Untersuchungsgegenstand ist in Bezug auf seine Natur und Komplexität sowie der grossen Zahl möglicher Drittvariablen mit demjenigen der hier vorliegenden Untersuchung durchaus vergleichbar.

Die Methode der Vignettenanalyse beruht auf der ursprünglich von Abelsons begründeten kognitionspsychologischen **Skripttheorie.**[882] Die Theorie besagt, dass Personen ihr Wissen über Handlungsvollzüge in Form so genannter Skripte kognitiv gespeichert haben. Ein kognitives Skript wird dabei als erwartete und kohärente Sequenz von Ereignissen verstanden, in die eine Person entweder als Teilnehmer oder Beobachter involviert ist. Skripte setzen sich wiederum aus mehreren so genannten Vignetten zusammen, die vereinfacht als Decodierung eines Ereignisses in mehrere Faktoren oder Dimensionen bezeichnet werden können und auf den Erfahrungen der betreffenden Person beruhen. Im Rahmen einer Vignettenanalyse geht es darum, den Probanden hypothetische Vignetten vorzulegen und so ihre kognitiv gespeicherte Einschätzung zu konstruierten Situationen abzufragen. Aus diesem Grund wird die Vignettenanalyse in der Literatur vereinzelt auch als **Szenario-Methode** bezeichnet.[883] Ein anderer synonymer Begriff ist derjenige des **faktoriellen Surveys**, der zum Ausdruck bringt, dass die Vignettenanalyse Elemente des faktoriellen Designs mit der klassischen Survey-Forschung verbindet.[884] Die Vignettenanalyse wurde ursprünglich von Rossi entwickelt. Die Idee dazu stammt von Lazarsfeld, der sie als Rossis Doktorvater als Randbemerkung in dessen Dissertation skizzierte.[885]

Wie bei jedem experimentellen Forschungsdesign werden auch bei der Vignettenanalyse die unabhängigen Variablen (Dimensionen) und ihre Varianz (Ausprägungen) vom Forscher kontrolliert bzw. von vornherein festgelegt.[886] Potenzielle Drittvariablen werden ausgeschlossen oder während der ganzen Untersuchung konstant gehalten. Den Regeln des **faktoriellen Designs** folgend werden aus den verschiedenen Ausprä-

[880] So wurden mittels Vignettenanalyse beispielsweise die Reaktionen gegenüber Opfern von Verbrechern (vgl. Alexander/Becker 1978, S. 99ff.), der Sozialstatus unterschiedlicher Haushaltsformen (vgl. Rossi 1979, S. 180ff.), die Einschätzungen gegenüber sexueller Belästigung (vgl. Rossi/Anderson 1982, S. 34ff.), die Verpflichtungen innerhalb der Familie (vgl. Finch 1987, S. 106ff.), die Akzeptanz von Nichtraucher-Normen (vgl. Beck/Opp 2001, S. 286ff.) oder die Lohngerechtigkeit in Abhängigkeit des Geschlechts (vgl. Jann 2003, S. 2ff.) untersucht.

[881] Vgl. Rooks, et al. 2000, S. 123ff.

[882] Vgl. Eifler/Bentrup 2005, S. 3 und die dort zitierte Literatur

[883] Vgl. Eifler/Bentrup 2005, S. 2

[884] Vgl. Rossi/Anderson 1982, S. 15; auch Beck/Opp 2001, S. 283

[885] Vgl. Rossi 1979, S. 178

[886] Zur Planung und Durchführung einer Vignettenanalyse vgl. insbesondere Rossi 1979, S. 178ff.; Rossi/Anderson 1982, S. 27ff.; Beck/Opp 2001, S. 284ff. Zur Operationalisierung der Variablen im Rahmen der vorliegenden Studie vgl. Kapitel 6.3

gungen der Dimensionen alle möglichen Kombinationen gebildet.[887] Jede dieser Kombinationen ist eine Situationsbeschreibung und wird Vignette genannt.[888] Alle Vignetten sind demnach einzigartig und stellen eine komplexe Konstellation verschiedener Merkmale dar. Obwohl Vignetten rein hypothetisch sind, sollten sie plausible Situationen beschreiben und keinesfalls realitätsfern anmuten.[889] Aus diesem Grund werden unmögliche oder nur schwer denkbare Ausprägungskombinationen eliminiert. Die Versuchspersonen werden anschliessend gebeten, eine gewisse Anzahl Vignetten anhand einer oder mehrerer standardisierter Fragen zu beurteilen. Im Rahmen der Auswertung wird mittels statistischer Verfahren geprüft, inwieweit die kontrollierte Variation der einzelnen Dimensionen einen Einfluss auf die Bewertung der Situationen durch die Probanden ausübt.

Ein wichtiger **Vorteil der Vignettenanalyse** gegenüber klassischen Surveys liegt darin, dass die befragten Versuchpersonen nicht ihre eigene, sondern lediglich hypothetische Situationen beurteilen müssen.[890] Diese planmässig geschaffene Distanz erhöht die interne Validität und somit die Aussagekraft der Ergebnisse, da eine Vielzahl situativer und personenabhängiger Drittvariablen von vornherein ausgeschlossen werden kann.[891] Dem Problem der Scheinkorrelation wird weiter entgegengewirkt, indem die Vignetten so modelliert werden, dass die einzelnen Dimensionen weder untereinander noch mit Eigenschaften der Versuchspersonen systematisch korrelieren.[892] Zusätzlich gestattet die Vignettenanalyse durch die Abfrage persönlicher Merkmale der Probanden und den Umstand, dass jeder Versuchsperson in aller Regel mehrere Vignetten mit variierenden Merkmalen vorgelegt werden, spezifische Auswertungsmöglichkeiten durch die Aggregation der Daten auf die einzelnen Befragten.

Ein weiterer entscheidender Vorteil der Vignettenanalyse liegt in ihrem faktoriellen Design. In der Wirklichkeit können aufgrund so genannter **Multikollinearitäten** viele interessierenden Variablen nicht oder nur sehr beschränkt unabhängig voneinander untersucht werden.[893] So gestaltet es sich im Rahmen eines klassischen Surveys beispielsweise äusserst schwierig, Personen mit einem hohem Einkommen und einer schlechten Ausbildung oder umgekehrt zu finden. Mit ähnlichen Multikollinearitäten wäre auch im vorliegenden Fall zu rechnen, da angesichts der verhältnismässig kleinen Zahl aussagekräftiger Agentur-Kunden-Beziehungen davon auszugehen ist, dass in der betrieblichen Realität eine starke Integration der Werbeagentur in den Markenführungsprozess meist mit einer entsprechend grossen Mitsprache und oft wohl auch mit kreativeren Werbekampagnen einher geht. Im Gegensatz zu einem Ex-post-facto-

---

[887] Vgl. z.B. Diekmann 1998, S. 301; Backhaus, et al. 2000, S. 574
[888] Zur Konstruktion der Vignetten für die vorliegende Untersuchung vgl. Abschnitt 6.3.2
[889] Vgl. Faia 1980, S. 952
[890] Vgl. Alexander/Becker 1978, S. 93; Finch 1987, S. 110
[891] Zur internen Validität vgl. Cook/Campbell 1976, S. 227
[892] Vgl. Jann 2003, S. 5; Beck/Opp 2001, S. 297
[893] Zum Begriff und den Auswirkungen von Multikollinearitäten vgl. Rossi 1979, S. 179; Rossi/Anderson 1982, S. 15; auch: Backhaus, et al. 2000, S. 41ff.

Design bietet die Vignettenanalyse durch die planmässige Modellierung eines situativen Kontextes die Möglichkeit, diese Variablen wirklich unabhängig voneinander zu untersuchen und deshalb präzisere Gestaltungsempfehlungen abzugeben.[894]

Die hauptsächliche **Kritik an der Vignettenanalyse** gründet auf der plausiblen Annahme, dass Angaben von Probanden zu ihrem vermutlichen Verhalten aufgrund hypothetischer Situationen nicht unbedingt ihrem tatsächlichen Handeln in realen Situationen entsprechen, die externe Validität dieser Forschungsmethode also keinesfalls gewährleistet sei.[895] Durch den Vergleich realer Beobachtungen mit dem mittels einer Vignettenanalyse abgefragten (selbstberichteten) Verhalten konnten Eifler und Bentrup nachweisen, dass die externe Validität von Vignettenanalysen gemeinhin überschätzt wird.[896] Ihre Untersuchung bezieht sich auf verschiedene Formen abweichenden und konformen Verhaltens. Da jedoch in der hier durchzuführenden Studie kein sozial wünschbares Verhalten abgefragt wird, scheint diese Problematik im vorliegenden Fall verhältnismassig klein und die externe Validität eher gewährleistet.[897] Zudem werden im Rahmen der vorliegenden Untersuchung bei rund 500 Marketing- und Kommunikationsleitern Personen befragt, die sich tagtäglich mit derartigen Einschätzungen und Entscheiden befassen, weshalb die Differenz zwischen Intention und tatsächlichem Verhalten als relativ klein angesehen werden darf.[898] Ohne die Frage nach der externen Validität von Vignettenanalysen zu unterschätzen, bleibt generell anzufügen, dass die Vignettenanalyse als Feldexperiment im Vergleich zu den meist sehr künstlichen Situationen von Laborexperimenten eine verhältnismässig realitätsnahe Untersuchungsform darstellt.[899]

Der Hauptgrund, weshalb die Vignettenanalyse bislang in den Wirtschaftswissenschaften lediglich selten angewendet wurde, liegt nicht unbedingt in der externen Validität, sondern vielmehr in der sehr beschrankten Anzahl von Variablen und Ausprägungen, die mittels dieser Methode simultan überprüft werden können. Die Methode eignet sich nicht für holistische Forschungsansätze, da die Versuchpersonen bei einer zu grossen Zahl von Dimensionen und Variationen nicht mehr klar zwischen den einzelnen Vignetten unterscheiden können.[900] Zudem ist die Planung und Durchführung einer Vignettenanalyse relativ kompliziert und aufwendig, da eine schriftliche oder persönliche Befragung mit unterschiedlichen Fragebogen (Sets) unumgehbar ist. Eine Online-Untersuchung ist bei einer Vignettenanalyse unzweckmässig, weil die Versuchspersonen nur dann kohärente Antworten geben können, wenn sie die Möglichkeit haben, zwischen den einzelnen Vignetten hin und her zu wechseln. Aus diesen Grün-

[894] Vgl. auch Rooks, et al. 2000, S. 129

[895] Vgl. Rossi 1979, S. 186; Rossi/Anderson 1982, S. 59; Rooks, et al. 2000, S. 129. Zur externen Validität vgl. Cook/Campbell 1976, S. 234

[896] Vgl. Eifler/Bentrup 2005, S. 8ff.

[897] Zur Problematik der Untersuchung sozial wünschbaren Verhaltens mittels der Vignettenanalyse vgl. auch Jann 2003, S. 5

[898] Vgl. auch Rossi 1979, S. 185; Rooks, et al. 2000, S. 131

[899] Vgl. Diekmann 1998, S. 302

[900] Vgl. Beck/Opp 2001, S. 287

den wird im vorliegenden Fall die **schriftliche Befragung** als Erhebungsform gewählt, womit zehn Hypothesen überprüft werden sollen.[901]

Grundsätzlich erlaubt eine Vignettenanalyse zwei Arten von **Auswertungen**.[902] Einerseits kann die Wirkung einzelner Dimensionen und Ausprägungen auf die Beurteilung der Vignette bzw. die abhängige Variable untersucht werden. Dazu bieten sich die statistischen Verfahren der Varianz- und der Regressionsanalyse sowie Post-Hoc Mehrfachvergleiche an.[903] Andererseits bietet die Methode der Vignettenanalyse ebenfalls die Möglichkeit, den Einfluss von Befragtenmerkmalen auf die Urteile zu analysieren bzw. die Resultate auf einzelne Probanden oder (homogene) Probandengruppen zu aggregieren.[904] Aus diesem Grund enthalten Vignettenfragebogen in aller Regel auch Fragen zur Person und – bei Unternehmensbefragungen – zu dem durch sie repräsentierten Unternehmen.[905] Bei der Untersuchung befragtenspezifischer Einflüsse auf die Vignettenbeurteilung ist jedoch zu beachten, dass die erhobenen Daten durch die Aufnahme befragtenspezifischer Merkmale ihren experimentellen Charakter verlieren.[906] Zwar sind die unterschiedlichen Vignetten nach wie vor zufällig den verschiedenen Probanden zugeordnet, weshalb die Ausprägungen der Dimensionen unabhängig von den Merkmalen der Befragten sind, letztere können untereinander aber sehr wohl korrelieren.

[901] Vgl. Abschnitt 6.3
[902] Vgl. Rossi/Anderson 1982, S. 49ff.; Beck/Opp 2001, S. 301
[903] Vgl. Abschnitte 6.4.3 und 6.4.4
[904] Vgl. Abschnitt 6.4.5
[905] Vgl. Abschnitt 6.3.4
[906] Vgl. Jann 2003, S. 10

6.3 Forschungs- und Fragebogendesign

Am Anfang eines jeden experimentellen Forschungsdesigns stellt sich die zentrale Frage, welche **Variablen** bzw. **Dimensionen** planmässig variiert und welche ausgeklammert oder vorsätzlich konstant gehalten werden.[907] Wie in Abschnitt 6.2.2 diskutiert, ist diese Entscheidung bei einer Vignettenanalyse insofern entscheidend, als dass lediglich eine sehr beschränkte Zahl von Dimensionen variiert werden kann, da andernfalls die Probanden nicht mehr klar zwischen den verschiedenen Vignetten unterscheiden können. Zur Frage, wie viele Variablen im Rahmen einer (schriftlichen) Vignettenanalyse sinnvollerweise überprüft werden können, findet sich in der Literatur keine einheitliche Antwort. Während Jann in seiner Studie drei Dimensionen variierte, operierten beispielsweise Alexander und Becker mit fünf, Rossi mit sechs und Rooks et al. und Beck und Opp sogar mit acht Variablen.[908] Diese Unterschiede zeigen, dass die ideale Anzahl Dimensionen nicht generell festgelegt werden kann, sondern in erster Linie vom Untersuchungsgegenstand abhängt.

Der erste der beiden im Rahmen dieser Untersuchung durchgeführten Pretests ergab, dass aufgrund der relativ komplexen Ausgangslage der vorliegenden Befragung eine Zahl von drei oder allenfalls vier Dimensionen keinesfalls überschritten werden sollte.[909] Aus diesem Grund werden in der vorliegenden Vignettenanalyse all diejenigen Merkmale von Beziehungen zwischen Werbeagenturen und ihren Auftraggebern konstant gehalten, bei denen die Literatur und die im Rahmen der qualitativen Vorstudie befragten Experten von derselben Wirkung auf den Erfolg der besagten Zusammenarbeit ausgehen (vgl. Abschnitt 6.3.1). Es wird unterstellt, dass diese Merkmale tatsächlich einen dementsprechend moderierenden Effekt auf die abhängige Variable ausüben, weshalb auf eine erneute Überprüfung verzichtet wird. Demgegenüber werden drei zentrale Charakteristika der Rolle der Werbeagentur im Markenführungsprozess, bei denen innerhalb der konsultierten Literatur oder zwischen Literatur und befragten Experten abweichende Meinungen bezüglich ihrer Auswirkungen auf den Erfolg der hier zu untersuchenden Zusammenarbeit bestehen, planmässig variiert und somit empirisch überprüft (vgl. Abschnitt 6.3.2).

Das vollständige faktorielle Design einer Vignettenanalyse wird nicht alleine durch die Anzahl Dimensionen, sondern ebenso stark durch die abzufragenden **Ausprägungen** bzw. **Variationen** definiert.[910] Sobald die zu variierenden Variablen bestimmt sind, gilt es zu entscheiden, welche Ausprägungen pro Variable sinnvoll sind. Damit die Anzahl Vignetten überblickbar bleibt, sollte ebenfalls die Zahl der Ausprägungen pro

[907] In Anlehnung an die in der Literatur zur Vignettenanalyse gebräuchliche Terminologie werden die beiden Begriffe Variable und Dimension im Folgenden synonym verwendet.

[908] Vgl. Jann 2003, S. 6; Alexander/Becker 1978, S. 100; Rossi 1979, S. 180; Beck/Opp 2001, S. 288; Rooks, et al. 2000, S. 130

[909] Zu den beiden Pretests vgl. Abschnitt 6.3.5

[910] In Anlehnung an die in der Literatur zur Vignettenanalyse gebräuchliche Terminologie werden die beiden Begriffe Ausprägung und Variation im Folgenden synonym verwendet.

Dimension so gering wie möglich gehalten werden. Auch in dieser Beziehung findet sich in der einschlägigen Literatur keine einheitliche Regelung. Während Alexander und Becker sowie Jann in ihren Untersuchungen lediglich mit dichotomen Variablen operierten, definierten Beck und Opp sowie Rooks et al. zwischen zwei und vier Ausprägungen pro Variable, Rossi und Anderson sogar bis zu deren 12.[911] Diese Unterschiede machen deutlich, dass als Kriterium für die Entscheidung, welche Ausprägungen abgefragt werden sollen, ausschliesslich ihre Bedeutung für die zu beurteilende Situation dienen kann. Die Ausführungen im Abschnitt 6.3.2 werden zeigen, dass im Rahmen der vorliegenden Studie drei oder vier Ausprägungen pro Dimension ausreichen sollten.

Neben den Konstanten und den planmässig zu variierenden Dimensionen bildet die **abhängige Variable** bzw. die Beurteilung der hypothetischen Situation durch die Probanden den dritten Bestandteil einer Vignettenanalyse. Auf diesen Punkt wird in Abschnitt 6.3.3 näher eingegangen, bevor in Abschnitt 6.3.4 die Wahl der Stichprobe und in Abschnitt 6.3.5 die Verteilung der Vignetten auf die Befragten diskutiert wird. Auf einen separaten Abschnitt zum Fragebogendesign wird verzichtet. Stattdessen werden Auszüge aus dem Fragebogen in die jeweiligen Abschnitte integriert.

6.3.1 Konstanten

Im Rahmen der qualitativen Vorstudie wurden die Experten nach den generellen Erfolgsfaktoren der Zusammenarbeit zwischen Werbeagenturen und Werbeauftraggebern gefragt. Die erhaltenen Antworten decken sich vielfach mit bereits vorhin diskutierten theoretischen Erkenntnissen. So waren sich alle Befragten einig, dass die herrschende **Markt- und Umweltdynamik** (1) insofern einen moderierenden Effekt auf die besagte Zusammenarbeit aufweist, als dass Werbetreibende, die in ihrer Branche mit einer hohen Umweltdynamik konfrontiert sind, oft einen starken Einbezug der Werbeagentur in den Markenführungsprozess fordern.[912] Diese Einsicht entspricht den in Abschnitt 4.4.3 gemachten Überlegungen, wonach sich eine offene Gestaltung des Markenführungsprozesses insbesondere bei einer hohen Umweltdynamik positiv auf den Erfolg einer Marke auswirkt. Es kann demnach davon ausgegangen werden, dass der Umweltdynamik auch im vorliegenden Kontext eine moderierende Funktion zukommt.

Weiter gaben die befragten Experten an, dass die **Intensität der Zusammenarbeit** (2), der **Typ der Werbeagentur** (3) und die von ihr verrechneten **Tarife** (4) Auswirkungen auf die Gestaltung der Partnerschaft zwischen Werbeauftraggeber und Werbeagentur aufweisen. Diese Ansicht entspricht den im Abschnitt 5.2.3 zum Thema

[911] Vgl. Alexander/Becker 1978, S. 100; Jann 2003, S. 6; Beck/Opp 2001, S. 288; Rooks, et al. 2000, S. 130; Rossi/Anderson 1982, S. 36

[912] Zum Konstrukt der Umweltdynamik vgl. Abschnitt 3.2.5

Netzwerkforschung diskutierten Merkmalsausprägungen interorganisationaler Kooperationsformen sowie den in Abschnitt 5.3.4 gemachten Überlegungen zur Beziehungsqualität. Schliesslich waren sich alle Experten einig, dass die **soziale und fachliche Kompetenz** (5) der an der Zusammenarbeit beteiligten Mitarbeitern sowohl auf Auftraggeberseite als auch auf Seiten der Werbeagentur einen – wenn nicht den – entscheidenden Einfluss auf die Gestaltung und den Erfolg der Partnerschaft ausübt. Auch in dieser Beziehung deckt sich die Meinung der befragten Experten mit bereits andernorts aufgeführten theoretischen und empirischen Erkenntnissen, insbesondere den in Abschnitt 5.2.4 diskutierten Dimensionen der Dienstleistungs- und Beziehungsqualität (reliability, responsiveness, assurance und empathy).[913]

Da die im Rahmen der qualitativen Vorstudie befragten Experten bezüglich der fünf oben aufgeführten Merkmale die in der wissenschaftlichen Literatur geäusserten Erkenntnisse ungestützt teilen, kann davon ausgegangen werden, dass die besagten Faktoren tatsächlich einen dementsprechend moderierenden Effekt auf den Erfolg der Zusammenarbeit zwischen Werbeauftraggeber und Werbeagentur ausüben, weshalb auf ihre erneute Überprüfung im Rahmen der vorliegenden Studie verzichtet werden kann. Damit die erwähnten Merkmale nicht störend zwischen der abhängigen und den unabhängigen Variablen intervenieren, werden sie im Rahmen der Untersuchung jedoch nicht einfach ausgeklammert, sondern vorsätzlich konstant gehalten. So sollen die Probanden bei der Beurteilung der verschiedenen Vignetten immer von einer hohen Umweltdynamik (Telekommunikationsmarkt), einer relativ hohen Beziehungsintensität (mehrjährige Zusammenarbeit in einer Vielzahl von Projekten), einer Full-Service-Werbeagentur inklusive strategischer Planungsabteilung, kompetenten und sympathischen Agenturmitarbeitern sowie branchenüblichen Tarifen ausgehen. Zu diesem Zweck wird am Anfang des Fragebogens (nach einigen einführenden Bemerkungen) die in Tabelle 6.2 dargestellte Ausgangssituation beschrieben, die für alle darauf folgenden Vignetten Gültigkeit hat.

Stellen Sie sich bitte folgende fiktive Situation vor: Sie sind Marketing- und Kommunikationsleiter einer grossen Telekommunikationsunternehmung in der Schweiz. Seit fünf Jahren arbeiten Sie im Rahmen einer Vielzahl von Projekten mit der Werbeagentur MESSAGE zusammen, die zu den grössten fünf Agenturen unseres Landes zählt. MESSAGE hat einen guten Ruf und bietet als Full-Service-Agentur Dienstleistungen aus den Bereichen Beratung, Strategie, Kreation und Realisation. Als einer der drei grössten Kunden von MESSAGE nutzen Sie alle von der Agentur gebotenen Dienstleistungen. Sie sind der Ansicht, die meisten von Agenturseite involvierten Mitarbeiter sind kompetent und sympathisch. Die von MESSAGE verrechneten Tarife sind branchenüblich.

Tab. 6.2: Einleitung in den Fragebogen

[913] Vgl. auch Zuberbier 1994, S. 1064

6.3.2 Hypothesen und variierte Variablen

Während diejenigen Merkmale absichtlich konstant gehalten werden, bei denen sich die befragten Experten und die in der Literatur diskutierten Ansichten entsprechen, werden diejenigen planmässig variiert, bei denen innerhalb der Literatur oder zwischen Literatur und den Experten abweichende Meinungen bezüglich ihrer Auswirkungen auf den Erfolg der Zusammenarbeit zwischen Werbeauftraggeber und Werbeagentur bestehen. Es ist davon auszugehen, dass bei diesen Merkmalen der grössere Forschungsbedarf besteht, weshalb sie im Rahmen der vorliegenden Vignettenanalyse empirisch überprüft werden sollen.

Die Argumentation im Abschnitt 4.1 hat gezeigt, dass Markenführungsprozesse, abgesehen von den ihnen zugrunde gelegten Markenansätzen, grundsätzlich anhand der beiden Merkmale Gestaltung (individuelle und organisatorische Aktivitäten) und Struktur (Sequenz von Ereignissen) systematisiert werden können. Diese beiden Kriterien bilden den Ausgangspunkt für die ersten beiden unabhängigen Dimensionen: die Mitsprache und den Einbezug der Werbeagentur im Rahmen der Markenführung. Die dritte zu variierende Variable betrifft mit der Kampagnenkreativität einen Evergreen in der Werbeforschung.

Variable Mitsprache

Die Ausführungen in den Abschnitten 4.4.3 und 4.5 haben gezeigt, dass eine dominante Logik in vielen Fällen lediglich durch eine offene Prozessgestaltung überwunden werden kann, weshalb eine Dezentralisierung der Entscheidungsfindung und die Mitsprache der Werbeagentur bei der Markenführung vor allem bei hoher Umweltdynamik erfolgskritisch sein dürften. Diese Ansicht wurde von allen im Rahmen der qualitativen Vorstudie befragten Experten geteilt. Trotzdem beklagt zum Beispiel Aebi, dass viele Werbeagenturen ihren Platz als Berater und Souffleur der Geschäftsleitung in letzter Zeit verloren hätten und von den Werbetreibenden nur noch als Lieferant von Werbung gesehen würden.[914] Mit dem Ziel, diesen Widerspruch zwischen Theorie und Praxis aufzulösen, wird im Rahmen der vorliegenden Vignettenanalyse die unten stehende Hypothese überprüft.

Hypothese 1: Je stärker die Mitsprache der Werbeagentur im Markenführungsprozess, desto erfolgreicher ist die Zusammenarbeit zwischen Werbeauftraggeber und Werbeagentur.

Die drei in Tabelle 6.3 aufgeführten Ausprägungen der Dimension Mitsprache lehnen sich an den in Abschnitt 4.4.4 beschriebenen Möglichkeiten zur Überwindung einer dominanten Logik an. Während bei der ersten Ausprägung praktisch keine Mitsprache der Agentur im Markenführungsprozess erfolgt, entspricht die zweite Ausprägung einem Advocatus Diaboli- oder Markenwächter-Ansatz und die dritte einer dialektischen

[914] Vgl. Aebi 2003, S. 371; Abschnitt 5.4.4

Planung annähernd gleichberechtigter Partner. Die Formulierungen entsprechen grösstenteils Situationsbeschreibungen der befragten Experten.

1	Die Beziehung zwischen Ihrer Firma und der Werbeagentur MESSAGE kann als **klassische Lieferantenbeziehung** beschrieben werden. Die Agentur sprach nicht gross mit, sondern führte primär Ihre Anweisungen aus.
2	Die Beziehung zwischen Ihrer Firma und der Werbeagentur MESSAGE ist mehr als eine reine Lieferantenbeziehung. Die Agentur agierte als **Sparringpartner und Markenwächter**. Sie wurde von Ihnen jeweils aufgefordert, die erhaltenen Vorgaben und Briefings kritisch zu hinterfragen und gegebenenfalls Gegenvorschläge zu unterbreiten. Diese Aufgabe erfüllte MESSAGE zu Ihrer vollen Zufriedenheit.
3	Die Beziehung zwischen Ihrer Firma und der Werbeagentur MESSAGE kann als **richtige Partnerschaft** bezeichnet werden. Ähnlich einem Beratungsunternehmen wurde die Agentur aufgefordert, sich im Rahmen der gemeinsamen Projekte stark einzubringen und mitzusprechen, was sie auch erfolgreich tat.

Tab. 6.3: Ausprägungen der Dimension Mitsprache

Ausgehend vom ordinalen Charakter der drei oben stehenden Ausprägungen können zwei weitere Hypothesen zur Beziehung zwischen der Mitsprache der Werbeagentur bei der Markenführung und dem Erfolg der Zusammenarbeit formuliert werden:

Hypothese 1a: Wird die Werbeagentur vom Werbeauftraggeber als Sparringpartner (Advocatus Diaboli) eingesetzt, ist der Erfolg der Zusammenarbeit zwischen Werbeauftraggeber und Werbeagentur grösser, als wenn die Werbeagentur lediglich eine Lieferantenrolle inne hat.

Hypothese 1b: Verfolgen der Werbeauftraggeber und die Werbeagentur einen gleichberechtigten dialektischen Planungsansatz, ist der Erfolg der Zusammenarbeit grösser, als wenn die Werbeagentur als Sparringpartner (Advocatus Diaboli) eingesetzt wird.

Variable Einbezug

Eng verwandt, aber dennoch unabhängig von der Dimension Mitsprache ist die zweite zu variierende Variable: der Einbezug der Werbeagentur in den Markenführungsprozess. Während vereinzelte Autoren argumentieren, eine drohende Implementierungslücke zwischen der Markenstrategie und der Werbekampagne sei lediglich durch eine relativ zentralistische Planungslogik und klare, unmissverständliche Vorgaben gegenüber der Werbagentur zu verhindern,[915] plädieren alle der befragten Experten für einen holistischen Einbezug der Werbeagentur in den gesamten Markenführungsprozess und nicht nur in die Implementierungs- und Realisationsphase. Nur so könne ein kontinuierlicher und stimmiger Übergang zwischen Markenstrategie und Werbekampagne sichergestellt werden. Diese sich widersprechenden Gestaltungsempfehlungen finden Ausdruck in unten stehender Hypothese, die es im Rahmen der vorliegenden Untersuchung ebenfalls zu prüfen gilt.

---

[915] Vgl. auch Esch 2001c, S. 79; Kenning 2003, S. 109; Abschnitt 5.4.4

Hypothese 2: Je stärker der Einbezug der Werbeagentur in den gesamten Markenführungsprozess, desto erfolgreicher ist die Zusammenarbeit zwischen Werbeauftraggeber und Werbeagentur.

Die vier in Tabelle 6.4 aufgeführten Ausprägungen der Dimension Einbezug folgen dem in Abschnitt 4.3 beschriebenen idealtypischen Markenführungsprozess, der die vier Phasen Markenidentität und Positionierung, Markenintegration und Branding, Implementierung und Realisation sowie Markencontrolling umfasst. Während bei der ersten Ausprägung die Werbeagentur lediglich in der Implementierungs- und Realisationsphase involviert ist, was naturgemäss immer der Fall ist, kommt mit jeder höheren Ausprägung eine weitere der vier Phasen dazu, bis die Werbeagentur bei der vierten Ausprägung in den gesamten Markenführungsprozess integriert ist. Die einzelnen Formulierungen basieren wiederum grösstenteils auf Schilderungen der befragten Experten.

1	Die Arbeit der Agentur bezog sich **ausschliesslich auf die Konzeption und Realisation von Werbemassnahmen**. Sie war weder in markenstrategische Projekte noch bei der Werbewirkungsforschung involviert.
2	Die Zusammenarbeit bezog sich nicht nur auf die **Konzeption und Realisation** von Werbemassnahmen, sondern die Agentur wurde auch bei der **Werbewirkungsforschung** involviert.
3	Die Zusammenarbeit mit der Werbeagentur MESSAGE konzentrierte sich nicht nur auf die **Konzeption und Realisation** von Werbemassnahmen. Die Agentur arbeitete ebenfalls beim **Brand-Tracking**, im Rahmen eines **Brandingprojektes** sowie bei Fragen, die den **gesamten Marketing-Mix** betrafen, mit.
4	Die Zusammenarbeit mit der Werbeagentur MESSAGE war umfassend. Sie war neben der **Konzeption und Realisation** von Werbemassnahmen jeweils auch involviert bei Fragen, die die **Markenpositionierung**, das **Branding** und den **Marketing-Mix** betrafen, und arbeitete bei mehreren **Marktforschungsprojekten** mit.

Tab. 6.4: Ausprägungen der Dimension Einbezug

Auch hier können aufgrund des ordinalen Charakters der Ausprägungen weitere Hypothesen zum Zusammenhang zwischen dem Einbezug der Werbeagentur in den Markenführungsprozess und dem Erfolg der Kooperation formuliert werden:

Hypothese 2a: Wird die Werbeagentur auch in das Markencontrolling involviert, ist der Erfolg der Zusammenarbeit zwischen Werbeauftraggeber und Werbeagentur grösser, als wenn sich die Werbeagentur ausschliesslich um die Konzeption und Realisation von Werbemassnahmen kümmert.

Hypothese 2b: Wird die Werbeagentur auch im Rahmen der Markenintegration eingesetzt, ist der Erfolg der Zusammenarbeit zwischen Werbeauftraggeber und Werbeagentur grösser, als wenn die Werbeagentur ausschliesslich bei der Konzeption und Realisation von Werbemassnahmen und dem Markencontrolling involviert ist.

Hypothese 2c: Wird die Werbeagentur in den gesamten Markenführungsprozess einbezogen, ist der Erfolg der Zusammenarbeit zwischen Werbeauftraggeber und Werbeagentur grösser, als wenn die Werbeagentur ausschliesslich bei der Konzeption und Realisation von Werbemassnahmen, dem Markencontrolling und der Markenintegration involviert ist.

Variable Kreativität

Die Ausführungen in Abschnitt 3.3.2 haben gezeigt, dass die Kreativität einer Werbekampagne in den letzten Jahren vielerorts zum Erfolgsfaktor wurde, da dadurch nicht nur die gesellschaftliche Akzeptanz der Werbung, sondern auch ihre Wirkung gesteigert werden kann. Dennoch stehen gemäss den befragten Experten viele Werbeauftraggeber wirklich kreativen Kampagnen immer noch skeptisch gegenüber, da sie fälschlicherweise befürchten, mit eventuell polarisierender Werbung einen Teil ihrer Zielgruppe zu verlieren. Diesem Widerspruch zwischen theoretischen Empfehlungen und der Praxis soll in der vorliegenden Studie ebenfalls nachgegangen werden, wobei insbesondere der Zusammenhang zwischen der Kampagnenkreativität und dem Erfolg der Zusammenarbeit zwischen Werbeauftraggeber und Werbeagentur interessiert.

Hypothese 3: Je kreativer die von der Werbeagentur für ihren Kunden entwickelte Werbekampagne, desto erfolgreicher ist die Zusammenarbeit der beiden Partner.

Die drei in Tabelle 6.5 aufgeführten Ausprägungen der Dimension Kreativität orientieren sich an den vom Art Directors Club Deutschland aufgestellten und von Trommsdorf und Becker empirisch validierten Kriterien zur Kreativität von Werbekampagnen.[916] Insbesondere den Kriterien Verständnis, Überzeugungskraft und Originalität kommt bei der Beurteilung der Kreativität einer Werbekampagne eine herausragende Bedeutung zu. Aus diesem Grund wurden die Ausprägungen so gewählt, dass mit jeder höheren Stufe ein weiteres der drei Kriterien hinzukommt.

1	Das Resultat der Zusammenarbeit waren mehrere grosse Werbekampagnen, die von den Konsumenten zwar **verstanden wurden**, aber weder durch Originalität noch Überzeugungskraft bestachen.
2	Das Resultat der Zusammenarbeit waren mehrere grosse Werbekampagnen, die von den Konsumenten **verstanden wurden** und **überzeugten**, wenn sie auch nur selten durch eine hohe Originalität bestachen.
3	Das Resultat der Zusammenarbeit waren mehrere grosse Werbekampagnen, die von den Konsumenten nicht nur **verstanden wurden**, sondern auch **überzeugten** und Ihre Marke durch eine **hohe Originalität** nachhaltig differenzierten.

Tab. 6.5: Ausprägungen der Dimension Kreativität

[916] Vgl. Trommsdorff/Becker 2001, S. 23

Auch in Bezug auf die Auswirkungen der Kreativität der Werbekampagne auf den Erfolg der Zusammenarbeit zwischen Werbeauftraggeber und Werbeagentur können ausgehend vom ordinalen Charakter der oben stehenden Ausprägungen zwei weitere Hypothesen formuliert werden:

Hypothese 3a: Ist die von der Werbeagentur für ihren Kunden entwickelte Werbekampagne verständlich und überzeugend, ist der Erfolg der Zusammenarbeit grösser, als wenn die Werbekampagne nur verständlich ist.

Hypothese 3b: Ist die von der Werbeagentur für ihren Kunden entwickelte Werbekampagne verständlich, überzeugend und originell, ist der Erfolg der Zusammenarbeit grösser, als wenn die Werbekampagne nur verständlich und überzeugend ist.

Nachdem alle drei zu variierenden Dimensionen und deren Ausprägungen bestimmt sind, können die einzelnen Vignetten konstruiert bzw. das **vollständige faktorielle Design** der Untersuchung festgelegt werden. Dazu werden aus den unterschiedlichen Ausprägungen der drei Dimensionen alle möglichen Kombinationen gebildet, wobei jede dieser Kombinationen eine Vignette darstellt. Im vorliegenden Fall können entsprechend 3x3x4 = 36 Vignetten gebildet werden. Die Tabelle 6.6 zeigt das vollständige faktorielle Design der durchzuführenden Vignettenanalyse, wobei m für Mitsprache, e für Einbezug und k für Kreativität stehen. Die anschliessende Tabelle 6.7 zeigt beispielhaft die Vignette Nr. 32.

Nr.	Design	Code	Nr.	Design	Code	Nr.	Design	Code
1	m1,e1,k1	111	**13**	m2,e1,k1	211	**25**	m3,e1,k1	311
2	m1,e2,k1	121	**14**	m2,e2,k1	221	**26**	m3,e2,k1	321
3	m1,e3,k1	131	**15**	m2,e3,k1	231	**27**	m3,e3,k1	331
4	m1,e4,k1	141	**16**	m2,e4,k1	241	**28**	m3,e4,k1	341
5	m1,e1,k2	112	**17**	m2,e1,k2	212	**29**	m3,e1,k2	312
6	m1,e2,k2	122	**18**	m2,e2,k2	222	**30**	m3,e2,k2	322
7	m1,e3,k2	132	**19**	m2,e3,k2	232	**31**	m3,e3,k2	332
8	m1,e4,k2	142	**20**	m2,e4,k2	242	**32**	m3,e4,k2	342
9	m1,e1,k3	113	**21**	m2,e1,k3	213	**33**	m3,e1,k3	313
10	m1,e2,k3	123	**22**	m2,e2,k3	223	**34**	m3,e2,k3	323
11	m1,e3,k3	133	**23**	m2,e3,k3	233	**35**	m3,e3,k3	333
12	m1,e4,k3	143	**24**	m2,e4,k3	243	**36**	m3,e4,k3	343

Tab. 6.6: Vollständiges faktorielles Design

Vignette 32 32_342
Die Beziehung zwischen Ihrer Firma und der Werbeagentur MESSAGE kann als **richtige Partnerschaft** bezeichnet werden. Ähnlich einem Beratungsunternehmen wurde die Agentur aufgefordert, sich im Rahmen der gemeinsamen Projekte stark einzubringen und mitzusprechen, was sie auch erfolgreich tat.
Die Zusammenarbeit mit der Werbeagentur MESSAGE war umfassend. Sie war neben der **Konzeption und Realisation von Werbemassnahmen** jeweils auch involviert bei Fragen, die die **Markenpositionierung**, das **Branding** und den **Marketing-Mix** betrafen, und arbeitete bei mehreren **Marktforschungsprojekten** mit.
Das Resultat der Zusammenarbeit waren mehrere grosse Werbekampagnen, die von den Konsumenten **verstanden wurden** und **überzeugten**, wenn sie auch nur selten durch eine hohe Originalität bestachen.

Tab. 6.7: Vignette 32

6.3.3 Abhängige Variable

Neben den Konstanten und den planmässig zu variierenden Dimensionen bildet die Beurteilung der hypothetischen Situation durch die Probanden den dritten zentralen Bestandteil einer Vignettenanalyse. Diese Beurteilung ist Ausdruck der abhängigen Variable, im vorliegenden Fall also des **Erfolgs der Zusammenarbeit zwischen Werbeauftraggeber und Werbeagentur**. Während die Operationalisierung des Partnerschaftserfolgs bei einem Ex-post-facto-Design aufgrund des Fehlens geeigneter Messgrössen meist mit spezifischen Problemen und einem erheblichen Untersuchungsaufwand verbunden ist, kann die abhängige Variable im Rahmen einer Vignettenanalyse dank des experimentellen Forschungsdesigns verhältnismässig einfach wiederum anhand einer hypothetischen Situation abgefragt werden.[917]

In der werblichen Praxis zeigt sich der Erfolg der hier zu untersuchenden Partnerschaft in der Regel anhand der Zeitspanne, während der eine Werbeagentur für einen Werbeauftraggeber tätig ist.[918] Wenn letzterer mit der Zusammenarbeit und dem erzielten Ergebnis zufrieden ist, wird er sich aufgrund des entstehenden Aufwandes und der damit verbundenen Unsicherheit auch bei einer Neu- oder Umpositionierung seiner Marke tendenziell hüten, die Agentur zu wechseln und eine **Konkurrenzpräsentation** auszuschreiben.[919] Diese Einschätzung wurde von den im Rahmen der qualitativen Vorstudie befragten Experten geteilt, weshalb in der vorliegenden Untersuchung die einzelnen Vignetten anhand der Frage beurteilt werden, ob die Probanden in ihrer fiktiven Rolle als Werbeauftraggeber bei einer Neupositionierung ihrer Marke verschiedene Agenturen zu einer Konkurrenzpräsentation einladen oder weiterhin mit der bestehenden Werbeagentur weiterarbeiten würden (vgl. Tabelle 6.8).

---

[917] Vgl. auch Abschnitt 6.1
[918] Vgl. auch Wehrli 1992, S. 120
[919] Vgl. auch Bruhn 2003a, S. 383ff.; Siegert/Brecheis 2005, S. 151

Nehmen Sie bitte weiter an, Ihre Firma akquiriere eine andere Telekommunikationsunternehmung. Als Folge dieses Zusammenschlusses gilt es, Ihre Telekommunikationsmarke im Schweizer Markt vollständig neu zu positionieren. Dabei stellt sich traditionell die Frage, ob sie für die Neupositionierung verschiedene Werbeagenturen zu einer Konkurrenzpräsentation einladen, oder ob Sie das Mandat für die Neupositionierung Ihrer Marke direkt der Agentur MESSAGE übergeben.
Bitte beurteilen Sie in den folgenden Situationen, ob Sie ohne Konkurrenzpräsentation mit der Agentur MESSAGE weiter zusammenzuarbeiten würden.

Tab. 6.8: Zweiter Teil der Einleitung in den Fragebogen

Eng verknüpft mit der Bestimmung der abhängigen Variable ist die Wahl einer adäquaten **Beurteilungsskala.**[920] Im Gegensatz zur verwandten Conjoint-Analyse, wo die Bewertung der Stimuli meist mittels Rangreihung oder Paarvergleichen erfolgt, werden bei Vignettenanalysen aufgrund der schriftlichen Erhebungsform und der oft hohen Zahl zu beurteilender Vignetten unterschiedliche Arten von Likert-Skalen verwendet.[921] Zur damit verbundenen Frage, wie viele Antwortkategorien zur Beurteilung einer Vignette sinnvollerweise vorgegeben werden, und ob tendenziell eine ungerade (mit Nullpunkt) oder eine gerade (ohne Nullpunkt) Zahl von Kategorien zu favorisieren ist, findet sich in der Literatur keine einheitliche Antwort. Während Beck und Opp bei ihrer Studie lediglich sechs Kategorien angaben, verwendeten beispielsweise Rossi sowie Rossi und Anderson eine 9er Skala, und Jann operierte mit Antwortvorgaben von minus fünf bis plus fünf inklusive Null.[922]

Diese Unterschiede zeigen, dass die ideale Anzahl von Kategorien nicht generell festgelegt werden kann, sondern stark von der jeweiligen Fragestellung und den zu prüfenden Dimensionen und Ausprägungen abhängt. Aus Angst, dass die Befragten aufgrund der relativ komplexen Ausgangslage oft die Mitte ankreuzen und sich somit einer vertieften Beurteilung der Vignetten indirekt entziehen, wurde im vorliegenden Fall auf einen Nullpunkt (bzw. eine Mitte) verzichtet und für die Bewertung jeder Vignette die in Tabelle 6.9 abgebildete Likert-Skala mit 8 Antwortvorgaben von »sicher nicht« bis »sicher« vorgegeben.[923] Das der vorliegenden Untersuchung zugrunde gelegte Modell ist in der anschliessenden Abbildung 6.3 nochmals grafisch dargestellt.

Würden Sie in dieser Situation für die Lancierung der neuen Marke ohne Konkurrenzpräsentation mit der Agentur MESSAGE weiter zusammenarbeiten?	**sicher nicht**							**sicher**
	☐	☐	☐	☐	☐	☐	☐	☐
	1	2	3	4	5	6	7	8

Tab. 6.9: Beurteilungsskala

[920] Vgl. Beck/Opp 2001, S. 289

[921] Zum Messung mittels Likert-Skalen vgl. z.B. Diekmann 1998, S. 209ff.; Schnell/Hill/Esser 1993, S. 202ff. Zur Bewertung der Stimuli beim Conjoint-Measurement vgl. Backhaus, et al. 2000, S. 578

[922] Vgl. Beck/Opp 2001, S. 289; Rossi 1979, S. 180; Rossi/Anderson 1982, S. 40; Jann 2003, S. 5

[923] Die Beurteilungsskala wurde im Rahmen des zweiten Pretests auf ihre Eignung hin überprüft. Vgl. Abschnitt 6.3.5

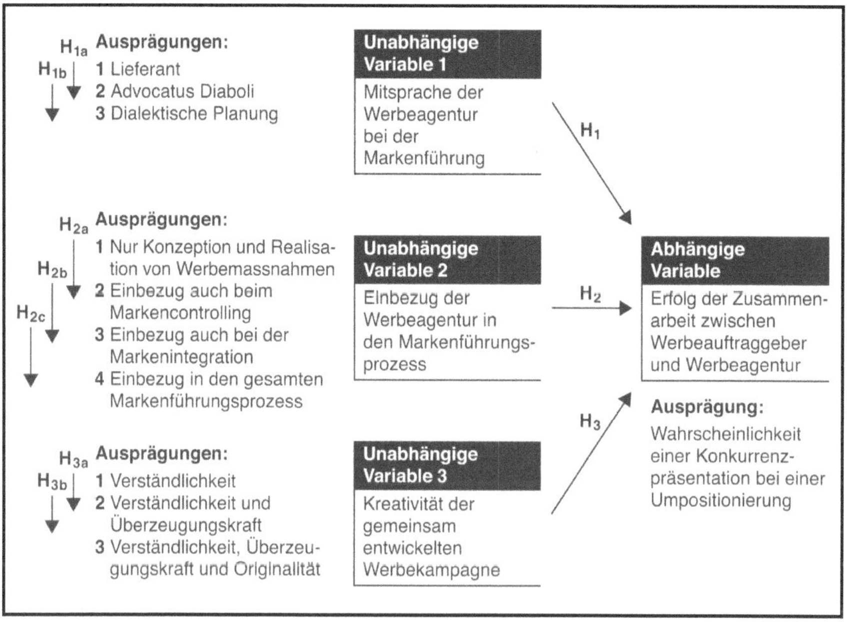

Abb. 6.3: Modell der Untersuchung

6.3.4 Grundgesamtheit und Stichprobe

Angesichts der hohen Spezifität und Komplexität des Untersuchungsgegenstandes scheint eine Befragung von willkürlich ausgewählten Personen im vorliegenden Fall unzweckmässig. Denn obwohl Vignetten per definitionem rein hypothetisch sind, sollten sie unbedingt plausible, realitätsnahe und vom Befragten nachvollziehbare Situationen beschreiben.[924] Aus diesem Grund wurden für die vorliegende Untersuchung alle werbetreibenden Firmen in der Deutschschweiz respektive die in diesen Unternehmen für Kommunikation und Werbung verantwortlichen Mitarbeiter als **Grundgesamtheit** bestimmt. Es ist davon auszugehen, dass all diese Personen bereits einmal in der einen oder anderen Form mit Werbeagenturen zusammengearbeitet haben und deshalb mit den in den Vignetten beschriebenen Situationen vertraut sind. Aufgrund der sprachlichen Schwierigkeiten wurde auf eine Übersetzung der Vignetten ins Französische und ins Italienische verzichtet, weshalb eine Befragung im Tessin und in der Romandie nicht möglich war.

Da die Untersuchungssubjekte im Rahmen einer Vignettenanalyse – wie bei jeder experimentellen Untersuchung – zufällig unterschiedlichen Experimentalbedingungen zugeteilt werden (Randomisierung), muss die Stichprobe in Bezug auf allfällig interes-

[924] Vgl. Faia 1980, S. 952

sierende Merkmale nicht der Grundgesamtheit entsprechen bzw. nicht repräsentativ sein.[925] Die bei klassischen Surveys zu beachtenden Anforderungen an die Stichprobenziehung können deshalb im vorliegenden Fall grösstenteils vernachlässigt werden.[926] Stattdessen wurde aus der oben bestimmten Grundgesamtheit lediglich eine **bewusste Stichprobe** ausgewählt.[927] Derartige Stichprobenziehungen folgen zwar einem Auswahlplan mit vorgängig definierten Kriterien, genügen jedoch inferenzstatistischen Kriterien nicht. Zur Bestimmung der Untersuchungssubjekte wurde eine private Schweizer Datenbank mit 3928 Einträgen von leitenden Mitarbeitern aus den Bereichen Marketing, Kommunikation und Werbung aus den unterschiedlichsten Branchen verwendet.[928] Diese bilden somit das **Erhebungsuniversum** der vorliegenden Untersuchung.[929]

Die Datenbank wurde in einem ersten Schritt anhand der Suchbegriffe Marketingleiter, Marketing-Kommunikation, Werbung, Werbeleiter, Kommunikation und Communications durchsucht (976 Treffer). Abzüglich zahlreicher Überschneidungen, der Adressen aus der lateinischen Schweiz sowie aller Personen, die nicht auf Werbeauftraggeberseite arbeiten (z.B. Professoren und Journalisten), blieben 595 Einträge. Diese Liste wurde weiter reduziert, indem lediglich Personen aus dem Bereich Marketingkommunikation und keine Mitarbeitende aus dem Bereich Corporate Communications in der Liste belassen wurden. Diese Reduktion beruht auf der Überlegung, dass Mitarbeitende aus dem Bereich Corporate Communication in erster Linie mit Branding- und PR-Agenturen und lediglich am Rande mit Werbeagenturen zusammenarbeiten, weshalb die Ergebnisse nicht unbedingt vergleichbar wären. Zudem wurde darauf geachtet, dass in keinem Unternehmen mehr als 10 Personen befragt werden. Diese wiederum reduzierte Liste umfasste schliesslich **498 Personen**.

Die Frage nach der Mindestgrösse einer Stichprobe bei einem faktoriellen Survey ist schwierig und schon gar nicht allgemein zu beantworten.[930] Der notwendige Stichprobenumfang hängt einerseits von der Anzahl der Dimensionen und deren Ausprägungen, andererseits von der Anzahl zu beurteilender Vignetten pro Proband ab. Da im vorliegenden Fall lediglich drei Dimensionen und höchstens vier Ausprägungen pro Dimension zu prüfen sind, und jeder Proband neun Vignetten beurteilt (vgl. Abschnitt 6.3.5), ist die Anzahl Urteile pro Ausprägung bei 100 Untersuchungssubjekten sicherlich ausreichend. Diese Zahl wäre bei einer Rücklaufquote von rund 20% erreicht, was angesichts des doch relativ kurzen Fragebogens als realistisch erachtet werden darf.

---

925 Vgl. Abschnitt 6.1

926 Zur Stichprobenziehung vgl. allgemein Diekmann 1998, S. 325ff.; Kühn/Fankhauser 1996, S. 113ff.; Schnell/Hill/Esser 1993, S. 279ff.

927 Zur bewussten Stichprobenauswahl vgl. Schnell/Hill/Esser 1993, S. 306

928 Dieselbe Datenbank wurde bereits mehrfach für die Stichprobenziehung im Rahmen wissenschaftlicher Studien verwendet. Vgl. z.B. Bruhn/Boenigk 1999, S. 107

929 Zur Unterscheidung zwischen Ziel- und Erhebungsuniversum vgl. Kühn/Fankhauser 1996, S. 117f.

930 Vgl. Beck/Opp 2001, S. 291

Ein Vergleich der 498 Personen umfassenden Liste und der durch sie repräsentierten Unternehmen mit den **Media Focus Daten** (Werbeausgaben pro Unternehmen) des ersten halben Jahres 2005 ergibt folgendes Bild:[931] Die 100 grössten Werbetreibenden aus der Deutschschweiz (bereinigt um Verbände, Sammelposten, den Media-Shop und die Film- und Musikindustrie) sind lückenlos vertreten. Insgesamt arbeiten 246 Personen der Stichprobe, also rund die Hälfte, in einem dieser 100 Unternehmen. Davon sind 70 Personen bei den grössten 20 Werbetreibenden beschäftigt. Diese Verteilung der Stichprobe auf die Schweizer Werbeauftraggeber scheint angesichts des Untersuchungsgegenstandes der vorliegenden Arbeit annähernd ideal, da alle Grössen und Arten von Werbetreibenden ausreichend vertreten sein dürften. Den besagten 498 Personen wurde deshalb im Oktober 2005 postalisch ein Fragebogen zugeschickt, mit der Bitte, ihn innerhalb eines Monats auszufüllen und zu retournieren.

Um die erhaltenen Daten im Rahmen der statistischen Auswertung auf die Probanden zu aggregieren und somit Aussagen zum Einfluss einzelner Persönlichkeits- und Unternehmensmerkmale auf Beurteilungen der verschiedenen Vignetten machen zu können (vgl. Abschnitt 6.2.3), wurden die Befragen am Ende des Fragebogens gebeten, die in Tabelle 6.10 aufgeführten Fragen zu ihrer Person und dem durch sie repräsentierten Unternehmen zu beantworten.

Angaben zu Ihrer Person und Ihrem Unternehmen			
a) Ihr Geschlecht	☐ weiblich	☐ männlich	
b) Ihre Positionsbezeichnung	______		
c) Ihre Branche	☐ Industriegüter	☐ Konsumgüter	☐ Dienstleistungen
d) Anzahl Mitarbeitende in Ihrem Unternehmen	______		
e) Anteil des Werbebudgets am gesamten Marketingbudget in Prozent in Ihrem Unternehmen			

Tab. 6.10: Personenspezifische Fragen

6.3.5 Verteilung der Vignetten

Bevor die einzelnen Vignetten den Befragten zur Beurteilung vorgelegt werden, ist zu prüfen, ob alle Ausprägungskombinationen sinnvoll sind bzw. in jeder Vignette eine zwar hypothetische aber dennoch realistische Entscheidungssituation beschrieben ist.[932] Die qualitative Vorstudie hat gezeigt, dass eine hohe Mitsprache bei relativ beschränktem Einbezug der Werbeagentur in den Markenführungsprozess und umgekehrt zwar unwahrscheinlich und dementsprechend selten, aber dennoch möglich und

[931] Vgl. Media Focus 2005, S. o.S.

[932] Vgl. Faia 1980, S. 952; Beck/Opp 2001, S. 290

in der Praxis anzutreffen ist. Insbesondere bei sehr grossen Werbeauftraggebern ist ein starker Einbezug bei verhältnismässig geringer Mitsprache gemäss den Aussagen der befragten Experten durchaus üblich. Das Gegenteil kommt vor allem bei kleineren, technologieorientierten Firmen vor. Hier verfügt die Werbeagentur oft über eine relativ grosse Mitsprache, wird aber aus naheliegenden Gründen lediglich am Rande in den Strategieprozess involviert. Es bleibt demnach festzuhalten, dass alle 36 Vignetten eine realitätsnahe Situation beschreiben und den Probanden vorgelegt werden können.[933]

Es wäre unzweckmässig, alle 36 Vignetten von allen Befragten beurteilen zu lassen. Es stellt sich also die Frage, wie viele Vignetten einem Befragten im Rahmen einer schriftlichen Befragung zugemutet werden können. Bezüglich der **Anzahl Vignetten pro Fragebogen (Set)** herrscht in der Literatur keine einheitliche Meinung. Während beispielsweise Alexander und Becker bei ihrer Untersuchung jedem Befragten lediglich zwei Vignetten zur Beurteilung vorlegten, operierten Rooks et al. mit zehn, Beck und Opp mit 20, Rossi und Anderson mit 25 und Rossi sogar mit 40 Vignetten pro Set.[934] Diese Unterschiede zeigen, dass die ideale Anzahl von Vignetten pro Fragebogen nicht generell festgelegt werden kann, sondern insbesondere von der Komplexität der Vignetten und dem Interesse der Befragten an der Beurteilung der einzelnen Situationen abhängt. Sind die einzelnen Vignetten komplex, so wird die Aufmerksamkeit der Probanden schnell nachlassen und die Gültigkeit ihrer Antworten sinken. Derselbe Effekt ist anzunehmen, wenn sich die Befragten nicht für die in den Vignetten beschriebenen Situationen interessieren.

Mit dem Ziel, die maximale Anzahl Vignetten pro Set zu bestimmen, wurden in einem **ersten Pretest** unterschiedlich umfangreiche Fragebogen an sechs in der Werbebranche tätige Probanden verteilt.[935] Zwei Sets umfassten acht Vignetten, zwei deren zehn und zwei sogar 12 Vignetten. Die Reaktionen der Befragten zeigten, dass angesichts des dieser Studie zugrunde gelegten Untersuchungsgegenstandes maximal zehn aber keinesfalls zwölf Vignetten pro Set beurteilt werden sollten. Die ideale Anzahl Vignetten pro Befragten hängt aber ebenfalls von der Stichprobengrösse und der Zahl zu überprüfender Dimensionen und Ausprägungen ab. Ausgehend von den im vorigen Abschnitt geschätzten 100 ausgefüllten Fragebogen scheinen acht bis zehn Vignetten pro Proband ausreichend, um im Anschluss an die Befragung die drei formulierten Hypothesen statistisch zu prüfen.

[933] Ähnlich der Conjoint-Analyse könnte das vollständige faktorielle Design auch bei der Vignettenanalyse künstlich reduziert werden (ortagonales Design), indem gewisse Kombinationen aufgrund mathematischer Überlegungen weggelassen werden. Vgl. Backhaus, et al. 2000, S. 574ff. Da diese Regeln nicht ganz nachvollziehbar sind, und die Anzahl Vignetten im vorliegenden Fall durchaus überblickbar ist, wird hier auf eine derartige Reduktion des Designs verzichtet.

[934] Vgl. Jann 2003, S. 6; Alexander/Becker 1978, S. 99; Rooks, et al. 2000, S. 131; Beck/Opp 2001, S. 291; Rossi/Anderson 1982, S. 41; Rossi 1979, S. 180

[935] Zum Pretest von Fragebogen vgl. auch Diekmann 1998, S. 415f.

Der erste Pretest diente auch dazu abzuklären, ob die in einem Fragebogen aufeinander folgenden Vignetten möglichst ähnlich oder möglichst verschieden sein sollten. Entgegen der von Beck und Opp vertretenen Meinung, dass der Befragte bei aufeinander folgenden Vignetten eine Art logische Kaskade erkennen müsste, sind Alexander und Becker der Ansicht, dass die einzelnen in einem Fragebogen beschriebenen Situationen möglichst verschieden voneinander sein sollten, damit die Untersuchung für den Befragten nicht allzu repetitiv anmutet.[936] Die im Rahmen des ersten Pretests befragten Probanden gehen mit Alexander und Becker einig und gaben zudem an, dass es bei einer allzu grossen Ähnlichkeit der aufeinander folgenden Vignetten oft schwierig sei, die Unterschiede zwischen den beschriebenen Situationen genau herauszulesen.

Aufgrund der gemachten Überlegungen wurden die 36 Vignetten gleichmässig auf **vier verschiedene Sets bzw. Fragebogen mit je neun Vignetten** verteilt. Um bei den Befragten allenfalls aufkommende Langeweile oder Ermüdung zu vermeiden, wurde bei der Verteilung darauf geachtet, dass sich die in den einzelnen Fragebogen aufeinander folgenden Vignetten möglichst stark voneinander unterscheiden und keine logische Kaskade pro Set erkennbar ist. Zudem sollten alle Ausprägungen in allen Sets vorkommen und in etwa gleichmässig verteilt sein. Zu diesem Zweck wurden die 36 Vignetten in einem ersten Schritt in neun 4er-Gruppen unterteilt (Nr.1-4; Nr. 5-8; Nr. 9-12 etc.), wobei jede Gruppe in jedem Set einmal vorkommen soll. Danach wurden die erste Vignette aus der ersten Gruppe, die vierte Vignette aus der fünften Gruppe, die zweite Vignette aus der neunten Gruppe, die dritte Vignette aus der vierten Gruppe usw. zu einem Set zusammengestellt. Die definitive Aufteilung der 36 Vignetten auf die vier Sets geht aus Tabelle 6.11 hervor. Die Nummern der Vignetten (Vg. Nr.) entsprechen denjenigen aus Tabelle 6.6.

Set 1		**Set 2**		**Set 3**		**Set 4**	
Vg. Nr.	Code	Vg. Nr.	Code	Vg. Nr.	Code	Vg. Nr.	Code
1	111	2	121	3	131	4	141
20	242	19	232	17	212	18	222
34	323	33	313	36	343	35	333
7	132	8	142	6	122	5	112
21	213	22	223	23	233	24	243
28	341	27	331	25	311	26	321
10	123	9	113	12	143	11	133
15	231	16	241	14	221	13	211
29	312	30	322	31	332	32	342

Tab. 6.11: Verteilung der Vignetten auf die Probanden

Die vier Fragebogen wurden im Rahmen eines **zweiten Pretests** von je drei Probanden in Bezug auf die Verständlichkeit der Vignetten sowie die Eignung der Beurteilungsskala überprüft und entsprechend angepasst, bevor die Sets 1 und 2 je 125 Mal und die Sets 3 und 4 je 124 Mal verschickt wurden (=498). Da die Liste der Probanden alpha-

[936] Vgl. Beck/Opp 2001, S. 295; Alexander/Becker 1978, S. 100; auch Rossi/Anderson 1982, S. 33

betisch nach dem Namen des Unternehmens sortiert ist, und die erste Person das erste Set, die zweiten das zweite usw. erhielt, wurde sichergestellt, dass Mitarbeitende der gleichen Unternehmung möglichst nicht denselben Fragebogen erhalten. Die vier Fragebogen finden sich im Anhang dieser Arbeit. Mit dem Ziel den Rücklauf zu erhöhen, wurden die Fragebogen zusammen mit einem Begleitbrief der Universität verschickt, worin den Befragten unter anderem angeboten wurde, ihnen eine Zusammenfassung der wichtigsten Ergebnisse der Studie im Anschluss an deren Auswertung zuzustellen. Dazu wurden sie gebeten, dem Fragebogen eine Visitenkarte beizulegen. Um die Anonymität der Befragten zu gewährleisten, wurden diese Daten getrennt von der Studie erhoben.

Es bleibt an dieser Stelle anzumerken, dass mit dem in diesem Abschnitt beschriebenen Studien- und Fragebogendesign alle an ein Experiment gestellten Anforderungen erfüllt sind. Es gibt vier verschiedene Experimentalgruppen, die Probanden werden zufällig zu den Gruppen zugeteilt und die Variablen werden planmässig vom Forschenden variiert. Die auf der Grundlage dieses Designs erhobenen Daten besitzen demnach experimentelle Eigenschaften. Das heisst, die Ausprägungen der überprüften Variablen sind unabhängig von den Eigenschaften der Probanden und korrelieren auch untereinander nicht systematisch.

6.4 Ergebnisse der Untersuchung

Das Ziel des vorliegenden Abschnitts liegt in der statistischen Auswertung der schriftlich bei Schweizer Marketing- und Kommunikationsleitern erhobenen Daten. Dabei steht die Überprüfung der in Abschnitt 6.3.2 hergeleiteten Hypothesen im Vordergrund. Da im Rahmen der Datenauswertung relativ gebräuchliche statistische Analyseverfahren zum Einsatz gelangen, wird auf eine ausführliche Darstellung der methodischen Grundlagen verzichtet und stattdessen jeweils auf die einschlägige Literatur verwiesen. Die Datenauswertung erfolgte im Computerprogramm SPSS.

Von den 498 angeschriebenen Personen waren 12 zum Zeitpunkt der Untersuchung nicht mehr im betreffenden Unternehmen tätig, weshalb lediglich 486 Personen einen Fragebogen erhielten. Davon wurden bis Ende 2005 insgesamt 188 Fragebogen zurückgesandt. Zehn dieser Fragebogen waren zur weiteren Auswertung ungeeignet, da die Probanden acht oder neun der zu bewertenden Vignetten identisch beurteilten. Somit ergibt sich ein auswertbarer Rücklauf von 178 Fragebogen, was einer **Rücklaufquote von 37 Prozent** entspricht (vgl. Tabelle 6.12). Dieser Prozentsatz kann angesichts der Erfahrungswerte für schriftliche Unternehmensbefragungen als sehr gut beurteilt werden.[937]

Neben der hohen Aktualität der der Stichprobenwahl zugrunde gelegten Datenbank, dem Begleitbrief der Universität und dem darin gemachten Angebot, auf Wunsch im Anschluss an die Befragung eine Zusammenfassung der wichtigsten Ergebnisse zu erhalten, ist die relativ hohe Rücklaufquote insbesondere auf die gewählte Methode der Vignettenanalyse zurückzuführen. Die Beurteilung hypothetischer Situationen beinhaltet ein spielerisches Element und bewahrt die Probanden davor, sensible Fragen beantworten zu müssen. Zudem umfasste der Fragebogen lediglich vier Seiten mit 14 Fragen, was sich sicherlich ebenfalls positiv auf die Rücklaufquote auswirkte.

Die **Datenmatrix einer Vignettenanalyse** unterscheidet sich von Datenmatrizen herkömmlicher Befragungen insofern, als dass nicht jeder Proband, sondern jede beurteilte Vignette eine Zeile in Anspruch nimmt.[938] Da alle vier im Rahmen der vorliegenden Studie verschickten Fragebogensets neun Vignetten umfassen, sind pro Befragten jeweils neun Zeilen auszufüllen, weshalb die Fallzahl (Anzahl Urteile) die Anzahl Probanden um das Neunfache übersteigt (**N=1602**). Die Spalten der Datenmatrix umfassen neben der Fragebogen- und Vignettennummer die drei unabhängigen Variablen Mitsprache, Einbezug und Kreativität, die abhängige Variable Erfolg der Zusammen-

---

[937] Generell werden bei postalischen Befragungen Rücklaufquoten von über 20% als gut beurteilt. Vgl. Diekmann 1998, S. 441

[938] Vgl. Beck/Opp 2001, S. 295

arbeit sowie die fünf abgefragten Befragten- und Unternehmensmerkmale der Probanden. Letztere bleiben konsequenterweise über neun Zeilen konstant.[939]

Die Datenmatrix eröffnet verschiedene Auswertungsmöglichkeiten, die im Folgenden durchgeführt und kommentiert werden. In den Abschnitten 6.4.1 und 6.4.2 werden mittels deskriptiver Statistik die Qualität der Daten beurteilt und die teilnehmenden Probanden beschrieben. Danach erfolgt in den Abschnitten 6.4.3 (Mittelwertsvergleiche) und 6.4.4 (Regressionsanalyse) die eigentliche Überprüfung der Hypothesen anhand univariater und multivariater Analysemethoden. In Abschnitt 6.4.5 wird anschliessend der moderierende Effekt befragtenspezifischer Merkmale untersucht, bevor in Abschnitt 6.4.6 eine abschliessende Interpretation der Ergebnisse erfolgt.

6.4.1 Beurteilung der Datenqualität

Da im Rahmen der vorliegenden Untersuchung vier unterschiedliche Fragebogensets versandt wurden, stellt sich die Frage nach dem Rücklauf pro Set. Tabelle 6.12 zeigt, wie sich der auswertbare Rücklauf von insgesamt 178 Fragebogen auf die vier verschiedenen Sets verteilt. Um zu bestimmen, ob sich der unterschiedliche Rücklauf je Fragebogenset auf die Qualität der Daten auswirkt, bzw. ob die zufällige Zuordnung der Vignetten zu den Probanden gelungen ist, bietet es sich an, die Korrelationen zwischen den einzelnen unabhängigen Variablen (Mitsprache, Einbezug und Kreativität) zu berechnen.[940] Da der Untersuchung kein reduziertes, sondern ein vollständiges faktorielles Design zugrunde liegt, müssten die Korrelationskoeffizienten bei einer perfekten Verteilung der Sets null sein.[941] Tabelle 6.13 zeigt, dass sich die bivariaten Pearsonschen **Korrelationen zwischen den einzelnen Variablen** im vorliegenden Fall lediglich im Bereich zwischen 0 und -.003 bewegen.[942] Es kann demnach davon ausgegangen werden, dass die leicht voneinander abweichenden Rücklaufquoten pro Fragebogenset keinen Einfluss auf die Aussagekraft der Daten aufweisen.

---

[939] Da die unabhängigen Variablen bei einem experimentellen Design vom Forscher planmässig variiert werden, konnte die Datenmatrix zu einem grossen Teil bereits vor dem Abschluss der Befragung erstellt werden.

[940] Vgl. Beck/Opp 2001, S. 296

[941] Der Korrelationskoeffizient gibt die Stärke des Zusammenhangs zwischen zwei Variablen an. Beträgt der Koeffizient 1, ist der Zusammenhang perfekt positiv, bei -1 perfekt negativ und bei 0 besteht kein Zusammenhang.

[942] Allgemein können Korrelationskoeffizienten zwischen -.2 und .2 als sehr gering bezeichnet werden.

Fragebogen-Set	versandte Fragebogen	Brutto-Rücklauf	ungültige Fragebogen	auswertbarer Rücklauf	Rücklauf-quote	in Prozent am Rücklauf
1	125	52	4	48	38%	27%
2	125	46	3	43	34%	24%
3	124	50	2	48	39%	27%
4	124	40	1	39	31%	22%
Total	498	188	10	178	37%	100%

Tab. 6.12: Rücklauf pro Fragebogenset

Variable	Mitsprache	Einbezug	Kreativität
Mitsprache	1		
Einbezug	-.003	1	
Kreativität	0	-.001	1

Tab. 6.13: Pearsonsche Korrelationen zwischen den unabhängigen Variablen

Weiter kann zur Bestimmung der Aussagekraft der Daten eine **Auszählung der Urteile** vorgenommen werden.[943] Die in Abbildung 6.4 dargestellte, relativ ausgewogene Verteilung der Bewertungen zeigt, dass sich die verwendete gerade Likert-Skala mit acht Antwortvorgaben zur Beurteilung der vorgelegten Vignetten eignete, und von entsprechend aussagekräftigen Resultaten ausgegangen werden darf. Weiter zeigt die Verteilung, dass die Probanden bei einer Neupositionierung ihrer Marke tendenziell eher nicht mit der bestehenden Agentur weiterarbeiten, sondern verschiedene Agenturen zu einer Konkurrenzpräsentation einladen würden (Mittelwert: 3.8). Diese Tendenz der Bewertungen entspricht dem in der Praxis zu beobachtenden Trend hin zu vermehrten Konkurrenzpräsentationen.

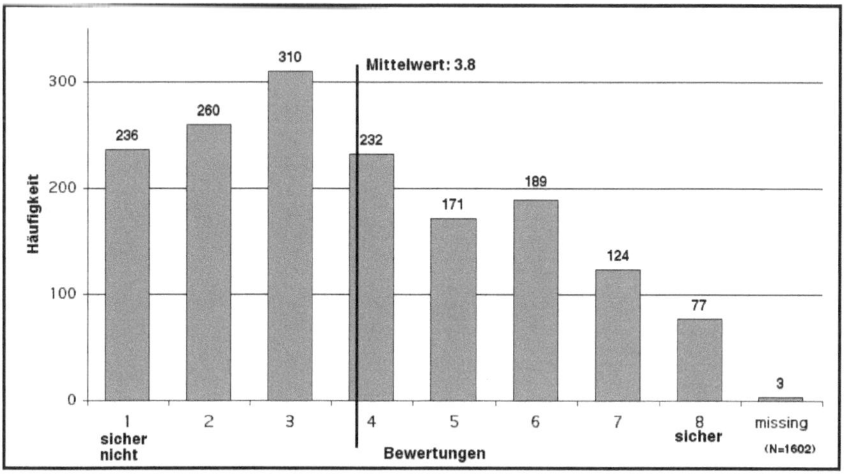

Abb. 6.4: Verteilung der Bewertungen

943 Vgl. Beck/Opp 2001, S. 296; Jann 2003, S. 7f.

6.4.2 Beschreibung der Probanden

Mit dem Ziel, Aussagen zum Einfluss einzelner Befragten- und Unternehmensmerkmale auf die Beurteilung der verschiedenen Vignetten machen zu können, wurden die Probanden am Ende des Fragebogens gebeten, fünf Fragen zu ihrer Person und dem durch sie repräsentierten Unternehmen zu beantworten (Geschlecht, Position, Branche, Anzahl Mitarbeiter und Anteil des Werbebudgets am gesamten Marketingbudget der Unternehmung).[944] Mit einer Ausnahme wurde das **Geschlecht** von allen Probanden angegeben. Demnach wurden ein Drittel der Fragebogen (32.8%) von Frauen und zwei Drittel von Männern ausgefüllt. Diese Quote entspricht in etwa der auf Werbeauftraggeberseite in der Schweiz anzutreffenden Geschlechterverteilung.[945] Die Frage nach der **Branche** wurde von 173 Probanden beantwortet. Davon sind 13 Prozent im Industriebereich, 40 Prozent im Konsumgüterbereich und 47 Prozent im Dienstleistungsbereich tätig.

Die befragten Personen repräsentieren unterschiedliche **Hierarchiestufen im Unternehmen** (vgl. Abbildung 6.5). Die Bandbreite ist relativ breit und reicht vom Geschäftsführer bis zum Mitarbeiter im Marketing. Dies dürfte in erster Linie darauf zurückzuführen sein, dass abhängig von Unternehmensgrösse und Branche die Verantwortung für die Werbung auf unterschiedlichen Hierarchiestufen angesiedelt ist. 82 Prozent der Befragten machten Angaben zu ihrer Position im Unternehmen. Während Geschäftsführer 4 Prozent der Antwortenden ausmachen, bilden die Marketingleiter (39%) und die Kommunikations- und Werbeleiter (30%) mit je rund einem Drittel den Grossteil der Befragten. Es ist davon auszugehen, dass insbesondere diese Personen relativ häufig mit Werbeagenturen zusammenarbeiten und deshalb mit den in den Vignetten beschriebenen Situationen vertraut sind, was die Qualität der Antworten positiv beeinflussen sollte.[946] Mitarbeiter im Marketing machen die verbleibenden 20 Prozent der Antwortenden aus. Die bei der bewussten Stichprobenziehung formulierten Anforderungen an die Probanden wurden demnach erfüllt.[947]

[944] Vgl. Abschnitt 6.3.4

[945] Die der Stichprobenbestimmung zu Grunde gelegte private Datenbank mit 3928 Einträgen von leitenden Mitarbeitern aus den Bereichen Marketing, Kommunikation und Werbung weist ebenfalls eine Frauenquote von rund einem Drittel aus. Im Gegensatz dazu beträgt der Frauenanteil im Marketing in der Schweiz lediglich rund 20%. Vgl. El-Idrissi/Arpagaus 2005, S. 27. In den Bereichen Werbung und Kommunikation sind demnach überdurchschnittlich viele Frauen tätig.

[946] Vgl. auch Faia 1980, S. 952

[947] Vgl. Abschnitt 6.3.4

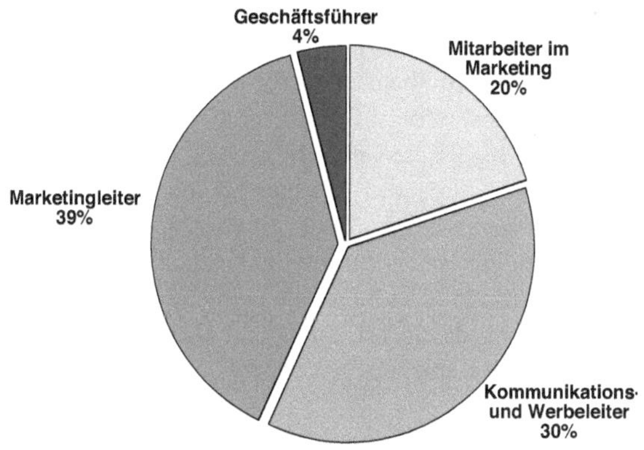

Abb. 6.5: Position der Befragten im Unternehmen

Die Frage nach der **Anzahl beschäftigter Mitarbeiter** im Unternehmen wurde von 176 der 178 Probanden beantwortet. Dies erlaubt eine umfassende Beurteilung der Grösse der durch die Befragten repräsentierten Unternehmen (vgl. Abbildung 6.6). 15 Prozent der Befragten sind in einem Unternehmen mit weniger als 100 Mitarbeitern tätig. 29 Prozent arbeiten für eine Firma mit 100 bis 500 Mitarbeitern, 11 Prozent für eine mit 500 bis 1'000 Mitarbeitern. Ein Viertel repräsentiert Unternehmen mit 1'000 bis 5'000 Mitarbeitern und weitere 21 Prozent sind in Unternehmen mit über 5'000 Mitarbeitern tätig.

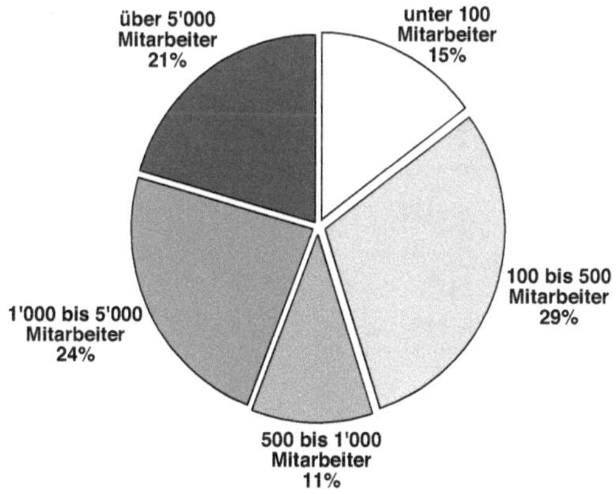

Abb. 6.6: Anzahl Mitarbeiter der befragten Unternehmen

Die Quoten zeigen, dass Grossunternehmen in der Stichprobe stark übervertreten sind. Diese Verzerrung ist gewollt und darf als Indiz dafür gelten, dass sich relativ viele der grössten Deutschschweizer Werbetreibenden an der Untersuchung beteiligten, was die Aussagekraft der Ergebnisse positiv beeinflussen sollte – kann doch davon ausgegangen werden, dass insbesondere grössere Unternehmen seit langem intensiv mit Werbeagenturen zusammenarbeiten. Durch die Beteiligung von 14 Firmen mit mehr als 10'000 Mitarbeitern ergibt sich ein hoher Mittelwert von 7'694 Mitarbeitern. Dies lässt die Vermutung zu, dass viele Probanden für international tätige Unternehmen arbeiten und bei der Frage nach der Anzahl Mitarbeiter eine globale Sicht einnahmen. Der Median liegt bei 600 Mitarbeitern, das heisst unter- und oberhalb dieses Werts liegt jeweils die Hälfte der befragten Unternehmen.

Lediglich zwei Drittel der Antwortenden machten Angaben zum **Anteil des Werbebudgets an den gesamten Marketingausgaben**. Dieser verhältnismässig kleine Anteil dürfte hauptsächlich auf zwei Ursachen zurückzuführen sein. Einerseits stellen Angaben zum Werbebudget einer Unternehmung relativ sensible Informationen dar, weshalb Probanden dazu lieber keine Auskunft geben. Andererseits ist davon auszugehen, dass vielen Befragten der genaue Anteil des Werbebudgets am gesamten Marketingbudget ihrer Unternehmung spontan nicht genau bekannt war und die Beantwortung der Frage deshalb einen zusätzlichen Aufwand erfordert hätte.

Ungeachtet des relativ geringen Anteils der Item-Responder zeigt Abbildung 6.7, dass rund ein Drittel der Antwortenden in Unternehmen tätig sind, deren Anteil des Werbebudgets an den gesamten Marketingausgaben 50 Prozent beträgt oder höher liegt. Dies stützt die vorhin geäusserte Vermutung, dass sich viele grössere Deutschschweizer Werbetreibende an der Untersuchung beteiligten, was die Aussagekraft der Ergebnisse positiv beeinflussen sollte. Mittelwert und Median liegen mit 33 respektive 30 Prozent dementsprechend hoch, was auch damit zusammenhängen dürfte, dass lediglich 13 Prozent der Befragten im Industriebereich tätig sind, während die restlichen Probanden Konsumgüter- oder Dienstleistungsunternehmen repräsentieren, die generell durch eine höhere Werbeintensität gekennzeichnet sind.

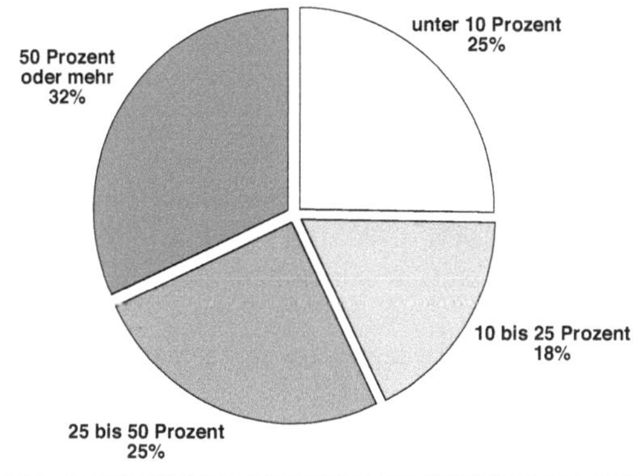

Abb. 6.7: Anteil des Werbebudgets in den befragten Unternehmen

Die in diesem Abschnitt gebildeten Gruppen von Probanden dienen als Grundlage für die Untersuchung des Einflusses einzelner Personen- und Unternehmensmerkmale auf die Beurteilung der verschiedenen Vignetten. Zuvor werden jedoch in den beiden folgenden Abschnitten die Hypothesen überprüft.

6.4.3 Mittelwertvergleiche der Ausprägungen

Die bisherigen deskriptiven Analysen geben noch keinen Aufschluss über die Auswirkungen der einzelnen Dimensionen auf den Erfolg der Zusammenarbeit zwischen Werbeauftraggeber und Werbeagentur. Hierzu bietet es sich an, in einem ersten Schritt die arithmetischen Mittelwerte der Urteile je Ausprägung der Dimensionen zu vergleichen.[948] Dazu wird eine **Varianzanalyse** durchgeführt.[949] Die Varianzanalyse wird allgemein zur Untersuchung des Einflusses einer oder mehrerer unabhängiger Variablen auf den Mittelwert einer (univariate Analyse) oder mehrerer (multivariate Analyse) abhängiger Variablen eingesetzt. Dieses Verfahren stellt den klassischen Ansatz zur Analyse experimenteller Designs dar, wobei die unabhängigen Variablen als Faktoren bezeichnet werden und die Experimentalbedingungen darstellen.

Um eine Varianzanalyse durchzuführen, müssen insbesondere zwei Voraussetzungen bezüglich der erhobenen Daten erfüllt sein.[950] Einerseits müssen die verschiedenen Faktoren voneinander unabhängig sein, das heisst, kein Faktor darf sich als lineare Funktion der übrigen Faktoren darstellen lassen. Da die drei unabhängigen Variablen Mitsprache, Einbezug und Kreativität im vorliegenden Modell vom Forscher planmäs-

[948] Vgl. Beck/Opp 2001, S. 296; Jann 2003, S. 7
[949] Zur Methode der Varianzanalyse vgl. Backhaus, et al. 2000, S. 70ff.
[950] Vgl. auch Hair, et al. 1992, S. 159

sig variiert wurden, ist diese Voraussetzung erfüllt.[951] Andererseits dürfen die unabhängigen Variablen mit jedem Skalenniveau in die Varianzanalyse eingehen, so lange die abhängige Variablen metrisch skaliert sind. Obwohl die abhängige Variable im vorliegenden Fall streng genommen lediglich ordinal skaliert ist, werden hier und im Folgenden nicht zuletzt aufgrund der ausgeglichenen Verteilung der Bewertungen (vgl. Abbildung 6.4) gleiche Skalenabstände angenommen, womit die abhängige Variable den Anforderungen einer metrischen Skalierung genügt, und auch die zweite Voraussetzung für eine Varianzanalyse erfüllt ist. Eine diesbezügliche Annahme ist in der einschlägigen Literatur durchaus gebräuchlich.[952]

Die Tabellen 6.14, 6.15 und 6.16 zeigen die arithmetischen Mittelwerte der Urteile je Ausprägung der unabhängigen Variablen. Aufgrund des Forschungsdesigns weisen die Variablen Mitsprache und Kreativität je drei, die Variable Einbezug vier verschiedene Ausprägungen auf. Deshalb bestehen zwischen den Variablen unterschiedliche Fallzahlen. Die abweichenden Fallzahlen zwischen den Ausprägungen sind darauf zurückzuführen, dass nicht alle vier Fragebogensets den gleichen Rücklauf aufweisen. Je höher der Mittelwert, desto wichtiger schätzen die Befragten die jeweilige Ausprägung für den Erfolg der Zusammenarbeit zwischen Werbeauftraggeber und -agentur ein.

Variable Mitsprache	**MW**	**SA**	**N**
Ausprägungen			
1 klassische Lieferantenbeziehung	3.01	1.80	534
2 Advocatus Diaboli-Ansatz	4.11	2.04	532
3 dialektische Planung, Partnerschaft	4.30	2.05	533
F-Wert		66.16***	
MW = Mittelwert; SA = Standardabweichung; N = Fallzahl Signifikanz: ***p < 0.001			

Tab. 6.14: Mittelwertvergleiche für die Variable Mitsprache

Variable Einbezug	**MW**	**SA**	**N**
Ausprägungen			
1 Einbezug bei der Konzeption und Realisation von Werbekampagnen	3.25	1.94	403
2 plus Markencontrolling	3.74	2.00	398
3 plus Markenintegration	4.02	2.04	404
4 Einbezug in den gesamten Markenführungsprozess	4.22	2.07	394
F-Wert		17.41***	
MW = Mittelwert; SA = Standardabweichung; N = Fallzahl Signifikanz: ***p < 0.001			

Tab. 6.15: Mittelwertvergleiche für die Variable Einbezug

[951] Dies zeigt sich auch an den in Abschnitt 6.4.1 berechneten Korrelationskoeffizienten zwischen den einzelnen Faktoren, die sich lediglich im Bereich zwischen 0 und -.003 bewegen.

[952] Vgl. Backhaus, et al. 2000, S. XIX

Variable Kreativität	MW	SA	N
Ausprägungen			
1 verständliche Werbekampagne	2.67	1.57	534
2 verständliche und überzeugende Werbekampagne	3.54	1.77	532
3 verständliche, überzeugende und originelle Werbekampagne	5.22	1.90	533
F-Wert		291.62***	
MW = Mittelwert; SA = Standardabweichung; N = Fallzahl Signifikanz: ***p < 0.001			

Tab. 6.16: Mittelwertvergleiche für die Variable Kreativität

Da die Mittelwerte der Urteile je Ausprägung sowohl bei der Mitsprache als auch beim Einbezug und der Kreativität kontinuierlich ansteigen, kann davon ausgegangen werden, dass zwischen allen drei unabhängigen Variablen und dem Erfolg der Zusammenarbeit zwischen Werbeauftraggeber und Werbeagentur jeweils ein durchwegs positiver Zusammenhang besteht. Diese Erkenntnis ist insbesondere in Bezug auf die im folgenden Abschnitt anstehende Wahl der Regressionsmethode von Bedeutung.

Zur Prüfung, ob die unabhängigen Variablen einen signifikanten Einfluss auf die abhängige Variable ausüben, wird im Rahmen der Varianzanalyse ein **F-Test** durchgeführt.[953] Da die F-Werte in allen Konstrukten höchstsignifikant sind, kann die Nullhypothese für alle drei Variablen jeweils mit einer Vertrauenswahrscheinlichkeit von 99.9 Prozent verworfen werden.[954] Es ist demnach davon auszugehen, dass sowohl die Mitsprache der Werbeagentur und ihr Einbezug in den Markenführungsprozess als auch die Kreativität der Werbekampagne in einer positiven Beziehung zum Erfolg der Zusammenarbeit zwischen Werbeauftraggeber und Werbeagentur stehen. Jedenfalls können die Hypothesen 1, 2 und 3 aufgrund der vorgenommenen bivariaten Analyse nicht verworfen werden. Die genaue Überprüfung dieser Zusammenhänge erfolgt mittels einer Regressionsanalyse im folgenden Abschnitt.

Der durchgeführte F-Test gibt bei der Varianzanalyse lediglich Aufschluss über signifikante Unterschiede in den unabhängigen Variablen, vermag aber nicht aufzuzeigen, zwischen welchen Ausprägungen die Unterschiede liegen und ob allenfalls mehrere signifikante Unterschiede je Faktor vorliegen. Hierzu stehen spezifische **Post-Hoc Mehrfachvergleiche** zur Verfügung, wozu unter anderem der Scheffé- und der Duncan-Test gehören.[955] Beide Testverfahren liefern im vorliegenden Fall annähernd identische Ergebnisse, weshalb in den folgenden Tabellen 6.17, 6.18 und 6.19 lediglich die Resultate des konservativeren **Scheffé-Tests** für die drei zu untersuchenden Konstruk-

[953] Vgl. Backhaus, et al. 2000, S. 79

[954] Allgemein gibt das Signifikanzniveau die Wahrscheinlichkeit des Fehlers an, der begangen wird, wenn die Nullhypothese (=kein Zusammenhang) verworfen wird. Bei einer Vertrauenswahrscheinlichkeit von über 99.9% spricht man von einem höchstsignifikanten Zusammenhang.

[955] Vgl. Hair, et al. 1992, S. 170f.

te dargestellt sind. Dabei werden die Mittelwerte für die sich in homogenen Untergruppen befindlichen Ausprägungen angezeigt und verglichen. Die Gruppengrössen sind nicht identisch und es wird das harmonische Mittel der Gruppengrösse verwendet.

Konstrukt Mitsprache **Ausprägungen**	**N**	**Untergruppe für Alpha = .05** **1**	**2**
1 klassische Lieferantenbeziehung	534	3.01	
2 Advocatus Diaboli-Ansatz	532		4.11
3 dialektische Planung, Partnerschaft	533		4.30
Signifikanz		1.000	0.292
N = Fallzahl Die Mittelwertsdifferenz ist signifikant auf dem Niveau .05 Harmonisches Mittel der Stichprobengrösse = 532.99			

Tab. 6.17: Scheffé-Test für das Konstrukt Mitsprache

Die Tabelle 6.17 zeigt, dass in Bezug auf die Mitsprache der Werbeagentur im Markenführungsprozess lediglich zwischen den Ausprägungen 1 (klassische Lieferantenbeziehung) und 2 (Advocatus Diaboli-Ansatz) ein signifikanter Unterschied nachgewiesen werden kann, nicht aber zwischen den Ausprägungen 2 und 3 (dialektische Planung). Dies bedeutet, dass es in 95 Prozent der Fälle in Bezug auf den Erfolg der Zusammenarbeit zwischen Werbeauftraggeber und Werbeagentur erheblich ist, ob die Agentur mit einer gewissen Mitsprachemöglichkeit ausgestattet ist, nicht aber, ob die beiden Partner einen gleichberechtigten dialektischen Planungsansatz verfolgen, oder ob die Agentur lediglich als Advocatus Diaboli agiert. **Demnach ist Hypothese 1a verifiziert, während Hypothese 1b nicht bestätigt werden konnte.**

Konstrukt Einbezug **Ausprägungen**	**N**	**Untergruppe für Alpha = .05** **1**	**2**	**3**
1 Einbezug bei der Konzeption und Realisation von Werbekampagnen	403	3.25		
2 plus Markencontrolling	398		3.74	
3 plus Markenintegration	404		4.02	4.02
4 Einbezug in den gesamten Markenführungsprozess	394			4.22
Signifikanz		1.000	0.053	0.159
N = Fallzahl Die Mittelwertsdifferenz ist signifikant auf dem Niveau .05 Harmonisches Mittel der Stichprobengrösse = 399.71				

Tab. 6.18: Scheffé-Test für das Konstrukt Einbezug

Hinsichtlich des Einbezugs der Werbeagentur in den Markenführungsprozess zeigt Tabelle 6.18, dass zwischen den Ausprägungen 1 (ausschliessliche Mitarbeit bei der Konzeption und Realisation von Werbemassnahmen) und 2 (zusätzliche Einbezug ins Markencontrolling) sowie zwischen den Ausprägungen 3 (zusätzlicher Einbezug in die Markenintegration) und 4 (Mitarbeit im gesamten Markenführungsprozess) ein signifikanter Unterschied besteht, nicht aber zwischen den Ausprägungen 2 und 3. In 95

Prozent der Fälle ist es demnach unerheblich, ob die Werbeagentur neben der Konzeption und Realisation von Werbemassnahmen und dem Markencontrolling auch noch in die Markenintegration involviert ist. Demgegenüber spielt es eine entscheidende Rolle, ob die Werbeagentur in den gesamten Markenführungsprozess einbezogen wird oder lediglich bei der Konzeption und Realisation von Werbemassnahmen zum Einsatz gelangt. **Die Hypothesen 2a und 2c sind folglich anzunehmen und die Hypothese 2b abzulehnen.**

Konstrukt Kreativität		**Untergruppe für Alpha = .05**		
Ausprägungen	**N**	**1**	**2**	**3**
1 verständliche Werbekampagne	534	2.67		
2 verständliche und überzeugende Werbekampagne	532		3.54	
3 verständliche, überzeugende und originelle Werbekampagne	533			5.22
Signifikanz		1.000	1.000	1.000
N = Fallzahl Die Mittelwertsdifferenz ist signifikant auf dem Niveau .05 Harmonisches Mittel der Stichprobengrösse = 532.99				

Tab. 6.19: Schefé-Test für das Konstrukt Kreativität

Tabelle 6.19 zeigt, dass beim Konstrukt Kreativität zwischen allen drei Ausprägungen signifikante Unterschiede vorliegen. Es ist demnach in 95 Prozent der Fälle für den Erfolg der Zusammenarbeit zwischen Werbeagentur und Werbeauftraggeber entscheidend, ob die gemeinsam entwickelte Werbekampagne lediglich verständlich oder verständlich und überzeugend oder verständlich, überzeugend und zudem originell ist. **Die Hypothesen 3a und 3b sind somit verifiziert.**

Die unterschiedlich hohen F-Werte je unabhängiger Variable (vgl. Tab. 6.14, 6.15, 6.16) lassen vermuten, dass die Kreativität der Werbekampagne den grössten und der Einbezug der Werbeagentur in den Markenführungsprozess den kleinsten Einfluss auf den Erfolg der Zusammenarbeit zwischen Werbeauftraggeber und Werbeagentur aufweisen. Ob diese Annahme korrekt ist, wird im folgenden Abschnitt mittels einer Regressionsanalyse überprüft.

6.4.4 Regressionsanalyse

Mit dem Ziel, den simultanen Einfluss der drei Dimensionen Mitsprache, Einbezug und Kreativität auf den Erfolg der Zusammenarbeit zwischen Werbeauftraggeber und Werbeagentur zu bestimmen und somit die noch verbleibenden Hypothesen definitiv zu prüfen, wird im vorliegenden Abschnitt eine Regressionsanalyse durchgeführt. Diese bildet zudem die Grundlage der in Abschnitt 6.4.5 anstehenden Untersuchung befragten- und unternehmensspezifischer Einflüsse auf die Vignettenbeurteilung. Die Regressionsanalyse ist eines der flexibelsten und am häufigsten eingesetzten statistischen Analyseverfahren.[956] Sie dient der Untersuchung der Beziehung zwischen einer (einfache Regressionsanalyse) oder mehreren (multiple Regressionsanalyse) unabhängigen Variablen (Regressoren) und einer abhängigen Variable (Regressand). Ihre Aufgabe besteht darin, angenommene Wirkungszusammenhänge simultan zu messen und zu erklären.

Analog zur Varianzanalyse besteht eine Prämisse der Regressionsanalyse darin, dass die einzelnen Regressoren voneinander unabhängig sein müssen. Allfällige Multikollinearitäten könnten fehlerhafte Schätzungen der Regressionskoeffizienten und deren Standardabweichungen zur Folge haben.[957] Die Berechnung der Korrelationskoeffizienten zwischen den einzelnen unabhängigen Variablen hat gezeigt, dass diese Gefahr bei der vorliegenden Anwendung nicht besteht und die Voraussetzung demnach erfüllt ist.[958] Weiter bedarf es zur Anwendung einer **linearen Regressionsanalyse** einer linearen Beziehung zwischen den einzelnen Regressoren und dem Regressanden, wobei die Linearität lediglich approximativ geschätzt wird.[959] Die kontinuierlich ansteigenden Mittelwerte der Urteile je Ausprägung bei allen drei unabhängigen Variablen (vgl. Tabellen 6.14, 6.15, 6.16) belegen, dass auch diese Voraussetzung im vorliegenden Fall erfüllt ist, weshalb eine lineare Regressionsanalyse durchgeführt werden darf.[960]

Im Unterschied zur Varianzanalyse müssen bei der Regressionsanalyse sowohl die abhängige als auch die unabhängigen Variablen metrisch skaliert sein.[961] Diese Voraussetzung ist im vorliegenden Fall nicht erfüllt, da die drei unabhängigen Variablen lediglich ordinal skaliert sind und die durchgeführten Scheffé-Tests gezeigt haben, dass die Abstände zwischen den einzelnen Ausprägungen nicht gleich sind.[962] Damit die Prämisse metrischer Skalenniveaus dennoch gegeben ist, müssen die einzelnen Ausprägungen dichotomisiert bzw. in **Dummy-Variablen** kodiert als 0 oder 1 umgewandelt werden.[963] Die dadurch generierten binären Variablen lassen sich in Regressionsverfahren wie metrische Variablen behandeln, da die Bedingung gleicher Skalenabstände gegeben ist.[964] Da bei diesem Vorgehen die Differenz zwischen den verschiedenen Ausprägungen die Bezugsgrösse darstellt, muss für jede Dimension eine Referenzgrösse festgelegt werden. Aufgrund der im vorliegenden Fall durchwegs positiven Beziehungen zwischen den unabhängigen und der abhängigen Variable bietet es

[956] Zur Regressionsanalyse vgl. Backhaus, et al. 2000, S. 2ff.; Hair, et al. 1992, S. 19ff.

[957] Vgl. Backhaus, et al. 2000, S. 41ff.

[958] Vgl. Abschnitt 6.4.2. Die bivariaten Pearsonsschen Korrelationskoeffizienten bewegen sich lediglich im Bereich zwischen 0 und -.003.

[959] Vgl. Backhaus, et al. 2000, S. 5f.

[960] Andernfalls müssten spezielle mit Zusatzannahmen belastete Regressionsverfahren zum Einsatz gelangen. Dasselbe gilt für den Fall, wenn die unabhängigen Variablen kein metrisches Skalenniveau aufweisen. Vgl. Jann 2003, S. 12

[961] Diese Bedingung missachtend findet die Regressionsanalyse in der Praxis aber auch oft Anwendung zur Überprüfung lediglich nominal oder ordinal skalierter Variablen. Vgl. Backhaus, et al. 2000, S. 2f.

[962] Vgl. Abschnitt 6.4.3

[963] Vgl. Rossi/Anderson 1982, S. 44; Beck/Opp 2001, S. 297

[964] Vgl. Backhaus, et al. 2000, S. 2f.

sich an, jeweils die erste Ausprägung je Dimension als Referenzgrösse zu bestimmen und null zu setzen.[965] Die Resultate dieses Vorgehens sind in Tabelle 6.20 aufgeführt, wobei die Regression in den Modellen 1 bis 3 jeweils nur für eine Dimension gerechnet wurde, während im Modell 4 alle Ausprägungen berücksichtigt sind.

Regressionen / Dimensionen und Ausprägungen	Modell 1 β	Modell 2 β	Modell 3 β	Modell 4 β
Mitsprache a)				
2 Advocatus Diaboli-Ansatz	.252***			.253***
3 dialektische Planung, Partnerschaft	.296***			.297***
Einbezug b)				
2 plus Markencontrolling		.104***		.104***
3 plus Markenintegration		.163***		.176***
4 Einbezug in den gesamten Markenführungsprozess		.204***		.203***
Kreativität c)				
2 verständliche und überzeugende Werbekampagne			.201***	.201***
3 verständliche, überzeugende und originelle Werbekampagne			.588***	.588***
korrigiertes R^2	.075	.030	.267	.375
F-Wert	66.164***	17.411***	291.615***	137.703***

β = standardisierter Regressionskoeffizient
Signifikanz: ***p < .001
a) Referenzgrösse (=0) ist die Ausprägung 1 (Lieferantenbeziehung)
b) Referenzgrösse (=0) ist die Ausprägung 1 (Nur Konzeption und Realisation von Werbemitteln)
c) Referenzgrösse (=0) ist die Ausprägung 1 (verständliche Werbekampagne)

Tab. 6.20: Regressionsanalyse mit Dummy-Variablen[966]

Zur Prüfung, wie gut der Regressand (Erfolg der Zusammenarbeit zwischen Werbeauftraggeber und Werbeagentur) durch das Regressionsmodell erklärt wird, wurden für alle Modelle das Bestimmtheitsmass (korrigiertes R^2) und der F-Wert berechnet.[967] Das **Bestimmtheitsmass** bezeichnet die Güte der Anpassung der Regressionsfunktion an die empirischen Daten, die so genannte goodness of fit. Der korrigierte R^2-Wert von 0.375 in Modell 4 besagt, dass die überprüften Ausprägungen zusammen 37.5 Prozent der Varianz des Erfolgs der Zusammenarbeit zwischen Werbeauftraggeber und Werbeagentur erklären. Angesichts der Tatsache, dass im vorliegenden Modell lediglich drei unabhängige Variablen geprüft wurden, kann dieser Wert als gut bezeichnet werden. Der **F-Test** überprüft, ob das Regressionsmodell über die Stichprobe hinaus für die Grundgesamtheit Gültigkeit besitzt. Der angegebene F-Wert von 137.703 (Modell 4) und das dazugehörige Signifikanzniveau besagen, dass die ermit-

[965] Vgl. Rossi/Anderson 1982, S. 46
[966] Im Hinblick auf die Lesbarkeit der Tabelle wurde auf die Angabe der t-Werte verzichtet.
[967] Zu globalen Prüfung der Regressionsfunktion und den dazu verwendeten Messgrössen vgl. Backhaus, et al. 2000, S. 19ff.

telte Regressionsfunktion mit einer Vertrauenswahrscheinlichkeit von 99.9% nicht nur für die erhobene Stichprobe, sondern auch für die Grundgesamtheit gilt. Inwieweit diese Aussage angesichts des experimentellen Charakters der Vignettenanalyse relevant ist, bleibt dahingestellt.

Der **Regressionskoeffizient** (β) entspricht der Steigung der Regressionsgeraden und gibt den marginalen Effekt der Änderung einer unabhängigen Variable auf die abhängige Variable an.[968] Je grösser der absolute Wert des Regressionskoeffizienten ist, desto stärker ist sein Einfluss auf die abhängige Variable. Damit die Wirkung einer unabhängigen Variable abschliessend beurteilt werden kann, bedarf es neben der Berechnung der Regressionskoeffizienten ebenfalls der Beachtung des Signifikanzniveaus.[969] Im vorliegenden Modell kann die Nullhypothese für alle geprüften Regressoren mit einer Vertrauenswahrscheinlichkeit von 99.9 Prozent verworfen werden, womit alle Ausprägungen einen höchstsignifikanten Einfluss auf den Erfolg der Zusammenarbeit zwischen Werbeauftraggeber und Werbeagentur aufweisen. Die Ergebnisse der Varianzanalyse scheinen sich demnach auch hier zu bestätigen.

Die voneinander abweichenden Bestimmtheitsmasse (korrigierte R^2) für die Modelle 1, 2 und 3 (vgl. Tabelle 6.20) stützen die bereits bei den Mittelwertvergleichen getroffene Annahme, dass die Kreativität der gemeinsam entwickelten Werbekampagne den grössten ($R^2 = .276$) und der Einbezug der Werbeagentur in den Markenführungsprozess den kleinsten ($R^2 = .030$) Einfluss auf den Erfolg der Zusammenarbeit zwischen Werbeauftraggeber und Werbeagentur aufweisen. Um diese Einschätzung abschliessend zu prüfen und den simultanen Einfluss der drei unabhängigen Variablen zu bestimmen, wird im Folgenden ein **Coding Proportional to Effect** durchgeführt.[970] Dazu werden in der Datenmatrix die ursprünglichen Kodierungen der unabhängigen Variablen (1, 2, 3 respektive 1, 2, 3, 4 für die Dimension Einbezug) durch die im Modell 4 berechneten standardisierten Regressionskoeffizienten ersetzt. Die Ausprägungen 1 werden bei allen drei Variablen konsequenterweise null gesetzt. Durch diese Transformation werden die unabhängigen Variablen metrisch skaliert, womit die oben beschriebene Voraussetzung der Regressionsanalyse in Bezug auf das Skalenniveau der Variablen elegant erfüllt ist. Die Ergebnisse der Coding Proportional to Effect-Regression können Tabelle 6.21 entnommen werden.[971]

[968] Die Standardisierung der Regressionskoeffizienten dient der besseren Vergleichbarkeit der Koeffizienten untereinander. Vgl. Backhaus, et al. 2000, S. 18

[969] Das hierfür eingesetzte Verfahren ist der T-Test, womit geprüft wird, ob die Null-Hypothese abgelehnt werden kann, bzw. der Einfluss der unabhängigen Variable signifikant ist. Vgl. Backhaus, et al. 2000, S. 29ff.

[970] Zur Methode »Coding Proportional to Effect« vgl. Rossi/Anderson 1982, S. 48

[971] Vergleicht man die Ergebnisse des Coding Proportional to Effect Regression und die Resultate einer Regressionsanalyse mit den (nicht metrisch skalierten!) Ausprägungen, so zeigt sich, dass beim Coding Proportional to Effect sowohl alle Regressionskoeffizienten als auch das Bestimmtheitsmass und der F-Wert rund 5 % höher liegen.

Unabhängige Variable	standardisierter Regressionskoeffizient	t-Wert
Mitsprache	.278***	14.067
Einbezug	.183***	9.197
Kreativität	.518***	26.228
Korrigiertes R^2 .376		
F-Wert 322.114***		
Signifikanz: ***p < .001		

Tab. 6.21: Regressionsanalyse

Die Resultate aus Tabelle 6.21 bestätigen die bereits früher geäusserte Vermutung, dass sowohl die Mitsprache der Werbeagentur und ihr Einbezug in den Markenführungsprozess als auch die Kreativität der gemeinsam entwickelten Werbekampagne einen höchstsignifikanten positiven Einfluss auf den Erfolg der Zusammenarbeit zwischen Werbeauftraggeber und Werbeagentur aufweisen.[972] Aufgrund der vorliegenden multivariaten Analyse können demnach **die Hypothesen 1, 2 und 3 angenommen werden.**

Anhand dieser Ergebnisse wird deutlich, dass die Kreativität der gemeinsam erarbeiteten Werbekampagne mit einem standardisierten Regressionskoeffizienten von .518 den grössten Einfluss auf den Erfolg der Zusammenarbeit zwischen Werbeauftraggeber und Werbeagentur aufweist. Auf dem zweiten Rang folgt die Mitsprache (.278), wohingegen der Einbezug der Werbeagentur in den Markenführungsprozess eine zwar immer noch höchstsignifikante aber dennoch verhältnismässig geringe Wirkung auf den Erfolg der Zusammenarbeit ausübt (.183). Die unterschiedlich hohe Bedeutung der verschiedenen Regressoren geht auch aus Abbildung 6.8 hervor, wo der absolute Wert des standardisierten Regressionskoeffizienten je unabhängige Variable ins Verhältnis zur Summe aller (signifikanten) Regressionskoeffizienten gesetzt wurde.

[972] Wegen des experimentellen Designs der vorliegenden Studie (planmässige Variation der unabhängigen Variablen) war auch nicht zu erwarten, dass sich die Resultate der Regressionsanalyse gross von denjenigen der Mittelwertsvergleiche unterscheiden.

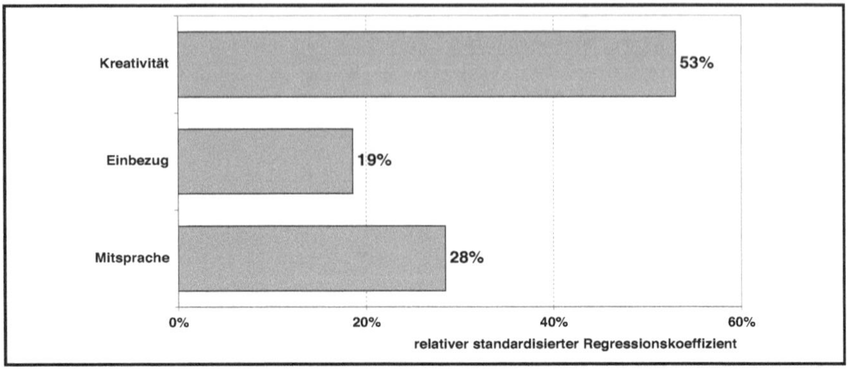

Abb. 6.8: Vergleich der Regressionskoeffizienten

Von den drei überprüften unabhängigen Variablen übt mit einem Bedeutungsgewicht von 53 Prozent die Kreativität der Werbekampagne den mit Abstand bedeutendsten Einfluss auf den Erfolg der Zusammenarbeit zwischen Werbeauftraggeber und Werbeagentur aus. Auf dem zweiten Platz folgt die Mitsprache der Werbeagentur mit 28 Prozent, wohingegen der Einbezug der Werbeagentur in den Markenführungsprozess lediglich ein Bedeutungsgewicht von 19 Prozent aufweist. Ob diese Rangfolge befragten- und/oder unternehmensspezifischen Einflüssen unterliegt, wird im folgenden Abschnitt untersucht.

6.4.5 Einfluss befragtenspezifischer Merkmale

Grundsätzlich erlaubt eine Vignettenstudie zwei Arten von Analysen. Wie in den letzten beiden Abschnitten gezeigt, kann einerseits die Wirkung einzelner Dimensionen und Ausprägungen auf die Beurteilung der Vignette bzw. die abhängige Variable untersucht werden. Andererseits bietet eine Vignettenanalyse ebenfalls die Möglichkeit, den Einfluss von Befragtenmerkmalen auf die Urteile zu analysieren, bzw. die Resultate auf einzelne Probanden oder Probandengruppen zu aggregieren.[973] Aus diesem Grund enthält ein Vignettenfragebogen meist auch Fragen zur Person und – bei einer Unternehmensbefragung – zu dem durch sie repräsentierten Unternehmen.[974] Bei dieser zweiten Art von Analysen ist jedoch zu beachten, dass die erhobenen Daten durch die Aufnahme befragtenspezifischer Merkmale ihren experimentellen Charakter verlieren.[975] Zwar sind die verschiedenen Vignetten den Probanden nach wie vor zufällig zugeordnet, weshalb die Ausprägungen der Dimensionen unabhängig von den Merkmalen der Befragten sind, letztere können untereinander aber sehr wohl korrelieren (z.B. Geschlecht und Position oder Branche und Anteil des Werbebudgets an den gesamten Werbeausgaben).

[973] Vgl. z.B. Beck/Opp 2001, S. 301; Abschnitt 6.2.2
[974] Vgl. Abschnitt 6.3.4
[975] Vgl. Jann 2003, S. 10

Um allfällige befragten- und/oder unternehmensspezifischen Einflüsse auf die Beurteilung der Vignette aufzudecken, wird im vorliegenden Fall dem von Rossi und Anderson proklamierten Ansatz gefolgt und für jeden in Abschnitt 6.4.2. gebildeten Befragtencluster eine Coding Proportional to Effect-Regression gerechnet.[976] Die Ergebnisse sind in Tabelle 6.22 dargestellt.

Merkmale der Befragten	**N**	**α**	**Stand. Regressionskoeffizienten**			**Korrig. R^2**
			Mitsprache	**Einbezug**	**Kreativität**	
Total	**178**	**1.301**	**.278*****	**.182*****	**.518*****	**.376**
Geschlecht						
Männer	119	1.328	.279***	.187***	.511***	.370
Frauen	58	1.230	.276***	.173***	.530***	.384
Position						
Mitarbeiter Marketing	29	1.399	.254***	.147***	.533***	.367
Werbeleiter	54	1.094	.288***	.195***	.506***	.367
Marketingleiter	57	1.430	.240***	.188***	.492***	.329
Geschäftsführer	6	1.219	.326***	.193***	.545***	.433
Branche						
Industrie	22	1.315	.313***	.146**	.437***	.296
Konsumgüterbereich	70	1.334	.246***	.184***	.579***	.435
Dienstleistungen	81	1.243	.294***	.189***	.485***	.348
Unternehmensgrösse						
< 100 MA	26	1.294	.317***	.205***	.567***	.424
100 – 500 MA	53	1.273	.260***	.153***	.551***	.422
500 – 1'000 MA	19	1.386	.259***	.211***	.436***	.272
1'000 – 5'000 MA	46	1.317	.312***	.169***	.478***	.329
> 5'000 MA	32	1.229	.252***	.205***	.539***	.394
Anteil Werbebudget						
WB < 10%	30	1.335	.270***	.190***	.459***	.317
WB 10 – 25%	21	1.049	.351***	.154***	.570***	.460
WB 25 – 49%	30	1.524	.269***	.177***	.600***	.464
WB ≥ 50%	38	1.462	.245***	.190***	.522***	.346

N = Fallzahl
α = Konstantes Glied
MA = Mitarbeiter
WB = Werbebudget
Signifikanz: ***p < .001; **p < .01

Tab. 6.22: Regressionsanalyse je Befragtenmerkmal[977]

[976] Vgl. Rossi/Anderson 1982, S. 49ff. Alternativ zu diesem Vorgehen schlagen Beck und Opp vor, den Datensatz so zu modifizieren, dass die Matrix auf eine Zeile pro Befragten reduziert wird, und anschliessend pro Befragten eine Regressionsanalyse zu rechnen. Vgl. Beck/Opp 2001, S. 298. Dieser Auswertungsansatz wird aber von SPSS nicht unterstützt und führt auch nicht unbedingt zu aussagekräftigeren Resultaten.

[977] Im Hinblick auf die Lesbarkeit der Tabelle wurde auf die Angabe der t-Werte verzichtet.

Die Resultate in Tabelle 6.22 zeigen, dass die Beurteilungen der einzelnen Vignetten in der vorliegenden Studie **keinen grossen befragtenspezifischen Einflüssen** unterliegen. Insbesondere ist die Rangordnung der Dimensionen in Bezug auf ihren Einfluss auf die abhängige Variable in jeder der gebildeten Gruppen identisch mit dem im vorgängigen Abschnitt berechneten Gesamtergebnis. Demnach besitzt die Kreativität der Werbekampagne für jede Untergruppe von Befragten den grössten Einfluss auf den Erfolg der Zusammenarbeit zwischen Werbeauftraggeber und Werbeagentur, gefolgt von der Mitsprache der Werbeagentur und ihrem Einbezug in den Markenführungsprozess. Zudem sind auch in jedem Befragtencluster alle Regressionskoeffizienten positiv (kein Vorzeichenwechsel) und mit einer Ausnahme höchstsignifikant. Da die persönliche Situation der Probanden anscheinend keinen grossen Einfluss auf die Beurteilungen der in den Vignetten beschriebenen hypothetischen Situationen ausübt, wird auf eine detaillierte Diskussion der in Tabelle 6.22 gezeigten Resultate verzichtet. Stattdessen werden im Folgenden lediglich einige ausgewählte Tendenzen im Antwortverhalten einzelner Probandengruppen herausgegriffen.

Als erstes zeigt sich, dass **Frauen und Männer** die Fragen in etwa gleich beantworteten, die Beurteilung der Vignetten also keinen geschlechtspezifischen Einflüssen unterliegt. Die Differenz von knappen 10 Prozent beim konstanten Glied (α) zeigt jedoch an, dass Männer die Vignetten tendenziell höher bewerteten als Frauen.[978] Dieser Unterschied ist besonders ausgeprägt, wenn man die Regressionsfunktionen der Werbe- und Kommunikationsleiter mit denjenigen der Mitarbeiter im Marketing oder der Marketingleiter vergleicht. Letztere bewerteten die Vignetten rund 0.4 Punkte höher. Dieser Effekt weist jedoch über die unterschiedlichen Hierarchiestufen keinen kontinuierlichen Verlauf auf, weshalb eine Interpretation schwierig bleibt.

Demgegenüber zeigen die unterschiedlichen Regressionskoeffizienten, dass die Mitarbeiter im Marketing den Einbezug der Werbeagentur in den Markenführungsprozess von allen befragten **Hierarchiestufen** mit Abstand am tiefsten beurteilten ($\beta = .147$). Diese Differenz könnte damit zusammenhängen, dass die Marketingmitarbeiter selbst nicht in den gesamten Markenführungsprozess involviert sind, weshalb sie dieses Privileg auch keinen unternehmensexternen Personen zugestehen möchten. Wenig überraschend bewerten die Geschäftsführer die Mitsprache der Werbeagentur von allen ausgewerteten Befragtenclustern am höchsten ($\beta = .326$). Dies lässt die bereits früher geäusserte Vermutung zu, dass sich Geschäftsführer von einer aktiv mitsprechenden Werbeagentur im Vergleich zu den untergeordneten Hierarchieebenen am wenigsten bedroht fühlen. Diese Einschätzung ist jedoch mit Vorsicht zu geniessen, da sich lediglich sechs Geschäftsführer an der Befragung beteiligten.

[978] Vgl. Rossi/Anderson 1982, S. 49ff. Das konstante Glied ist unabhängig vom Regressionskoeffizienten (Steigung der Regressionsgeraden) und gibt den Punkt an, wo die Regressionsgerade die Ordinate schneidet bzw. den Y-Wert für X = 0. Vgl. Backhaus, et al. 2000, S. 10ff.

6.4.6 Interpretation der wichtigsten Ergebnisse

Nachdem die erhobenen Daten mit deskriptiven, bivariaten und multivariaten statistischen Analyseverfahren ausgewertet wurden, folgt in diesem letzten Abschnitt des Kapitels eine abschliessende Interpretation der wichtigsten Ergebnisse der durchgeführten Untersuchung. Das Ziel liegt dabei sowohl in der Einbettung der Erkenntnisse in die Theorie als auch in der Ableitung von Gestaltungsempfehlungen. Als Ausgangspunkt der Interpretation sind in Tabelle 6.23 die Ergebnisse der Hypothesenprüfung nochmals zusammengefasst. Mit zwei Ausnahmen konnten alle Hypothesen bestätigt werden. Und bei keiner Hypothese zeigte sich ein der ursprünglich angenommenen Beziehungsrichtung entegegengesetzter Wirkungszusammenhang.

Hypothesenprüfung		
H_1	Je stärker die Mitsprache der Werbeagentur im Markenführungsprozess, desto erfolgreicher ist die Zusammenarbeit zwischen Werbeauftraggeber und Werbeagentur.	✓
H_{1a}	Wird die Werbeagentur vom Werbeauftraggeber als Sparringpartner (Advocatus Diaboli) eingesetzt, ist der Erfolg der Zusammenarbeit zwischen Werbeauftraggeber und Werbeagentur grösser, als wenn die Werbeagentur lediglich eine Lieferantenrolle inne hat.	✓
H_{1b}	Verfolgen der Werbeauftraggeber und die Werbeagentur einen gleichberechtigten dialektischen Planungsansatz, ist der Erfolg der Zusammenarbeit grösser, als wenn die Werbeagentur als Sparringpartner (Advocatus Diaboli) eingesetzt wird.	–
H_2	Je stärker der Einbezug der Werbeagentur in den gesamten Markenführungsprozess, desto erfolgreicher ist die Zusammenarbeit zwischen Werbeauftraggeber und Werbeagentur.	✓
H_{2a}	Wird die Werbeagentur auch in das Markencontrolling involviert, ist der Erfolg der Zusammenarbeit zwischen Werbeauftraggeber und Werbeagentur grösser, als wenn sich die Werbeagentur ausschliesslich um die Konzeption und Realisation von Werbemassnahmen kümmert.	✓
H_{2b}	Wird die Werbeagentur auch im Rahmen der Markenintegration eingesetzt, ist der Erfolg der Zusammenarbeit zwischen Werbeauftraggeber und Werbeagentur grösser, als wenn die Werbeagentur ausschliesslich bei der Konzeption und Realisation von Werbemassnahmen und dem Markencontrolling involviert ist.	–
H_{2c}	Wird die Werbeagentur in den gesamten Markenführungsprozess einbezogen, ist der Erfolg der Zusammenarbeit zwischen Werbeauftraggeber und Werbeagentur grösser, als wenn die Werbeagentur ausschliesslich bei der Konzeption und Realisation von Werbemassnahmen, dem Markencontrolling und der Markenintegration involviert ist.	✓
H_3	Je kreativer die von der Werbeagentur für ihren Kunden entwickelte Werbekampagne, desto erfolgreicher ist die Zusammenarbeit der beiden Partner.	✓
H_{3a}	Ist die von der Werbeagentur für ihren Kunden entwickelte Werbekampagne verständlich und überzeugend, ist der Erfolg der Zusammenarbeit grösser, als wenn die Werbekampagne nur verständlich ist.	✓
H_{3b}	Ist die von der Werbeagentur für ihren Kunden entwickelte Werbekampagne verständlich, überzeugend und originell, ist der Erfolg der Zusammenarbeit grösser, als wenn die Werbekampagne nur verständlich und überzeugend ist.	✓

Tab. 6.23: Ergebnisse der Hypothesenprüfung

Die wichtigste Erkenntnis der vorliegenden Untersuchung liegt zweifelsohne im empirischen Nachweis, dass alle drei untersuchten unabhängigen Variablen, also sowohl die Mitsprache der Werbeagentur bei der Markenführung (H_1), ihr Einbezug in den gesamten Markenführungsprozess (H_2) als auch die Kreativität der gemeinsam verantworteten Werbekampagne (H_3) einen höchstsignifikanten positiven Einfluss auf die abhängige Variable, den Erfolg der Zusammenarbeit zwischen Werbeauftraggeber und Werbeagentur aufweisen. Betrachtet man die relative Bedeutung der drei überprüften Konstrukte, so zeigt sich, dass die Kreativität der Werbekampagne den mit Abstand grössten Einfluss auf den Erfolg der Zusammenarbeit zwischen Werbeauftraggeber und Werbeagentur aufweist. Auf dem zweiten Rang folgt die Mitsprache der Werbeagentur bei der Markenführung, wohingegen der Einbezug der Werbeagentur in den Markenführungsprozess relativ betrachtet den geringsten Effekt auf den Erfolg ausübt.

Die vorliegende Untersuchung stützt somit unter anderem die in Abschnitt 3.3.2 gemachten Überlegungen, wonach kreative Marketingkommunikation im Allgemeinen und kreative Werbung speziell auf vielen Märkten zum Erfolgsfaktor avanciert sind. Die Werbetreibenden scheinen sich dessen bewusst und erachten die **Kreativität der Werbekampagne** als wichtigstes Kriterium bei der Beurteilung des Erfolgs der Zusammenarbeit mit der Werbeagentur. Diese Erkenntnis bedeutet, dass die Kreativität der Werbung für die Werbeagenturen eine conditio sine qua non darstellt bzw. eine auch noch so hohe markenstrategische Kompetenz höchstwahrscheinlich keine hinreichende Erfolgsvoraussetzung darstellt. Vielmehr scheint es für Werbeagenturen ratsam, ihr Angebot nur dann um den Bereich der strategischen Markenführung zu erweitern (vgl. Abschnitt 5.3.3), wenn sie auch fähig sind, die entwickelten Strategien in kreative Werbekampagnen zu übersetzen. Auch hier gilt demnach die altbekannte Weisheit, wonach eine Strategie immer nur so gut ist wie ihre Umsetzung. Diese Überlegungen führen zur ersten Gestaltungsempfehlung.

Gestaltungsempfehlung 1: Für Full-Service-Agenturen ist das Angebot markenstrategischer Leistungen gegenüber ihren Kunden insbesondere dann erfolgsrelevant und empfehlenswert, wenn sie über eine hohe kreative Kompetenz verfügen, um die erarbeiteten Strategien anschliessend mit effektiven Werbekampagnen umzusetzen.

In Bezug auf die Kampagnenkreativität konnten in der Studie zwischen allen abgefragten Ausprägungen signifikante Unterschiede ausgemacht werden. Es ist demnach für den Erfolg der Partnerschaft zwischen Werbeauftraggeber und Werbeagentur entscheidend, ob die gemeinsam entwickelten Werbekampagnen lediglich verständlich oder verständlich und überzeugend (H_{3a}) oder verständlich, überzeugend und zudem originell sind (H_{3b}). Davon ausgehend, dass der Erfolg der Zusammenarbeit zwischen dem Werbeauftraggeber und der Werbeagentur eng mit dem Zielerreichungsgrad der gemeinsam verantworteten Werbekampagnen einhergeht, stützt die vorliegende Untersuchung aus einer Prozessperspektive die im Abschnitt 3.3.2 diskutierten Erkenntnisse, wonach mit der zunehmenden Kreativität einer Werbekampagne auch ihre Effektivität steigt. Zudem belegt die Studie, dass die zur Beurteilung der Kampagnenkreativität eingesetzten Kriterien Verständlichkeit, Überzeugungskraft und Originalität einen signifikanten Unterschied ausmachen (vgl. Abschnitt 6.3.2).

In Bezug auf die verschiedenen Ausprägungsformen der **Mitsprache der Werbeagentur bei der Markenführung** konnte in der Studie ein signifikanter Unterschied zwischen einer klassischen Lieferantenbeziehung und einem Advocatus Diaboli-Ansatz nachgewiesen werden (H_{1a}), nicht aber zwischen letzterem und einer dialektischen Planung (H_{2b}). Dies bedeutet, dass es im Hinblick auf den Erfolg der Zusammenarbeit zwischen Werbeauftraggeber und Werbeagentur entscheidend ist, ob die Agentur überhaupt mit einer Mitsprachemöglichkeit ausgestattet ist, nicht aber ob die beiden Partner einen gleichberechtigten Planungsansatz verfolgen, oder die Agentur im Rahmen der Markenführung lediglich als Sparringpartner des Werbetreibenden agiert.

Die Ergebnisse der Studie decken sich demnach mit der Argumentation in den Abschnitten 4.4.3 und 4.4.4, wonach eine offene Gestaltung von Planungsprozessen (bei hoher Umweltdynamik) einer allfällig vorherrschenden dominanten Logik im Unternehmen entgegen wirkt und deshalb in aller Regel zu einer besseren Entscheidungsqualität beiträgt. Diese Überlegungen scheinen somit auch in Bezug auf die Zusammenarbeit zwischen Werbeauftraggeber und Werbeagentur gültig zu sein. Weiter haben die Ausführungen in Abschnitt 5.4.4 gezeigt, dass ineffektive Werbekampagnen oft das Resultat vielschichtiger oder ambivalenter Markenstrategien darstellen, die werblich nicht mehr umsetzbar sind. Die Werbetreibenden scheinen diese Probleme erkannt zu haben, weshalb sie der Mitsprache der Agentur einen höchstsignifikanten Einfluss auf den Erfolg der Zusammenarbeit attestieren.

Bezüglich der Frage, wie diese Mitsprache genau zu gestalten ist, konnte die Studie keine aussagekräftigen Antworten liefern, da die Unterschiede zwischen den abgefragten Ausprägungsformen nicht signifikant sind. Diese Problematik ist insofern bekannt, als dass auch in der einschlägigen Literatur eine kontrovers geführte Debatte über die Effektivität und Effizienz der verschiedenen Ansätze stattfindet (vgl. Abschnitt 4.4.4). Ohnehin ist davon auszugehen, dass die Frage nach der geeigneten Ausgestaltung der Mitsprachemöglichkeiten der Werbeagentur nicht generell, sondern lediglich kontextabhängig beantwortet werden kann, wobei insbesondere der Grösse des Werbeauftraggebers ein moderierender Einfluss zukommt. Jedenfalls bestätigen die vorliegenden Resultate die weit verbreitete Meinung, dass sowohl die dialektische Planung als auch das Advocatus Diaboli-Verfahren einer streng hierarchischen Kooperationsform vorzuziehen sind. Diese Erkenntnisse führen zu einer zweiten Gestaltungsempfehlung.

Gestaltungsempfehlung 2: Werbeauftraggeber sollten die Werbeagentur nicht nur als Lieferant von Marketingkommunikation verstehen, sondern sie zusätzlich mit Mitsprachemöglichkeiten bei der Marken- und Werbestrategie ausstatten. Die Frage, wie diese Mitsprache gestaltet werden soll, muss situativ entschieden werden.

Hinsichtlich der verschiedenen Ausprägungen des **Einbezugs der Werbeagentur in den Markenführungsprozess** konnte in der Untersuchung der Nachweis erbracht werden, dass es in Bezug auf den Erfolg der Partnerschaft eine entscheidende Rolle spielt, ob die Agentur lediglich bei der Implementierung und Realisation von Marketingmassnahmen zum Einsatz gelangt oder auch in die strategischen Phasen des Markenführungsprozesses involviert wird. Genauer betrachtet zeigen sich zwei signifikante Unterschiede: einerseits zwischen der ausschliesslichen Mitarbeit der Werbeagentur bei der Konzeption und Realisation von Werbemassnahmen und ihrem zusätzlichen Einbezug ins Markencontrolling (H_{2a}), andererseits zwischen der beschränkten Mitarbeit der Agentur in ausgewählten Prozessphasen und ihrer Integration in den gesamten Markenführungsprozess (H_{2c}). Demgegenüber ist es unerheblich, ob die Werbeagentur neben der Konzeption und Realisation von Werbemassnahmen und dem Markencontrolling auch noch in die Markenintegration involviert ist (H_{2b}). Die fehlende Signifikanz zwischen diesen beiden Ausprägungen dürfte auch darin begründet sein, dass der Werbeagentur im Rahmen der Markenintegration ohnehin eine relativ unbedeutende Rolle zukommt (vgl. Abschnitt 5.4.2).

Die Ergebnisse der Studie stützen demnach die in Abschnitt 5.2.2 diskutierte Transaktionswerttheorie, wonach eine Intensivierung der Beziehung zu einem anderen Unternehmen nicht nur Kosten verursacht, sondern auch einen strategischen Wert (Transaktionswert) generiert. Der Erfolg der Zusammenarbeit zwischen Werbeauftraggeber und Werbeagentur ist Ausdruck dieses Werts und wird um so grösser, je intensiver die Beziehung zwischen den beiden Partnern gestaltet wird. Pragmatischer betrachtet kann davon ausgegangen werden, dass ein frühzeitiger Einbezug der Werbeagentur in den Markenführungsprozess eine geeignete Massnahme darstellt, um einen fliessenden Übergang zwischen Markenstrategie und Werbekampagne sicherzustellen bzw. eine Implementierungslücke zwischen Strategie und Umsetzung zu verhindern (vgl. Abschnitt 5.4.4). Die befragten Werbetreibenden scheinen dies erkannt zu haben und attestieren dem Einbezug der Werbeagentur in den gesamten Markenführungsprozess einen höchstsignifikanten Einfluss auf den Erfolg der Zusammenarbeit. Diese Erkenntnisse und Überlegungen führen zu einer dritten Gestaltungsempfehlung.

Gestaltungsempfehlung 3: Werbeauftraggeber sollten die Werbeagentur nicht nur mit der Konzeption und Realisation von Werbekampagnen betrauen, sondern sie wenn möglich in den gesamten Markenführungsprozess von der Positionierung bis zum Markencontrolling involvieren.

Bezüglich der Mitsprache der Werbeagentur bei der Markenführung und ihrem Einbezug in den Markenführungsprozess konnte die quantitative Untersuchung die Einschätzungen der im Rahmen der explorativen Vorstudie befragten Experten stützen, wonach kleinere Werbeauftraggeber (und Industrieunternehmen), die tendenziell eine geringere Marketingkompetenz aufweisen als Grossunternehmen, eher bereit sind, ihre Werbeagentur in die markenstrategische Entscheidungsfindung einzubeziehen und bei Bedarf auch werbefremde Marketingaktivitäten an sie auszulagern. Diese Unterschiede decken sich mit den in Abschnitt 5.2.2 besprochenen Erkenntnissen der Resource-based View, wonach Unternehmenskooperationen in erster Linie in der Absicht eingegangen werden, Zugang zu komplementären Ressourcen und Kompetenzen zu erlangen und somit die Ressourcenbeschränkung zu überwinden.

Wie alle Untersuchungen hat auch die in diesem Kapitel besprochene Studie nicht nur Fragen beantwortet, sondern auch weitere Fragen aufgeworfen. Aus diesem Grund wird im folgenden siebten und letzten Kapitel neben der Zusammenfassung der theoretischen Erkenntnisse und empirischen Resultaten auch ein Ausblick auf den weiteren Forschungsbedarf gegeben.

7. Schlussbetrachtung

»This is the end, my only friend, the end.«
The Doors

Im ersten Abschnitt dieses letzten Kapitels werden die wichtigsten theoretischen und empirischen Ergebnisse der vorliegenden Arbeit zusammengefasst. Anschliessend folgt in Abschnitt 7.2 ein Ausblick auf mögliche weitere Forschungsfelder.

7.1 Zusammenfassung

Aufgrund ihrer unterschiedlichen Funktionen stellen Marken in vielen Unternehmen den mit Abstand wichtigsten Vermögenswert dar. Sie lassen sich als Ergebnis einer Vielzahl über einen längeren Zeitraum durchgeführter Marketingmassnahmen und der sich daraus ergebenden Einstellungen der Verbraucher und anderer relevanter Bezugsgruppen verstehen. Der systematische Managementprozess der Planung, Koordination, Implementierung und Kontrolle dieser Massnahmen wird Markenführung genannt und gestaltet sich angesichts der sich immer schneller wandelnden Rahmenbedingungen zunehmend schwieriger. Vor allem die Veränderungen des Verbraucherverhaltens, des Wettbewerbsumfelds und der Kommunikationsbedingungen haben weitreichende Konsequenzen für die Markenführung und insbesondere für den Untersuchungsgegenstand dieser Arbeit, die Zusammenarbeit zwischen Werbeauftraggeber und Werbeagentur.

Die in vielen Märkten weit fortgeschrittene Homogenisierung stofflich-funktionaler Leistungsmerkmale lässt eine sachliche Angebotsdifferenzierung oftmals zur Illusion werden. Vielmehr geht es bei der Markenführung heute meist darum, eine fehlende Leistungsdifferenz mittels Kommunikation zu kompensieren. Insbesondere die Werbung vermag mangelnde Produktunterschiede wett zu machen, weil sie wie kein anderes Marketinginstrument Bekanntheit und Image einer Marke beeinflusst und somit ihren Wert sowohl aus Verbraucher- als auch aus Unternehmenssicht erhöht. Die damit einhergehende Verschiebung vom Produkt- zum Kommunikationswettbewerb führt zu einem Kampf um Aufmerksamkeit, bei dem insbesondere der Werbekreativität eine herausragende Bedeutung zukommt, da sie sich positiv auf die Wirkung der Werbung und ihre soziale Akzeptanz auswirkt. Diese theoretischen Überlegungen spiegeln sich in den Ergebnissen der vorliegenden experimentellen Untersuchung wider. Von allen überprüften Variablen weist die Kreativität der Werbekampagne den mit Abstand grössten Einfluss auf den Erfolg der Zusammenarbeit zwischen Werbeauftraggeber und Werbeagentur auf.

Die Rolle der Werbeagentur im Markenführungsprozess hat sich in den letzten Jahren insofern verändert, als dass vor allem grössere Full-Service-Werbeagenturen ihr Leistungsangebot um den Bereich der strategischen Markenführung erweitert haben und deshalb heute im gesamten Markenführungsprozess eine gewichtigere Rolle zu spielen vermögen, als den Werbeauftraggeber lediglich bei der Umsetzung von Kommunikationsmassnahmen zu unterstützen. So zeigt die im Rahmen der vorliegenden Arbeit durchgeführte Expertenbefragung, dass insbesondere internationale Agenturnetzwerke auf das wachsende Bedürfnis ihrer Kunden an praktisch einsetzbarem markentechnischem Know-how reagiert haben und heute auch Instrumente zur Markenpositionierung, zur Markenintegration und zum Markencontrolling anbieten. Diese Diversifikation ist nicht zuletzt Ausdruck der zunehmenden Bedeutung der Kreativität in allen Phasen des Markenführungsprozesses. Angesichts der immer schneller sinkenden Halbwertszeiten von Erfolg versprechenden Markenstrategien und der auf den meisten Märkten herrschenden Positionierungsenge, avanciert die Entwicklung überraschender, neuartiger oder eben kreativer Lösungsansätze vielerorts zum Erfolgsfaktor der Markenführung.

Die Übertragung der Erkenntnisse aus der Managementforschung auf die Markenführung zeigt, dass insbesondere eine offene Gestaltung des Markenführungsprozesses mit hoher Wahrscheinlichkeit zu kreativeren Ergebnissen führt, während eine restriktive, zentralistische Planungslogik der Fokussierung auf bewährte, aber vielleicht überholte Lösungsansätze Vorschub leistet. Aus diesem Grund empfiehlt es sich, externe Spezialisten, die bestehende Ansätze eher in Frage stellen, in die strategische Markenführung einzubinden. Generell sind Werbeagenturen prädestiniert, diese Rolle des Katalysators des Lernprozesses zu übernehmen, besteht ihr Kerngeschäft doch seit jeher in der Kreativität bzw. Entwicklung neuer Ideen und Lösungen. Auch diese theoretischen Überlegungen werden durch die Ergebnisse der durchgeführten Vignettenanalyse gestützt. Sowohl die Mitsprache der Werbeagentur bei der Markenführung als auch ihr Einbezug in den gesamten Markenführungsprozess weisen einen stark positiven Einfluss auf den Erfolg der Zusammenarbeit zwischen Werbeauftraggeber und Werbeagentur aus. Werbetreibende sollten demnach ihre Werbeagentur nicht nur als Lieferant von Marketingkommunikation verstehen, sondern sie in den gesamten Markenführungsprozess von der Positionierung bis zum Controlling involvieren und ihr auch entsprechende Mitsprachemöglichkeiten zugestehen.

7.2 Ausblick

Im Rahmen der vorliegenden Arbeit sind Fragen aufgetaucht, deren Beantwortung späteren Arbeiten vorbehalten ist. So wurden mit der durchgeführten Vignettenanalyse aus methodischen Gründen lediglich drei unabhängige Variablen überprüft (Mitsprache, Einbezug und Kreativität). Es steht jedoch ausser Frage, dass eine Vielzahl weiterer Faktoren, die in der vorliegenden Untersuchung teilweise willentlich konstant gehalten wurden (z.B. die Umweltdynamik oder die Kompetenz der beteiligten Mitarbeiter), ebenfalls einen entscheidenden Einfluss auf den Erfolg der Zusammenarbeit zwischen Werbeauftraggeber und Werbeagentur aufweisen. Es bietet sich deshalb an, in einem nächsten Schritt zusätzliche Variablen in das Modell aufzunehmen und zu variieren, um so das relative Gewicht der hier untersuchten Variablen gegenüber weiteren Einflussfaktoren zu bestimmen. Insbesondere die Untersuchung der Bedeutung der von der Werbeagentur verrechneten Tarife dürfte angesichts des unter Werbeagenturen herrschenden Konkurrenzkampfs von Interesse sein. Eine ähnlich angelegte, aber zu einem späteren Zeitpunkt durchgeführte Studie könnte zudem Verschiebungen im Entscheidungsverhalten der Werbeauftraggeber aufdecken. Von derartigen Veränderungen muss aufgrund der anhaltenden gesellschaftlichen und ökonomischen Entwicklung und der für ihre Schnelllebigkeit bekannten Werbebranche ausgegangen werden.

Wie bei jedem experimentellen Design stellt sich auch bei der durchgeführten Vignettenanalyse die Frage nach der externen Validität. Die vorliegende Arbeit bleibt den Beweis schuldig, ob sich die unter künstlichen Experimentalbedingungen beobachteten Effekte vorbehaltlos auf die Wirklichkeit übertragen lassen. Dazu müssten die Ergebnisse der Untersuchung entweder mittels umfangreicher Fallstudien oder aber einer klassischen Ex-post-facto-Untersuchung bei Werbeauftraggebern weiter überprüft werden. Ein derartiges Vorgehen wäre insofern sinnvoll, als dass ein anschliessender Vergleich der in vivo gewonnenen Erkenntnisse mit den vorliegenden Resultaten zudem Aufschluss über die Aussagekraft von Vignettenanalysen in der wirtschaftswissenschaftlichen Forschung geben würde, was zweifelsohne einem weiteren Forschungsbedarf entspricht.

Literaturverzeichnis

Aaker, D. A. (1991): Managing Brand Equity: Capitalizing on the Value of Brand Name, New York 1991

Aaker, D. A. (1996): Building Strong Brands, New York 1996

Aaker, D. A. (1998): Mit der Marke in einen neuen Markt, in: Harvard Business Manager (1998)3, S. 43–52

Aaker, D. A./Biel, A. L. (1993): Brand Equity and Advertising: An Overview, in: Aaker, D. A./Biel, A. L. (Hrsg.): Brand Equity and Advertising – Advertising's Role in Building Strong Brands, Hillsdale 1993, S. 1–8

Aaker, D. A./Joachimsthaler, E. (2000a): Brand Leadership, New York et al. 2000

Aaker, D. A./Joachimsthaler, E. (2000b): Die Verlockung, globale Marken zu kreieren, in: Harvard Business Manager (2000)3, S. 58–66

Aaker, D. A./Keller, K. L. (1990): Consumer Evaluations of Brand Extensions, in: Journal of Marketing 54(1990)1, S. 27–41

Aaker, J. L. (1997): Dimensions of Brand Personality, in: Journal of Marketing Research 34(1997)8, S. 347–356

Adjouri, N. (2002): Die Marke als Botschafter, Berlin 2002

Aebi, G. (2005): Typisch KMU: Wenig Budget, viele Ideen, in: Tomczak, T./Brexendorf, O. (Hrsg.): Markenaufbau und Markenpflege, Zürich 2005, S. 105–115

Aebi, J. E. (2001): Mehrwert durch überraschende Werbung, in: ADC Schweiz (Hrsg.): Je kreativer, desto effektiver, Zürich 2001, S. 10–13

Aebi, J. E. (2003): Einfall oder Abfall – Was Werbung warum erfolgreich macht, Mainz 2003

Ahlert, D./Evanschitzky, H. (2003): Dienstleistungsnetzwerke: Management, Erfolgsfaktoren und Benchmarks im internationalen Vergleich, Berlin 2003

Albach, H. (1978): Strategische Unternehmensplanung bei erhöhter Unsicherheit, in: Zeitschrift für Betriebswirtschaft (1978)8, S. 702–715

Alexander, C. S./Becker, H. J. (1978): The Use of Vignettes in Survey Research, in: The Public Opinion Quarterly 42(1978)1, S. 93–104

Algesheimer, R. (2004): Brand Communities – Begriff, Grundmodell und Implikationen, Diss., Bamberg 2004

Andresen, T./Nickel, O. (2001): Führung von Dachmarken, in: Esch, F.-R. (Hrsg.): Moderne Markenführung, Wiesbaden 2001, S. 639–668

Andrews, J./Smith, D. C. (1996): In Search of the Marketing Imagination: Factors Affecting the Creativity of Marketing Programs for Mature Products, in: Journal of Marketing Research 33(1996)2, S. 174–187

Ansoff, I. (1976): Managing Surprise and Discontinuity – Strategic Response to Weak Signals, in: Schmalenbachs Zeitschrift für betriebswirtschaftliche Forschung (zfbf) 28(1976)1, S. 129–152

Auer, M./Diederich, F. (1993): Werbung below the line, Landsberg 1993

Backhaus, K./Erichson, B./Plinke, W./Weiber, R. (2000): Multivariate Analysemethoden: eine anwendungsorientierte Einführung, Berlin 2000

Bamert, T. (2005): Markenwert – Der Einfluss des Marketings auf den Markenwert bei ausgewählten Schweizer Dienstleistungsunternehmen, Diss., Wiesbaden 2005

Bamert, T./Wehrli, H. P. (2005): Service quality as an important dimension of brand equity in Swiss services industry, in: Managing Service Quality 15(2005)2, S. 132–141

Band, H. (2003): Vertrauen in die Markenprodukte. Deutsch-deutsche Konsumgeschichte, in: Neue Zürcher Zeitung 224(2003)182 (9./10.8.2003), S. 69

Barney, J. B./Zajac, E. J. (1994): Competitive Organizational Behavior: Toward an Organizationally-based Theory of Competitive Advantage, in: Strategic Management Journal 15(1994)1, S. 5–9

Batra, R./Lehmann, D. R./Singh, D. (1993): The Brand Personality Component of Brand Goodwill: Some Antecedents and Consequences, in: Aaker, D. A./Biel, A. L. (Hrsg.): Brand Equity and Advertising: Advertising's Role in Building Strong Brands, Hillsdale 1993, S. 83–96

BBDO (2002): Brand Equity Excellence, Düsseldorf 2002

BBDO (2003): Auditing Creativity, unveröffentlichtes, internes Arbeitspapier, o.O. 2003

BBDO (2005): Zwei Drittel aller Deutschen nehmen Marken als völlig austauschbar wahr – Pressemitteilung zur Brand Parity-Studie von BBDO Consulting, Düsseldorf et al. 2005

BDDP (1997): disruption, Boulogne-Billancourt 1997

Bea, F. X. (1992): Entscheidungen des Unternehmens, in: Bea, F. X./Dichtl, E./Schweitzer, M. (Hrsg.): Allgemeine Betriebswirtschaftslehre, Band 1: Grundfragen, Stuttgart 1992, S. 310–424

Beck, M./Opp, K.-D. (2001): Der faktorielle Survey und die Messung von Normen, in: Kölner Zeitschrift für Soziologie und Sozialpsychologie 53(2001)2, S. 283–306

Behrens, G. (1996): Werbung, München 1996

Bekmeier, S. (1989): Nonverbale Kommunikation in der Fernsehwerbung, in: Marketing ZFP 11(1989)2, S. 93–102

Bekmeier, S. (1994): Markenwert und Markenstärke, in: Markenartikel 56(1994), S. 383–387

Bekmeier-Feuerhahn, S. (1998): Markenbewertung als Controllinginstrument, in: Reinecke, S./Tomczak, T./Dittrich, S. (Hrsg.): Marketingcontrolling, St. Gallen 1998, S. 158–166

Belz, C. (1990): Erfolgreiche Markenführung, in: Rehbinder, M. (Hrsg.): Marke und Markierung, Bern 1990, S. 97–119

Belz, C. (1998): Agile Markenführung, in: Tomczak, T./Schögel, M./Ludwig, E. (Hrsg.): Markenmanagement für Dienstleistungen, St. Gallen 1998, S. 38–47

Belz, C. (2005): Komplexitätsmanagement durch professionelle Markenführung, in: Thexis 22(2005)1, S. 2–8

Berekoven, L. (1978): Zum Verständnis und Selbstverständnis des Markenwesens, in: Dichtl, E. (Hrsg.): Markenartikel heute – Marke, Markt und Marketing, Wiesbaden 1978, S. 35–48

Berndt, H. (1984): Informationsmenge und Informationsverarbeitungsleistung bei Konsumentscheidungen, in: Marketing ZFP 6(1984)3, S. 181–188

Berndt, R./Sander, M. (1994): Der Wert von Marken, in: Bruhn, M. (Hrsg.): Handbuch Markenartikel, Band 2, Stuttgart 1994, S. 1353–1371

Berry, L. L./Parasuraman, A. (1993): Building a New Academic Field – The Case of Service Marketing, in: Journal of Retailing 69(1993)1, S. 13–60

Berthon, P./Holbrook, M. B./Hulbert, J. M. (2003): Understanding and Managing the Brand Space, in: Sloan Management Review 44(2003)2, S. 49–54

Bettis, R. A./Prahalad, C. K. (1995): The Dominant Logic: Retrospective and Extension, in: Strategic Management Journal 16(1995), S. 5–14

Biel, A. L. (1992): How Brand Image drives Brand Equity, in: Journal of Advertising Research 32(1992)6, S. RC-6–12

Biel, A. L. (2001): Grundlagen zum Markenwertaufbau, in: Esch, F.-R. (Hrsg.): Moderne Markenführung, Wiesbaden 2001, S. 61–90

Billington, C./Lee, H. L./Tang, C. S. (1998): Successful Strategies for Product Rollovers, in: Sloan Management Review 39(1998)1, S. 23–30

Blackstone, M. (1993): Beyond Brand Personality: Building Brand Relationships, in: Aaker, D. A./Biel, A. L. (Hrsg.): Brand Equity & Advertising: Advertising's Role in Building strong Brands, Hillsdale 1993, S. 113–124

Bolz, N. (2002): Der spirituelle Mehrwert der Marke, in: Thexis 19(2002)4, S. 18–20

Bolz, N./Bosshart, D. (1995): Kult-Marketing: Die neuen Götter des Marktes, Düsseldorf 1995

Bortz, J./Döring, N. (2002): Forschungsmethoden und Evaluation, Berlin et al. 2002

Bosshart, D. (1997): Die Zukunft des Konsums. Wie leben wir morgen?, Düsseldorf et al. 1997

Boulding, W./Lee, E./Staelin, R. (1994): Mastering the Mix: Do Advertising, Promotion, and Sales Force Activities Lead to Differentiation?, in: Journal of Marketing Research 16(1994)2, S. 159–172

Bourgeois, L. J. (1980a): Performance and Consensus, in: Strategic Management Journal 1(1980), S. 227–248

Bourgeois, L. J. (1980b): Strategy and Environment, in: Academy of Management Review 5(1980)1, S. 25–39

Brockhoff, K./Dobberstein, N. (1989): Zapping zur Umgehung von TV-Werbewahrnehmung, in: Marketing ZFP 11(1989)1, S. 27–40

Bruhn, M. (1994): Begriffsabgrenzung und Erscheinungsformen von Marken, in: Bruhn, M. (Hrsg.): Handbuch Markenartikel, Band 1, Stuttgart 1994, S. 3–41

Bruhn, M. (1997): Hyperwettbewerb – Merkmale, treibende Kräfte und Management einer neuen Wettbewerbsdimension, in: Die Unternehmung (1997)5, S. 339–357

Bruhn, M. (2002): Was ist eine Marke? Aktualisierung der Markendefinition, Gräfeling 2002

Bruhn, M. (2003a): Kommunikationspolitik, München 2003

Bruhn, M. (2003b): Markenpolitik – Ein Überblick zum »State of the Art«, in: Die Betriebswirtschaft 63(2003)2, S. 179–202

Bruhn, M. (2005): Unternehmens- und Marketingkommunikation – Handbuch für ein integriertes Kommunikationsmanagement, München 2005

Bruhn, M./Boenigk, M. (1999): Integrierte Kommunikation – Entwicklungsstand in Unternehmen, Wiesbaden 1999 bsw swiss leading agencies (2006): Leitbild und Statuten, in: www.bsw.ch/de/about/38.asp, 16.1.2006

Buchholz, A./Wördemann, W. (1998a): Was Siegermarken anders machen, Düsseldorf et al. 1998

Buchholz, A./Wördemann, W. (1998b): Werbung: So bringen Sie Ihre Kunden auf neue Ideen, in: Harvard Business Manager (1998)5, S. 77–83

Buchholz, A./Wördemann, W. (2003): Die Köpfe der Kunden erobern, in: Harvard Business Manager (2003)3, S. 59–65

Burmann, C. (2001): Strategische Flexibilität und Strategiewechsel in turbulenten Märkten, in: Die Betriebswirtschaft 61(2001)2, S. 169 –188

Burmann, C. (2004): Marken brauchen Führung, in: Marketing Journal 37(2004)9, S. 18–22

Buttle, F. (1996): SERVQUAL: review, critique, research agenda, in: European Journal of Marketing 30(1996)1, S. 8–32

Campbell, D. T./Stanley, J. C. (1966): Experimental and Quasi-Experimental Designs for Research (Nachdruck des 1963 erschienenen Beitrags »Experimental and Quasi-Experimental Designs for Research on Teaching«, in: Gage N. (Hrsg.): Handbook on Research on Teaching, Chicago 1963, S. 171–246), Chicago 1966

Castrogiovanni (2002): Organization Task Environments: Have they Changed Fundamentally over Time?, in: Journal of Management 28(2002)2, S. 129–150

Chakravarthy, B. S. (1987): On Tailoring a Strategic Planning System to its Context: Some empirical Evidence, in: Strategic Management Journal 8(1987), S. 517–534

Chaudhuri, A. (2002): How Brand Reputation Affects the Advertising-Brand Equity Link, in: Journal of Advertising Research 42(2002)3, S. 33–43

Chernatony, L./Dall'Olmo Riley, F. (1998): Defining a »Brand«: Beyond The Literature With Experts' Interpretations, in: Journal of Marketing Management 14(1998), S. 417–444

Chernatony, L./McDonald, M. (1998): Creating Powerful Brands in Consumer, Service and Industrial Markets, Oxford 1998

Cook, T. D./Campbell, D. T. (1976): The Design and Conduct of Quasi-Experiments and True Experiments in Field Settings, in: Dunnette, M. D. (Hrsg.): Handbook of Industrial and Organizational Psychology, Chicago 1976, S. 223–326

Court, D./Leiter, M./Loch, M. (1999): Brand Leverage, in: The McKinsey Quarterly (1999)2, S. 101–110

Crimmins, J. C. (1992): Better Measurement and Management of Brand Value, in: Journal of Advertising Research 32(1992)4, S. 11–19

D'Aveni, R. A. (1994): Hypercompetition, Managing the Dynamics of Strategic Maneuvering, New York 1994

D'Aveni, R. A. (1998): Waking up to the new era of hypercompetition, in: Washington Quarterly 21(1998)1, S. 183–195

De Geus, A. P. (1988): Planning as Learning, in: Harvard Business Review 66(1988)2, S. 70–74

Dichtl, E. (1992): Grundidee, Varianten und Funktionen der Markierung von Waren und Dienstleistungen, in: Dichtl, E./Eggers, W. (Hrsg.): Marke und Markenartikel als Instrumente des Wettbewerbs, München 1992, S. 1–23

Diekmann, A. (1998): Empirische Sozialforschung, Reinbeck 1998

Diller, H./Kaffenberger, A./Lücking, J. (1993): Das »Schicksal« von Marktführern: Eine empirische Analyse in 29 Gebrauchsgütermärkten, in: Marketing ZFP 15(1993)4, S. 271–281

Domizlaff, H. (1951/1992): Die Gewinnung des öffentlichen Vertrauens (Neuauflage zum 100. Geburtstag des Autors, ergänzt durch: Typische Denkfehler der Reklamekritik), Hamburg 1951/1992

Domizlaff, H. (1982): Die Markentechnik ist eine sehr komplizierte Wissenschaft geworden, in: Marketing Journal 15(1982)1, S. 10–18

Downey, K./Hellriegel, D./Slocum, J. W. (1975): Environmental Uncertainty: The Construct and its Application, in: Administrative Science Quarterly 20(1975)4, S. 613–629

Dru, J.-M. (2002): Beyond Disruption – Changing the Rules in the Marketplace, New York 2002

Drucker, P. F. (1969): The Age of Discontinuity - Guidelines to our changing society, New York 1969

Duncan, R. B. (1972): Characteristics of Organizational Environments and Perceived Environmental Uncertainty, in: Administrative Science Quarterly 17(1972)3, S. 313–327

Dyer, J. H. (1997): Effective Interfirm Collaboration: How firms Minimize Transaction Costs and Maximize Transaction Value, in: Strategic Management Journal 18(1997)7, S. 535–556

Eagle, L./Kitchen, P. (2000): Building Brands or bolstering egos? A comparative review of the impact and measurement of advertising on brand equity, in: Journal of Marketing Communications 6(2000)2, S. 91–106

Eifler, S./Bentrup, C. (2005): Zur Validität von Selbstberichten abweichenden und hilfreichen Verhaltens mit der Vignettenanalyse, Bielefelder Arbeiten zur Sozialpsychologie Nr. 208, in: www.uni-bielefeld.de/soz/pdf/Basz208.pdf, 12.7.2005

Eisenhart, K. M./Zbaracki, M. J. (1992): Strategic Decision Making, in: Strategic Management Journal 13(1992), S. 17–37

El-Idrissi, C./Arpagaus, J. H. (2005): Marketing und Verkauf: Qualifikationen – Karriere – Löhne. Eine empirische Untersuchung des Berufsstandes, Zürich 2005

Elliott, S. (2004): New Survey on Ad Effectiveness, in: www.nytimes.dom/2004/04/01/business/media/14adco.html, 15.4.2004

Esch, F.-R. (1987): Marketing in der Informationsgesellschaft - Ergebnisse einer Tagung in Basel, in: Marketing ZFP 4(1987)2, S. 108–112

Esch, F.-R. (2001a): Aufbau starker Marken durch integrierte Kommunikation, in: Esch, F.-R. (Hrsg.): Moderne Markenführung, Wiesbaden 2001, S. 599–635

Esch, F.-R. (2001b): Markenpositionierung als Grundlage der Markenführung, in: Esch, F.-R. (Hrsg.): Moderne Markenführung, Wiesbaden 2001, S. 233–265

Esch, F.-R. (2001c): Wirksame Markenkommunikation bei steigender Informationsüberlastung der Konsumenten, in: Köhler, R./Majer, W./Wiezorek, H. (Hrsg.): Erfolgsfaktor Marke, München 2001, S. 71–89

Esch, F.-R. (2003): Das Gesicht der Marke, in: Marketing Journal 36(2003)4, S. 21–24

Esch, F.-R./Geus, P. (2001): Ansätze zur Messung des Markenwerts, in: Esch, F.-R. (Hrsg.): Moderne Markenführung, Wiesbaden 2001, S. 1025–1058

Esch, F.-R./Langner, T. (2001): Branding als Grundlage zum Markenaufbau, in: Esch, F.-R. (Hrsg.): Moderne Markenführung, Wiesbaden 2001, S. 437–450

Esch, F.-R./Wicke, A. (2001): Herausforderungen und Aufgaben des Markenmanagements, in: Esch, F.-R. (Hrsg.): Moderne Markenführung, Wiesbaden 2001, S. 3–61

Faia, M. A. (1980): The Vagaries of Vignette World: A Comment on Alves and Rossi, in: The American Journal of Sociology 85(1980)4, S. 951–954

Farquhar, P. H. (1990): Managing Brand Equity, in: Journal of Advertising Research 30(1990)Aug./Sep., S. RC-7–12

Felser, P. (1994): Effektive Werbung braucht zwei Sprünge, in: Marketing und Kommunikation (1994)2, S. 48–50

Felser, P. (2001): Ausgezeichnete Werbung bewegt mehr, in: ADC Schweiz (Hrsg.): Je kreativer, desto effektiver, Zürich 2001, S. 19–21

Fennell, G. (1978): Consumer's Perceptions of the Product-Use Situation, in: Journal of Marketing 42(1978)2, S. 38–47

Finch, J. (1987): The Vignette Technique in Survey Research, in: Sociology 21(1987)1, S. 105–114

Forster, T. (2001): Marken-Codes unter der Lupe, in: werben & verkaufen (2001)28, S. 32–34

Forstmoser, P./Meier-Hayoz, A./Nobel, P. (1996): Schweizerisches Aktienrecht, Bern 1996

Fournier, S. (1998): Consumers and their Brands: Developing Relationship Theory in Consumer Research, in: Journal of Consumer Research 24(1998)3, S. 343–373

Franzen, O./Trommsdorff, V./Riedel, F. (1994): Ansätze der Markenbewertung und Markenbilanz, in: Bruhn, M. (Hrsg.): Handbuch Markenartikel, Band 2, Stuttgart 1994, S. 1373–1401

Gatignon, H. (1984): Competition as a Moderator of the Effect of Advertising on Sales, in: Journal of Marketing Research 21(1984)4, S. 387–398

Gebert, D./Boerner, S./Landwehr, R. (2001): Innovationsförderliche Öffnungsprozesse: »Je mehr desto besser?«, in: Die Betriebswirtschaft 61(2001)2, S. 204–222

Gerken, G. (1994a): Die fraktale Marke – Eine neue Intelligenz der Werbung, Düsseldorf et al. 1994

Gerken, G. (1994b): Die moderne Marke wird zum Fraktal, in: Horizont (1994)15, S. 14

Gieseking, F. (2005): Die dritte Macht, in: werben & verkaufen (2005)33, S. 32–34

Golder, P. N. (2000): Historical Method in Marketing Research with New Evidence on Long-Term Market Share Stability, in: Journal of Marketing Research 37(2000)3, S. 156–172

Goodyear, M. (1994): Marke und Markenpolitik, in: Planung und Analyse (1994)3, S. 60–67

Göttgens, O./Sander, B./Wirtz, B./Dunz, M. (2001): Markenbewertung als strategischer Erfolgsfaktor, in: www.bbdo.de/bbdo-media/Branding.PDF, 10.10.2003

Grant, R. M. (2003): Strategic Planning in a Turbulent Environment: Evidence from the Oil Majors, in: Strategic Management Journal 24(2003), S. 491–517

Grey (1996): Smart Shopper - Wieviel Marke braucht der Mensch? Oder: Ein neues Preis-Leistungs-Bewusstsein, Düsseldorf 1996

Grochla, E. (1995): Grundlagen der organisatorischen Gestaltung, Stuttgart 1995

Gronroos, C. (1990): Relationship Approach to Marketing in Service Contexts: The Marketing and Organizational Behaviour Interface, in: Journal of Business Research 20(1990)1, S. 3–11

Gross, P. (1994): Die Multioptionsgesellschaft, Frankfurt am Main 1994

Grösser, H. (1991): Der klassische Markenartikel – Versuch einer Wesensbestimmung, in: Markenartikel 53(1991)5, S. 200–207

Gummesson, E. (1996): Relationship marketing and imaginary organizations: a synthesis, in: European Journal of Marketing 30(1996)2, S. 31–44

Haedrich, G./Tomczak, T. (1996): Strategische Markenführung, Bern et al. 1996

Haedrich, G./Tomczak, T./Kaetzke, P. (2003): Strategische Markenführung, Bern 2003

Hair, J. F./Anderson, R. E./Tatham, R. L./Black, W. C. (1992): Multivariate Data Analysis with Readings, New York 1992

Hamel, G. (1998): Strategy Innovation and the Quest for Value, in: Sloan Management Review 39(1998)2, S. 7–14

Hamel, G./Prahalad, C. K. (1994): Competing for the Future, Boston 1994

Hamel, G./Prahalad, C. K. (1996): Competing in the New Economy: Managing out of Bounds, in: Strategic Management Journal 17(1996), S. 237–242

Hammann, P. (2001): Markencontrolling: Motor oder Bremse für die Steigerung des Markenwertes?, in: Köhler, R./Majer, W./Wiezorek, H. (Hrsg.): Erfolgsfaktor Marke, München 2001, S. 281–294

Hart, S. L. (1992): An Integrative Framework For Strategy-Making Processes, in: Academy of Management Review 17(1992)2, S. 327–351

Harter, G./Koster, A./Peterson, M./Stomberg, M. (2005): Managing Brands for Value Creation – Booz Allen Wolff Olins European Survey among Marketing and Sales Officers, in: www.boozallen.ch/content/downloads/brand_roi.pdf, 17.1.2005

Hätty, H. (1994): Markentransferstrategie, in: Bruhn, M. (Hrsg.): Handbuch Markenartikel, Band 1, Stuttgart 1994, S. 561–582

Hentschel, B. (1999): Multiattributive Messung von Dienstleistungsqualität, in: Stauss, B. (Hrsg.): Dienstleistungsqualität, Wiesbaden 1999, S. 289–321

Herrmann, A./Huber, F./Braunstein, C. (2001): Gestaltung der Markenpersönlichkeit mittels der »means-end«-Theorie, in: Esch, F.-R. (Hrsg.): Moderne Markenführung, Wiesbaden 2001, S. 103–133

Herrmann, C. (1999): Die Zukunft der Marke: mit effizienten Führungsentscheidungen zum Markterfolg, Frankfurt a.M. 1999

Herrmann, C. (2003): Brand Governance: Markenmanagement als strategische Führungsaufgabe, in: GDI_Impuls (2003)3, S. 44–50

Hitt, M. A./Tyler, B. B. (1991): Strategic Decision Models: Integrating Different Perspectives, in: Strategic Management Journal 12(1991), S. 327–351

Holt, D. B. (1995): How Consumers Consume: A Typology of Consumption Practices, in: Journal of Consumer Research 22(1995)6, S. 1–16

Holt, D. B. (2002): Why Do Brands Cause Trouble? A Dialectical Theory of Consumer Culture and Branding, in: Journal of Consumer Research 29(2002)6, S. 70–90

Homburg, C./Krohmer, H./Workmann, J. P. (1999): Strategic Consensus and Performance: The Role of Strategy Type and Market-Related Dynamism, in: Strategic Management Journal 20(1999), S. 339–357

Homburg, C./Schäfer, H. (2001): Strategische Markenführung in dynamischer Umwelt, in: Köhler, R./Majer, W./Wiezorek, H. (Hrsg.): Erfolgsfaktor Marke, München 2001, S. 157–173

Huber, F./Herrmann, A./Peter, S. (2003): Ein Ansatz zur Steuerung der Markenstärke, in: Zeitschrift für Betriebswirtschaft 73(2003)4, S. 345–370

Interbrand (2005): Interbrand's Annual Ranking of 100 of the Best Global Brands, in: www.interbrand.ch/d/presse/presse_d.asp, 6.3.2006

Irmscher, M. (1997): Markenwertmanagement, Diss., Frankfurt a.M. 1997

Jacoby, J./Speller, D. E./Kohn, C. A. (1974): Brand Choice Behaviour as a Function of Information Overload, in: Journal of Marketing Research 6(1974)1, S. 63–69

Janis, I. L. (1982): Groupthink - Psychological Studies of Policy Decisions and Fiascoes, Boston 1982

Jann, B. (2003): Lohngerechtigkeit und Geschlechterdiskriminierung: Experimentelle Evidenz, Arbeitspapier im Bereich Soziologie, ETH Zürich, in: www.socio.ethz.ch/people/ jannb/cv/lohngerecht.pdf, 12.7.2005

Jarillo, J. C. (1988): On strategic networks, in: Strategic Management Journal 9(1988)1, S. 31–41

Jenner, T. (1999a): Determinanten des Unternehmenserfolges, Habil., Stuttgart 1999

Jenner, T. (1999b): Markenführung als Lernprozess, in: Harvard Business Manager (1999)5, S. 20–29

Jenner, T. (1999c): Überlegungen zum strategischen Wandel in der Markenführung, in: Marketing ZFP 21(1999)2, S. 149–160

Jenner, T. (2001a): Markenführung in Zeiten des Shareholder-Value, in: Harvard Business Manager (2001)3, S. 54–63

Jenner, T. (2001b): Zum Einfluss der Gestaltung von Planungsprozessen auf den Erfolg strategischer Geschäftsfelder, in: Schmalenbachs Zeitschrift für betriebswirtschaftliche Forschung (zfbf) 53(2001)3, S. 107–125

Jenner, T. (2003a): Marketing-Planung, Stuttgart 2003

Jenner, T. (2003b): ZP-Stichwort: Communities of Practice, in: Zeitschrift für Planung und Unternehmenssteuerung 14(2003)S. 297–302

Jenner, T. (2005): Funktion und Bedeutung von Marken-Audits im Rahmen des Marken-Controllings, in: Marketing ZFP 27(2005)3, S. 197–207

Jensen, M./Zajac, E. J. (2004): Corporate Elites and Corporate Strategy: How Demographic Preferences and Structural Position Shape the Scope of the Firm, in: Strategic Management Journal 25(2004), S. 507–524

Jullens, J./Sander, B. (2002): Marken- und Kundenwert erfolgreich managen, in: BBDO Insights (2002)Mai, S. 24–46

Jung, H./von Matt, J.-R. (2002): Momentum – Die Kraft, die Werbung heute braucht, Berlin 2002

Jurkovich, R. (1974): A Core Typology of Organizational Environments, in: Administrative Science Quarterly 19(1974)3, S. 380–394

Jüttner, U./Wehrli, H. P. (1994a): Competitive Advantage – Merging Marketing and the Competence-based Perspective, in: Journal of Business & Industrial Marketing 9(1994)4, S. 42–53

Jüttner, U./Wehrli, H. P. (1994b): Relationship Marketing from a Value System Perspective, in: International Journal of Service Industry Management 5(1994)5, S. 54–73

Kaas, K. P. (1990a): Langfristige Werbewirkung und Brand Equity, in: Werbeforschung und Praxis 35(1990)3, S. 48–52

Kaas, K. P. (1990b): Marketing als Bewältigung von Informations- und Unsicherheitsproblemen im Markt, in: Die Betriebswirtschaft 50(1990)4, S. 539–548

Kaas, K. P. (1990c): Nutzen und Kosten der Werbung, Umrisse einer ökonomischen Theorie der Werbewirkung, in: Schmalenbachs Zeitschrift für betriebswirtschaftliche Forschung (zfbf) 42(1990)6, S. 492–504

Kaas, K. P. (2002): Marketing, in: Jost, P.-J. (Hrsg.): Der Transaktionskostenansatz in der Betriebswirtschaftslehre, Stuttgart 2002, S. 219–239

Kapferer, J. N. (1992): Die Marke – Kapital des Unternehmens, Landsberg am Lech 1992

Kapferer, J. N. (2001): Luxusmarken, in: Esch, F.-R. (Hrsg.): Moderne Markenführung, Wiesbaden 2001, S. 345–364

Kaplan, R. S./Norton, D. P. (1992): The Balanced Scorecard – Measures That Drive Performance, in: Harvard Business Review 70(1992)1, S. 71–79

Kaplan, R. S./Norton, D. P. (1996): Linking the Balanced Scorecard to Strategy, in: California Management Review 39(1996)1, S. 53 –79

Kehrer, R. (2001): Marke und Mythos – Eine kulturwissenschaftliche Betrachtung des betriebswirtschaftlichen Phänomens Marke, in: Bruhn, M. (Hrsg.): Die Marke: Symbolkraft eines Zeichensystems, Bern et al. 2001, S. 197–218

Keller, K. L. (1993): Conceptualising, Measuring, and Managing Customer-Based Brand Equity, in: Journal of Marketing 53(1993)1, S. 1–22

Keller, K. L. (1999): Brand Mantras: Rationale Criteria and Examples, in: Journal of Marketing Management 15(1999)1-3, S. 43–51

Keller, K. L. (2000): The Brand Report Card, in: Harvard Business Review 78(2000)1, S. 147–175

Keller, K. L. (2001): Kundenorientierte Messung des Markenwerts, in: Esch, F.-R. (Hrsg.): Moderne Markenführung, Wiesbaden 2001, S. 1059–1080

Keller, K. L. (2003): Strategic Brand Management, Upper Saddle River 2003

Keller, K. L./Staelin, R. (1987): Effects of Quality and Quantity of Information on Decision Effectiveness, in: Journal of Consumer Research 14(1987)2, S. 200–213

Keller, K. L./Sternthal, B./Tybout, A. (2002): Three Questions You Need to Ask About Your Brand, in: Harvard Business Review 79(2002)9, S. 80–86

Kenning, P. (2003): Die sieben populärsten Irrtümer der Markenführung, in: Harvard Business Manager (2003)Juni, S. 106–109

Kenning, P./Ahlert, D. (2004): Marke und Hinforschung: Status quo, in: Marketing Journal 37(2004)7-8, S. 44–46

King, S. (1989): The Anatomy of Account Planning (ursprünglich erschienen in: Admap, November 1989), in: www.warc.com, 7.3.2006

Kirmani, A./Zeithaml, V. A. (1993): Advertising, Perceived Quality, and Brand Image, in: Aaker, D. A./Biel, A. L. (Hrsg.): Brand Equity and Advertising: Advertising's Role in Building Strong Brands, Hillsdale 1993, S. 143–161

Klein, N. (2000): No Logo, London 2000

Knorr, S. (2005): Marketing-Partnerschaften, Erfolgsfaktoren im Lebenszyklus, Diss., Chur et al. 2005

Köhler, R. (1998): Marketing-Controlling: Konzepte und Methoden, in: Reinecke, S./Tomczak, T./Dittrich, S. (Hrsg.): Marketingcontrolling, St. Gallen 1998, S. 10–21

Köhler, R. (2001): Erfolgreiche Markenpositionierung angesichts zunehmender Zersplitterung von Zielgruppen, in: Köhler, R./Majer, W./Wiezorek, H. (Hrsg.): Erfolgsfaktor Marke, München 2001, S. 45–61

Köhler, R./Böhler, H. (1984): Strategische Marketing-Planung: Kursbestimmung bei ungewisser Zukunft, in: Absatzwirtschaft 27(1984)3, S. 93–101

Kotler, P./Bliemel, F. (1995): Marketing Management, Stuttgart 1995

Kraatz, M. S./Zajac, E. J. (2001): How Organizational Resources Affect Strategic Change and Performance in Turbulent Environments: Theory and Evidence, in: Organization Science 12(2001)5, S. 632–657

Kranz, M. (2002): Markenbewertung – Bestandsaufnahme und kritische Würdigung, in: Meffert, H./Burmann, C./Koers, M. (Hrsg.): Markenmangement – Grundlagen der identitätsorientierten Markenführung, Wiesbaden 2002, S. 429–458

Kreilkamp, E. (1987): Strategisches Management und Marketing, Berlin 1987

Kreilkamp, E./Nöthel, T. (1996): Zielgruppenfragmentierung durch Szene-Positionierung, in: Tomczak, T./Rudolph, T./Roosdrop, A. (Hrsg.): Positionierung – Kernentscheidung des Marketings, St. Gallen 1996, S. 134–144

Kriesfalussy, A./Semlitsch, B. (2000): Exklusivstudie zum Deutschen Marketing-Tag 2000: Marketing ist Werttreiber, in: Absatzwirtschaft 43(2000)Sondernummer Oktober, S. 22–34

Kroeber-Riel, W. (1987): Informationsüberlastung durch Massenmedien und Werbung in Deutschland, in: Die Betriebswirtschaft 47(1987)3, S. 257–264

Kroeber-Riel, W. (1988): Kommunikation im Zeitalter der Informationsüberlastung, in: Marketing ZFP 10(1988)3, S. 182–189

Kroeber-Riel, W. (1993): Zukunftsperspektiven der Werbung, in: Absatzwirtschaft 36(1993)4, S. 46–52

Kroeber-Riel, W./Esch, F.-R. (2000): Strategie und Technik der Werbung, Stuttgart 2000

Kroeber-Riel, W./Weinberg, P. (2003): Konsumentenverhalten, München 2003

Kühn, R. (1978): Entscheidungsmethodik und Unternehmenspolitik, Bern et al. 1978

Kühn, R. (1992): Das »Made-in-Image« der Schweiz als strategischer Parameter, in: Die Unternehmung (1992)4, S. 303–314

Kühn, R. (1996): Angebotspositionierung als Ansatz zur Präzisierung von Wettbewerbsstrategien, in: Tomczak, T./Rudolph, T./Roosdrop, A. (Hrsg.): Positionierung – Kernentscheidung des Marketings, St. Gallen 1996, S. 112–121

Kühn, R./Fankhauser, K. (1996): Marktforschung, Bern 1996

Kühn, R./Fasnacht, R. (1997): Strategische Frühwarnung als Aufgabe des strategischen Marketingcontrollings, in: Reinecke, S./Tomczak, T./Diettrich, S. (Hrsg.): Marketingcontrolling, St. Gallen 1997, S. 22–32

Kühn, R./Grünig, R. (1998): Grundlagen der strategischen Planung – Ein integraler Ansatz zur Beurteilung von Strategien, Bern 1998

Kühn, R./Jenner, T. (1998): Angebotspositionierung, Zürich 1998

Kühn, R./Vifian, P. (2003): Marketing – Analyse und Strategie, Zürich 2003

Lederer, C./Hill, S. (2001): See Your Brands Through Your Customer's Eyes, in: Harvard Business Review 79(2001)6, S. 125–133

Levitt, T. (1960): Marketing Myopia, in: Harvard Business Review 38(1960)4, S. 45–56

Levitt, T. (1976): The industrialization of service, in: Harvard Business Review 54(1976)5, S. 63–74

Levitt, T. (1980): Marketing Success Through Differentiation, in: Harvard Business Review 58(1980)1, S. 83–91

Levy, S. J. (1959): Symbols for Sale, in: Harvard Business Rewiev 37(1959)4, S. 117–124

Liebmann, H. P. (1996): Auf den Spuren der »Neuen Kunden«, in: Zentes, J./Liebmann, H. P. (Hrsg.): GDI-Trendbuch Handel No. 1, Düsseldorf et al. 1996, S. 37–54

Madhok, A. (2002): Reassessing the fundamentals and beyond: Ronald Coase, the transaction cost and resource-based theories of the firm and the institutional structure of production, in: Strategic Management Journal 23(2002), S. 535–550

Malik, F. (1996): Strategie des Managements komplexer Systeme, Bern 1996

Marbach, E. (1996): Markenrecht, in: von Büren, R./David, L. (Hrsg.): Schweizerisches Immaterialgüter- und Wettbewerbsrecht (SIWR), Band 3, Basel et al. 1996, S. 1–127

Marbach, E. (2002): Markenrecht, in: von Büren, R./Marbach, E. (Hrsg.): Immaterialgüter- und Wettbewerbsrecht, Bern 2002, S. 100–142

Maslow, A. H. (1998): Maslow on Management, New York et al. 1998

Mayring, P. (1996): Einführung in die qualitative Sozialforschung, Weinheim 1996

McLean, N. (2002): Connections, in: Dru, J.-M. (Hrsg.): Beyond Disruption, New York 2002, S. 258–271

McNamara, G./Vaaler, P. M./Devers, C. (2003): Same as it ever was: The Search for Evidence of increasing Hypercompetition, in: Strategic Management Journal 24(2003), S. 261–278

Media Focus (2005): Die grössten 500 Werbetreiber der Schweiz über alle Branchen und Medien zwischen dem 01.01.2005 und dem 30.06.2005, unveröffentlichte Daten, Zürich 2005

Meer, D. (1995): System Beaters, Brand Loyals, and Deal Shoppers: New Insights into the Role of Brand and Price, in: Journal of Advertising Research 35(1995)3, S. RC-2–7

Meffert, H. (1998): Marketing – Grundlagen marktorientierter Unternehmensführung, Wiesbaden 1998

Meffert, H./Bongartz, M. (2000): Marktorientierte Unternehmensführung an der Jahrtausendwende aus Sicht der Wissenschaft und Unternehmenspraxis – eine empirische Untersuchung, in: Backhaus, K. (Hrsg.): Deutschsprachige Marketingforschung – Bestandesaufnahmen und Perspektiven, Stuttgart 2000, S. 381–405

Meffert, H./Burmann, C. (2002a): Managementkonzept der identitätsorientierten Markenführung, in: Meffert, H./Burmann, C./Koers, M. (Hrsg.): Markenmanagement – Grundlagen der identitätsorientierten Markenführung, Wiesbaden 2002, S. 73–97

Meffert, H./Burmann, C. (2002b): Theoretisches Grundkonzept der identitätsorientierten Markenführung, in: Meffert, H./Burmann, C./Koers, M. (Hrsg.): Markenmanagement – Grundlagen der identitätsorientierten Markenführung, Wiesbaden 2002, S. 35–72

Meffert, H./Burmann, C. (2002c): Wandel in der Markenführung – vom instrumentellen zum identitätsorientierten Markenverständnis, in: Meffert, H./Burmann, C./Koers, M. (Hrsg.): Markenmanagement – Grundlagen der identitätsorientierten Markenführung, Wiesbaden 2002, S. 17–34

Meffert, H./Burmann, C./Koers, M. (2002): Stellenwert und Gegenstand des Markenmanagements, in: Meffert, H./Burmann, C./Koers, M. (Hrsg.): Markenmanagement – Grundlagen der identitätsorientierten Markenführung, Wiesbaden 2002, S. 3–15

Meffert, H./Giloth, M. (2002): Aktuelle markt- und unternehmensbezogene Herausforderungen an die Markenführung, in: Meffert, H./Burmann, C./Koers, M. (Hrsg.): Markenmanagement – Grundlagen der identitätsorientierten Markenführung, Wiesbaden 2002, S. 99–132

Meffert, H./Koers, M. (2002): Indentitätsorientiertes Markencontrolling – Grundlagen und konzeptionelle Ausgestaltung, in: Meffert, H./Burmann, C./Koers, M. (Hrsg.): Markenmanagement – Grundlagen der identitätsorientierten Markenführung, Wiesbaden 2002, S. 403–428

Meffert, H./Perrey, J. (2001): Mehrmarkenstrategien – Ansatzpunkte für das Management von Markenportfolios, in: Esch, F.-R. (Hrsg.): Moderne Markenführung, Wiesbaden 2001, S. 683–710

Mellerowicz, K. (1963): Markenartikel – Die ökonomischen Gesetze ihrer Preisbildung und Preisbindung, München et al. 1963

Menon, S./Kahn, B. (1995): The Impact of Context on Variety Seeking in Product Choices, in: Journal of Consumer Research 22(1995)3, S. 185–295

Meyer, H./Pirck, P./Pogoda, A. (1997): Forschungsbericht, in: Brandmeyer, K./Deichsel, A. (Hrsg.): Jahrbuch Markentechnik, Frankfurt a.M. 1997, S. 309–365

Miller, S./Berry, L. (1998): Brand Salience versus Brand Image: Two Theories of Advertising Effectiveness, in: Journal of Advertising Research 38(1998)5, S. 77–82

Miller, S./Wilson, D./Hickson, D. (2004): Beyond Planning: Strategies for Successfully Implementing Strategic Decisions, in: Long Range Planning 37(2004), S. 201–218

Mintzberg, H. (1987): Crafting Strategy, in: Harvard Business Review 65(1987)4, S. 66–75

Mintzberg, H. (1994): The Fall and Rise of Strategic Planning, in: Harvard Business Review 72(1994)1, S. 107–114

Morgan, R. M./Hunt, S. D. (1994): The Commitment-Trust Theory of Relationship Marketing, in: Journal of Marketing 58(1994)3, S. 20–38

Mühlbacher, H. (2001): Werbeagentur, in: Diller, H. (Hrsg.): Vahlens Grosses Marketing Lexikon, München 2001, S. 1848–1850

Mühlbacher, H./Dreher, A./Gabriel-Ritter, A. (1996): Strategische Positionierung – Grundpfeiler des Marketings in komplexen und dynamischen Umwelten, in: Die Betriebswirtschaft 56(1996)2, S. 203–219

Müller, H./Brütsch, L. (1998): Account-Planning in der Werbepraxis, in: Marketing und Kommunikation (1998)4, S. 32–34

Murphy, J. H./Cunningham, I. C. M. (1993): Advertising and marketing communication management, Forth Worth et al. 1993

O'Malley, L./Tynan, C. (2000): Relationship marketing in consumer markets, in: European Journal of Marketing 34(2000)7, S. 797–815

o.V. (2003): Viele mögen sie, vielen ist sie zuviel - Europäische Studie zur Einstellung zur Werbung, in: www.gfk.de/presse/pressemeldungen/contentdetail.php?id=514, 14.4.2004

o.V. (2004): Neuromarketing: Beyond Branding, in: The Lancet Neurology 3(2004)2, S. 71

Oeschger, S./Walter, S. (2005): Mehr Mix geht nicht, in: Marketing und Kommunikation (2005)10, S. 19–20

Ogilvy, D. (1983): Ogilvy on Advertising, London 1983

Owen, S. (1993): The Landor ImagePower Survey: A Global Assessment of Brand Strength, in: Aaker, D. A./Biel, A. L. (Hrsg.): Brand Equity and Advertising – Advertising's Role in Building Strong Brands, Hillsdale 1993, S. 11–30

Parasuraman, A./Zeithaml, V. A./Berry, L. L. (1985): A Conceptual Model of Service Quality and Its Implication for Future Research, in: Journal of Marketing 49(1985)Fall, S. 41–50

Parasuraman, A./Zeithaml, V. A./Berry, L. L. (1988): SERVQUAL: A Multiple-Item Scale for Measuring Consumer Perceptions of Service Quality, in: Journal of Retailing 64(1988)1, S. 12–44

Park, C. W./Jaworski, B. J./MacInnis, D. J. (1986): Strategic Brand Concept-Image Management, in: Journal of Marketing 50(1986)4, S. 135–145

Pasquier, M./Dreosso, C./Rauch, A. (2004): Kommunikation 2010, Bern et al. 2004

Paulus, J. (1995): Fraktale Marke: Verbrauchter Mythos, in: Werben & Verkaufen (1995)10, S. 80–86

Perry, M. (1994): The Brand – Vehicle for Value in a Changing Market Place, Advertising Association President's Lecture, 7/7/1994, London 1994

Picot, A./Lange, B. (1979): Synoptische versus inkrementale Gestaltung des strategischen Planungsprozesses – Theoretische Grundlagen und Ergebnisse einer Laborstudie, in: Schmalenbachs Zeitschrift für betriebswirtschaftliche Forschung (zfbf) 31(1979), S. 569–596

Plummer, J. T. (1985): How Personality Makes a Difference, in: Journal of Advertising Research 24(1985)1, S. 27–30

Pollitt, S. (2000): How I started account planning in agencies (ursprünglich erschienen in: Campaign, April 1979), in: Feldwick, P. (Hrsg.): Pollitt on Planning, London 2000, S. 1–9

Porter, M. E. (1985): Competitive Advantage, Creating and Sustaining Superior Performance, New York 1985

Porter, M. E. (1996): What is Strategy?, in: Harvard Business Review 74(1996)6, S. 61–78

Powell, T. C. (1992a): Strategic Planning as Competitive Advantage, in: Strategic Management Journal 13(1992), S. 551–558

Powell, T. C. (1992b): Strategy Process is Strategy Content (But Not a Source of Competitive Advantage), in: Academy of Management Proceedings (1992), S. 32–36

Prahalad, C. K./Bettis, R. A. (1986): The Dominant Logic: a New Linkage Between Diversity and Performance, in: Strategic Management Journal 7(1986), S. 485–501

Prahalad, C. K./Hamel, G. (1994): Strategy as a Field of Study: Why Search for a New Paradigm, in: Strategic Management Journal 15(1994), S. 5–16

Publisuisse (2004): Anzahl Spots und Länge der Spots in den öffentlich-rechtlichen Schweizer TV-Kanälen (1996 –2004), unveröffentlichte Daten, Zürich 2004

Rainey, M. T. (1997): The planning context, in: Cooper, A. (Hrsg.): How to Plan Advertising, London 1997, S. 1–14

Reeves, R. (1961): Reality in Advertising, New York 1961

Ries, A./Trout, J. (1986): Positioning – die neue Werbestrategie, Hamburg 1986

Ritter, T./Gemünden, H. G. (2003): Interorganizational relationships and networks: An overview, in: Journal of Business Research 56(2003)9, S. 691–697

Rooks, G./Raub, W./Selten, R./Tazelaar, F. (2000): How Interfirm Cooperation Depends on Social Embeddedness: A Vignette Study, in: Acta Sociologica 43(2000)2, S. 123–137

Roosdrop, A. (1998): Positionierungspflege: Phänomen, Herausforderung und Konzept, Diss., St. Gallen 1998

Rossi, P. H. (1979): Vignette Analysis: Uncovering the Normative Structure of Complex Judgements, in: Merton, R. K./Colemann, J. S./Rossi, P. H. (Hrsg.): Qualitative and Quantitative Social Research, New York 1979, S. 176–186

Rossi, P. H./Anderson, A. B. (1982): The Factorial Survey Approach – An Introduction, in: Rossi, P. H./Nock, S. L. (Hrsg.): Measuring Social Judgements. The Factorial Survey Approach, Beverly Hills 1982, S. 15–67

Rossiter, J./Percy, L. (1998): Advertising Communications and Promotion Management, Singapur 1998

Rossiter, J./Percy, L. (2001): Aufbau und Pflege von Marken durch klassische Kommunikation, in: Esch, F.-R. (Hrsg.): Moderne Markenführung, Wiesbaden 2001, S. 523–538

Roventa, P. (1989): Dialektische Planung, in: Szyperski, N./Winand, U. (Hrsg.): Handwörterbuch der Planung, Stuttgart 1989, Sp. 281–289

Sattler, H. (2001): Markenpolitik, Stuttgart 2001

Sattler, H./Völckner, F./Zatloukal, G. (2003): Erfolgsfaktoren von Markentransfers, in: Zeitschrift für Forschung und Praxis 25(2003)3, S. 147–168

Schäffer, U./Woillauer, B. (2003): Strategic Planning as a Learning Process, in: Schmalenbach Business Review 55(2003)2, S. 86–107

Schimanski, A. (2003): Schlechte Noten für Markenbewerter, in: Marketing Journal 36(2003)5, S. 44–49

Schimanski, A./Hautz, P. (2004): Emotionalisierung durch Werbung, in: Marketing Journal 37(2004)7-8, S. 40–43

Schmalen, H./Lang, H. (1998): Hybrides Kaufverhalten und das Definitionskriterium des Mehrproduktfalls, in: Marketing ZFP 20(1998)1, S. 5–13

Schmid, K. (1996): Die Rolle der Kommunikation bei der Positionierung aus Sicht der Werbeagentur, in: Tomczak, T./Rudolph, B./Roosdrop, A. (Hrsg.): Positionierung – Kernentscheidung des Marketings, St. Gallen 1996, S. 214–222

Schnell, R./Hill, P./Esser, E. (1993): Methoden der empirischen Sozialforschung, München 1993

Scholz, J. (2002): Planner mit neuem Selbstverständnis, in: werben & verkaufen (2002)18, S. 50–51

Schreyögg, G./Steinmann, H. (1985): Strategische Kontrolle, in: Schmalenbachs Zeitschrift für betriebswirtschaftliche Forschung (zfbf) 37(1985)5, S. 391–410

Schulz, R./Brandmeyer, K. (1989): Die Marken-Bilanz – Ein neues Instrument zur Bewertung und Steuerung von Marken stellt sich vor, in: Marketing Journal 22(1989)4, S. 360–363

Schweiger, D. M./Sandberg, W. R./Ragan, J. W. (1986): Group approaches for improving strategic decision making: A comparative analysis of dialectical inquiry, devil's advocacy, and consensus, in: Academy of Managment Journal 29(1986)1, S. 51–71

Schwenk, C. R. (1995): Strategic Decision Making, in: Journal of Management 21(1995)3, S. 471–493

Shocker, A. D./Srivastava, R. K./Ruekert, R. W. (1994): Challenges and Opportunities Facing Brand Management: An Introduction to the Special Issue, in: Journal of Marketing Research 31(1994)2, S. 149–158

Siegert, G./Brecheis, D. (2005): Werbung in der Medien- und Informationsgesellschaft, Wiesbaden 2005

Simon, C. J./Sullivan, M. W. (1993): The Measurement and Determinants of Brand Equity: A Financial Approach, in: Marketing Science 12(1993)4, S. 28–52

Simon, H. A. (1955): A Behavioral Model of Rational Choice, in: Quarterly Journal of Economics 69(1955), S. 99–118, nachgedruckt in: Simon, H. A. (1979): Models of Thought, New Haven et al. 1979, S. 7–20

Simon, H. A. (1979): Models of Thought, New Haven et al. 1979

Simon, H. A. (1993): Strategy and Organizational Evolution, in: Strategic Management Journal 14(1993), S. 131–142

Simonin, B. L./Ruth, J. A. (1998): Is a Company Known by the Company it Keeps? Assessing the Spillover Effects of Brand Alliances on Consumer Brand Attitudes, in: Journal of Marketing Research 35(1998)1, S. 30–42

Sirgy, J. (1982): Self-Concept in Consumer Behaviour: A Critical Review, in: Journal of Consumer Research 9(1982)3, S. 287–300

Slater, S. F./Narver, J. C. (1995): Market Orientation and the Learning Organization, in: Journal of Marketing 59(1995)3, S. 63–74

Srivastava, R. K./Shervani, T. A./Fahey, L. (1998): Market-Based Assets and Shareholder Value: A Framework for Analysis, in: Journal of Marketing 62(1998)1, S. 2–18

Stauss, B. (1999): Kundenzufriedenheit, in: Marketing ZFP 21(1999)1, S. 5–24

Steel, J. (1998): Truth, Lies and Advertising: The Art of Account Planning, New York 1998

Steinmann, C. (1987): Ansätze zur wirkungsbezogenen Gewichtung der Instrumente im Marketingmix, Diss., Zürich 1987

Sullivan, M. W. (1992): Brand Extensions: When to Use Them, in: Management Science 38(1992)6, S. 793–805

Sutton, R. I. (2002): Der Kreativität den Boden bereiten, in: Harvard Business Manager (2002)2, S. 9–17

Sydow, J. (1993): Strategische Netzwerke – Evolution und Organisation, Habil., Wiesbaden 1993

Sydow, J. (2001): Zwischenbetriebliche Kooperationen, in: Jost, P.-J. (Hrsg.): Der Transaktionskostenansatz in der Betriebswirtschaftslehre, Stuttgart 2001, S. 241–271

Thomas, L. (1996): The Two Faces of Competition: Dynamic Ressourcefulness and the Hypercompetitive Shift, in: Organization Science 7(1996)7, S. 221–242

Tomczak, T./Müller, F. (1992): Kommunikation als zentraler Erfolgsfaktor der strategischen Markenführung, in: Thexis 9(1992)6, S. 18–22

Tomczak, T./Roosdrop, A. (1996): Positionierung – Neue Herausforderungen verlangen neue Ansätze, in: Tomczak, T./Rudolph, T./Roosdrop, A. (Hrsg.): Positionierung – Kernentscheidung des Marketings, St. Gallen 1996, S. 26 –42

Trommsdorff, V. (1995): Involvement, in: Tietz, B./Köhler, R./Zentes, J. (Hrsg.): Handwörterbuch des Marketings, Stuttgart 1995, S. 1067–1078

Trommsdorff, V. (1997): Markenmanagement und Kommunikation, in: Werbeforschung und Praxis 42(1997)4/5, S. 1–12

Trommsdorff, V./Becker, J. (2001): Werbekreativität und Werbeeffektivität (Arbeitspapier der Technischen Universität Berlin), Berlin 2001

Upshaw, L. B. (1995): Building Brand Identity, A strategy for success in hostile marketplace, New York et al. 1995

Van de Ven, A. H. (1992): Suggestions for Studying Strategy Process: A Research Note, in: Strategic Management Journal 13(1992), S. 169–188

Van Trijp, H./Hoyer, W./Inman, J. (1996): Why Switch? Product Category-Level Explanations for True Variety Seeking Behaviour, in: Journal of Marketing Research 33(1996)3, S. 281–292

von Matt, D. (1987): Markenpolitik in der schweizerischen Markenartikelindustrie, Diss., Bern et al. 1987

von Matt, D. (2001): Minderwert durch belästigende Werbung, in: ADC Schweiz (Hrsg.): Je kreativer, desto effektiver, Zürich 2001, S. 15–17

von Reibnitz, U. (1989): Szenario-Planung, in: Szyperski, N./Winand, U. (Hrsg.): Handbuch der Planung, Stuttgart 1989, Sp. 1980–1996

Wansink, B./Ray, M. L. (2000): Estimating an Advertisement's Impact on One's Consumption of a Brand, in: Journal of Advertising Research 40(2000)6, S. 106–113

Wehrli, H. P. (1992): Agentur-Marketing, in: Werbeforschung und Praxis 37(1992)4, S. 118–122

Wehrli, H. P. (1998): Marketing, Zürich 1998

Wehrli, H. P./Jüttner, U. (1996): Beziehungsmarketing in Wertsystemen, in: Marketing ZFP 10(1996)1, S. 33–43

Weinberg, P./Diehl, S. (2001): Erlebniswelten für Marken, in: Esch, F.-R. (Hrsg.): Moderne Markenführung, Wiesbaden 2001, S. 185–207

Weinberg, P./Gröppel, A. (1988): Formen und Wirkungen erlebnisorientierter Kommunikation, in: Marketing ZFP 10(1988)3, S. 190–197

Wenger, E. C./Snyder, W. M. (2000): Communities of Practice: The Organizational Frontier, in: Harvard Business Review 78(2000)1, S. 139–145

Wilkinson, I./Young, L. (2002): On cooperating Firms, relations and networks, in: Journal of Business Research 55(2002), S. 123–132

Yoo, B./Donthu, N./Lee, S. (2000): An Examination of Selected Marketing Mix Elements and Brand Equity, in: Journal of the Academy of Marketing Sciences 28(2000)2, S. 195–211

Young & Rubicam (2000): Brand Asset Valuator, o.O. 2000

Young & Rubicam (o.J.): How To Become An Icon, London o.J.

Zajac, E. J./Olsen, C. P. (1993): From transaction cost to transaction value analysis: Implication for the study of interorganizational strategies, in: Journal of Management Studies 30(1993), S. 131–145

Zednik, A./Strebinger, A. (2005): Marken-Modelle der Praxis – Darstellung, Analyse und kritische Würdigung, Wiesbaden 2005

Zeithaml, V. A./Parasuraman, A./Berry, L. L. (1985): Problems and Strategies in Service Marketing, in: Journal of Marketing 49(1985)2, S. 33–46

Zentes, J./Swoboda, B. (2001): Hersteller-Handels-Beziehungen aus markenpolitischer Sicht, in: Esch, F.-R. (Hrsg.): Moderne Markenführung, Wiesbaden 2001, S. 889–911

Zohar, A./Morgan, G. (1996): Refining Our Understanding of Hypercompetition and Hyperturbulence, in: Organization Science 7(1996)4, S. 460–464

Zuberbier, I. (1994): Aufgaben und Bedeutung der Werbeagenturen für die Markenpolitik, in: Bruhn, M. (Hrsg.): Handbuch Markenartikel, Band 2, Stuttgart 1994, S. 1055–1072

Anhang

Fragebogen 1

Die Rolle der Werbeagentur im Markenführungsprozess

Ein Forschungsprojekt am Lehrstuhl Marketing des Instituts für Strategie und Unternehmensökonomik der Universität Zürich

Ihre Meinung interessiert uns. Kreuzen Sie deshalb bitte auf dem vorliegenden Fragebogen für die jeweils zutreffende Antwort pro Frage das entsprechende Kästchen an. Sollten Sie bei einer Frage unsicher sein, antworten Sie einfach nach Ihrem ersten Gefühl. Es gibt weder richtige noch falsche Antworten. Beantworten Sie nach Möglichkeit alle Fragen. Retournieren Sie den Fragebogen aber bitte auch dann, wenn Sie nicht alle Fragen beantwortet haben. Wir bedanken uns bereits im Voraus herzlich für Ihre Unterstützung!

Einleitung

Stellen Sie sich bitte folgende fiktive Situation vor: Sie sind Marketing- und Kommunikationsleiter einer grossen Telekommunikationsunternehmung in der Schweiz. Seit fünf Jahren arbeiten Sie im Rahmen einer Vielzahl von Projekten mit der Werbeagentur MESSAGE zusammen, die zu den grössten fünf Agenturen unseres Landes zählt. MESSAGE hat einen guten Ruf und bietet als Full-Service-Agentur Dienstleistungen aus den Bereichen Beratung, Strategie, Kreation und Realisation. Als einer der drei grössten Kunden von MESSAGE nutzen Sie alle von der Agentur gebotenen Dienstleistungen. Sie sind der Ansicht, die meisten von Agenturseite involvierten Mitarbeiter sind kompetent und sympathisch. Die von MESSAGE verrechneten Tarife sind branchenüblich.

Nehmen Sie bitte weiter an, Ihre Firma akquiriere eine andere Telekommunikationsunternehmung. Als Folge dieses Zusammenschlusses gilt es, Ihre Telekommunikationsmarke im Schweizer Markt vollständig neu zu positionieren. Dabei stellt sich traditionell die Frage, ob sie für die Neupositionierung verschiedene Werbeagenturen zu einer Konkurrenzpräsentation einladen, oder ob Sie das Mandat für die Neupositionierung Ihrer Marke direkt der Agentur MESSAGE übergeben.

Bitte beurteilen Sie in den folgenden **neun Situationen**, ob Sie ohne Konkurrenzpräsentation mit der Agentur MESSAGE weiter zusammenzuarbeiten würden.

Situation 1 1_111

Die Beziehung zwischen Ihrer Firma und der Werbeagentur MESSAGE kann als **klassische Lieferantenbeziehung** beschrieben werden. Die Agentur sprach nicht gross mit, sondern führte primär Ihre Anweisungen aus.

Die Arbeit der Agentur bezog sich **ausschliesslich auf die Konzeption und Realisation von Werbemassnahmen**. Sie war weder in markenstrategische Projekte noch bei der Werbewirkungsforschung involviert.

Das Resultat der Zusammenarbeit waren mehrere grosse Werbekampagnen, die von den Konsumenten zwar **verstanden wurden**, aber weder durch Originalität noch Überzeugungskraft bestachen.

Würden Sie in dieser Situation für die Lancierung der neuen Marke ohne Konkurrenzpräsentation mit der Agentur MESSAGE weiter zusammenarbeiten?

sicher nicht							sicher
☐	☐	☐	☐	☐	☐	☐	☐
1	2	3	4	5	6	7	8

Situation 2 20_242

Die Beziehung zwischen Ihrer Firma und der Werbeagentur MESSAGE ist mehr als eine reine Lieferantenbeziehung. Die Agentur agierte als **Sparringpartner und Markenwächter**. Sie wurde von Ihnen jeweils aufgefordert, die erhaltenen Vorgaben und Briefings kritisch zu hinterfragen und gegebenenfalls Gegenvorschläge zu unterbreiten. Diese Aufgabe erfüllte MESSAGE zu Ihrer vollen Zufriedenheit.

Die Zusammenarbeit mit der Werbeagentur MESSAGE war umfassend. Sie war neben der **Konzeption und Realisation von Werbemassnahmen** jeweils auch involviert bei Fragen, die die **Markenpositionierung, das Branding** und den **Marketing-Mix** betrafen, und arbeitete bei mehreren **Marktforschungsprojekten** mit.

Das Resultat der Zusammenarbeit waren mehrere grosse Werbekampagnen, die von den Konsumenten **verstanden wurden** und **überzeugten**, wenn sie auch nur selten durch eine hohe Originalität bestachen.

Würden Sie in dieser Situation für die Lancierung der neuen Marke ohne Konkurrenzpräsentation mit der Agentur MESSAGE weiter zusammenarbeiten?

sicher nicht							sicher
☐	☐	☐	☐	☐	☐	☐	☐
1	2	3	4	5	6	7	8

Situation 3 34_323

Die Beziehung zwischen Ihrer Firma und der Werbeagentur MESSAGE kann als **richtige Partnerschaft** bezeichnet werden. Ähnlich einem Beratungsunternehmen wurde die Agentur aufgefordert, sich im Rahmen der gemeinsamen Projekte stark einzubringen und mitzusprechen, was sie auch erfolgreich tat.

Die Zusammenarbeit bezog sich nicht nur auf die **Konzeption und Realisation** von Werbemassnahmen, sondern die Agentur wurde auch bei der **Werbewirkungsforschung** involviert.

Das Resultat der Zusammenarbeit waren mehrere grosse Werbekampagnen, die von den Konsumenten nicht nur **verstanden wurden**, sondern auch **überzeugten** und Ihre Marke durch eine **hohe Originalität** nachhaltig differenzierten.

Würden Sie in dieser Situation für die Lancierung der neuen Marke ohne Konkurrenzpräsentation mit der Agentur MESSAGE weiter zusammenarbeiten?

sicher nicht							sicher
☐	☐	☐	☐	☐	☐	☐	☐
1	2	3	4	5	6	7	8

Situation 4 7_132

Die Beziehung zwischen Ihrer Firma und der Werbeagentur MESSAGE kann als **klassische Lieferantenbeziehung** beschrieben werden. Die Agentur sprach nicht gross mit, sondern führte primär Ihre Anweisungen aus.

Die Zusammenarbeit mit der Werbeagentur MESSAGE konzentrierte sich nicht nur auf die **Konzeption und Realisation** von Werbemassnahmen. Die Agentur arbeitete ebenfalls beim **Brand-Tracking**, im Rahmen eines **Brandingprojektes** sowie bei Fragen, die den **gesamten Marketing-Mix** betrafen, mit.

Das Resultat der Zusammenarbeit waren mehrere grosse Werbekampagnen, die von den Konsumenten **verstanden wurden** und **überzeugten**, wenn sie auch nur selten durch eine hohe Originalität bestachen.

Würden Sie in dieser Situation für die Lancierung der neuen Marke ohne Konkurrenzpräsentation mit der Agentur MESSAGE weiter zusammenarbeiten?

sicher nicht							sicher
☐	☐	☐	☐	☐	☐	☐	☐
1	2	3	4	5	6	7	8

Situation 5 21_213

Die Beziehung zwischen Ihrer Firma und der Werbeagentur MESSAGE ist mehr als eine reine Lieferantenbeziehung. Die Agentur agierte als **Sparringpartner und Markenwächter**. Sie wurde von Ihnen jeweils aufgefordert, die erhaltenen Vorgaben und Briefings kritisch zu hinterfragen und gegebenenfalls Gegenvorschläge zu unterbreiten. Diese Aufgabe erfüllte MESSAGE zu Ihrer vollen Zufriedenheit.

Die Arbeit der Agentur bezog sich ausschliesslich auf die **Konzeption und Realisation von Werbemassnahmen**. Sie war weder in markenstrategische Projekte noch bei der Werbewirkungsforschung involviert.

Das Resultat der Zusammenarbeit waren mehrere grosse Werbekampagnen, die von den Konsumenten nicht nur **verstanden wurden**, sondern auch **überzeugten** und Ihre Marke durch eine **hohe Originalität** nachhaltig differenzierten.

Würden Sie in dieser Situation für die Lancierung der neuen Marke ohne Konkurrenzpräsentation mit der Agentur MESSAGE weiter zusammenarbeiten?

sicher nicht							**sicher**
☐	☐	☐	☐	☐	☐	☐	☐
1	2	3	4	5	6	7	8

Situation 6 28_341

Die Beziehung zwischen Ihrer Firma und der Werbeagentur MESSAGE kann als **richtige Partnerschaft** bezeichnet werden. Ähnlich einem Beratungsunternehmen wurde die Agentur aufgefordert, sich im Rahmen der gemeinsamen Projekte stark einzubringen und mitzusprechen, was sie auch erfolgreich tat.

Die Zusammenarbeit mit der Werbeagentur MESSAGE war umfassend. Sie war neben der **Konzeption und Realisation von Werbemassnahmen** jeweils auch involviert bei Fragen, die die **Markenpositionierung**, das **Branding** und den **Marketing-Mix** betrafen, und arbeitete bei mehreren **Marktforschungsprojekten** mit.

Das Resultat der Zusammenarbeit waren mehrere grosse Werbekampagnen, die von den Konsumenten zwar **verstanden wurden**, aber weder durch Originalität noch Überzeugungskraft bestachen.

Würden Sie in dieser Situation für die Lancierung der neuen Marke ohne Konkurrenzpräsentation mit der Agentur MESSAGE weiter zusammenarbeiten?

sicher nicht							**sicher**
☐	☐	☐	☐	☐	☐	☐	☐
1	2	3	4	5	6	7	8

Situation 7 10_123

Die Beziehung zwischen Ihrer Firma und der Werbeagentur MESSAGE kann als **klassische Lieferantenbeziehung** beschrieben werden. Die Agentur sprach nicht gross mit, sondern führte primär Ihre Anweisungen aus.

Die Zusammenarbeit bezog sich nicht nur auf die **Konzeption und Realisation von Werbemassnahmen**, sondern die Agentur wurde auch bei der **Werbewirkungsforschung** involviert.

Das Resultat der Zusammenarbeit waren mehrere grosse Werbekampagnen, die von den Konsumenten nicht nur **verstanden wurden**, sondern auch **überzeugten** und Ihre Marke durch eine **hohe Originalität** nachhaltig differenzierten.

Würden Sie in dieser Situation für die Lancierung der neuen Marke ohne Konkurrenzpräsentation mit der Agentur MESSAGE weiter zusammenarbeiten?

sicher nicht							**sicher**
☐	☐	☐	☐	☐	☐	☐	☐
1	2	3	4	5	6	7	8

Situation 8 15_231

Die Beziehung zwischen Ihrer Firma und der Werbeagentur MESSAGE ist mehr als eine reine Lieferantenbeziehung. Die Agentur agierte als **Sparringpartner und Markenwächter**. Sie wurde von Ihnen jeweils aufgefordert, die erhaltenen Vorgaben und Briefings kritisch zu hinterfragen und gegebenenfalls Gegenvorschläge zu unterbreiten. Diese Aufgabe erfüllte MESSAGE zu Ihrer vollen Zufriedenheit.

Die Zusammenarbeit mit der Werbeagentur MESSAGE konzentrierte sich nicht nur auf die **Konzeption und Realisation von Werbemassnahmen**. Die Agentur arbeitete ebenfalls beim **Brand-Tracking**, im Rahmen eines **Brandingprojektes** sowie bei Fragen, die den **gesamten Marketing-Mix** betrafen, mit.

Das Resultat der Zusammenarbeit waren mehrere grosse Werbekampagnen, die von den Konsumenten zwar **verstanden wurden**, aber weder durch Originalität noch Überzeugungskraft bestachen.

Würden Sie in dieser Situation für die Lancierung der neuen Marke ohne Konkurrenzpräsentation mit der Agentur MESSAGE weiter zusammenarbeiten?

sicher nicht							sicher
☐	☐	☐	☐	☐	☐	☐	☐
1	2	3	4	5	6	7	8

Situation 9 29_312

Die Beziehung zwischen Ihrer Firma und der Werbeagentur MESSAGE kann als **richtige Partnerschaft** bezeichnet werden. Ähnlich einem Beratungsunternehmen wurde die Agentur aufgefordert, sich im Rahmen der gemeinsamen Projekte stark einzubringen und mitzusprechen, was sie auch erfolgreich tat.

Die Arbeit der Agentur bezog sich ausschliesslich auf die **Konzeption und Realisation von Werbemassnahmen**. Sie war weder in markenstrategische Projekte noch bei der Werbewirkungsforschung involviert.

Das Resultat der Zusammenarbeit waren mehrere grosse Werbekampagnen, die von den Konsumenten **verstanden wurden** und **überzeugten**, wenn sie auch nur selten durch eine hohe Originalität bestachen.

Würden Sie in dieser Situation für die Lancierung der neuen Marke ohne Konkurrenzpräsentation mit der Agentur MESSAGE weiter zusammenarbeiten?

sicher nicht							sicher
☐	☐	☐	☐	☐	☐	☐	☐
1	2	3	4	5	6	7	8

Angaben zu Ihrer Person und Ihrem Unternehmen

a) Ihr Geschlecht	☐ weiblich	☐ männlich	
b) Ihre Positionsbezeichnung	____________________		
c) Ihre Branche	☐ Industriegüter	☐ Konsumgüter	☐ Dienstleistungen
d) Anzahl Mitarbeitende in Ihrem Unternehmen	____________________		
e) Anteil des Werbebudgets am gesamten Marketingbudget in Prozent in Ihrem Unternehmen	____________________		

Herzlichen Dank für Ihre Teilnahme!

Fragebogen 2

Die Rolle der Werbeagentur im Markenführungsprozess

Ein Forschungsprojekt am Lehrstuhl Marketing des Instituts für Strategie und Unternehmensökonomik der Universität Zürich

Ihre Meinung interessiert uns. Kreuzen Sie deshalb bitte auf dem vorliegenden Fragebogen für die jeweils zutreffende Antwort pro Frage das entsprechende Kästchen an. Sollten Sie bei einer Frage unsicher sein, antworten Sie einfach nach Ihrem ersten Gefühl. Es gibt weder richtige noch falsche Antworten. Beantworten Sie nach Möglichkeit alle Fragen. Retournieren Sie den Fragebogen aber bitte auch dann, wenn Sie nicht alle Fragen beantwortet haben. Wir bedanken uns bereits im Voraus herzlich für Ihre Unterstützung!

Einleitung

Stellen Sie sich bitte folgende fiktive Situation vor: Sie sind Marketing- und Kommunikationsleiter einer grossen Telekommunikationsunternehmung in der Schweiz. Seit fünf Jahren arbeiten Sie im Rahmen einer Vielzahl von Projekten mit der Werbeagentur MESSAGE zusammen, die zu den grössten fünf Agenturen unseres Landes zählt. MESSAGE hat einen guten Ruf und bietet als Full-Service-Agentur Dienstleistungen aus den Bereichen Beratung, Strategie, Kreation und Realisation. Als einer der drei grössten Kunden von MESSAGE nutzen Sie alle von der Agentur gebotenen Dienstleistungen. Sie sind der Ansicht, die meisten von Agenturseite involvierten Mitarbeiter sind kompetent und sympathisch. Die von MESSAGE verrechneten Tarife sind branchenüblich.

Nehmen Sie bitte weiter an, Ihre Firma akquiriere eine andere Telekommunikationsunternehmung. Als Folge dieses Zusammenschlusses gilt es, Ihre Telekommunikationsmarke im Schweizer Markt vollständig neu zu positionieren. Dabei stellt sich traditionell die Frage, ob sie für die Neupositionierung verschiedene Werbeagenturen zu einer Konkurrenzpräsentation einladen, oder ob Sie das Mandat für die Neupositionierung Ihrer Marke direkt der Agentur MESSAGE übergeben.

Bitte beurteilen Sie in den folgenden **neun Situationen**, ob Sie ohne Konkurrenzpräsentation mit der Agentur MESSAGE weiter zusammenzuarbeiten würden.

Situation 1 2_121

Die Beziehung zwischen Ihrer Firma und der Werbeagentur MESSAGE kann als **klassische Lieferantenbeziehung** beschrieben werden. Die Agentur sprach nicht gross mit, sondern führte primär Ihre Anweisungen aus.

Die Zusammenarbeit bezog sich nicht nur auf die **Konzeption und Realisation von Werbemassnahmen**, sondern die Agentur wurde auch bei der **Werbewirkungsforschung** involviert.

Das Resultat der Zusammenarbeit waren mehrere grosse Werbekampagnen, die von den Konsumenten zwar **verstanden wurden**, aber weder durch Originalität noch Überzeugungskraft bestachen.

Würden Sie in dieser Situation für die Lancierung der neuen Marke ohne Konkurrenzpräsentation mit der Agentur MESSAGE weiter zusammenarbeiten?

sicher nicht							sicher
☐	☐	☐	☐	☐	☐	☐	☐
1	2	3	4	5	6	7	8

Situation 2	19_232

Die Beziehung zwischen Ihrer Firma und der Werbeagentur MESSAGE ist mehr als eine reine Lieferantenbeziehung. Die Agentur agierte als **Sparringpartner und Markenwächter**. Sie wurde von Ihnen jeweils aufgefordert, die erhaltenen Vorgaben und Briefings kritisch zu hinterfragen und gegebenenfalls Gegenvorschläge zu unterbreiten. Diese Aufgabe erfüllte MESSAGE zu Ihrer vollen Zufriedenheit.

Die Zusammenarbeit mit der Werbeagentur MESSAGE konzentrierte sich nicht nur auf die **Konzeption und Realisation von Werbemassnahmen**. Die Agentur arbeitete ebenfalls beim **Brand-Tracking**, im Rahmen eines **Brandingprojektes** sowie bei Fragen, die den **gesamten Marketing-Mix** betrafen, mit.

Das Resultat der Zusammenarbeit waren mehrere grosse Werbekampagnen, die von den Konsumenten **verstanden wurden** und **überzeugten**, wenn sie auch nur selten durch eine hohe Originalität bestachen.

Würden Sie in dieser Situation für die Lancierung der neuen Marke ohne Konkurrenzpräsentation mit der Agentur MESSAGE weiter zusammenarbeiten?

sicher nicht							sicher
☐	☐	☐	☐	☐	☐	☐	☐
1	2	3	4	5	6	7	8

Situation 3	33_313

Die Beziehung zwischen Ihrer Firma und der Werbeagentur MESSAGE kann als **richtige Partnerschaft** bezeichnet werden. Ähnlich einem Beratungsunternehmen wurde die Agentur aufgefordert, sich im Rahmen der gemeinsamen Projekte stark einzubringen und mitzusprechen, was sie auch erfolgreich tat.

Die Arbeit der Agentur bezog sich ausschliesslich auf die **Konzeption und Realisation von Werbemassnahmen**. Sie war weder in markenstrategische Projekte noch bei der Werbewirkungsforschung involviert.

Das Resultat der Zusammenarbeit waren mehrere grosse Werbekampagnen, die von den Konsumenten nicht nur **verstanden wurden**, sondern auch **überzeugten** und Ihre Marke durch eine **hohe Originalität** nachhaltig differenzierten.

Würden Sie in dieser Situation für die Lancierung der neuen Marke ohne Konkurrenzpräsentation mit der Agentur MESSAGE weiter zusammenarbeiten?

sicher nicht							sicher
☐	☐	☐	☐	☐	☐	☐	☐
1	2	3	4	5	6	7	8

Situation 4	8_142

Die Beziehung zwischen Ihrer Firma und der Werbeagentur MESSAGE kann als **klassische Lieferantenbeziehung** beschrieben werden. Die Agentur sprach nicht gross mit, sondern führte primär Ihre Anweisungen aus.

Die Zusammenarbeit mit der Werbeagentur MESSAGE war umfassend. Sie war neben der **Konzeption und Realisation von Werbemassnahmen** jeweils auch involviert bei Fragen, die die **Markenpositionierung**, das **Branding** und den **Marketing-Mix** betrafen, und arbeitete bei mehreren **Marktforschungsprojekten** mit.

Das Resultat der Zusammenarbeit waren mehrere grosse Werbekampagnen, die von den Konsumenten **verstanden wurden** und **überzeugten**, wenn sie auch nur selten durch eine hohe Originalität bestachen.

Würden Sie in dieser Situation für die Lancierung der neuen Marke ohne Konkurrenzpräsentation mit der Agentur MESSAGE weiter zusammenarbeiten?

sicher nicht							sicher
☐	☐	☐	☐	☐	☐	☐	☐
1	2	3	4	5	6	7	8

Situation 5 22_223

Die Beziehung zwischen Ihrer Firma und der Werbeagentur MESSAGE ist mehr als eine reine Lieferantenbeziehung. Die Agentur agierte als **Sparringpartner und Markenwächter**. Sie wurde von Ihnen jeweils aufgefordert, die erhaltenen Vorgaben und Briefings kritisch zu hinterfragen und gegebenenfalls Gegenvorschläge zu unterbreiten. Diese Aufgabe erfüllte MESSAGE zu Ihrer vollen Zufriedenheit.

Die Zusammenarbeit bezog sich nicht nur auf die **Konzeption und Realisation von Werbemassnahmen**, sondern die Agentur wurde auch bei der **Werbewirkungsforschung** involviert.

Das Resultat der Zusammenarbeit waren mehrere grosse Werbekampagnen, die von den Konsumenten nicht nur **verstanden wurden**, sondern auch **überzeugten** und Ihre Marke durch eine **hohe Originalität** nachhaltig differenzierten.

Würden Sie in dieser Situation für die Lancierung der neuen Marke ohne Konkurrenzpräsentation mit der Agentur MESSAGE weiter zusammenarbeiten?

sicher nicht ☐ 1 ☐ 2 ☐ 3 ☐ 4 ☐ 5 ☐ 6 ☐ 7 ☐ 8 **sicher**

Situation 6 27_331

Die Beziehung zwischen Ihrer Firma und der Werbeagentur MESSAGE kann als **richtige Partnerschaft** bezeichnet werden. Ähnlich einem Beratungsunternehmen wurde die Agentur aufgefordert, sich im Rahmen der gemeinsamen Projekte stark einzubringen und mitzusprechen, was sie auch erfolgreich tat.

Die Zusammenarbeit mit der Werbeagentur MESSAGE konzentrierte sich nicht nur auf die **Konzeption und Realisation von Werbemassnahmen**. Die Agentur arbeitete ebenfalls beim **Brand-Tracking**, im Rahmen eines **Brandingprojektes** sowie bei Fragen, die den **gesamten Marketing-Mix** betrafen, mit.

Das Resultat der Zusammenarbeit waren mehrere grosse Werbekampagnen, die von den Konsumenten zwar **verstanden wurden**, aber weder durch Originalität noch Überzeugungskraft bestachen.

Würden Sie in dieser Situation für die Lancierung der neuen Marke ohne Konkurrenzpräsentation mit der Agentur MESSAGE weiter zusammenarbeiten?

sicher nicht ☐ 1 ☐ 2 ☐ 3 ☐ 4 ☐ 5 ☐ 6 ☐ 7 ☐ 8 **sicher**

Situation 7 9_113

Die Beziehung zwischen Ihrer Firma und der Werbeagentur MESSAGE kann als **klassische Lieferantenbeziehung** beschrieben werden. Die Agentur sprach nicht gross mit, sondern führte primär Ihre Anweisungen aus.

Die Arbeit der Agentur bezog sich ausschliesslich auf die **Konzeption und Realisation von Werbemassnahmen**. Sie war weder in markenstrategische Projekte noch bei der Werbewirkungsforschung involviert.

Das Resultat der Zusammenarbeit waren mehrere grosse Werbekampagnen, die von den Konsumenten nicht nur **verstanden wurden**, sondern auch **überzeugten** und Ihre Marke durch eine **hohe Originalität** nachhaltig differenzierten.

Würden Sie in dieser Situation für die Lancierung der neuen Marke ohne Konkurrenzpräsentation mit der Agentur MESSAGE weiter zusammenarbeiten?

sicher nicht ☐ 1 ☐ 2 ☐ 3 ☐ 4 ☐ 5 ☐ 6 ☐ 7 ☐ 8 **sicher**

Situation 8 16_241

Die Beziehung zwischen Ihrer Firma und der Werbeagentur MESSAGE ist mehr als eine reine Lieferantenbeziehung. Die Agentur agierte als **Sparringpartner und Markenwächter**. Sie wurde von Ihnen jeweils aufgefordert, die erhaltenen Vorgaben und Briefings kritisch zu hinterfragen und gegebenenfalls Gegenvorschläge zu unterbreiten. Diese Aufgabe erfüllte MESSAGE zu Ihrer vollen Zufriedenheit.

Die Zusammenarbeit mit der Werbeagentur MESSAGE war umfassend. Sie war neben der **Konzeption und Realisation von Werbemassnahmen** jeweils auch involviert bei Fragen, die die **Markenpositionierung**, das **Branding** und den **Marketing-Mix** betrafen, und arbeitete bei mehreren **Marktforschungsprojekten** mit.

Das Resultat der Zusammenarbeit waren mehrere grosse Werbekampagnen, die von den Konsumenten zwar **verstanden wurden**, aber weder durch Originalität noch Überzeugungskraft bestachen.

Würden Sie in dieser Situation für die Lancierung der neuen Marke ohne Konkurrenzpräsentation mit der Agentur MESSAGE weiter zusammenarbeiten?

sicher nicht							sicher
☐	☐	☐	☐	☐	☐	☐	☐
1	2	3	4	5	6	7	8

Situation 9 30_322

Die Beziehung zwischen Ihrer Firma und der Werbeagentur MESSAGE kann als **richtige Partnerschaft** bezeichnet werden. Ähnlich einem Beratungsunternehmen wurde die Agentur aufgefordert, sich im Rahmen der gemeinsamen Projekte stark einzubringen und mitzusprechen, was sie auch erfolgreich tat.

Die Zusammenarbeit bezog sich nicht nur auf die **Konzeption und Realisation von Werbemassnahmen**, sondern die Agentur wurde auch bei der **Werbewirkungsforschung** involviert.

Das Resultat der Zusammenarbeit waren mehrere grosse Werbekampagnen, die von den Konsumenten **verstanden wurden** und **überzeugten**, wenn sie auch nur selten durch eine hohe Originalität bestachen.

Würden Sie in dieser Situation für die Lancierung der neuen Marke ohne Konkurrenzpräsentation mit der Agentur MESSAGE weiter zusammenarbeiten?

sicher nicht							sicher
☐	☐	☐	☐	☐	☐	☐	☐
1	2	3	4	5	6	7	8

Angaben zu Ihrer Person und Ihrem Unternehmen

a) Ihr Geschlecht	☐ weiblich	☐ männlich	
b) Ihre Positionsbezeichnung	______________________		
c) Ihre Branche	☐ Industriegüter	☐ Konsumgüter	☐ Dienstleistungen
d) Anzahl Mitarbeitende in Ihrem Unternehmen	______________________		
e) Anteil des Werbebudgets am gesamten Marketingbudget in Prozent in Ihrem Unternehmen	______________________		

Herzlichen Dank für Ihre Teilnahme!

Fragebogen 3

Die Rolle der Werbeagentur im Markenführungsprozess

Ein Forschungsprojekt am Lehrstuhl Marketing des Instituts für Strategie und Unternehmensökonomik der Universität Zürich

Ihre Meinung interessiert uns. Kreuzen Sie deshalb bitte auf dem vorliegenden Fragebogen für die jeweils zutreffende Antwort pro Frage das entsprechende Kästchen an. Sollten Sie bei einer Frage unsicher sein, antworten Sie einfach nach Ihrem ersten Gefühl. Es gibt weder richtige noch falsche Antworten. Beantworten Sie nach Möglichkeit alle Fragen. Retournieren Sie den Fragebogen aber bitte auch dann, wenn Sie nicht alle Fragen beantwortet haben. Wir bedanken uns bereits im Voraus herzlich für Ihre Unterstützung!

Einleitung

Stellen Sie sich bitte folgende fiktive Situation vor: Sie sind Marketing- und Kommunikationsleiter einer grossen Telekommunikationsunternehmung in der Schweiz. Seit fünf Jahren arbeiten Sie im Rahmen einer Vielzahl von Projekten mit der Werbeagentur MESSAGE zusammen, die zu den grössten fünf Agenturen unseres Landes zählt. MESSAGE hat einen guten Ruf und bietet als Full-Service-Agentur Dienstleistungen aus den Bereichen Beratung, Strategie, Kreation und Realisation. Als einer der drei grössten Kunden von MESSAGE nutzen Sie alle von der Agentur gebotenen Dienstleistungen. Sie sind der Ansicht, die meisten von Agenturseite involvierten Mitarbeiter sind kompetent und sympathisch. Die von MESSAGE verrechneten Tarife sind branchenüblich.

Nehmen Sie bitte weiter an, Ihre Firma akquiriere eine andere Telekommunikationsunternehmung. Als Folge dieses Zusammenschlusses gilt es, Ihre Telekommunikationsmarke im Schweizer Markt vollständig neu zu positionieren. Dabei stellt sich traditionell die Frage, ob sie für die Neupositionierung verschiedene Werbeagenturen zu einer Konkurrenzpräsentation einladen, oder ob Sie das Mandat für die Neupositionierung Ihrer Marke direkt der Agentur MESSAGE übergeben.

Bitte beurteilen Sie in den folgenden **neun Situationen**, ob Sie ohne Konkurrenzpräsentation mit der Agentur MESSAGE weiter zusammenzuarbeiten würden.

Situation 1 3_131

Die Beziehung zwischen Ihrer Firma und der Werbeagentur MESSAGE kann als **klassische Lieferantenbeziehung** beschrieben werden. Die Agentur sprach nicht gross mit, sondern führte primär Ihre Anweisungen aus.

Die Zusammenarbeit mit der Werbeagentur MESSAGE konzentrierte sich trotzdem nicht nur auf die **Konzeption und Realisation von Werbemassnahmen**. Die Agentur arbeitete ebenfalls beim **Brand-Tracking**, im Rahmen eines **Brandingprojektes** sowie bei Fragen, die den **gesamten Marketing-Mix** betrafen, mit.

Das Resultat der Zusammenarbeit waren mehrere grosse Werbekampagnen, die von den Konsumenten zwar **verstanden wurden**, aber weder durch Originalität noch Überzeugungskraft bestachen.

Würden Sie in dieser Situation für die Lancierung der neuen Marke ohne Konkurrenzpräsentation mit der Agentur MESSAGE weiter zusammenarbeiten?	**sicher nicht**							**sicher**
	☐	☐	☐	☐	☐	☐	☐	☐
	1	2	3	4	5	6	7	8

Situation 2	17_212

Die Beziehung zwischen Ihrer Firma und der Werbeagentur MESSAGE ist mehr als eine reine Lieferantenbeziehung. Die Agentur agierte als **Sparringpartner und Markenwächter**. Sie wurde von Ihnen jeweils aufgefordert, die erhaltenen Vorgaben und Briefings kritisch zu hinterfragen und gegebenenfalls Gegenvorschläge zu unterbreiten. Diese Aufgabe erfüllte MESSAGE zu Ihrer vollen Zufriedenheit.

Die Arbeit der Agentur bezog sich ausschliesslich auf die **Konzeption und Realisation von Werbemassnahmen**. Sie war weder in markenstrategische Projekte noch bei der Werbewirkungsforschung involviert.

Das Resultat der Zusammenarbeit waren mehrere grosse Werbekampagnen, die von den Konsumenten **verstanden wurden** und **überzeugten**, wenn sie auch nur selten durch eine hohe Originalität bestachen.

Würden Sie in dieser Situation für die Lancierung der neuen Marke ohne Konkurrenzpräsentation mit der Agentur MESSAGE weiter zusammenarbeiten?

sicher nicht							sicher
☐	☐	☐	☐	☐	☐	☐	☐
1	2	3	4	5	6	7	8

Situation 3	36_343

Die Beziehung zwischen Ihrer Firma und der Werbeagentur MESSAGE kann als **richtige Partnerschaft** bezeichnet werden. Ähnlich einem Beratungsunternehmen wurde die Agentur aufgefordert, sich im Rahmen der gemeinsamen Projekte stark einzubringen und mitzusprechen, was sie auch erfolgreich tat.

Die Zusammenarbeit mit der Werbeagentur MESSAGE war umfassend. Sie war neben der **Konzeption und Realisation von Werbemassnahmen** jeweils auch involviert bei Fragen, die die **Markenpositionierung**, das **Branding** und den **Marketing-Mix** betrafen, und arbeitete bei mehreren **Marktforschungsprojekten** mit.

Das Resultat der Zusammenarbeit waren mehrere grosse Werbekampagnen, die von den Konsumenten nicht nur **verstanden wurden**, sondern auch **überzeugten** und Ihre Marke durch eine **hohe Originalität** nachhaltig differenzierten.

Würden Sie in dieser Situation für die Lancierung der neuen Marke ohne Konkurrenzpräsentation mit der Agentur MESSAGE weiter zusammenarbeiten?

sicher nicht							sicher
☐	☐	☐	☐	☐	☐	☐	☐
1	2	3	4	5	6	7	8

Situation 4	6_122

Die Beziehung zwischen Ihrer Firma und der Werbeagentur MESSAGE kann als **klassische Lieferantenbeziehung** beschrieben werden. Die Agentur sprach nicht gross mit, sondern führte primär Ihre Anweisungen aus.

Die Zusammenarbeit bezog sich nicht nur auf die **Konzeption und Realisation von Werbemassnahmen**, sondern die Agentur wurde auch bei der **Werbewirkungsforschung** involviert.

Das Resultat der Zusammenarbeit waren mehrere grosse Werbekampagnen, die von den Konsumenten **verstanden wurden** und **überzeugten**, wenn sie auch nur selten durch eine hohe Originalität bestachen.

Würden Sie in dieser Situation für die Lancierung der neuen Marke ohne Konkurrenzpräsentation mit der Agentur MESSAGE weiter zusammenarbeiten?

sicher nicht							sicher
☐	☐	☐	☐	☐	☐	☐	☐
1	2	3	4	5	6	7	8

Situation 5 23_233

Die Beziehung zwischen Ihrer Firma und der Werbeagentur MESSAGE ist mehr als eine reine Lieferantenbeziehung. Die Agentur agierte als **Sparringpartner und Markenwächter**. Sie wurde von Ihnen jeweils aufgefordert, die erhaltenen Vorgaben und Briefings kritisch zu hinterfragen und gegebenenfalls Gegenvorschläge zu unterbreiten. Diese Aufgabe erfüllte MESSAGE zu Ihrer vollen Zufriedenheit.

Die Zusammenarbeit mit der Werbeagentur MESSAGE konzentrierte sich nicht nur auf die **Konzeption und Realisation von Werbemassnahmen**. Die Agentur arbeitete ebenfalls beim **Brand-Tracking**, im Rahmen eines **Brandingprojektes** sowie bei Fragen, die den **gesamten Marketing-Mix** betrafen, mit.

Das Resultat der Zusammenarbeit waren mehrere grosse Werbekampagnen, die von den Konsumenten nicht nur **verstanden wurden**, sondern auch **überzeugten** und Ihre Marke durch eine **hohe Originalität** nachhaltig differenzierten.

Würden Sie in dieser Situation für die Lancierung der neuen Marke ohne Konkurrenzpräsentation mit der Agentur MESSAGE weiter zusammenarbeiten?

sicher nicht ☐ 1 ☐ 2 ☐ 3 ☐ 4 ☐ 5 ☐ 6 ☐ 7 ☐ 8 **sicher**

Situation 6 25_311

Die Beziehung zwischen Ihrer Firma und der Werbeagentur MESSAGE kann als **richtige Partnerschaft** bezeichnet werden. Ähnlich einem Beratungsunternehmen wurde die Agentur aufgefordert, sich im Rahmen der gemeinsamen Projekte stark einzubringen und mitzusprechen, was sie auch erfolgreich tat.

Die Arbeit der Agentur bezog sich ausschliesslich auf die **Konzeption und Realisation von Werbemassnahmen**. Sie war weder in markenstrategische Projekte noch bei der Werbewirkungsforschung involviert.

Das Resultat der Zusammenarbeit waren mehrere grosse Werbekampagnen, die von den Konsumenten zwar **verstanden wurden**, aber weder durch Originalität noch Überzeugungskraft bestachen.

Würden Sie in dieser Situation für die Lancierung der neuen Marke ohne Konkurrenzpräsentation mit der Agentur MESSAGE weiter zusammenarbeiten?

sicher nicht ☐ 1 ☐ 2 ☐ 3 ☐ 4 ☐ 5 ☐ 6 ☐ 7 ☐ 8 **sicher**

Situation 7 12_143

Die Beziehung zwischen Ihrer Firma und der Werbeagentur MESSAGE kann als **klassische Lieferantenbeziehung** beschrieben werden. Die Agentur sprach nicht gross mit, sondern führte primär Ihre Anweisungen aus.

Die Zusammenarbeit mit der Werbeagentur MESSAGE war umfassend. Sie war neben der **Konzeption und Realisation von Werbemassnah**men jeweils auch involviert bei Fragen, die die **Markenpositionierung**, das **Branding** und den **Marketing-Mix** betrafen, und arbeitete bei mehreren **Marktforschungsprojekten** mit.

Das Resultat der Zusammenarbeit waren mehrere grosse Werbekampagnen, die von den Konsumenten nicht nur **verstanden wurden**, sondern auch **überzeugten** und Ihre Marke durch eine **hohe Originalität** nachhaltig differenzierten.

Würden Sie in dieser Situation für die Lancierung der neuen Marke ohne Konkurrenzpräsentation mit der Agentur MESSAGE weiter zusammenarbeiten?

sicher nicht ☐ 1 ☐ 2 ☐ 3 ☐ 4 ☐ 5 ☐ 6 ☐ 7 ☐ 8 **sicher**

Situation 8 14_221

Die Beziehung zwischen Ihrer Firma und der Werbeagentur MESSAGE ist mehr als eine reine Lieferantenbeziehung. Die Agentur agierte als **Sparringpartner und Markenwächter**. Sie wurde von Ihnen jeweils aufgefordert, die erhaltenen Vorgaben und Briefings kritisch zu hinterfragen und gegebenenfalls Gegenvorschläge zu unterbreiten. Diese Aufgabe erfüllte MESSAGE zu Ihrer vollen Zufriedenheit.

Die Zusammenarbeit bezog sich nicht nur auf die **Konzeption und Realisation von Werbemassnahmen**, sondern die Agentur wurde auch bei der **Werbewirkungsforschung** involviert.

Das Resultat der Zusammenarbeit waren mehrere grosse Werbekampagnen, die von den Konsumenten zwar **verstanden wurden**, aber weder durch Originalität noch Überzeugungskraft bestachen.

Würden Sie in dieser Situation für die Lancierung der neuen Marke ohne Konkurrenzpräsentation mit der Agentur MESSAGE weiter zusammenarbeiten?

sicher nicht							sicher
☐	☐	☐	☐	☐	☐	☐	☐
1	2	3	4	5	6	7	8

Situation 9 31_332

Die Beziehung zwischen Ihrer Firma und der Werbeagentur MESSAGE kann als **richtige Partnerschaft** bezeichnet werden. Ähnlich einem Beratungsunternehmen wurde die Agentur aufgefordert, sich im Rahmen der gemeinsamen Projekte stark einzubringen und mitzusprechen, was sie auch erfolgreich tat.

Die Zusammenarbeit mit der Werbeagentur MESSAGE konzentrierte sich nicht nur auf die **Konzeption und Realisation** von Werbemassnahmen. Die Agentur arbeitete ebenfalls beim **Brand-Tracking**, im Rahmen eines **Brandingprojektes** sowie bei Fragen, die den **gesamten Marketing-Mix** betrafen, mit.

Das Resultat der Zusammenarbeit waren mehrere grosse Werbekampagnen, die von den Konsumenten **verstanden wurden** und **überzeugten**, wenn sie auch nur selten durch eine hohe Originalität bestachen.

Würden Sie in dieser Situation für die Lancierung der neuen Marke ohne Konkurrenzpräsentation mit der Agentur MESSAGE weiter zusammenarbeiten?

sicher nicht							sicher
☐	☐	☐	☐	☐	☐	☐	☐
1	2	3	4	5	6	7	8

Angaben zu Ihrer Person und Ihrem Unternehmen

a) Ihr Geschlecht	☐ weiblich	☐ männlich	
b) Ihre Positionsbezeichnung	____________		
c) Ihre Branche	☐ Industriegüter	☐ Konsumgüter	☐ Dienstleistungen
d) Anzahl Mitarbeitende in Ihrem Unternehmen	____________		
e) Anteil des Werbebudgets am gesamten Marketingbudget in Prozent in Ihrem Unternehmen	____________		

Herzlichen Dank für Ihre Teilnahme!

Fragebogen 4

Die Rolle der Werbeagentur im Markenführungsprozess

Ein Forschungsprojekt am Lehrstuhl Marketing des Instituts für Strategie und Unternehmensökonomik der Universität Zürich

Ihre Meinung interessiert uns. Kreuzen Sie deshalb bitte auf dem vorliegenden Fragebogen für die jeweils zutreffende Antwort pro Frage das entsprechende Kästchen an. Sollten Sie bei einer Frage unsicher sein, antworten Sie einfach nach Ihrem ersten Gefühl. Es gibt weder richtige noch falsche Antworten. Beantworten Sie nach Möglichkeit alle Fragen. Retournieren Sie den Fragebogen aber bitte auch dann, wenn Sie nicht alle Fragen beantwortet haben. Wir bedanken uns bereits im Voraus herzlich für Ihre Unterstützung!

Einleitung

Stellen Sie sich bitte folgende fiktive Situation vor: Sie sind Marketing- und Kommunikationsleiter einer grossen Telekommunikationsunternehmung in der Schweiz. Seit fünf Jahren arbeiten Sie im Rahmen einer Vielzahl von Projekten mit der Werbeagentur MESSAGE zusammen, die zu den grössten fünf Agenturen unseres Landes zählt. MESSAGE hat einen guten Ruf und bietet als Full-Service-Agentur Dienstleistungen aus den Bereichen Beratung, Strategie, Kreation und Realisation. Als einer der drei grössten Kunden von MESSAGE nutzen Sie alle von der Agentur gebotenen Dienstleistungen. Sie sind der Ansicht, die meisten von Agenturseite involvierten Mitarbeiter sind kompetent und sympathisch. Die von MESSAGE verrechneten Tarife sind branchenüblich.

Nehmen Sie bitte weiter an, Ihre Firma akquiriere eine andere Telekommunikationsunternehmung. Als Folge dieses Zusammenschlusses gilt es, Ihre Telekommunikationsmarke im Schweizer Markt vollständig neu zu positionieren. Dabei stellt sich traditionell die Frage, ob sie für die Neupositionierung verschiedene Werbeagenturen zu einer Konkurrenzpräsentation einladen, oder ob Sie das Mandat für die Neupositionierung Ihrer Marke direkt der Agentur MESSAGE übergeben.

Bitte beurteilen Sie in den folgenden **neun Situationen**, ob Sie ohne Konkurrenzpräsentation mit der Agentur MESSAGE weiter zusammenzuarbeiten würden.

Situation 1 4_141

Die Beziehung zwischen Ihrer Firma und der Werbeagentur MESSAGE kann als **klassische Lieferantenbeziehung** beschrieben werden. Die Agentur sprach nicht gross mit, sondern führte primär Ihre Anweisungen aus.

Die Zusammenarbeit mit der Werbeagentur MESSAGE war umfassend. Sie war neben der **Konzeption und Realisation von Werbemassnahmen** jeweils auch involviert bei Fragen, die die **Markenpositionierung**, das **Branding** und den **Marketing-Mix** betrafen, und arbeitete bei mehreren **Marktforschungsprojekten** mit.

Das Resultat der Zusammenarbeit waren mehrere grosse Werbekampagnen, die von den Konsumenten zwar **verstanden wurden**, aber weder durch Originalität noch Überzeugungskraft bestachen.

Würden Sie in dieser Situation für die Lancierung der neuen Marke ohne Konkurrenzpräsentation mit der Agentur MESSAGE weiter zusammenarbeiten?

sicher nicht							sicher
☐	☐	☐	☐	☐	☐	☐	☐
1	2	3	4	5	6	7	8

Situation 2	18_222

Die Beziehung zwischen Ihrer Firma und der Werbeagentur MESSAGE ist mehr als eine reine Lieferantenbeziehung. Die Agentur agierte als **Sparringpartner und Markenwächter**. Sie wurde von Ihnen jeweils aufgefordert, die erhaltenen Vorgaben und Briefings kritisch zu hinterfragen und gegebenenfalls Gegenvorschläge zu unterbreiten. Diese Aufgabe erfüllte MESSAGE zu Ihrer vollen Zufriedenheit.

Die Zusammenarbeit bezog sich denn auch nicht nur auf die **Konzeption und Realisation von Werbemassnahmen**, sondern die Agentur wurde auch bei der **Werbewirkungsforschung** involviert.

Das Resultat der Zusammenarbeit waren mehrere grosse Werbekampagnen, die von den Konsumenten **verstanden wurden** und **überzeugten**, wenn sie auch nur selten durch eine hohe Originalität bestachen.

Würden Sie in dieser Situation für die Lancierung der neuen Marke ohne Konkurrenzpräsentation mit der Agentur MESSAGE weiter zusammenarbeiten?

sicher nicht							sicher
☐	☐	☐	☐	☐	☐	☐	☐
1	2	3	4	5	6	7	8

Situation 3	35_333

Die Beziehung zwischen Ihrer Firma und der Werbeagentur MESSAGE kann als **richtige Partnerschaft** bezeichnet werden. Ähnlich einem Beratungsunternehmen wurde die Agentur aufgefordert, sich im Rahmen der gemeinsamen Projekte stark einzubringen und mitzusprechen, was sie auch erfolgreich tat.

Die Zusammenarbeit mit der Werbeagentur MESSAGE konzentrierte sich nicht nur auf die **Konzeption und Realisation von Werbemassnahmen**. Die Agentur arbeitete ebenfalls beim **Brand-Tracking**, im Rahmen eines **Brandingprojektes** sowie bei Fragen, die den **gesamten Marketing-Mix** betrafen, mit.

Das Resultat der Zusammenarbeit waren mehrere grosse Werbekampagnen, die von den Konsumenten nicht nur **verstanden wurden**, sondern auch **überzeugten** und Ihre Marke durch eine **hohe Originalität** nachhaltig differenzierten.

Würden Sie in dieser Situation für die Lancierung der neuen Marke ohne Konkurrenzpräsentation mit der Agentur MESSAGE weiter zusammenarbeiten?

sicher nicht							sicher
☐	☐	☐	☐	☐	☐	☐	☐
1	2	3	4	5	6	7	8

Situation 4	5_112

Die Beziehung zwischen Ihrer Firma und der Werbeagentur MESSAGE kann als **klassische Lieferantenbeziehung** beschrieben werden. Die Agentur sprach nicht gross mit, sondern führte primär Ihre Anweisungen aus.

Die Arbeit der Agentur bezog sich ausschliesslich auf die **Konzeption und Realisation von Werbemassnahmen**. Sie war weder in markenstrategische Projekte noch bei der Werbewirkungsforschung involviert.

Das Resultat der Zusammenarbeit waren mehrere grosse Werbekampagnen, die von den Konsumenten **verstanden wurden** und **überzeugten**, wenn sie auch nur selten durch eine hohe Originalität bestachen.

Würden Sie in dieser Situation für die Lancierung der neuen Marke ohne Konkurrenzpräsentation mit der Agentur MESSAGE weiter zusammenarbeiten?

sicher nicht							sicher
☐	☐	☐	☐	☐	☐	☐	☐
1	2	3	4	5	6	7	8

Situation 5 24_243

Die Beziehung zwischen Ihrer Firma und der Werbeagentur MESSAGE ist mehr als eine reine Lieferantenbeziehung. Die Agentur agierte als **Sparringpartner und Markenwächter**. Sie wurde von Ihnen jeweils aufgefordert, die erhaltenen Vorgaben und Briefings kritisch zu hinterfragen und gegebenenfalls Gegenvorschläge zu unterbreiten. Diese Aufgabe erfüllte MESSAGE zu Ihrer vollen Zufriedenheit.

Die Zusammenarbeit mit der Werbeagentur MESSAGE war umfassend. Sie war neben der **Konzeption und Realisation von Werbemassnahmen** jeweils auch involviert bei Fragen, die die **Markenpositionierung**, das **Branding** und den **Marketing-Mix** betrafen, und arbeitete bei mehreren **Marktforschungsprojekten** mit.

Das Resultat der Zusammenarbeit waren mehrere grosse Werbekampagnen, die von den Konsumenten nicht nur **verstanden wurden**, sondern auch **überzeugten** und Ihre Marke durch eine **hohe Originalität** nachhaltig differenzierten.

Würden Sie in dieser Situation für die Lancierung der neuen Marke ohne Konkurrenzpräsentation mit der Agentur MESSAGE weiter zusammenarbeiten?

sicher nicht							**sicher**
☐	☐	☐	☐	☐	☐	☐	☐
1	2	3	4	5	6	7	8

Situation 6 26_321

Die Beziehung zwischen Ihrer Firma und der Werbeagentur MESSAGE kann als **richtige Partnerschaft** bezeichnet werden. Ähnlich einem Beratungsunternehmen wurde die Agentur aufgefordert, sich im Rahmen der gemeinsamen Projekte stark einzubringen und mitzusprechen, was sie auch erfolgreich tat.

Die Zusammenarbeit bezog sich nicht nur auf die **Konzeption und Realisation von Werbemassnahmen**, sondern die Agentur wurde auch bei der **Werbewirkungsforschung** involviert.

Das Resultat der Zusammenarbeit waren mehrere grosse Werbekampagnen, die von den Konsumenten zwar **verstanden wurden**, aber weder durch Originalität noch Überzeugungskraft bestachen.

Würden Sie in dieser Situation für die Lancierung der neuen Marke ohne Konkurrenzpräsentation mit der Agentur MESSAGE weiter zusammenarbeiten?

sicher nicht							**sicher**
☐	☐	☐	☐	☐	☐	☐	☐
1	2	3	4	5	6	7	8

Situation 7 11_133

Die Beziehung zwischen Ihrer Firma und der Werbeagentur MESSAGE kann als **klassische Lieferantenbeziehung** beschrieben werden. Die Agentur sprach nicht gross mit, sondern führte primär Ihre Anweisungen aus.

Die Zusammenarbeit mit der Werbeagentur MESSAGE konzentrierte sich nicht nur auf die **Konzeption und Realisation von Werbemassnahmen**. Die Agentur arbeitete ebenfalls beim **Brand-Tracking**, im Rahmen eines **Brandingprojektes** sowie bei Fragen, die den gesamten **Marketing-Mix** betrafen, mit.

Das Resultat der Zusammenarbeit waren mehrere grosse Werbekampagnen, die von den Konsumenten nicht nur **verstanden wurden**, sondern auch **überzeugten** und Ihre Marke durch eine **hohe Originalität** nachhaltig differenzierten.

Würden Sie in dieser Situation für die Lancierung der neuen Marke ohne Konkurrenzpräsentation mit der Agentur MESSAGE weiter zusammenarbeiten?

sicher nicht							**sicher**
☐	☐	☐	☐	☐	☐	☐	☐
1	2	3	4	5	6	7	8

Situation 8	13_211

Die Beziehung zwischen Ihrer Firma und der Werbeagentur MESSAGE ist mehr als eine reine Lieferantenbeziehung. Die Agentur agierte als **Sparringpartner und Markenwächter**. Sie wurde von Ihnen jeweils aufgefordert, die erhaltenen Vorgaben und Briefings kritisch zu hinterfragen und gegebenenfalls Gegenvorschläge zu unterbreiten. Diese Aufgabe erfüllte MESSAGE zu Ihrer vollen Zufriedenheit.

Die Arbeit der Agentur bezog sich ausschliesslich auf die **Konzeption und Realisation von Werbemassnahmen**. Sie war weder in markenstrategische Projekte noch bei der Werbewirkungsforschung involviert.

Das Resultat der Zusammenarbeit waren mehrere grosse Werbekampagnen, die von den Konsumenten zwar **verstanden wurden**, aber weder durch Originalität noch Überzeugungskraft bestachen.

Würden Sie in dieser Situation für die Lancierung der neuen Marke ohne Konkurrenzpräsentation mit der Agentur MESSAGE weiter zusammenarbeiten?	sicher nicht							sicher
	☐	☐	☐	☐	☐	☐	☐	☐
	1	2	3	4	5	6	7	8

Situation 9	32_342

Die Beziehung zwischen Ihrer Firma und der Werbeagentur MESSAGE kann als **richtige Partnerschaft** bezeichnet werden. Ähnlich einem Beratungsunternehmen wurde die Agentur aufgefordert, sich im Rahmen der gemeinsamen Projekte stark einzubringen und mitzusprechen, was sie auch erfolgreich tat.

Die Zusammenarbeit mit der Werbeagentur MESSAGE war umfassend. Sie war neben der **Konzeption und Realisation von Werbemassnahmen** jeweils auch involviert bei Fragen, die die **Markenpositionierung**, das **Branding** und den **Marketing-Mix** betrafen, und arbeitete bei mehreren **Marktforschungsprojekten** mit.

Das Resultat der Zusammenarbeit waren mehrere grosse Werbekampagnen, die von den Konsumenten **verstanden wurden** und **überzeugten**, wenn sie auch nur selten durch eine hohe Originalität bestachen.

Würden Sie in dieser Situation für die Lancierung der neuen Marke ohne Konkurrenzpräsentation mit der Agentur MESSAGE weiter zusammenarbeiten?	sicher nicht							sicher
	☐	☐	☐	☐	☐	☐	☐	☐
	1	2	3	4	5	6	7	8

Angaben zu Ihrer Person und Ihrem Unternehmen

a) Ihr Geschlecht	☐ weiblich	☐ männlich	
b) Ihre Positionsbezeichnung	________		
c) Ihre Branche	☐ Industriegüter	☐ Konsumgüter	☐ Dienstleistungen
d) Anzahl Mitarbeitende in Ihrem Unternehmen	________		
e) Anteil des Werbebudgets am gesamten Marketingbudget in Prozent in Ihrem Unternehmen	________		

Herzlichen Dank für Ihre Teilnahme!

FSC
www.fsc.org
MIX
Papier | Fördert gute Waldnutzung
FSC® C083411

Kolibri 360 GmbH
Ferdinand-Jühlke-Straße 7
99095 Erfurt, Deutschland
produktsicherheit@kolibri360.de